우리 글 바로 쓰기 3

우리글 바로 쓰기 3

이오덕

한길사

『우리 글 바로 쓰기』 3권을 마무리 지으면서

• 머리글

『우리 글 바로 쓰기』란 이름으로 내는 세 번째 책이다. 첫 번째 책을 낸 지 6년 만이고, 두 번째 책이 나온 지 3년 만이다. 이제 같은 이름으로 내는 책은 이것으로 끝내기로 하고, 그동안 우리 말을 살리는 일을 하면서 깨닫고 얻은 몇 가지 생각과 의견을 적어두고 싶다.

내가 우리 말의 실상을 어지간히 보기 시작한 지가 8년쯤 된다. 그동안 사람들이 말을 어떻게 하는가, 글을 어떻게 쓰는가를 눈여겨보고 듣고 하니까 뜻밖에도 이 '말'로 하여 세상의 감춰진 이치가 자꾸 드러나 보였고, 그래서 마침내 우리 역사의 밑뿌리가 그 무엇에 얽혀 있는가 하는 것이 훤히 들여다보였다. 사람들 하나하나의 행동과 생각과 감정은 말할 것도 없고, 어떤 한 무리가 가지고 있는 문제의 본질이며, 한 겨레가 오랜 세월에서 어떤 특수한 역사와 전통을 이어받아오고 있는 까닭까지도, 그 무리와 그 겨레가 말을 어떻게 하고 있는가, 글을 어떻게 쓰고 있는가 하는 데서 아주 신통하게 술술 풀어진다는 것을 깨닫고 놀랐다.

그러니까 우리 정치가 왜 이렇게 바로잡히지 않는가, 분단문제가 풀리지 않는 근본 까닭이 어디에 있는가, 어째서 산업과 경제의 밑바탕이 제대로 다져지지 않고 위태위태한가, 왜 교육이 엉망이고 언론이 제구실을 못 하는가도 내 눈에는 말의 문제로 훤하다. 문학이고 학문이고 종교고 모든 문제가 다 그렇게 잡힌다.

아무튼 나는 우리 사회와 역사의 모든 실상과 거기 얽힌 문제를 푸는 열쇠를 '말'에서 찾아내었다. 내 책을 읽어주는 분들도 부디 그렇게 되기를 바란다. 위대한 우리 조국의 말, 배달말은 위대한 글자 한글을 낳았고, 이 말과 글은 내게 모든 것을 환히 비춰 보여주는 햇빛이었던 것이다.

이러한 생각은 이 책 곳곳에서 조금씩 나타나 있지만, 이 머리말 다음에 그려놓은 '말과 글의 관계 그림표'에 간단하게나마 요약해놓았다. 우리 말을 살리는 길만이 우리가 살아날 수 있는 오직 하나의 길임을 이 표가 말해줄 것이다.

이 길을 가는 동안에 함께 가려고 하는 많은 사람들을 만나게 되어 반갑고 큰 힘이 되었지만, 이분들 가운데는 여러 가지로 질문을 해오는 사람이 끊이지 않아 그때마다 대답해주어야 했는데, 그 질문 가운데 가장 자주 나온 것을 몇 가지 들면 다음과 같다.

첫째, 모두가 쓰는 말은 그대로 써야 할 것 아닌가?
둘째, 한자말을 안 쓰려니까 뜻이 똑같은 우리 말이 없는 경우가 있다. 보기를 들면 '미소'와 '웃음'은 다르다.
셋째, 입말을 살려서 쓰라지만 선생님 글도 입말대로 쓰지 않았다. '하였다'는 '했다'로 써야 하지 않는가?
넷째, 『우리 글 바로 쓰기』 책에도 한자말을 많이 썼다. '정신'은 '얼'이라 해야 되고, '노력'은 '애씀'이라 해야 되고, '역사'는 '이어옴'이라 써야 하고, '창조'는 '만들기'로, '모양'은 '꼴'로, '모국어'는 '엄마말'로 써야 우리 말이 되는 것 아닌가?
다섯째, 일본말을 모르고 쓰는 수가 많은데, 어떻게 하면 일본말을 알아낼 수 있는가?

이 다섯 가지 질문에 대한 대답은 『우리 글 바로 쓰기』 제1권과 제2권에도 다 나와 있는데, 그 책을 읽은 사람들이 이렇게 묻는다. 물론 이 책 제3권에도 대답이 다 나와 있다. 하지만 사람들이 이렇게 자꾸 묻는 것을 보면 뭔가 문제가 있다. 그것은 아마도 '말'의 이치를 삶에서 몸으로 받아들이지 못하고 책을 읽어서 머리로 '논리'로 알려고 하니 그렇게 되는 것이리라. 그러니 여기서 다시 간략하게 대답을 하면서 그것을 정리해보겠다.

첫째, 모두가 쓰는데…… 하는 질문인데, 이런 질문을 하는 사람은 자신의 마음을 좀 달리 가지는 수밖에 없다. 어떤 말이 잘못된 말이라면 세상 사람 모두가 쓰더라도 나만은 안 쓰겠다는 마음을 가져야 할 것 아닌가. 세상 사람 모두가 도적질하는 판인데 나도 도적질을 해야지, 이래서는 안 된다. 또 이런 질문은 적어도 글을 쓰는 사람은 할 자격이 없다. 외국말 외국글을 옮겨와서 우리 말을 난장판으로 만들어놓은 것이 바로 책을 읽고 글을 쓰는 사람들이 한 짓이었으니까.

둘째, 이 질문을 하는 사람은 우리 말에 대한 믿음이 없는 것이 아닌가, 그래서 깨끗한 우리 말로 글을 써보려고 한 번도 애써본 적이 없는 것 아닌가 하는 생각이 든다. '웃음'이란 말을 써본 사람이 어떻게 이 말이 불편해서 '미소'를 쓸 수밖에 없다고 생각하겠는가? 또 '미소'라고 써놓은 글을 '웃음'으로 단 한 번이라도 바로잡아본 사람이라면 절대로 이런 말은 안 할 것으로 본다. 그 까닭은 '미소'를 '웃음'으로 고쳤을 때 글의 뜻이 달라진다든지 잘못 알게 되는 일은 결코 없을 테니까. 왜 그런가 하는 까닭이 이 책에도 다 적혀 있지만, 무엇보다도 신문이나 잡지에 나오는 '미소'란 말을 한번 '웃음'으로 고쳐서 읽어보기 바란다. 저절로 알게 될 테니까.

셋째, '말'을 살려 쓰자. '입말'을 쓰자고 한다 해서 입으로 나오는 말을 아주 꼭 그대로 적자는 것이 아니다. 아무리 글이 말을 따른다고 해도 말과 글이 아주 완전하게 같을 수는 없고, 같을 필요도 없고, 어떤 경우에는 아주 소리나는 대로 써서는 무슨 말인지 알 수 없는 때도 있다. 그러나 지금 우리가 쓰고 있는 말과 글의 실상에서는 여전히 말과 글의 차별성을 강조할 것이 아니라 말하는 대로 글을 써야 한다고 자꾸 말해야 한다. 왜 그런가 하면 글이 너무 말에서 멀어져 있고, 외국의 글말을 따라가서 병들어 있기 때문이다. 그래서 다 같은 우리 말이라고 하더라도 '그럼으로써' 같은 말은 될 수 있는 대로 쓰지 말고 '그렇게 해서'라 쓰고, '하여금' 같은 말도 쓰지 말자고 하는 것이지, '하였다'까지 실제로 입에서 나오지 않는다고 '했다'로만 써야 하는 것이 아니다. 이렇게 되면 '하며' '하려고'도 안 써야 된다. 그러나 '하였다' '하며' '하려고' 따위 말은 실제로 입으로 말하지는 않지만 우리 모두가 자연스러운 말로 느껴서 받아들이고 있는 것이다.

넷째, '정신'을 '얼'로, '역사'를 '이어옴'으로, '창조'를 '만들기'로, '모양'을 '꼴'로…… 이렇게 너무 지나치게 우리 말을 쓰려고 하는 사람이 뜻밖에도 적지 않다. 내가 보기로 이런 사람들은 우리 말의 실상을 모르고 대중을 잡지 못하고 있는 듯하다. 그래서 살아 있는 말이 아니라 글과 책 속에, 삶과 현실이 아니라 관념 속에 갇혀 있다고 본다. 나는 이「머리말」에도 '외국' '실상' '자연스러운' '차별성' '강조' '질문' '의견'…… 따위 한자말을 썼다. 이런 말은 읽으면 누구나 쉽게 알 수 있다. 그리고 이런 말을 순 우리 말로 바꿔놓으면 도리어 읽기가 거북하기도 하다. 그래서 아주 우리 말이 되어버린 한자말이라 보고 경우에 따라서 써야 옳다고 생각한다.

다섯째, 일본말을 안 쓰기 위해서 일본말 공부를 할 필요는 없다. 우리 말에 들어와 있는 일본말과 일본말법을 일본말을 모르는 사람이 알아내는 길은 이렇다. 만약 어떤 말이 우리 말이 아닌 괴상한 말로 되어 있다면, 그런 말은 죄다 일본말이거나 일본말법이라고 보면 거의 틀림없다. "우리 말이 아닌 괴상한 말"이라고 했는데, 우리 말인가 아닌가를 어떻게 알아내나? 우리 나라 사람이 우리 말을 모른다면 이것은 참 말이 안 되는 이야기가 되겠는데, 사실이 그렇다면 어쩔 수 없다.

어떤 말이 우리 말인가 아닌가 판단이 잘 안 될 때는, 시골에 사는 농사꾼, 책을 읽지 않고 일하면서 살아가는 농사꾼이라면 그 말을 하겠는가 하지 않겠는가 생각해보라. 그래서 농사꾼의 입에서 나올 것 같은 말이라면 우리 말이 분명하니 마음놓고 쓸 것이고, 농사꾼의 입에서 나오지 않을 말이라면 일본글에서 온 말이니 쓰지 말아야 한다.

지금까지 다섯 가지 질문에 대한 내 의견을 적었는데, 이 글을 읽고 나서도 다음에 어떤 말이나 글에 부딪혔을 때 판단을 하지 못하고 망설이는 수가 있을 것이다. 그럴 때는 이 책 제3부 제1장에 나오는 2. '우리 말 바로 쓰기 기준'을 참고하기 바란다.

이 문제에서 또 한 가지 말해둘 것이 있다. 사람마다 살아온 환경이 다르고 배운 길이 다르고 성격이 다르니 말과 글도 조금씩은 달리 쓰는 것이 당연하다. 그래서 우리 말을 살려 쓰는 일에서도 의견이 달라 자꾸 문제가 일어나는데 어떻게 해야 하나? 이 때문에 우리 말을 바로 쓰는 기준이란 것을 만들었지만, 거기에 우리 말을 다 들어놓은 것도 아니고 그렇게 다 들어놓을 수도 없다. 그래서 그 기준을 어떻게 정했는가, 내가 쓰는 우리 말의 기준이 어느 시대 어떤 사람들이 하는 말로 되어 있는가를 분명하게 밝힐 필요를 느낀다.

나는 1925년 경북 청송 땅에서 나서, 스무 살이 될 때까지 경북 북동부 지방 농촌에서 살았다. 그리고 그다음부터도 한때 잠시 부산과 대구에서 3년 동안 지냈을 뿐, 1985년까지 40년 동안의 대부분을 경북과 경남의 여러 농촌지역에서 살았다. 그러니까 60년 동안을 농촌에서 살았던 것이다. 따라서 내가 배운 말, 듣고 지껄이는 말은 책에서 익힌 것도 있지만 그 밑바탕이 되고 알맹이가 되어 있는 것은 농민들의 말이다. 물론 내가 농촌에서 살았다고 해서 농민들이 농사일에서 쓰는 말을 죄다 잘 알고 있다는 것이 아니다. 하지만 이만하면 우리 시대에 우리 겨레가 써야 할 우리 말의 기준을 잡는 사람으로서 제대로 자격을 갖추지 못했다고 할 수는 없을 것이다. 바로 이 「머리말」 다음에 나오는 표에서 ㉮ 편의 ③에 있는 '농사꾼과 그밖에 일하면서 사는 사람들'의 말이 내가 살리고 싶어하는 우리 말이다.

나는 농촌에서 자랐지만 스무 살부터는 농사일을 하지 않았다. 농사일은 안 했지만 시골의 학교에서 아이들과 함께 살았다. 이것이 지금 생각하면 내가 우리 말을 그 대강의 알맹이라도 잃지 않고 도로 찾게 된 또 하나 다시 더 바랄 것 없이 소중한 삶이었다고 깨닫는다. 이래서 시골의 농민들과 아이들은 어떤 책보다도 책 속에 나오는 사람보다도 훌륭한 내 스승이었던 것이다.

끝으로 우리 말 살려 쓰기에 대한 글 쓰는 이들의 반응에 대해 말해두고 싶은 것이 있다. 나는 이 책의 많은 자리에서, 글을 써서 살아가는 이들이 끊임없이 우리 말을 병들게 한다고 비판했다. 그런데 최근에 와서 몇 가지 매우 반가운 일을 만났다.

한 신문에서 '역할'이란 말을 안 쓰고 '할일'이라 쓰고, '입장'도 안 쓰고 '태도'라고 쓴 글을 보고 기뻐했더니, 며칠 전에 만난 한 소설가는 "나는 그녀란 말을 아주 쓰지 않습니다"라고 했던 것이다. 이것은 지난해까지만 해도 추석 무렵에 신문마다 나오던 백화점 광고문의 '대잔치' '大잔치'란 말이 올해는 거의 모두 '큰잔치'로 바뀌어 나온 일과 함께 여간 반가운 일이 아니다. 한두 기업체에서 나오는 사보와 몇몇 노동조합에서 나오는 신문들에서도 우리 말을 살려 쓰려는 노력이 뚜렷하게 나타난다. 이제 우리 사회가 조금씩 제자리를 잡아들기 시작하는 듯해서 잔뜩 기대를 갖게 한다.

『우리 말 우리 글』 회보는 1년 8개월 만에 제20호로 끝내고 '우리 말 살리는 모임'은 '글쓰기 교육 연구회'와 통합한 '글쓰기 연구회'로 되어 회보『글쓰기』를 달마다 내고 있다. 이 글쓰기 회원 가운데는 말을 살리는 일의 중요함을 깨달아 훌륭한 글쓰기로 본을 보여주는 분들이 많고, 회원 모두가 우리 말을 살리는 일에 마음을 모으고 있으니, 앞으로 우리 사회에서 참된 글쓰기 문화를 앞장서 이끌어갈 수 있을 것이다. 부디 그렇게 되기 바란다.

1995년 9월
이오덕

※ **붙임**

이 책에서 쓴 몇 가지 낱말과 맞춤법에 대해 밝혀둘 것이 있다.
- 중국글자말: '한자'라고 쓰니 '글자 한 자'로 잘못 읽게 되는 일이 있기에 '중국글자'라고 했다. 그러나 앞뒤 글의 흐름을 따라 어쩌다가 '한문글자' '한자'라고 쓴 곳도 있다.
- 자기표현: 이 말은 한 낱말로 썼다. 따라서 '자기'와 '표현'을 떼어서 쓰지 않았다.
- 우리 말 우리 글: '우리' 다음에 '말'이 오든 '글'이 오든 '집'이 오든 다 떼어 써야 옳다고 본다. 다만 책 이름 같은 경우에 보기 좋게 하기 위해서 붙여 쓸 수는 있을 것이다.
- 머리속: 이것을 '머릿속'이라 쓰지 않은 까닭은 사이시옷 소리가 나지 않기 때문이다. 나는 될 수 있는 대로 사이시옷을 안 쓰려고 했다.
- 피 속: 이것도 사이시옷 소리가 나지 않는다. 그리고 두 낱말로 다루었다.
- 할일: '내가 할 일은 이것이다'고 할 때는 '할'과 '일'을 떼어서 쓰지만, '서로 할일을 바꿔서 해보자'고 할 때는 붙여서 쓰는 것이 옳다. 그러니 일본말 '역할'을 우리 말로 고쳐 쓸 때도 '할일'이라고 써야 한다.
- 그밖·그중: 모두 한 낱말로 썼다.
- 주고받는: 말을 주고받는다든지, 무슨 물건을 주고받는다든지 할 때는 이렇게 한 낱말로 보고 붙여서 썼다.
- 댓가: 어떤 일을 한 데 대한 갚음이나 보람이란 뜻으로 쓰는 말은 '댓가'이지 '대가'가 아니다. '대가'로 쓰면 아주 딴 말이 된다.

이밖에 어떤 일본말을 적을 때 표기법을 따르지 않고 실제 발음대로 적은 것이 있음을 밝혀둔다.

• 말과 글의 관계 그림

말과 글이 맞서서 어긋나고 거꾸로 흐르는 역사와 사회 짜임

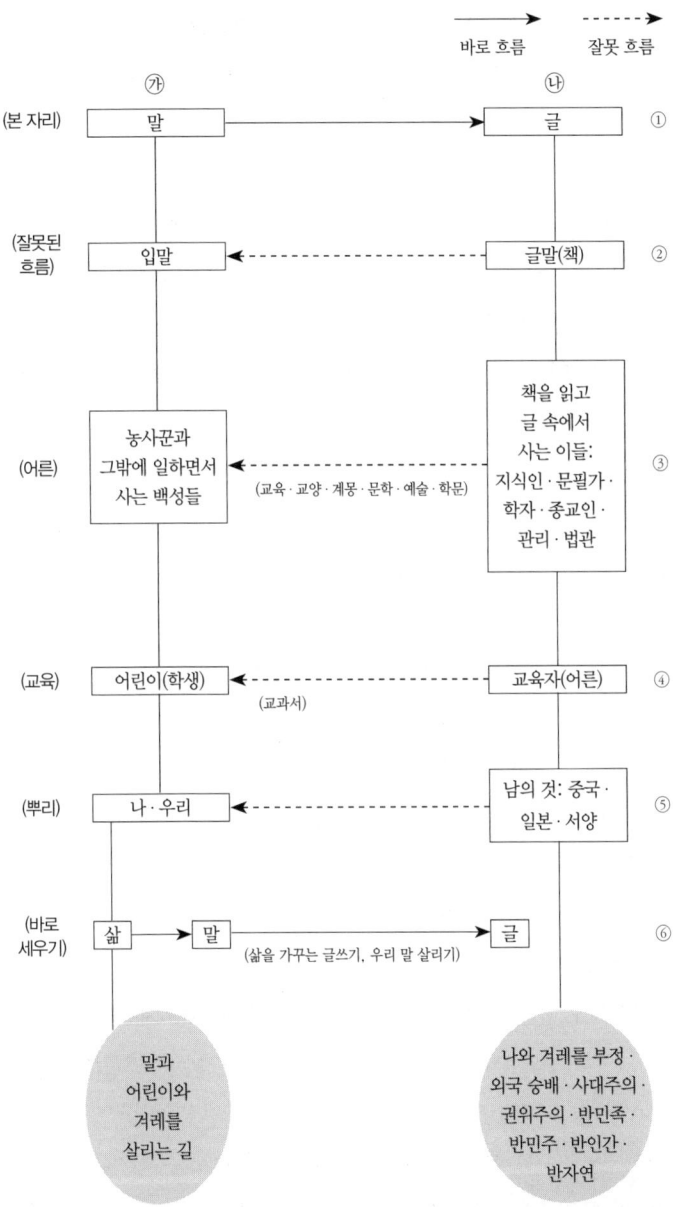

우리 글 바로 쓰기 3

머리글·『우리 글 바로 쓰기』3권을 마무리 지으면서   5

제1부 우리는 어떤 글을 써왔나

제1장 우리 말이 걸어온 길

1. 우리는 어떤 글을 써왔나   23
2. 말과 글, 입말과 글말을 견주어 본다   34
3. 왜 말이 짓밟히고 쫓겨나는가   38
4. 우리 말을 살리는 길   41

제2장 우리 겨레의 얼을 빼는 일본말

1. 신문과 잡지의 글   49
2. 우리 말 속에 들어와 있는 일본말—한자말의 문제   51
3. 우리 말의 질서를 무너뜨리는 일본말—토 '의'를 마구잡이로 쓰는 말   56
4. 움직씨의 입음꼴과 그밖의 말들   65
5. 정서조차 일본 것으로 되어가고   71
6. 이대로 가면   74

제2부 오염된 말로는 민주언론 못 세운다

제1장 모든 문제가 말 속에 있습니다

1. '정신대'를 생각한다   79
2. 아이들이 배우고 있는 겨레말   81
3. '본다'는 말에 대하여   83
4. 두 아이의 글   86
5. 그림이나 사진에 곁들인 글   88
6. '한자말'에 마취된 사람들   90
7. 하루치 신문 제목   92
8. 올림픽 경기 소식 알려준 신문의 글   97
9. 머리로 만든 말과 저절로 생겨난 말   100
10. '-살이'와 '서리'   102
11. 대통령 선거날을 알린 글   104
12. 선거싸움 광고싸움   107
13. 행정말은 쉽게 고쳐 쓴다는데   110
14. 달력과 우리 글자   112
15. 길들여진 말, 길들여진 생각   114
16. '신토불이'가 무슨 말인가   116
17. 천 년 묵은 여우를 몰아내자   119
18. '36년'과 '유감'과 '일장기'   121
19. '시도하려고'는 '하려고'로 써야   123
20. 나물은 캐는가, 뜯는가   126
21. 오염된 말로는 민주언론 못 세운다   129
22. '비도한'은 우리 말이 아니다   131
23. '-으로부터의'라는 말   133
24. 논술 문제와 우리 말   136

25. 말의 실상과 글의 논리	138
26. 제 버릇 고치는 일도 함께해나가야	140
27. 우리 것을 잡아먹는 외국종 동식물과 외국말글	142

제2장 누가 말을 죽입니까, 누가 말을 살립니까

1. 한글 운동과 우리 말 운동	147
2. 한자 조기 교육에 대하여	149
3. 『우리말 사전』과 한자말	150
4. 겨레말 살리는 일에 앞장서야—『언론노보』에 바란다	153
5. 여성운동과 우리 말 바로 쓰기	154
6. 말과 글을 살리는 자기혁명	158
7. 쉬운 말과 어려운 말	160
8. 남 따라가는 병	162
9. 아름다운 우리 말	164
10. 병든 글, 병든 말	167
11. 우리 말 바로 쓰기 지도	170
12. 학교에서 서둘러 바로잡아야 할 잘못된 말 열네 가지	174
13. '차세대'와 '신역사'와 '미래'	179
14. '와해'와 '붕괴'	183
15. 갈피를 잡을 수 없게 하는 말들	186
16. 지난 때를 나타내는 우리 말	190

제3부 우리 말 바로 쓰기 기준

제1장 배달말은 배달겨레의 생명입니다

1. 『우리 말 우리 글』 회보를 내면서	197

2. 우리 말 바로 쓰기 기준   199
3. 권위와 이익에 매달리지 말아야   203
4. '우리 집'과 '나의 집'   205
5. 책 읽기에 대하여   209
6. 손으로 쓰는 까닭   211
7. 이원수 선생의 글과 우리 말   213
8. 모두 쓰는 말인데   215
9. '백성'이 살아야 한다   217
10. 쌀 개방과 말 개방   220
11. 식민지 문화로 가는 길   222
12. 시와 우리 말   224
13. 모난 자루를 둥근 구멍에 끼워 넣기   228
14. 말을 살리는 길   233
15. 한글을 기리는 말   242
16. 아이들을 살려야 한다   252
17. 곤충채집과 사람교육   255
18. 그림과 우리 말   277
19. 허세 부리는 말과 행동   279
20. '엄마께서' '아빠께서'라는 말   283
21. 겨레말을 없애자는 어이없는 망언 - 박성래 씨의 「언어의 적자생존시대」를 읽고   300

제2장 말과 글, 어떻게 살릴까요

1. 우리 말 살리기, 무엇을 합니까   317
2. 단조로운 서울 말이 우리 말 발전 막아   319
3. '썩어진다'에 대하여   324
4. '먹거리'란 말을 써도 되는지요   326

5. 우리 말 공부를 하면서 328
6. 우리 말 어떻게 씁니까1) 332
7. 우리 말 어떻게 씁니까2) 367
8. 『우리 글 바로 쓰기』에 대한 의견 379
9. 어떻게 하면 좋은 글을 쓸 수 있습니까 386
10. 지금부터라도 하나씩 고쳐서 396
11. 소쩍새 이야기 399
12. 미국에서 온 소식 401
13. '국민학교' 이름 고치자면서 일본말 버릇은 고치려 안 하니 402

제4부 방송말, 농사말 바로 쓰기

제1장 방송말 바로잡기

1. 말을 병들게 하는 글 415
2. 방송말에 대한 소견1) 419
3. 방송말에 대한 소견2) 426
4. 글말을 하지 말고 입말을 해야 431
5. 대통령 후보들의 연설1) 438
6. 대통령 후보들의 연설2) 441
7. 토론말에 판을 치는 일본말법 447

제2장 농사말 바로 쓰기

1. '작물'인가 '곡식'인가 453
2. 작목·작부·식부·작황 따위 모두 농사꾼 말 아니다 459
3. '파종'에서 '수매'까지 463
4. 농사말, 누가 망쳐놓는가 470

5. 어느 농민이 쓴 글   476
6. 농민의 삶, 농민의 말   479
7. 우리 말과 남의 말이 쓰이는 경우   483
8. '-에 있어'와 '-었었다'   488
9. 사투리와 표준말   492

제3장 사투리, 이 좋은 우리 말

1. 새눈·맹아리   497
2. 날생이·달랭이·물랭이   499
3. 연달래   500
4. 조밥꽃·이밥꽃   501
5. 모내기·모심기   502
6. 돼지와 도야지   503
7. 개구리·깨구리·개구락지   504
8. 개미·개아미   504
9. 매미·매아미   504
10. 잠자리·철뱅이   505
11. 거미   505
12. 지렁이·지렝이·꺼생이   505
13. 내·연기·내굴·내구래기   506
14. 냅다·내구랍다   507
15. 시다·시구럽다·새구랍다   507
16. 존다·졸린다·자구랍다   507
17. 버들강아지·버들개지   508
18. 한정기 님의 편지에 부치는 말   512

제1부 우리는 어떤 글을 써왔나

제1장 우리 말이 걸어온 길

1. 우리는 어떤 글을 써왔나

우리는 참으로 불행하게도 말과 글이 따로 나뉘어 있는 역사를 살아왔다. 말과 글이 나뉘었다는 것은, 글이란 본래 그 나라 말을 글자로 적어서 말로 읽을 수 있게 해야 하는 것이다. 그런데 우리는 우리 말을 그대로 우리 글자로 적지 못하고 남의 나라 글자를 빌려서 적거나, 우리 글자로 적더라도 남의 나라 말이나 남의 나라 글자말, 또는 말법을 따라 적어서, 우리 말과는 아주 다른 이상한 글이 되어 있기 때문이다. 이것은 그 옛날 중국글자만을 쓰던 때나 오늘날 우리 글자와 중국글자를 섞어서 쓰거나 우리 글자만을 쓰는 시대에도 사정이 같다고 할 수 있다.

여기서 우리 겨레가 써온 글을 대강 훑어보기로 한다. 다음에 드는 여덟 편의 글은 우리가 보통 입으로 말하고 귀로 듣는 말과 어떻게 다른가를 생각해보자.

(가) 중국 글자로만 쓴 글

鷄子新生小似拳　嫩黃毛色絶堪憐
誰言弱女糜虛祿　堅坐中庭看嚇鳶

새로 깐 병아리 작기가 주먹만해
여리고 노란 털이 어여쁘기 짝이 없네
그 누가 어린 딸 공밥 먹는다 말하는고
꼼짝 않고 붙어 앉아 솔개미 쫓는 것을
- 정약용, 송재소 옮김,『다산시선』

(나) 우리 글자와 중국글자를 섞어서 쓴 글

㉠ 蒼天에 太陽이 빛나고 大地에 淸風이 불도다. 山靜水流하며 草木昌茂하며 百花爛發하며 鳶飛魚躍하니 萬物 사이에 生命과 榮光이 充滿하도다.
- 『동아일보』,「창간사」, 1920.

㉡ 朝鮮文의 소리
此는 言語를 記用하는 文字의 音學인 故로 그 規模가 律呂나 物理의 音學과 不同하되 基理는 一般이니라.
- 주시경,『조선어문법』, 1911.

㉢ 仇甫는, 자기의 왼편귀 機能에 스스로 疑惑을 갖는다. 病院의 젊은 助手는 決코 익숙하지 못한 솜씨로 그의 귀 속을 살피고, 그리고 大膽하게도 그 안이 몹시 不潔한 까닭 外에 아무 異狀이 없다고 宣言하였다. 한 덩어리의 '귀지'를 갖기보다는 차라리 四週日間 治療를 要하는 中耳炎을 앓고 싶다, 생각하는 仇甫는, 그의 宣言에 無限한 屈辱을 느끼며, 그래도 每日 神經質하게 귀 안을 掃除하였다.
- 박태원,『소설가 구보 씨의 일일』, 1934.

(다) 우리 글자만으로 쓴 글

㉠ 나의 『우리말본』이 이만큼 되어 나오게 된 것은 나에게 전심(專心) 연구의 기회를 준 연희전문학교(延禧專門學校)의 두터운 우호와, 조선어학회 동지의 참된 연구와, 나의 미충(微衷)을 알아주시는 각 방면 친지 여러 분의 정다운 교시(敎示)와, 10년, 6년 동안에 갈아드는 연전(延專)과 이전(梨專)의 수백 명 학생의 진실한 토구(討究)와, 이에 소용된 많은 참고서의 저자의 투철(透徹)한 이론의 도움의 소치(所致)이라, 이에 특히 적어, 감사의 뜻을 드리는 바이다.
  • 최현배, 『우리말본』, 1935.

㉡ 또 누구든지 내 이름으로 이런 어린 아해 하나를 영접하면 곧 나를 영접함이니 누구든지 나를 믿는 이 소자 중 하나를 실족케 하면 차라리 연자맷돌을 그 목에 달리우고 깊은 바다에 빠치우는 것이 나으리라 실족케 하는 일들이 있음을 인하여 세상에 화가 있도다 실족케 하는 일이 없을 수는 없으나 실족케 하는 그 사람에게는 화가 있도다 만일 네 손이나 네 발이 너를 범죄케 하거든 찍어 내버리라 불구자나 절둑발이로 영생에 들어가는 것이 두 손과 두 발을 가지고 영원한 불에 던지우는 것보다 나으리라 만일 네 눈이 너를 범죄케 하거든 빼어 내버리라 한 눈으로 영생에 들어가는 것이 두 눈을 가지고 지옥 불에 던지우는 것보다 나으니라
  • 「마태복음」 제18장 5~9절, 『신약전서』, 1939(맞춤법만 바로잡음).

㉢ 수는 너무 뜻밖이라 어머니의 과격한 행동이 오히려 어처구니가 없었지. 그는 대구역에서의 어머니의 격정을 오랫동안 이해하지 못했다. 그가 어른이 되어서 저 만주벌판의 이야기를 듣고 나서

야 비슷한 여러 가지 경험들을 다시 완성시킬 수가 있었고.
어머니의 고향에 대한 상실감은 아버지가 돌아간 뒤에 더욱 심해졌고 모든 정열이 그대로 수에게로 옮겨진 것 같았지. 수와 어머니는 이후 성장기를 치열한 전투로 보냈다. 여기서 살아남기 위해서는 공부를 머리가 터지도록 해야 하고 장래 문제를 어떻게 결정해야 한다고 어머니가 그에게 강요했던 온갖 규범들과 수는 피투성이의 싸움을 벌여야만 했거든. 사는 건 엉망이었는데도 어머니는 알량한 식민지 중산층의 개화문화와 지식계급적 체통을 유지하려고 애썼지. 어머니가 추구하는 세계는 자유와 창조의 반대쪽이었고 그리고 그건 허위의 세계였다. 교회와 학교와 읍내 소시민들의 울타리 바깥에는 야만인과 노예와 미시시피의 거친 강변과 함께 허클베리가 있었지.
• 황석영, 「흐르지 않는 강」, 『한겨레』, 1990. 4. 6.

㉣ 며칠 전 개학을 한 것 같은데 또 봄방학이에요. 방학이 되면 학교에 가지 않아 신이 났었는데 이번에는 그렇지가 못했어요.
"5학년이 되면 더 건강하고 착한 어린이가 돼야지."
종업식이 끝난 후 우리들 머리를 한 사람 한 사람 쓰다듬어주시면서, 생활통지표를 나누어 주셨던 선생님 얼굴이 어쩐지 쓸쓸해 보였기 때문이어요.
• 김은희 구연동화, 「도시를 떠난 선생님」, 1992.

위의 글들이 말과 어떻게 다른가를 차례로 생각해보자. (가)에서 든 것은 다산 정약용의 한문시다. 이것을 우리 나라 사람이 읽으면 이렇게 된다.

계자신생소사권 눈황모색절감련

수언약녀미허록　　견좌중정간하연

　도무지 무슨 소리인지 알 수 없다. 여기다가 우리 말 토를 달아서 읽어도 괴상한 소리로 되어 있는 것은 마찬가지다. 이래서 우리 나라 사람들이 중국의 한문을 읽어나가면 흔히 엉뚱한 우리 말을 연상하게 하거나 때로는 욕지거리가 되어 웃음이 나오기도 한다. 남의 나라 글이기 때문이다. 이런 글을 읽고 쓰면서 옛날의 지식인들은 벼슬아치 노릇을 했고, 선비 노릇을 하면서 몸으로 일하는 사람들과는 달리 특권을 누렸던 것이다. 다산 같은 훌륭한 학자도 우리 말 우리 글을 쓰지 못했다는 것이 안타깝고 답답하기 그지없다. 이런 전통이 지금까지 우리 역사를 우리 스스로 진구렁으로 몰아넣는 근본 까닭이 되어 있었고, 앞으로 우리가 갈 길을 꽉 막고 있는 벽으로 되어 있다.

　왜 우리가 단 한 가지 말을 하는 한겨레이면서 이토록 단결이 안 되고 남과 북, 동쪽과 서쪽이 서로 헐뜯고 미워하면서 살고 있는가? 그것은 우리 선조들이 남의 나라 글을 숭배했기 때문이다. 우리 말 우리 글로 우리 겨레의 삶과 정서를 표현하지 못했기 때문이고, 그런 글쓰기의 전통을 세우지 못하고, 우리 것 우리 마음을 자식들에게 제대로 이어주지 못했기 때문이다. 지난날뿐 아니라 이 병든 역사는 아직도 조금도 다름없이 그대로 진행되고 있다.

　다음, 조선시대 마지막 무렵부터 쓰게 되어 오늘날까지 이어온 국한문 섞어 쓰기 글은 어떤가? 우리 글자와 중국글자를 섞어서 쓴 글을 여기 세 편을 들어 놓았는데, 하나는 신문 논설이고, 다음 하나는 한글학자의 글이고, 나머지 하나는 소설이다. 첫 번째로 든 『동아일보』의 「창간사」는 '淸風' '山靜水流' '草木昌茂' '百花爛發' '鳶飛魚躍'과 같은 중국글자말을 써서 옛날 사람들이 쓰던 틀에 박힌 글의 본보기 같다는 느낌이 든다. 이 글에서 토와 중국글자말 다음에 붙여 쓴 '한다'가 아닌 우리 말이 또 있다면 '빛나고' '불도다' '사이' 셋뿐이다.

『동아일보』가 창간된 지 72년이 지난 오늘은 어떤가? 신문들은 여전히 중국글자와 중국글자말을 마구잡이로 쓰고 있고, 우리 글자로 쓰는 경우에도 남의 말과 말법을 조금도 반성 없이 따라가고 있다.

두 번째 (나)의 ㉡에 들어놓은 『조선어문법』에 나오는 글은, 앞에서 든 동아일보 창간사보다 9년쯤 먼저 나온 글이기는 하지만, 우리 글 학자가 이런 글을 썼는가 싶어 놀라게 된다. 이 글에서는 '그'라는 대이름씨 하나밖에는, 우리 말이라고는 토뿐이다.

세번째 (나) ㉢에 들어놓은 글도 중국글자말과 일본식 중국글자말, 일본말법, 서양말법 따위로 엉망이 되어 있다. 그리고 문장 자체가 도무지 '말'로 되어 있지 않다. 이런 글이 소설이라니 어처구니가 없다. 더구나 이 작품은 우리 근대문학의 대표작으로 뽑혀 여러 선집에 들어 있다. 우리 문학이 우리 말이 될 수 없는 글의 전통을 이어받아왔다는 사실을 여기서 잘 알 수 있다.

그다음, 우리 글자로만 쓴 글을 네 가지 들어놓았는데, (다)의 ㉠은 한글학자가 쓴 것이고, ㉡은 『성경』이고, ㉢은 소설이고, ㉣은 동화다.

㉠은 아주 긴 글인데, 한 글월로 이어져 있다. 도움을 준 여러 방면의 사람들을 차례로 들다보니 이렇게 되었다. 길지만 글의 짜임이 단순해서 읽는 데 그다지 어려움은 없다. 그런데 '미충' '교시' '토구' '소치'와 같은 중국글자말을 묶음표 안에 중국글자를 적어 넣기까지 해서 쓸 필요가 있었던가? '말본'이란 말까지 만들어서 쓴 분이 이런 글을 썼다는 것은 좀 이해가 안 된다. '전심'이란 말도 우리 말로 쓸 수 있다. "전심 연구의 기회를 준"은 '오로지 연구만 하는 기회를 준'이라고 쓰면 움직씨와 움직씨를 이어주는 '의'도 없어진다.

그러나 이 글에서 가장 문제가 되는 것은 "많은 참고서의 저자의 투철한 이론의 도움의 소치이라"고 한 대문이다. '의'란 토가 잇달아 네 번이나 나오는 이런 글을 우리 말이라고 썼으니 어이가 없다. '의'를 될 수 있는 대로 많이 넣어 괴상한 말을 만드는 장난을 했거나, 될 수 있는 대로 우리 말답지 않게, 일본말법 흉내내는 웃음거리 글을 썼다면 모르지만, 이것은 다른 자리도 아닌 『우리말본』 책의 「머리말」이 아닌가. 이것을 보면 우리 학자들이 얼마나 우리 말에 대한 깨달음이 없었는가, 우리 글이 중국글에 갇혀 있고 일본글 따라가고 있는 사실을 모르고 있었던가를 알 수 있다.

ⓒ에 나오는 영접은 '맞이'로 쓰는 것이 좋고, 소자는 '어린이' '어린아이'라고 써야 우리 말이 되고, 실족케는 '헛디디게'나 '잘못되게'라고 써야 하고, 범죄케는 '죄짓게'로 써야 한다. 달리우고, 빠치우는 '던지우는' 하는 말들도 일본글을 직역한 괴상한 말이다. '달고' '빠지는' '떨어지는'이라고 써야 우리 말이 된다.

왜적들이 조선말 조선글을 아주 없애려고 했던 일제강점기 마지막에도 우리 글로 읽고 있었던 것이 『성경』인데, 그 『성경』이 이렇게 괴상한 말로 씌어 있으니 어찌 우리 말이 병들지 않을 수 있었겠는가. 지금도 대부분의 기독교인들은 이렇게 잘못된 『성경』을 그대로 읽고 있다.

ⓒ은 소설인데, 많은 소설 가운데서 황석영 씨의 글을 들어 보이는 까닭은, 이분이 소설을 쓸 뿐 아니라 이야기를 잘하는 사람으로 소문이 나 있기 때문이고, 또 두어 해 전 고국을 떠나던 앞뒤에 발표한 이 신문연재 소설이 보기 드물게 입으로 지껄이는 말의 형식으로 쓴 글이 되어 있기 때문이다.

입말의 형식으로 되어 있다는 것은 글월의 끝맺음이 입말―이야기말처럼 되어 있기 때문이다. 여기 들어놓은 글만 보더라도 "없었지" "못했다" "있었고" "같았지" "보냈다" "했거든" "애썼지" "세계였다" "었지"―이렇게 아홉 개의 말로 끝난 글월 가운데서 -다로 끝난 것은 세 개뿐이고, 그밖에는 '-지' '-고' '-거든' 따위로 우리들 이야기말에서 많이 쓰는 말씨로 되어 있다.

그러나 위의 소설을 읽어보면 글월의 맺음이 이야기말같이 되어 있다 뿐이지 글에 씌어 있는 낱말이나 글의 흐름은 도무지 이야기말이 아니다. 지식인들만이 쓰는 글말과 일본말법 따라서 쓴 글로 되어 있어서 참으로 어설프게 읽힌다. 보기를 들면,

- 대구역에서의 어머니의 격정을……
- 경험들을 다시 완성시킬 수가 있었고.
- 어머니의 고향에 대한 상실감은……
- 이후 성장기를 치열한 전투로 보냈다.
- 온갖 규범들과 수는 피투성이의 싸움을 벌여야만 했거든.
- 지식계급적 체통을……
- 교회와 학교와 읍내 소시민들의 울타리 바깥에는 야만인과 노예와 미시시피의 거친 강변과 함께 허클베리가 있었지.

이런 글들은 아무리 좋게 보아도 우리 이야기말이 될 수는 없다. 지식인들의 생각을 지식인들이나 쓰는 말로 엮어놓은 글이 되어 있다. 이런 글월의 맺음만을 이야기말체로 적어놓았으니 어설픈 글이 되지 않을 수 없다. "추구하는 세계" "허위의 세계" 같은 말도 '찾는 세계' '거짓스런 세계'라고 써야 한다.

이야기를 할 줄 아는 작가, 그래서 이야기말을 가장 잘 살려서 쓸 수 있는 작가가 쓴 글이 이러하니 우리가 살고 있는 이 시대에 씌어져 나오는 소설이 우리 말과 얼마나 거리가 먼 글말이 되어 있는가를 짐작할 만하지 않은가.

㉣은 창작동화인데, 아이들이 읽히기 위해 쓴 글이 가장 깨끗한 우리 글이 되어야 한다는 생각에서 어느 동화작품의 첫머리를 들어본 것이다.

많은 동화작품 가운데서 이 글을 보기로 든 까닭은, 무엇보다도 이 글이 입으로 이야기해주는 구연동화의 바탕글이란 딱지가 붙어 있고, 실제로 얼마 전 어느 행사 때 아이들 앞에서 이야기해주었던 작품이기 때문이다.

이 글은 낱말 하나하나를 살피면 났는데라는 영어문법 따르는 잘못된 말을 제쳐놓으면 달리 문제될 것이 없다. 글월이 모두 4개인데, 이 글월 하나하나를 보아도 그다지 잘못된 것이 없어 보인다. 그러면 잘된 글인가? 그렇지 않다. 읽어도 머리에 들어오는 것이 없다. 무엇을 썼는지 모르겠고, 왜 이런 글을 썼는지 알 수 없다. 그렇다면 문장의 어디가 잘못되어 있는가? 낱말에 그다지 문제가 없고, 글월 하나 하나가 그런대로 읽히는데 무엇이 문제인가?

이 글의 문제는 낱말에 있는 것이 아니고, 글월 하나하나에 있는 것도 아니다. 글월과 글월 사이에, 글월과 글월의 어울림에서, 곧 글 전체에 문제가 있다. 그것이 무엇인가 살펴보기로 하자.

맨 처음에 나오는 글월이 이렇다.

"며칠 전 개학을 한 것 같은데 또 봄방학이에요."

겨울방학이 끝나고 학교에 가는 날은 대개 2월 1일인데, 늦어도 2월 5일까지는 학교에 가게 된다. 그리고 학년이 끝나는 날이 빠르면 2월 20일 쯤이고 봄방학이 다시 며칠 동안 있게 되니, 학교 공부, 숙제 공부에 시달리는 아이들 마음에서 "며칠 전 개학을 한 것 같은데……" 하는 말은 좀 맞지 않는 말이란 느낌이 들지만 그럴 수도 있다고 보면 이 글월에서 문제가 될 것은 없다. 어쨌든 이렇게 시작한 이 글월에서 앞으로 펼쳐질 이야기가 바로 봄방학으로 시작하는구나 하고 알게 된다. "또 봄방학이에요." 했으니 바로 지금 봄방학을 시작한 것이다.

그런데 그다음에 나오는 글월이 어떤가.

"방학이 되면 학교에 가지 않아 신이 났었는데 이번에는 그렇지가 못했어요."

여기서는 '……못했어요'라고 써서, 그 방학이 그만 지나가버린 것으로 되었다. 앞의 글월에서는 현재형으로 되어 있던 방학이 바로 그다음 글월에서 아무 까닭(이야기 진행)도 없이 과거형으로 되어버렸다. 이 글을 읽는 사람은 누구든 어리둥절하게 된다.

다음 문제로 넘어가보자.

방학이 되면 학교에 가지 않아 신이 났는데, 이번에는 봄방학이 신이 안 났다. 재미가 없었다고 했다. 왜 그럴까 하고 그다음 글을 읽게 된다. 어떻게 써놓았는가.

"'5학년이 되면 더 건강하고 착한 어린이가 돼야지.'

종업식이 끝난 후……"

이렇게 써놓았는데, 이 글(두 개의 글월)을 한참 읽어나가는 동안 왜 이런 글을 써놓았는지 도무지 알 수 없어 어리둥절해진다. 그러다가 마지막에 가서 "선생님 얼굴이 어쩐지 쓸쓸해 보였기 때문이어요" 하는 말을 읽고 나서야 비로소 지금까지 읽었던 글의 뜻을 겨우 그것도 머리를 써서 문법상으로 이해하게 된다.

글을 이렇게 써서는 안 된다. 복잡한 생각이나 이론을 말하는 논문이라면 모르지만 소설이나 동화—이야기글에서 무엇을 말하는지 알 수 없도록 한참 나가다가 뒤에 가서야 아하, 앞에서부터 적어놓은 말은 이런 뜻이구나 하고 깨닫게 되도록 써서는 안 된다. 이것은 아주 좋지 못한 글이다. 어른들이 읽는 글도 그렇지만 아이들이 읽는 글은 더욱 그렇다. 더더구나 이 글은 입으로 말해주는 말을 그대로 썼다고 하는 '구연동화'가 아닌가. 그러나 이 글의 문제는 여기에 그치지 않는다.

앞에서 나는 "이 글의 뜻을 겨우 그것도 머리를 써서 문법상으로 이해하게 된다"고 썼는데, 그 까닭을 말해야 하겠다. 이 글에 나오는 아이, 바로 이야기를 하는 아이가 방학만 되면 신이 났는데 이번에는 그렇지 못했다고 했다. 왜 그렇게 신나는 방학이 재미없는 방학이 되었는가? 무슨 큰일이라도 일어났는가? 그런데 이 아이가 방학이 재미없게 된 까닭이라고 해서 그다음에 너절하게 늘어놓은 말이 도무지 이해가 안 되고 공감이 안 되는 말로 되어 있다. 종업식이 끝난 뒤 통지표를 나누어 주시던 선생님 얼굴이 어쩐지 쓸쓸해 보였기 때문에 그만 방학조차 재미가 없는 것으로 되어버리다니 어디 이럴 수 있는가! 아무리 아이들이 선생님을 하늘같이 쳐다본다고 하더라도 이럴 수는 없다. 아이들은 부모가 죽어도 다음날은 밖에 나가 뛰논다. 그게 아이들이다. 그런데 종업식이 있던 날 선생님 얼굴이 "어쩐지 쓸쓸해 보였기 때문에 방학까지 재미없어졌다"는 것은 어떤 아이에게도 결코 있을 수 없는 일이다.

이래서 이 글은 아무리 거듭 읽어도 무엇을 썼는지 알 수 없는 글로 되어 있다. 이래서 또 이 글은 '말'이 될 수 없는 글이라고 한 것이다.

말이 될 수 없는 글, 말에서 멀어진 글은 낱말이 어렵고 말법이 남의 나라 말법을 따라서 쓰는 데서 생겨날 뿐 아니라, 있을 수 없는 일을 제멋대로 만들어내는 데서도 생겨난다는 것을 알 수 있다. 요즘은 우리 문학이 아동문학뿐 아니라 어른문학에서도 이런 삶을 떠난 글, 살아 있는 말이 없는 말장난 같은 글이 쏟아져 나오는 판이 되었는데, 이것은 사람들이 모두 어려서부터 삶을 빼앗기고, 교과서와 책에서 허공에 뜬 말만을 배워왔기 때문이다.

작품 ㉣은 겨우 첫머리만 들어 보인 것이 이렇다. 그러니 그다음에 이어지는 글이 어떻겠는가는 짐작하기에 어렵지 않다. 이런 글을 구연동화라고 해서 어른이 외어서 아이들에게 들려준다면 그런 '구연'을 해주는 어른도 고역이겠지만 무슨 말인지 알 수 없는 '동화'를 듣는 아이들도 재미없고 답답한 시간이 되지 않을 수 없을 것이다. 더구나 이것을 아이들에게 외우게 해서 어른들이나 아이들 앞에 나가 '구연'하게 한다면, 그런 연출을 하게 되는 아이야말로 재앙을 받는 것이다. 설사 그 아이가 웅변대회에 나가는 아이처럼 우쭐거리고 자랑스러워한다고 하더라도 참된 교육의 자리에서 볼 때 불행한 아이임이 틀림없다. 사실 이 '동화'는 그런 불행한 아이를 만들었던 것이다.

2. 말과 글, 입말과 글말을 견주어 본다

우리는 말과 글이 따로 떨어져 있는 역사를 살아왔다고 했다. 지금도 말과 글이 따로 나뉘어 있는 세상을 살아가고 있다. 그렇다면 말은 어디서 오고 누가 쓰고 있으며, 글은 어디서 오고 누가 쓰고 있는가?

말은 삶에서 나온다. 그러니까 삶을 가진 사람, 온몸으로 일하면서 살아가는 사람은 말을 가지고 있다. 그런데 글은 중국에서 왔고 일본에서 왔고 서양에서 왔다. 우리가 만든 글자가 있고 우리 글이 조금은 있지만 그것은 밖에서 들어온 글에 짓밟히고 쫓겨나고 강간당하여 모양이 괴상한 튀기가 되었다.

그런데 이 글은 점점 더 그 힘이 세어져서 꼴사나운 모양으로 이 땅을 덮고 있다. 그래서 아직도 간신히 살아남아 있는 말까지 부리게 되었다. 사람들의 입에서 나오는 말은 어느새 글로, 글말로 범벅이 되었다. 여기서 말과 글, 입말과 글말을 견주어 보기로 하자. 이 견줌표에서 우리 말이 어째서 죽어가는가, 입말이 왜 글말에 잡아먹혀가고 있는가 하는 문제를 생각해야 하겠다.

이름씨(명사)
- 어른 (→성인, 대인)
- 아이, 아기 (→아동, 소인, 소아, 유아)
- 집 (→주택, 가옥, 건물)
- 잠 (→수면)
- 밥상 (→식탁)
- 부엌 (→주방)
- 책 (→서적)
- 땅 (→대지)
- 하늘 (→창공)

- 배 (→선박)
- 꽃 (→화훼)
- 말 (→언어)
- 뜻 (→의의)
- 새벽 (→여명)
- 앞날 (→미래)
- 슬픔 (→비애)
- 기쁨 (→희열)
- 아픔 (→고통)
- 길 (→코스)
- 굴 (→터널)
- 달력 (→캘린더)
- 단추 (→버튼)

움직씨(동사)
- 태어났다 (→출생했다)
- 밥을 먹는다 (→식사한다)
- 술을 마신다 (→음주한다)
- 담배를 피운다 (→흡연한다, 끽연한다)
- 길을 간다 (→보행한다)
- 일한다 (→작업한다, 노동한다, 근로한다)
- 쉰다 (→휴식한다)
- 잠잔다 (→취침한다)
- 깨어난다 (→기상한다)
- 낯 씻는다 (→세수한다, 세면한다)
- 책 읽는다 (→독서한다)
- 싸운다 (→투쟁한다)

- 다툰다 (→경쟁한다)
- 말한다 (→담화한다, 발언한다, 언어를 사용한다)
- 말 안 한다 (→침묵한다)
- 이긴다 (→승리한다)
- 진다 (→패배한다)
- 꾸중한다 (→질책한다, 질타한다)
- 만난다 (→회동한다, 조우한다, 해후한다)
- 견준다 (→비교한다)
- 웃는다 (→미소한다)
- 운다 (→곡한다)
- 본다 (→목격한다)
- 듣는다 (→경청한다)
- 판다 (→판매한다)
- 산다 (→구입한다)
- 올린다 (→인상한다)
- 내린다 (→인하한다)
- (무슨 일이) 터졌다 (→발발했다)
- 죽었다 (→사망했다, 별세했다, 작고했다)
- 죽였다 (→살해했다)
- 끝났다 (→종결했다)
- (문단에) 나왔다 (→데뷔했다)
- (남녀가) 만났다 (→데이트했다)
- 본다, 듣는다, 만난다 (→접한다)
- 줄 선다 (→정렬한다)

그림씨(형용사)

- 슬프다 (→비통하다, 애통하다)

- 이상하다 (→의아스럽다)
- 아프다 (→고통스럽다)
- 멀다 (→요원하다)
- 있다 (→존재한다)
- 자리잡고 있다 (→위치해 있다)
- 쉽다 (→평이하다)
- 깨끗하다 (→청결하다)
- 넉넉하다 (→풍부하다)

어찌씨(부사)

- 많이 (→다수)
- 빨리 (→신속히, 조속히)
- 일찍 (→조기)
- 천천히 (→서서히)
- 번개같이, 눈 깜짝할 사이에 (→순식간에, 전광석화)
- 아주 (→전혀)
- 다시 (→재차)
- 더구나 (→특히)
- 자주 (→빈번히)
- 더, 더욱 (→보다)
- 갑자기 (→돌연)
- 같이, 함께 (→공히)
- 바로 (→정히)
- 이미, 벌써 (→기히)
- 반드시 (→필히)

느낌씨(감탄사)
- 아이고, 아아 (→오호〔嗚呼〕)

토씨(조사)
- 우리 나라에서 (→우리 나라에 있어서)
- 우리들의 민주주의 (→우리들에 있어서의 민주주의)
- 해방의 길 (→해방에의 길)
- 민주화의 길 (→민주화로의 길)
- 마음의 병 (→마음으로부터의 병)
- 우리 나라 (→우리의 나라)
- 사람마다(인사한다) (→사람마다에게)
- (이런) 상황에서 (→상황 아래)
- 병원과 학교 (→병원 및 학교)

익은말(숙어)
- 그런데도, 그러한데도 (→그럼에도 불구하고)
- ……과 같다 (→에 다름 아니다)

3. 왜 말이 짓밟히고 쫓겨나는가

말과 글이 갈라져 있는 세상에서 글이 으뜸이 되고 주인 노릇을 하고 있다. 그래서 말은 글에 짓밟혀 쫓겨나고, 간신히 골짜기나 숲에 숨어서 떨고 있는 꼴이 되어 있다. 왜 말이 글에 눌려 맥을 못 추고 있는가? 그 까닭은 세 가지다.

첫째는 일하는 백성이 주인으로 살아가지 못하는 나라가 되어 있기 때문이다. 앞에서 말했지만 말은 일하면서 살아가는 백성의 것이다. 그런데 글은 남의 나라에서 온 것이다. 남의 나라 글을 가지고 온 것은 정치권력을 잡은 사람들이다. 백성들 위에 올라앉아 백성들을 부리면서 그 자리를 지켜가자면 권위가 있어야 한다. 백성들 모두가 쉽게 익혀서 마음대로 쓸 수 있는 글 가지고서는 그 권위를 보일 수가 없다. 말과 글이 갈라져 있는 것부터가 반민주, 반민중의 역사를 되풀이하도록 강요하는 총과 칼을 잡은 무리들 때문이지만, 글이 말을 누르고 겁주고 기가 죽게 만들고, 그래서 말이 글을 따르고 흉내내게 한 것도 권력이 부리는 요술이다. 이 권력은 총과 칼을 잡고 있을 뿐 아니라 지식인과 학자들, 문인과 예술인까지도 제 편에 넣어 말을 짓밟는 글의 세상을 만드는 수단을 삼고 있다. 학문을 하고 글을 쓰는 사람들도 일반 백성들이 알 수 없는 글을 읽고 글을 써야 권위가 서게 되어 있는 것이 이 땅의 풍토다.

말이 짓밟히고 쫓겨나는 두 번째 까닭은, 외국의 침략과 반민족의 무리들 때문이다. 그 옛날의 신라는 당나라 군대를 불러들여 고구려를 쳤고, 80여 년 전 매국노들은 끊임없이 이 땅을 침략해온 왜놈들에게 그만 주권을 팔아넘겼다. 그리고 오늘날은 국토가 두 동강이로 난 땅에서 또 다른 외국 세력에 기대어 제 권력만 지키려고 수단 방법을 안 가리는 무리들이 제멋대로 날뛰고 있다. 우리 말이 중국글자말과 일본말·일본말법으로, 그리고 서양말과 서양말법으로 엉망진창이 되어 있는 까닭은 이런 세상에서 어린아이들도 쉽게 알아차릴 수 있는 형편이 되어 있다.

말이 글에 짓밟히는 세 번째 까닭은, 이와 같은 거꾸로 된 역사, 꽉 막힌 반역의 역사가 오랜 세월을 이어오는 동안에 어느새 우리 겨레의 몸과 마음에 깊이 스며들어 굳어져버린 어떤 슬픈 버릇 때문이기도 하다. 어떤 버릇인가? 남의 나라 글, 남의 나라 말이면 높이 우러러보고, 우리 말 우리 글이라면 시시하게 여긴다. 남의 나라 말을 하고 남의 나라 글을 읽는 사람 앞에서는 머리가 숙여지지만, 우리 말밖에 할 줄 모르면 멸시를 하게 된다. 이래서 우리 것은 부끄럽기에 덮어 가리고, 감추고 싶어하고, 남의 것을 가지면 자랑스러워 드러내어 보이려고 한다.

글이 우리 말을 살려 쓰려고 하지 않고 될 수 있는 대로 남의 나라 글자말을 쓰고 싶어하고, 남의 나라 말법을 따르고 싶어하는 까닭이 이렇다. 신문기사고 학술논문이고 시고 소설이고 수필이고 모든 글이 유식함을 내보이려는 글말이 되어 있으면서 그것을 조금도 고치려고 하지 않는 까닭, 그리고 입으로 하는 말이 이런 글을 닮아가고 끌려가는 까닭은 벌써 우리 겨레 전체가 유식한 척해야 사람 노릇을 할 수 있다는 어떤 무더기 정신병 같은 것에 걸려 있기 때문이다.

이런 말이 너무 지나치다고 할 사람이 있을는지 모르겠다. 그러나 우리는 정직해야 한다. 우리 자신을 있는 대로 정직하게 보아야 길을 찾을 수 있다. 그리고 내 생각으로는 우리가 이만저만한 생각을 가지고서는 결코 우리 앞날을 열어갈 수 없다. 아주 비상한 결심을 해야 한다. 어느 정도로 어떤 지경에까지 와 있는가 하면, 이렇다. 그까짓 학술논문이고 논설이고 시고 수필이고 소설 같은 글까지 들먹일 것 없다.

가령 백화점(요즘 백화점은 옛날의 장터같이 떠들썩하더라.) 같은 데 가보면 온갖 상품이 널려 있고, 그 상품들마다 포장한 종이에는 상품의 이름이며 설명을 해놓은 글이 적혀 있는데, 그 글이 나 같은 사람도 알 수 없는 말로 되어 있기가 예사다. 계산을 철저하게 하는 장사꾼들이 만들어내는 상품이 왜 이런 모양으로 나오는가? 물건을 사려고 하는 손님들에게 될 수 있는 대로 쉬운 말로 잘 알 수 있게 상품을 설명해야 잘 팔릴 것이고, 그런 사정을 누구보다도 잘 알고 있는 사람이 바로 그 상품을 만들어내는 사람들일 터인데 어째서 이 모양인가?

그런데 참으로 기가 막히게도 콩을 넣어놓은 비닐 포장지에 '콩'이라 쓰지 않고 '대두'라고 써놓아야 잘 팔리고, 팥을 넣어놓은 포장지에 '팥'이라고 쓰는 것보다 '소두'니 '적두'니 하고 써놓아야 잘 팔린다고 생각하는 모양이다. 그렇지 않고서야 계산만 하는 장사꾼들이 이렇게 쓸 리가 만무하다. 이래서 '콩깨묵'은 '대두박'이 되어 있고, 검은깨는 '흑임자'가 되어 있다. 밀가루는 '소맥분'이고, 쌀도 '백미'다.

이것은 정말 어떻게 되어 있는 것일까? 실제로 '율무'라고 쓰는 것보다 '의이인'이란 괴상한 이름을 적어놓는 것이 잘 팔리는 것일까? 정확한 사정은 모르지만, 누구나 다 잘 아는 쉬운 말로 써놓는 것보다 어려운 말로 써놓으면 뭔가 권위 있어 보이고 가치 있어 보이는 것이 우리 나라 거의 모든 사람들이 가지고 있는 마음 상태인 것만은 틀림없다. 그래서 장사하는 사람들도 이런 심리를 잘 알아서 거기에 맞추어 상품을 만들고 포장하고 선전하는 것이다.

쉬운 말보다 어려운 말을, 우리 말보다 남의 나라 말을, 입으로 보통하는 말보다 글에만 나오는 말, 어딘가 유식해 보이는 말을 다투어 쓰고 싶어하는 까닭이 이렇다. 관청에서 사무를 보는 관리들이야 말할 것도 없고, 학자고 문인이고 교육자라고 하는, 책과 글 속에서 살아가는 사람들이야 물을 것도 없고, 몸으로 일하면서 살아가는 사람들의 정신까지 이렇게 되어 있는 것이 우리 겨레의 슬픈 '자화상'이다.

왜 우리 말이 쫓겨나는가? 누가 말을 짓밟는가? 우리 자신이 그 짓을 하고 있다. 우리는 우리 자신을 짓밟고 있다. 이 사실을 깨닫지 않고서는 우리 말을 살릴 수 없다.

4. 우리 말을 살리는 길

우리 겨레가 아무리 가난하게 살고 또 흉악한 외국 세력에 시달린다고 하더라도 깨끗한 우리 말만 가지고 있다면 우리는 희망을 가질 수 있다. 반대로 우리가 아무리 배불리 먹고 사치하게 살더라도 우리 말이 다 병들고 우리 말을 잃었을 때는 우리 역사가 끝장이 난 것이다. 말을 잃으면 얼을 잃은 것이요 허수아비가 된 것이니, 우리 앞에는 오직 어둠만이 있을 뿐이다.

지금 우리 겨레는 할 일이 너무 많다. 정치를 바로잡아 민주주의를 해야 하고, 경제를 정의롭게 일으켜야 하고, 통일을 해야 하고, 외국 세력을 물리쳐야 하고, 죽어가는 땅을 살려야 하고, 아이들을 건강하게 키워야 하고……. 참으로 해야 할 일이 많다. 그런데 가장 급하고 가장 중대한 일은 우리 말을 살리는 일이다. 시시각각으로 영원히 매장되어가는 우리 말을 살리지 않고는 우리가 살아날 길은 절대로 없다. 우리 말을 살리는 일은 겨레를 살리는 모든 일이 제자리에서 제대로 되게 하고, 모든 일의 뿌리가 되고 바탕이 되는 가장 중대한 일이고 가장 앞서야 하는 일이다.

그렇다면 우리 말 살리는 일을 어떻게 해야 하나?

한 나라의 말을 살리는 일은 그 나라 온 국민이 하여야 한다. 한두 사람이나 어떤 특정한 모임의 회원들만으로는 할 수 없다. 모든 가정에서, 모든 모임에서, 모든 직장에서 나라 사랑 겨레 사랑의 마음을 우리 말 살리기로 실천하도록 하는 운동을 펼쳐나가야 한다. 그리고 이것은 결코 관청에서 행정지시로 해서는 안 된다. 행정이 이런 일을 지시할 턱이 없지만, 가령 지시한다고 하더라도 될 수 없다. 행정이 이런 일에 덤비면 이 일은 무너지거나 비뚤어진다. 행정의 성격이 그렇게 되어 있다. 그러니까 행정 쪽에서 나서서 이런 일을 해주기를 바라서는 안 된다. 말을 살리는 일은 어디까지나 그 말의 임자가 되어 있는 백성들이 해야 하는 것이다. 다른 민주운동과 마찬가지로 말 살리는 운동도 밑에서부터 시작하고 밑에서 퍼져나가는 것이 될 수밖에 없다.

모든 국민들이 해야 하는 일이지만 처음부터 모든 사람들이 할 수는 없다. 아무래도 처음에는 극히 적은 숫자, 겨우 몇몇 사람들이 이 일을 시작해야 할 것이다.

말을 살리는 일은 입으로 하는 말을 바로잡는 일과 눈으로 읽는 글을 바로잡는 두 가지가 있다. 가정에서나 학교에서, 또는 그밖의 자리에서 귀로 듣게 되는 입말을 서로 충고하고 반성해서 바로잡는 일도 해야 하겠지만, 글을 바로 쓰도록 하는 일은 더욱 중요하고 더욱 힘써 하지 않으면 안 된다. 우리 사회는 글이 말을 부리고 있으며 말은 글을 따르고 있기 때문이다. 그러니까 글만 바로잡으면 말은 저절로 바로잡힌다고 할 수도 있다. 우리 말 살리는 일은 우리 글을 바로 쓰는 일이라고 해도 잘못된 말이 아니다.

우리 말 우리 글을 살리는 운동을 실제로 펴나가자면 다섯 가지쯤 되는 일을 해나가야 한다. 첫째는 목표와 원칙을 세우고, 둘째는 잘못된 말과 글을 비판하고, 셋째는 운동을 하는 사람 스스로 깨끗한 말을 써서 보여주고, 넷째는 말과 글을 바로 쓰는 연구를 하고, 다섯째는 이 운동이 좋은 열매를 맺을 수 있도록 하기 위한 사업을 하는 것이다.

첫째는 목표와 원칙을 세우는 일인데, 온 국민 온 겨레가 함께해야 하는 가장 큰 목표를 환히 밝혀놓아야 할 것은 말할 나위가 없다. 그리고 이 큰 목표 다음에는 좀더 뚜렷한 작은 목표들을 세워놓아야 되겠지. 다시 또 실제로 일을 해나가려면 그때그때 이뤄내야 할 목표를 정할 필요도 있을 것이다.

운동을 해나가는 데 지켜야 할 원칙도 있어야 하겠지만, 원칙이란 우리가 살려야 할 말이 어떤 말인가, 우리가 물리쳐야 할 말이 어떤 말인가를 누구든지 판단할 수 있는, 우리 말 바로 쓰기의 기준을 말한다. 우리 말의 기준을 어디에다가 잡는가? 물론 이 기준은 중국글자말과 일본말·일본말법에다가 서양말법에까지 오염이 될 대로 된 글쟁이들의 글에서 찾을 수 없다. 그런 글은 도리어 우리가 물리쳐야 할, 우리 말을 잡아먹는 적이다. "교양을 갖춘 사람들이 쓰는 서울말"이라 하는 것도 남의 나라 말과 말법을 자랑스럽게 쓰는 교양과, 가장 깨끗한 우리 말로 되어 있는 시골말을 부끄럽게 여기는 사람들이 쓰는 고상하고 유식한 말이 되어 있으니, 우리 말의 표준이 될 수가 없다. 우리가 지키고 살려야 할 말은 사전에만 올려 있는 말이 아니다. 방 안에 앉아 공자 맹자를 읽고 있는 선비들의 붓끝에 씌어져 나오는 글이 우리 말이 될 수 없듯이, 글만 쓰는 문필가들의 펜끝에서 만들어져 나오는 말도 우리 말이 아니다. 대학교수들의 강의말도, 목사들의 설교말도, 방송국 아나운서들의 말도 병든 말이라 보아야 한다.

그럼 우리 말은 어디 있는가? 누가 하는 말인가? 우리 말은 책을 읽지 않았거나 아주 적게 읽은 사람들, 글의 해독을 입지 않은 사람들, 그러니까 몸으로 일만 하면서 살아가는 사람들이 하는 말에서 가장 깨끗한 모습을 볼 수 있다. 그렇게 보아야 한다. 우리 말의 임자는 말을 연구하는 학자도 아니고, 말과 글을 팔면서 살아가는 사람도 아니다. 다만 삶과 말이 하나로 되어 있는 백성들이요, 민중들이다. 이 사실, 이 원칙을 잊어서는 안 된다.

둘째는 잘못된 말과 글을 비판하여 바로잡아 보이는 일이다. 목표가 서고 원칙이나 기준이 정해졌으면 거기에 따라 잘못된 말과 병든 글을 지적하고 충고하고 비판해야 할 것은 당연하다. 온 국민이 쓰는 말과 글에 가장 큰 영향을 미치는 것이 신문과 방송이다. 그리고 잡지와 낱권 책들, 날마다 쏟아져 나오는 온갖 인쇄물이며 광고물들이 있다. 우리 말을 짓밟고 더럽히는 이 모든 공해물들을 모조리 다 살펴서 바로잡을 수는 없고 그럴 필요도 없다. 다만 온 국민의 말을 그릇되게 하는 신문과 방송, 잡지들을 중심으로 병들어 있는 글의 실상을 진단하여 그 증세를 밝히고, 또는 감시하고 고발해야 할 것이다.

셋째는 스스로 실천해 보이는 일이다. 사람은 잘못된 점을 가리켜 말하면 고맙게 여겨서 곧 고치는 사람도 있기는 하지만, 고치기는커녕 잘못을 말해주는 사람을 미워하는 경우가 더 많다. 더구나 말과 글의 문제가 되면 거의 모든 사람들이 잘못 쓰고 있으면서 그렇게 잘못 쓰는 것이 굳어진 버릇으로 되고 보니 여러 가지 현실의 이해관계까지 얽히어 그 잘못에서 빠져나오기가 예사로운 일이 아니다. 이렇게 되니까 저절로 그 잘못을 인정하기 싫어하여 도리어 옳다고 하는 억지도 피우게 된다. 그러니까 우리 말 바로잡기는 비판하는 일만으로서는 효과를 바랄 수 없고, 스스로 깨끗한 우리 말로 글을 써 보이는 일을 아울러 해야 제대로 열매를 거둘 수 있다.

수필도 좋고 시도 좋고 소설이나 동화, 논문이나 생활글도 다 좋다. 우리는 우리가 어렸을 때 배운 말, 쉬운 말 우리 말로 글을 쓰자. 그래서 어린이고 어른이고 시골 사람이고 도시 사람이고 모든 사람들이 읽도록 하자. 깨끗한 우리 말로 우리 이야기를 쓰면 모든 사람들이 즐겨 읽을 것이다. 재미있게 읽으면서 아, 이게 진짜 우리 말이구나, 우리 글이구나 하고 느끼면 그보다 더 좋은 우리 말 살리기 운동이 없을 것이다.

넷째는 말과 글에 대한 공부를 하는 일이다. 잘못된 것을 바로잡으려고 하는데 어찌 공부가 없이 되겠는가. 더구나 이것은 나라 안 모든 사람들이 잘못 들어 있는 말 버릇과 글 버릇을 고치려고 하는 일이다. 웬만한 공부 가지고서는 사람들이 고개를 끄덕거리지 않을는지 모르고 따라오지 않을는지 모른다.

우리 말은 어떤 말인가? 우리 말의 특징이 무엇인가? 글은 말과 어떻게 달리 쓰고 있는가? 우리 말이 될 수 없는 말의 갈래는 어떻게 나눌 수 있는가? 그런 말들은 각각 어떤 까닭으로 우리 말이 되어서는 안 되는가? 잃어버린 우리 말, 찾아내어 써야 할 말, 어쩌다가 쓰기는 하지만 자꾸 밀려나는 우리 말에는 어떤 말이 있는가? 잘못 쓰고 있는 말은 어떤 것이 있는가?

우리 말이 될 수 없는 중국글자말을 조사해보자.

신문이나 잡지에서 쓰고 있는 일본식 중국글자말을 찾아내어보자.

몰아내어야 할 서양말을 들어보자.

사람들이 모르고 쓰는 서양말법을 찾아보자.

우리 말에서 토 의를 어떤 경우에 썼는가? 지금 글에서는 어떻게 쓰고 있는가? 논문, 소설, 시, 수필, 동화…… 이렇게 글의 종류에 따라 의가 쓰이는 모양을 살펴보자.

글에서 토 의가 다른 토에 붙어서 쓰이는 경우를 살펴보자.

에 있어서(의), 에 의하여, 에로(의) , 으로의, 에의, 으로부터의, 에게마다 따위는 모두 일본말을 따라서 쓰는 잘못된 말이다. 왜 그런가?

어찌씨(부사)로 쓰는 보다도 일본말 따라서 쓰는 말이다. 어째서 그런가?

그녀란 말도 일본말 따라 쓰는 잘못된 말이다. 우리 말로는 어떻게 써야 하는지, 실제 문장에서 보기를 들어 말해보자.

"그는 어렸을 때 천재 소년이라고 불리웠다"고 쓴 글에서 불리웠다란 말은 일본말 따라서 쓰는 말이다. 이런 잘못된 글의 보기를 들어 우리 말로 바로잡아보라.

일본말 따라서 쓰는 움직씨의 입음꼴(동사 피동형) '되다' '되어지다' 따위 말의 보기를 찾아서 우리 말로 바로잡아보라.

신문이나 잡지에 나오는 글의 한 대문을 우리 말로 바로잡아 써보라.

똑같은 말을 여러 사전에서 찾아보고, 사전마다 말을 어떻게 풀이해 놓았는가를 살펴서 견주어 보자.

이밖에도 얼마든지 공부할 문제를 찾을 수 있을 것이다. 다만 이 공부는 우리 말을 살리기 위한 공부요, 우리 글을 바로 쓰는 일에 필요한 공부요, 우리 말 살리는 일을 해나가는 데 소용되는 공부라야 한다. 부질없는 지식을 쌓아두기 위한 공부는 할 필요가 없다.

다섯째는 사업이다. 말과 글을 바로잡는 일은 역시 글로써 해야 하니, 잘못된 말과 글을 바로잡아 보이고, 싱싱하게 살아 있는 말로 글을 써 보이는 책을 만들어 많은 사람들에게 읽히는 것이 가장 중요한 사업이 되어야 한다.

이밖에 공부한 것을 발표하고 토론하는 모임을 갖는 일, 글쓰기 작품 현상모집, 우리 말을 잘 살려서 쓴 책을 가려 뽑아서 많은 사람들이 읽도록 추천하는 일 같은 것도 할 수 있을 것이다.

우리 말을 바로잡고, 병들어가는 말을 살리는 일을 하려면 먼저 우리 말과 글에 대해서 생각을 같이하는 사람들이 한자리에 모여 이 일을 어떻게 해야 하는가를 의논하는 일부터 해야 한다. 이런 자리에 모이는 사람은 우리 말을 지키고 살리는 일이 얼마나 중요한가를 잘 알고 있는 사람, 그래서 이 일을 함께하는 데 몸과 마음을 어느 정도 바칠 각오가 되어 있는 사람이라야 한다. 나는 이런 사람이 우리 나라 곳곳에 많이 있으리라 믿고 있다. 이런 사람들이 우선 몇 사람이라도 먼저 한자리에 모여서 우리 말 우리 얼을 살리는 혁명의 불을 붙일 수 있게 되기를 바란다.

제2장 우리 겨레의 얼을 빼는 일본말

1. 신문과 잡지의 글

얼마 전 어느 월간잡지사에서 전화가 왔다. 그 잡지에 다달이 사회에서 활동하고 있는 분들의 말을 연재하는 자리가 있으니, 원고지 1장 정도 길이가 되도록 들려주시면 고맙겠다면서, 제목은 '나를 화나게 하는 것'으로 자유롭게 얘기해달라는 것이었다. 이런 경우 나는 무슨 말이든 해주기를 아주 싫어한다. 내가 한 말을 제멋대로 줄이거나 늘이고, 엉뚱한 말을 넣고, 괴상한 일본말법이나 서양말법으로 써놓기가 보통이기 때문이다. 그래서 할 말이 없다고 거듭 사절했지만 저쪽에서 물러나질 않아, 귀찮아서 한마디 해준 것이 탈이었다. 내가 한 말은, 사람들이 우리말을 할 줄 모르고 일본말과 일본말법을 예사로 쓰면서 조금도 부끄러운 줄을 모른다는 것이었는데, 그 다음달에 나온 잡지를 펴니 내 이름으로 다음과 같은 글이 적혀 있었다.

아직도 일본식 표현을 쓰고 있으니……
우리 주위에는 아직도 잘못된 언어사용이 많다. 예를 들어 우리가 흔히 쓰는 '-에 의하여 되어진다' 할 때 -에 의하여는 일본식 표현으로 우리 말로는 '-를 따라서' 또는 '-때문에'라고 쓰는 것이 옳다. 나는 특히 이런 잘못된 언어사용이 법조계나 신문, 잡지 등 모범이 되어야 할 분야에서 관행처럼 굳어지는 것 같아 안타깝다.

이 글에서 내 입으로는 절대로 하지 않는 말들을 다음에 적어본다. 묶음표 안에 쓴 것이 내가 하는 말이다.

- 주위 (→둘레)
- 언어사용이 많다 (→말을 많이 한다)
- 일본식 표현으로 (→일본말법이기 때문에)
- 특히 (→더구나)
- 언어사용이 (→말이)
- 등 (→들, 따위)
- 관행처럼 (→버릇처럼, 버릇으로)

이밖에 예를 들어라고 되어 있는 말도 나는 글을 쓸 때 반드시 '보기를 들어'라 쓰고, 말을 할 때도 그렇게 하고 있다고 생각하지만, 그날 그때는 혹시 예를 들어라고 말했는지 모르겠다. 그리고 보기를 들어 말했다는 '-에 의하여 되어진다'란 말에 대해서는, 내가 아무리 정신이 없어도 '-에 의하여 되어진다'고 말해놓고 '-에 의하여'에 대해서만 말하고 되어진다에 대해서는 말을 하지 않을 까닭이 없다.

제목부터 잘못되었다. "일본식 표현을 쓰고 있으니"가 아니라 '일본말법을 쓰고 있으니' 해야 옳다. 표현을 쓴다고 하는 말이 틀렸다. '표현'은 '한다'고 해야 된다. '표현법'이라면 '쓴다'고 할 수 있지. 이 제목은 물론 내가 붙인 것이 아니다. 그러나 글을 읽는 사람들은 거의 모두 내가 쓴 말이라 여길 것이다.

아무튼 잡지사에서 내 말이라고 해서 제멋대로 쓴 이 글은 의하여 되어진다란 일본말법을 말하려고 한 내 말을 제대로 적지 못했을 뿐 아니라, 스스로 잘못된 일본말투를 여러 군데 써놓았다. 특히, 등 따위가 일본말 따라서 쓴 말이고, 주위, 예, 언어, 사용 따위도 일본글 따라가는 데서 쓰게 된 한자말이라 아니 할 수 없다. 그리고 이것은 어쩌다가 이런 글이 되었거나, 구태여 잘못된 것을 꼬집어서 하는 말이 아니다. 그렇다면 얼마나 좋겠는가? 신문이나 잡지에 기사를 쓰고 편집을 하고 교정을 보는 사람들은 우리 말과 글에 대해 누구보다도 잘 알아야 할 터인데, 오늘날 그 수많은 잡지와 신문에 써놓은 글이 거의 모두 이런 꼴로 되어 있는 것이다.

2. 우리 말 속에 들어와 있는 일본말
—한자말의 문제

우리 말 속에 들어 있는 일본말이라고 하면 음식점 같은 데서 들을 수 있는 '와리바시'라든가 '시보리' 같은 말, 집을 짓는 자리에서 쓰는 '가타'나 '가쿠목' 따위를 말하기 쉽다. 그래서 글을 쓰는 사람들 가운데는 이런 일본말을 무식하고 어리석은 백성들이 아직도 쓰고 있다면서 한탄하는 이들이 많다. 그러나 이런 말은 그다지 문제가 안 된다. '가케우동'이니 '야키이모'니 '시타'니 '기레파시'니 하는 말들은 우리 말이 아니란 것을 거의 모두 알고 있고, 그래서 요즘은 안 쓰는 사람이 많아졌다. 그리고 이런 말들은 가령 끝까지 잘못되어서 그 일부가 아주 우리 말이 된다고 하더라도 큰 문제 될 것이 없다. 우리 말 전체의 틀이 우리 것으로 살아 있다면 이런 말은 우리 것에 아주 흡수되어버리는 것이다.

그러나 -에 의하여, 되어진다, 불린다, -에 있어서의, -에의, -에로의 따위나 입장, 역할, 의의, 의아해한다, 가시화, 해후, 민초, 발발, 호우, 그럼에도 불구하고…… 이밖에 얼마든지 있는 이런 말들은 다르다. 이런 말들은 우선 우리 말의 틀을 깨뜨리고 질서를 바꿔놓는다. 우리 말을 요란한 한자말 문체로, 괴상한 일본말 직역체로 바꿔놓는다. 그러면서 이런 말들은 그것을 쓰는 사람들이 처음에는 대개 모르고 쓰지만, 나중에는 알면서 쓴다. 말하자면 고치려고 하지 않는 것이다.

그래서 '무식한' 사람들이 '와리바시'니 '다라이'니 하면 나무라고 욕하는 지식인들이 스스로 쓰는 잘못된 관념어나 어려운 한자말은 그것이 일본말이라고 아무리 말해도 고치지 않는다. 지난 분단 반세기 동안 무식하다는 백성들은 그래도 일본말을 많이 고쳤지만 지식인들은 단 한 가지도 고친 것이 없고, 도리어 일제강점기에도 안 쓰던 일본말을 자꾸 써서 퍼뜨리고 있다. 지식인들은 일제강점기에도 일본말을 퍼뜨리는 일에 앞장섰지만, 지난 반세기의 분단 세월에서도 입으로 펜으로 일본말을 퍼뜨리고 우리 말을 짓밟기에 앞장서온 것이다.

여기서 한자말로 된 일본말의 보기를 들어본다.

- 작년 3월 취입……소절마다 지금과 사정 비슷. 『동아일보』, 1994. 6. 30.

이 취입이란 말은 그 어떤 사람도 일본말이 아니라고 하지 못할 것이다. '녹음'이란 말을 몰랐다고 할 수 있을까?

- 드디어 어른으로 취급되기 시작했다. 『중앙일보』, 1994. 7. 5.

아무리 좋은 소설이라고 하더라도 거기 잘못된 말을 단 한 가지라도 퍼뜨린다면 나는 그런 소설이 우리 겨레를 해친다고 본다. 취급되기는 '대접받기'로 써야 우리 말이 된다.

- 축구는 원시적인 운동이다. 사람 몸에서 가장 원시적인 발로 승부하니까. 『동아일보』, 1994. 7. 5.

여기는 두 가지가 나온다. 먼저 무슨 -적이란 말인데, 이것이 일본사람들이 만들어낸 말이란 사실은 아주 환하게 드러나 있다. 다만 이 말을 우리들은 너무 오랫동안 널리 써왔다. 그래서 이 말을 몰아내기가 힘들게 되었다. 하지만 아무리 어렵다고 하더라도 이 말은 없애야 한다. 이 말이 그럼에도 불구하고, 및, -에 의하여, -에 있어서의 따위와 함께 요란스런 한자말의 일본말 문체를 만들기 때문이다.

이런 외국말 문체는 그것을 언제나 읽고 있는 사람들의 정신을 삶에서 멀어진 엉뚱한 곳으로 끌어가고, 공중에 붕 뜬 관념의 세계에 갇히게 한다. 흔히 이론만을 앞세우는 젊은이들이 허망한 건달뱅이가 되는 까닭이 이러하다. 말과 글의 혁명은 이래서 하지 않을 수 없다. 일본제국으로부터 물려받은 말의 유산을 깨끗이 청소하지 않고 우리 역사를 민주주의로 창조할 수는 없다.

혁명이라 했지만 마음만 먹으면 누구나 당장 할 수 있다. 이 보기글의 경우에도 원시적인이란 말은 '원시스런'이라면 된다. 왜 이런 말을 고치지 못하고 일본말 따라다니면서 그 흉내만 내는 못난 짓을 할까?

또 하나 승부란 말인데, 이것은 노름판에서 쓰던 일본말이다. 이 부끄러운 말을 거의 날마다 신문에서 쓰고 있으니 참 어이가 없다. 이래가지고 무슨 민주언론인가? '승부를 가린다'는 '승패를 가린다'든지 '결판을 낸다'고 해야 하고, '승부하니까'는 '결판내니까'로 써야 우리 말이 되는데, 이것도 우리 말을 몰라서 일본말을 쓴다고는 생각하지 않는다.

• 해설을 들어도 축구는 야구에 비해 그저 그렇다. 『동아일보』, 1994. 7. 5.

여기 나오는 이 비해를 우리 말로 쓰면 '대면'이다. '견주면'이라고 써도 된다. 왜 우리 말을 안 쓰고 비해를 쓰는가? 이것도 일본글 따라가기 때문이다. 일본글을 보면 비(比) 자를 써서 그들 말로 읽는다. 이것을 우리는 '견준다'고 번역할 줄 모르고 한문글자만 보고 '비해'라 읽는 것이다. 이런 말은 아주 많다. 필히(→반드시), 공히(→함께), 정히(→바로),

특히(→더구나), 서서히(→천천히) 따위다.
 또 '견주어서'라고 하지 않고 비교해서라고 말하거나 쓰는 것도 일본글에 따라가는 것이라고 보아야 하고, 비교적이란 말을 많이 쓰는 까닭도 이래저래 일본글에 끌려가기 때문이다.

• 나는 매일 아침마다 종수와 같이 학교에 간다. ^{어느 4학년 어린이 글}

 매일이란 말은 누구나 잘 알고 있고 아이들도 이렇게 쓰는 말이지만 '날마다'란 우리 말을 쓰는 것이 좋다. 왜 사람들은 '날마다'를 안 쓰고 매일을 쓰는가? 아이들은 어른들이 쓰기 때문에 따라간다. 어른들은 왜 쓰나? 신문이고 소설이고 이 말만 쓰기 때문이다.
 매일이란 말은 대한제국 때 나온 신문 이름에서부터 볼 수 있지만, 우리가 많이 쓰게 된 것은 아무래도 일본사람들이 이 말을 신문 이름으로 쓰고, 나날의 말로 쓰기 때문이라 보아야 한다. 그래서 우리 나라에서 처음으로 널리 읽히는 소설을 쓴 이광수의 소설부터 매일이란 말을 퍼뜨리기 시작했으니 이제는 아이들의 입말에서도 나오게 된 것이다. 그러나 모두가 예사로 쓰는 말에서도 진짜 우리 것을 도로 찾아야 한다. 아직은 우리가 잘 알고 있는 말이기에 '날마다'는 살려 쓸 수 있고, 지금 이 말을 살리지 않으면 머지않아 아주 죽게 될 것이다.
 이 매일을 쓰니까 매일마다, 매일 아침마다란 어설픈 겹말이 되기도 예사다. 매월, 매년도 '달마다' '해마다'로 써야 할 것은 말할 것도 없다.

• 神父의 연인 ^{책 이름}

이 연인이 일본말이다.

• 先烈 오시던 날 山河도 숙연. 『동아일보』, 1994. 4. 5.

산하란 말은 자주 신문 제목에 나오는데, 우리 말로는 '강산'이다. 중국 사람, 일본사람은 '江山'을 안 쓰고 '山河'를 쓰는데, 우리 나라 신문과 책에서 우리 말을 버리고 산하를 쓰는 까닭은 일본글 따라가기 때문이다. 이런 신문을 보는 선열의 넋들이 얼마나 서글퍼하실까?

• 金日成 "離散가족 수백 명씩 상호방문"『동아일보』, 1994. 7. 7.

여기 나온 "이산가족"도 '헤어진 가족'이라 쓰는 것이 좋겠지만, 상호란 말은 일본사람들이 쓰는 한자말이다. 이북에서는 호상이라고 한다지만, 상호고 호상이고 이런 한자말을 쓸 필요가 없다. '서로' 하면 얼마나 좋은가. 이런 신문 제목을 보면 흔히 한자말만으로 되어 있는데, 이 가운데서 낱말 하나라도 우리 말로 살려 쓰면 제목 전체가 살아난다.

• 나토는 입장을 명확히 하라.『한겨레』, 1994. 2. 19.
• "主婦입장서 아파트 살림 돌볼터."『동아일보』, 1994. 3. 21.

입장이란 일본말도 날마다 신문에 나오는 말이다. 앞의 경우는 '태도'라고 쓰면 되고, 뒤의 경우는 '처지'라 쓰면 된다. 이런 경우에도 '태도'니 '처지'니 하는 말을 몰라서 입장을 쓴다고 생각할 수 없다. 마음이 없는 것이다.

• 가장 큰 민초들의 함성이었다.『한국일보』, 1994. 3. 19.

민초란 일본말도 신문에서 심심찮게 볼 수 있다. 부끄러워하기는커녕 유식한 말이라고 자랑스럽게 쓰는 듯하니 한심하기 짝이 없다. 요즘 한창 유행하는 신토불이란 말도 마찬가지다.

지금 우리가 보고 있는『우리말 사전』에 올라 있는 낱말들은 70퍼센트가 한자말로 되어 있다고 하는데, 이 한자말의 대부분은 『일본말 사전』
에서 옮겨놓은 것이고, 한자말의 풀이도 『일본말 사전』을 거의 그대로
베껴놓았다고 많은 사람들이 알고 있다. 글에서만 나오는 한자말을 쓰면
일본말이 되어버리는 까닭이 이러하다.

지금까지 들어놓은 한자말들은 그 많은 일본말 가운데서 그저 당장 눈
에 띄고 손에 잡힌 것 몇 가지만을 든 데 지나지 않다. 그리고 매일, 비해
따위를 든 까닭은, 우리 말에 일본말이 얼마나 많이 들어와 있고 깊이 들
어와 있는가를 생각해보기 위해서였다. 쓸 자리가 비좁더라도 신문에 날
마다 나오다시피 하는 역할, 인상, 인하, 매입, 수순 따위 말에 대해서도 한
마디씩 하고 싶지만 줄인다.

3. 우리 말의 질서를 무너뜨리는 일본말
　—토 '의'를 마구잡이로 쓰는 말

낱말의 갈래를 나눌 때 '토'(토씨)란 품사가 있다. 한자말로는 '조사'
(助詞)다. 이 '토'를 보통 흔히 생각하기로는, 알맹이가 있는 말(이름씨·
명사)에 붙어다니는 그다지 중요하지 않은 말이라고 보는데, 이것은 아
주 잘못이다. 띄어쓰기에도 이 토는 앞의 말에 붙여 써서 제 홀로는 쓸
수 없지만, 앞의 말과 뒤의 말의 관계를 나타내고, 붙여 써놓은 그 말이
실제로 어떻게 쓰이는가를 보여주는 아주 중요한 말이다. 그래서 이 토
는 우리 말을 우리 말답게 하고, 낱말에 생명을 불어넣는 노릇을 한다고
보아야 옳다.

이 '토'를 『우리말 큰사전』(한글학회)에서는 "한문을 읽을 적에 그 뜻
을 깨닫기 쉽게 하려고 구절 끝에 붙이는 우리 말 부분"이라고도 풀이해
놓았지만—이 경우에는 풀이씨의 씨끝(용언의 어미)도 들어간다.—한
문을 읽을 때 붙이는 우리 말(곧 '토'라는 것)이 그 한문의 뜻을 깨닫기
쉽게 하려고 하기에 앞서, 우선 그 한문을 읽어내기 위해서도 사이사이

에 우리 말을 넣지 않을 수 없었을 것이다.

  만약 그 '토'란 것이 없이 한문을 읽는다고 해보라. 그렇게 읽는 소리가 무슨 소리인지, 어느 나라 사람이 지껄이는 헛소리인지 알 수 없을 것이다. 그래서 더구나 아이들은 한문 공부를 할 수가 없었을 것이다. 그러니까 한문을 읽을 때 들어가는 그 토는, 괴상한 소리밖에 날 수가 없는 남의 나라 글 사이에 우리 말을 조금씩이나마 끼워넣어 그 남의 나라 글 전체를 어설프기는 하지만 그래도 우리 말과 비슷한 어떤 질서를 붙여주는 것이다. 이걸 보면 토가 얼마나 중요한가, 토가 어째서 우리 말의 생명인가를 알 수 있다. 토는 다른 말에 붙어다니는 군더더기가 아니라 바로 우리 말의 기둥이라고 할 수 있다. 토가 있어서 우리 말은 바로 선다. 다른 모든 말은 남의 나라 글자말로 바꿔 쓸 수 있지만 토만은 우리 글자로 쓰지 않을 수 없는 까닭이 이렇다.

  그런데 이 '토'가 또 야단이 났다. 글자는 죄다 우리 한글로 쓰지만 아주 엉뚱한 남의 나라 말―바로 일본말의 토가 그 꼴 그대로 괴상하게 쓰이고 있는 것이다. 이것은 참으로 기가 막히게 놀랄 일이다. 우리 말의 틀이 다 일그러지고, 우리 말의 질서가 뿌리째 흔들리게 되었다. 한 가지도 아니고 두 가지도 아니다. 이제 우리 말은 아주 엉망이 되어간다. 그런데도 글을 쓰는 사람들은 태연하다. 한글학자들도 한문글자만 안 쓰면 다 되는 줄 안다. 이 일을 어떻게 해야 할까?

  일본말의 '조사'(助詞, 우리 말 '토'와 같음)를 우리 말에서 그대로 직역해서 쓰고 있는 것은 'の'를 의로 쓰는 것이다. 우리 말에는 의 토가 아주 드물게 쓰이는데 일본말에서 'の'는 우리 나라 사람들이 도무지 이해할 수가 없을 정도로 많이 쓴다. 그런데 일제강점기부터 일본말을 배우고 일본글을 읽게 된 사람들은 우리 말을 그만 일본말같이 써서 의를 아무 데나 마구 붙이게 되었다. 의를 쓸 필요가 없는 자리에 쓰고, 써서는 안 되는 자리에 쓰고, 또 다른 여러 가지 토에다가 군더더기로 붙여서 괴상한 말을 만들기도 한다. 귀로 듣고 입으로 하는 말을 배워서도 이렇게

되지만, 말보다도 글을 읽고 쓰는 사람들이 일본말과 우리 말이 다른 점을 깨닫지 못하고 그만 우리 글을 일본글같이 일본말법 그대로 쓰기를 예사로 한 것이다. 이것은 신문기자고 소설가고 시인이고 평론가고 심지어 한글학자까지 다 그랬으니 우리 말이 이 지경으로 되지 않을 수 없다.

일본말과 우리 말의 짜임을 대어 보면 낱말을 늘어놓는 차례는 아주 비슷하다. 다만 토(조사)를 달리 쓴다. 그래서 일본말을 번역할 때 낱말을 차례로 우리 말로 바꿔놓고 토까지 그대로 일본말법 따라 바꿔놓으면 우리 말이 아니어서 괴상하기는 하지만 그 말뜻을 짐작할 수는 있다. 탈은 이렇게 해서 생겨난다. 더구나 일제강점기부터 일본글로 공부한 사람들은 그 머리속에 일본글말이 꽉 들어 있으니 일본말법으로 쓴 괴상한 글을 조금도 괴상하지 않게 받아들인다. 일제강점기에 공부한 사람이 아니고 우리 한글로 자라난 사람들도, 우리 나라에서 만들어낸 우리 책이란 것을 읽었다지만 그것은 모조리 일제강점기 교육받은 사람의 머리로 손으로 쓴 책이고, 그런 사람들의 가르침밖에는 달리 받을 수가 없었으니 이 기막힌 말의 유산은 그대로 이어질 수밖에 없다.

그러나 우리는 어떻게 해서라도 우리 말의 파산을 막아야 한다. 우리 스스로 우리 말을 학살하고, 우리 스스로 우리 말을 팔아먹는 이 엄청난 범죄행위를 그만두어야 한다. 그러기 위해서는 무엇보다도 먼저 우리 말과 일본말이 다른 점을 분명하게 알아두어야 한다.

- 땅 갈지 않기의 이론
- 비료 안 주기의 이론

이것은 자연농법 이야기를 쓴 어느 일본책을 번역한 글에 적힌 중간제목들이다. 일본말은 이렇게 되어 있다. 이것을 우리 말로 옮길 때는 '갈지 않는다'든지 '안 준다'고 하는 이런 움직씨(동사)나 도움움직씨를 일본말 그대로 이름꼴(명사형)로 만들어 '않기' '주기'로 쓰지 말고, 움직씨 그대로 끝바꿈(활용)해서 쓰면 된다.

　＊ 땅을 갈지 않는 이론
　＊ 비료 안 주는 이론

이렇게 말이다. 이렇게 움직씨를 살려놓으면 의는 저절로 떨어져 나간다. 움직씨를 일부러 이름꼴(명사형)로 만들고는 거기에 의를 붙여서 쓰는 이런 말법은 어설프고 괴상한 일본말법이다. 그게 아주 일본말이라면 당연하겠지만, 우리 말로 옮기면서 말법은 일본 것을 그대로 따르니까 어설프고 괴상할 수밖에 없다.

　• 만남의 광장

서울에서 이런 간판이 걸려 있는 곳이 여러 군데 있다. 이것도 우리 말법이 아니다. "만남"이란 말은 움직씨 '만나다'란 말을 이름꼴(명사형)로 만든 것이다. 왜 움직씨를 그대로 쓰지 않고 이름씨같이 만들어 쓰는가? 그래서 우리 말에는 잘 쓰지 않는 의를 붙이는가? 일본말 따라가기 때문이다.

　＊ 만나는 광장

이렇게 우리 말로 쓰면 얼마나 좋은가. 물론 광장이란 말도 그 모양이나 규모에 따라 '자리'라고 하든지 '방'이라고 하든지 '집'이나 '마당'이라고 하든지 해서, 우리 말을 얼마든지 알맞게 가려 쓸 수 있을 것이다.

　• 북한 선전화보집 '조선'이 소개한 네 살짜리 국교생 김세향 양의 수업받는 모습 『중앙일보』, 1994. 2. 6.

이 글에서 왜 '-이'란 토를 안 쓰고 -의를 썼는가? 도무지 우리 말이 될 수가 없는 이런 글을 써놓고 이것이 잘못되었다는 것을 깨닫지 못하는 것 같으니, 일본말이 얼마나 우리 말 우리 정신에 깊이 파고들어와 있는가를 알 수 있다.

양(孃)이란 말도 일본말이다. '어린이가' 하든지 '김세향이' '김세향이가' 해도 될 것이다.

• 분노의 포도 『동아일보』, 1994. 6. 23.

존 스타인벡의 소설 이름을 우리는 이렇게 쓰고 있는데, 이것도 일본말을 어설프게 직역해놓은 것이다. 일본사람들은 성낼 노(怒) 자를 써놓고 자기들 말로 '이카리'(怒り)라 읽는다. 그래서 이 동사의 명사형 다음에 'の'란 조사를 쓰게 된다. 이것을 우리 말로 옮긴다면 마땅히 움직씨로 '성난' 해야 되겠는데, 정신 빠진 사람들이 일본글에 '怒'자가 있다고 '분노'라는 한자말을 쓰고는 토도 일본말 그대로 붙인 것이다.

• 자율화의 미명 아래 심화되고 있는 재벌로의 경제력 집중을 막아야 하고……『한겨레』, 1994. 4. 23.

여기서 쓴 '-로의'는 우리 말 토 '-로'에 일본말 조사를 그대로 옮긴 '-의'를 붙인 것이다. 아니면 일본말 'への'를 그대로 직역해서 -로의로 만들었다고 볼 수도 있다. 이것을 우리 말로 쓰려면 -의를 없애고 집중이란 이름씨를 움직씨로 바꿔야 한다. 미명 아래, 심화되고, 집중 따위 말도 쉬운 우리 말로 고쳐서 다시 쓰면 다음과 같다.

* 자율화란 핑계를 대어 재벌로 경제력을 모으는 현상이 깊어지는 것을 막아야 하고……

이렇게 쓰지 않고 -로의를 '-에 대한'이라고 쓸 수도 있다. 이렇게 쓰면 글의 짜임을 그대로 두어도 된다.

* 자율화란 핑계로 깊어지고 있는 재벌에 대한 경제력 집중(모이기)을 막아야 하고……

이렇게 말이다.

• 對外 창구<u>로서의</u> 역할 날로 커져. 『중앙일보』, 1994. 4. 5.

이번에는 '-로서'에 -의를 붙인 것이다. 이 경우에는 -의를 빼기만 하면 된다. 물론 이 글에 나오는 다른 한자말들도 모두 고쳐야 한다. 對外는 '외국상대'로, 창구, 역할 이 두 가지 일본말은 '창구멍' '할일'로 쓰면 된다.

* 외국상대 창구멍으로(서) 할일 날로 커져.

'로서'는 '서'를 써도 되고 안 써도 된다.

• 농정에 대한 신뢰회복과 농업정책<u>에의</u> 불신을 해소하기 위해서는.
『동아일보』, 1994. 3. 31.

여기서는 '-에'란 토에다가 '-의'를 붙였다. 이것은 의를 없애고 그다음에 '대한'을 써야 한다. 그 앞에서 쓴 '농정에 대한'과 같이.

* 농정에 대한 신뢰회복과 농업정책에 대한 불신을 풀어 없애기 위해서는.

여기서 해소하기는 '풀어 없애기'로 쓰는 것이 좋다.

• 북경에서의 김남주 읽기 『문예중앙』, 1994 봄.

이것은 '-에서'에 -의가 붙었다. 이것도 -의를 없애면 다른 말은 그대로 두어도 된다. 왜 이렇게 쓸데없는 '의'를 붙여 병신 같은 말을 만들까?

• 국제화는 안으로부터의 작은 변화로 시작돼야. 『동아일보』, 1994. 6. 13.

이것은 '-으로부터' 다음에 -의가 붙었다. 이것 또한 -의를 떼어낸 다음 '작은 변화'를 '조금씩 변화하는 데서→조금씩 달라지는 데서'라고 쓰면 되지만, '-으로부터'라는 토부터 이 글에는 맞지 않으니 고쳐 쓰는 것이 좋다. 시작돼야도 '시작해야' 하는 것이 낫겠다.

＊ 국제화는 안에서부터 조금씩 달라지는 데서 시작해야.

• 어린이에게서의 자신감은 매우 소중한 재산입니다. 어느 미술학원 광고 제목

이것은 '-에게서'에 -의를 붙였다. 이 글에는 '-에게서'란 토에서 '-서'도 필요가 없고, 잘못 썼다. -의는 말할 것도 없다. 그래서 다음과 같이 써야 하겠다.

＊ 어린이에게 자신감은 매우 소중한 재산입니다.

• 쓰레기와의 전쟁

이렇게 "쓰레기와의 전쟁" "범죄와의 전쟁" 따위 말을 행정하는 사람들이 앞장서서 쓰고, 신문과 방송들이 따라서 쓰는데, 이 말도 우리 말법이 아닌 것은 말할 것 없다. 우리는 말을 '장마와의 전쟁' '일본과의 전쟁' 이런 투로 하지는 않았다. 이런 말이 우리에게는 없다. '장마와 싸우기' '일본과 싸우기' 아니면 '일본과 전쟁하기'라고 해야 우리 말이 되는 것이다.

- 이 걸림돌을 해결하지 않고는 과학기술의 자립도, 선진국에로의 진입도 한낱 꿈에 지나지 않는다. 『동아일보』, 1994. 3. 29.

여기서 쓴 "선진국에로의 진입도"는 '선진국에 들어가기도'라고 써야 할 말이다. -에로의는 '에'와 '로'와 '의'가 붙은, 세상에도 괴상한 토가 되었다.

지금까지 우리 말 토에 일본말 '조사'를 옮겨놓은 -의를 붙여서 겹토를 만들어 일본말법으로 쓰고 있는 보기를 여덟 가지 들었다. 이런 보기는 신문이고 잡지고 광고글에서 얼마든지 들 수 있지만, 여기서는 한 가지씩만 든 것이다. 이런 의가 붙은 겹토가 들어 있는 글을 읽으면 괴상하기 짝이 없는 남의 나라 말법을 마치 말광대가 이상야릇한 재주를 부리듯이 부려서 자랑하고 있는 것 같은 느낌을 받는다. 이게 모두 무슨 짓인가? 글쟁이들이 우리 말을 다 망치고 있다.

일본말 토 -의를 우리 말에 붙여 써서 우리 말을 다 버려놓고 있는 경우는, 움직씨를 이름꼴로 만들어놓고 거기에다가 -의를 붙이는 경우와, 여러 가지 우리 말 토에 겹으로 붙이는 경우가 아니고도 또 있다. -에 있어서란 말 다음에 또 -의를 붙이는 것이다.

이 -에 있어서란 말부터 일본말이다. 우리는 이런 말이 없다.

- 賃勞動에 있어서 자율을 위하여 『녹색평론』, 1994 3·4월.

여기 나온 "賃勞動"은 '삯일'이다. 그러니까 이 제목은 '삯일을 자율로 하기 위하여'라고 써야 할 말이다.

같은 글에서 "실제에 있어서" "녹색당에 있어서는" "문제에 있어서" "기업에 있어서" "우리에게 있어서" 등 이렇게 수없이 -에 있어서가 나오는데, 이런 말은 모두 '실제에서' '녹색당에서는' '문제에서' '기업에서' '우리에게'라고 써야 할 말들이다. 이런 말이 들어 있는 글은 외국글을 번역한 것인데, 대체로 번역한 글에 -에 있어서가 많이 들어 있다. 그리고 여기에 또 -의가 붙어서 -에 있어서의가 되는 것도 번역문에 잘 나온다.

- 이 지역 구축에 있어서의 근본적인 모순을 간략하게 분석하고자 한다. 『창작과비평』, 1993 봄.

이 경우에는

* 이 지역 구축에서 근본부터 모순이 되는 점을 간략하게……

이렇게 쓰든지 아니면,

* 이 지역 구축의 근본 모순을 간략하게……

이렇게 쓰면 된다. -에 있어서의도 일본말에서 온 것이 뚜렷하다.
1948년에 나온, 일본판을 번역한 『세계사 교정』(世界史 敎程)을 보면 책 앞쪽에 나오는 차례부터 온통 -에 있어서의란 말투성이다.

- 18세기에 있어서의 구라파와 아메리카
- 영국에 있어서의 산업혁명

- 18세기 처음에 있어서의 영국의 아메리카 식민지
- 불란서에 있어서의 구질서

이와 같이 나오는데, 책 한 권의 '차례' 안에 -에 있어서의가 18군데나 나와 있다. 그리고 이 책을 읽어보면 놀랄 정도로 일본한자말을 그대로 써놓았고, 일본말을 직역해놓았다. 내가 짐작하기로 우리 나라 유물사관 이론가들 가운데 선배 격이 되는 분들로서 이 책을 안 읽은 사람이 없는 줄 아는데, 이런 분들이 역사이론이나 경제이론을 발전시키는 데는 이바지했을 것이지만 우리 말을 병들게 한 책임은 벗어날 수 없다고 본다. 역사와 경제뿐 아니다. 교육이고 문학이고 미술이고 음악이고, 대체로 이론을 글로 쓰는 사람들의 문장이 너무 오염되어 있는데, 오염의 근원을 찾아보면 거의 모두 일본책이다. 우리는 이 엄연한 사실을 바로 보고 깨달아야 하겠다.

4. 움직씨의 입음꼴과 그밖의 말들

움직씨(동사)를 아무데서나 괴상한 입음꼴(피동형)로 만들어 쓰고 있는 것도 일본말 따라가기 때문이다. 그중에서 먼저 **불린다**란 말부터 들어본다. 이 불린다는 '부른다'의 입음꼴인데, '부른다'야 물론 우리 말이지만 이 말부터 잘못 쓰는 경향이 있다.

해가 지면 성둑에
부르는 소리
놀러 나간 아이들
부르는 소리
- 이원수 동시, 「부르는 소리」

이 시에서 쓴 '부르는'이란 말은 마땅히 쓸 자리에 썼다. 아이들을 부른다, 송아지를 부른다·노래를 부른다…… 이렇게 쓰는 것이다. 그런데 다음 글은 어떤가?

- 이 일대는 종로구 돈의동 103번지로 주민들 스스로 판자촌으로 부른다. 『동아일보』, 1994. 3. 8.

마을 사람들이 '판자촌이라고 (말)한다'지, 판자촌을 송아지나 강아지 부르듯이, 아이들 부르듯이 부르는 것이 아니다. 이래서 '부른다'는 말부터 일본말에 끌려가고 있는데, 그래도 '부른다'는 어쩌다가 쓰는 듯하니 참을 수 있지만 불린다가 되면 아주 괴상한 병신말이 되는데도 '말한다'고 쓰는 사람은 좀처럼 찾기 어려울 정도로 모두가 글에서 쓰고 있다.

- 일제강점기에 '동광시장'이라는 이름으로 불려온 이 일대는……
『동아일보』, 1994. 3. 8.

이 자리에는 '알려진'이라고 써야 할 것을 일본말법 따라 이렇게 썼다. 일본 말 '呼ぶ'는 피동형을 아주 많이 쓴다. 보기를 더 들기로 한다.

- 길조로 불리는 까치들이 봄을 맞아 수난을 당하고 있다. 『중앙일보』, 1994. 3. 27.
- 미국과 멕시코의 국경선을 따라 흐르는 리오 그란데는 '죽음의 강'으로 불린다. 『중앙일보』, 1994. 3. 15.
- '마마보이' '피터팬 신드롬'이라 불리는 이런 사회심리 현상은……
『동아일보』, 1994. 3. 16.
- '선진국병' 혹은 '문명병'으로 알려진 당뇨병은 일본의 경우 환자

수가 5백만 명에 이르러 '국민병'으로 불리고 있을 정도다. 『동아일보』, 1994. 3. 29.

이 네 가지 보기에 나오는 불린다는 말 가운데서 앞에서부터 세 가지는 각각 '-라고 하는' '-이라 한다' '-고 하는'이라고 써야 할 말이고, 맨 뒤의 것은 '-이라 말하고'라고 쓸 말이다.

다음은 '된다' '진다'와 이것들이 붙어서 겹으로 된 되어진다란 말이다.

- 국가보안법은 철폐되어야 한다. 『여론시대』 창간호.

국가보안법을 '없애야 한다' '철폐해야 한다'고 해야지, 어째서 "철폐되어야 한다"고 말할까? 누가 그걸 없애더라도 결국 우리가 하는 일이고 해야 할 일 아닌가? 우리가 아닌 그 누가 그 일을 해주어서 저절로 되기를 바라는가? 생각할수록 책임을 지지 않으려는 말이고, 옆에서 구경이나 하는 사람들의 말 같다. 제 나라 제 겨레 말을 쓰지 않는 것은 주체가 되지 않으려는 행동이요, 주권을 버린 사람의 말이다.

- 저질 水産物수입 자제돼야 『중앙일보』, 1993. 12. 14.
- 노경총 임금협잡은 기필코 분쇄되어야 합니다. 『한겨레』, 1994. 3. 22.

앞의 것은 자제하는 것도 스스로 하는 것이 아니고 남이 하도록 해서 자제돼야 하는 것처럼 썼고, 뒤의 것은 "노경총"이 무엇인지 모르지만 거기서 하고 있는 임금협잡을 싸워서 깨부수는 것이 아니라, 그 누가 깨부수어주기를 기다리는 것으로 되어 있다.

- 法은 지켜져야 생명력 『서울신문』, 1994. 3. 5.

이번에는 진다는 말이다. 이 기사 제목을 보면 법을 사람이 '지키는' 것이 아니라 "법이 지켜지는" 것이라고 했다. 물론 사람이 법을 지키기에 법 쪽에서는 지켜지는 것이라고 하겠지만, 왜 하필 사람이 법을 지켜야 한다고 말하지 않고 법이 지켜져야 한다고 말하는가? 어째서 사람이 해야 할 일을 바로 말하지 않고 간접말법으로 둘러서 말하는가? 남의 말법 따라가니 이 꼴이 된다.

- 이 쪽지는 비매품입니다. 매달 15일에 <u>만들어집니다</u>. 『늘푸른 평화』, 1994. 6.

이 글에서 '만듭니다' 하지 않고 '만들어집니다'라고 쓴 것을 우리 말이라고 알고 있다면 이런 사람들은 글의 해독을 얼마나 깊이 받은 것일까? 매달도 일본말이라고 보아야 한다.

- 국가보안법은 민주당도 미국도 아니라 오로지 노동자계급 스스로의 투쟁으로서 <u>분쇄되어져야</u> 한다. 『한겨레』, 1994. 3. 22.

이것을 제대로 쓰면 '……노동자계급이 스스로 싸워서 깨부숴야(분쇄해야) 한다' 이렇게 된다. 여기서는 "분쇄" 다음에 "되어"도 소용이 없는데, 거기에다가 다시 또 "져야"를 붙여서 참으로 이상야릇한 말을 만들어 놓았다. 이런 병신 같은 말을 신문이나 잡지의 광고란에서 자주 보아야 하니 서글프다. 어떤 운동도—노동이고 학생이고 정치고 환경이고 여성이고 문화고 교육이고—우리 말을 안 쓰고, 우리 말을 죽이면서 하는 운동을 나는 믿지 않는다. 그런 운동은 절대로 좋은 열매를 거둘 수 없다고 잘라 말하고 싶다.

- <u>보다</u> 단순하고 간소하게 『동아일보』, 1994. 2. 20.

이것은 어느 이름난 분이 쓴 글제목이다. 우리 나라에서는 100년 전부터 글쓰기로 이름이 난 사람들이 우리 말을 다 버려놓았다. 보다란 말을 어찌씨(부사)로 쓰는 것이 일본말이란 사실을 몰랐을까? 일본말인 줄이야 모르더라도 적어도 우리 말이 아니란 것쯤은 알아야 할 터인데, 안타깝다. 이게 모두 삶에서 멀어진 자리에서 책만 읽었기 때문이다. 그 책이란 것이 모조리 일본말법으로 쓰인 것이니 이렇게 될 만도 하다.

다음은 그러나란 말을 쓰는 자리다.

- 지금까지 정당의 중앙당과 지구당은 일방적인 상의하달 관계였다. ……아래로부터의 의견수렴은 다분히 형식적이었다. <u>그러나</u> 앞으로 지방화 시대에는 두 조직의 관계가 상호의존적·독립적으로 이원화된다. 『서울신문』, 1994. 3. 11.

이와 같이 그러나라는 어찌씨(부사)는 그 앞에 말해놓은 내용과 다르거나 반대되는 말을 하게 될 때, 그 첫머리에 쓰는 것이 우리 말법이다. 그런데 그러나를 언제부터인가 글월의 첫머리에 쓰지 않고 중간에 쓰게 되었는데, 이것은 우리 말 그러나와 똑같은 일본말 'しかし'가 일본글에서 흔히 중간에 나오기 때문에 그만 이것도 일본말을 따라가서 그런 것이다. 이렇게 그러나를 글월 가운데 쓰는 경우는 신문기사에서 흔히 볼 수 있다.

- 이홍구 부총리 겸 통일원장관은 11일 국회외무통일위에서 "정부는 현재 한반도의 평화를 유지하기 위해 북한의 권력을 계승한 김정일 체제가 안정되기를 바라고 있다"고 말했다. 이 부총리는 <u>그러나</u> "이는 김정일 체제가 가장 바람직한 체제인지와는 다른 문제"라고 말했다. 『동아일보』, 1994. 7. 12.

이 글에 나오는 "이 부총리는 그러나……"는 마땅히 '그러나 이 부총리는……'이라 해야 우리 말이 되고 우리 글이 된다.
이번에는 그녀란 말이다.

• 정 씨는 지난 43년 광주극장에서 최승희를 처음 보고 매료돼 <u>그녀</u>의 팬이 된 이후 평생 <u>그녀</u>를 연구해왔고 5년 전부터는 <u>그녀</u>의 관련 인물이 많은 북경이나 연변의 조선족 자치주는 물론 러시아나 베트남까지 찾아가 약 90명의 관계자들로부터 사진 수집과 취재 활동을 벌였다. 『중앙일보』, 1994. 7. 6.

이 글 가운데 잇달아 나오는 그녀는 우리 말에 없다. 아직도 우리는 이런 말을 쓰지 않는다. 이것은 일본말이요, 일본글을 따라 쓴 말이다. 이 글에 나온 그녀는 모두 '그'로 쓰든지, 바로 그 사람의 이름을 써서 '최승희'라고 하면 훨씬 읽기가 좋다. 우리 말이 이렇게 되어 있기 때문이다. 우리 말에서 셋째가리킴 대이름씨는 남녀를 분간해서 따로 쓰지 않는다. 이것을 일본말법이나 서양말법 따라간다고 우리 말에는 없는 괴상한 말을 만들어내어 써야 할 까닭이 도무지 없고, 써서는 안 되는 것이다. 그런데 얼마나 많은 글쟁이들이 이 말을 즐겨 쓰고 있는가. 거의 모든 소설가들은 그녀가 아니면 소설을 못 쓰고, 그래서 우리 말과 우리 정서를 죽이고 있다.

지금까지 말한, 우리 말에 파고든 일본말의 대부분—토 의를 함부로 쓴다든지, 움직씨를 입음꼴로 써서 불린다, 되어진다고 한다든지, 보다를 어찌씨로 쓴다든지, 그녀란 말을 쓴다든지 하는, 한자말이 아닌 이 모든 어설픈 말들은 일본말이 아니라 영어의 영향 때문이고 영어를 배우는 과정에서 영어를 따라가서 이렇게 되었다고 하는 사람들도 있다. 그러나 일제강점기부터 이런 말을 쓰게 된 내력을 살피면 그 시초는 의심할 여지가 없이 일본말을 그대로 옮긴 것이다. 그래서 이제는 일본말 따라가는 것이 서양말 따라가는 것으로도 되어버렸다. 아무튼 우리는 우리 것을 망치게 하는 이런 말들을 일본말이든 서양말이든 가릴 것 없이 모조리 쓰레기통에 던져버려야 할 것이다.

5. 정서조차 일본 것으로 되어가고

어느 분이 이런 말을 했다. 우리 나라 어느 권투 경기장에서 한국선수와 일본선수가 맞붙어 싸우는데, 싸움이 막바지에 이르렀을 때 우리 구경꾼들이 모두 일어나서 "요이샤, 요이샤" 하고 소리치면서 응원을 하니, 얼마 안 되는 일본 응원단에서 자기들 편을 응원하는 줄 알고 신이 나서 함께 "요이샤, 요이샤" 하는 것을 텔레비전에서 보았다는 것이다.

"아싸"란 말이 유행가요에 나온다더니 얼마 전에는 일간신문의 무슨 상품광고에 이 말이 큼직하게 나온 것을 보았다.

지금도 좀 나이가 많은 사람이 강연 같은 것을 할 때 가끔 "에에또" 하는 소리를 내는 것을 들을 수 있다. 별 뜻도 없이 말과 말 사이의 공백을 메우기 위해 내는 소리이지만, 자기도 몰래 일본사람이 아니고는 내지 않는 소리를 그대로 낸 것이다.

"요이샤, 요이샤" "아싸" "에에또"…… 이런 감탄사는 몸에 밴 정서가 저절로 목소리로 터져나온 것이다. 일본말 감탄사가 우리들 입에서 터져나온다는 것은 얼마나 서글픈 일인가? 더구나 이 사실을 깨우쳐주어도 거의 모든 사람들이 별일 아닌 것처럼 여기고 있으니! 깜짝 놀라서 부끄러워하고, 그래서 우리 말과 역사를 알아보고, 자신의 삶을 새롭게 바꾸어가는 귀한 실마리로 삼아야 할 터인데, 그런 사람은 그다지 없어 보인다.

속담이란 것이 있다. 일본속담이라면 일본사람들만이 옛날부터 살아오면서 널리 쓰게 된 격언이다. 그런데 일본속담을 우리 나라 젊은이들이 자랑스럽게 쓰고 있다. 원숭이도 나무에서 미끄러진다든지, 도토리가 키를 잰다든지, 벌레를 씹는다든지 하는 따위다. 이래가지고 무슨 낯으로 남들 앞에서 우리 말과 우리 문화를 이야기하겠는가?

문학 가운데서도 시란 것을 생각해본다. 그 나라 말이 가장 아름답게 피어나는 꽃 말이다.

우리 나라에서 가장 먼저 씌어져 나온 '신시'라면 누구나 최남선의 「해에게서 소년에게」를 들 것이다. 그런데 나는 얼마 전 어느 고등학교 국어 선생님한테서 이런 말을 들었다.

"저는 그 「해에게서 소년에게」란 시가 몇 해 전까지만 해도 '하늘의 해가 소년에게'란 뜻인 줄 알았어요."

그럴 것이다. '해'라는 말을 누가 '바다'라고 알겠는가? 이런 말을 들으면 어떤 사람들은 "그 유명한 시도 모르면서 어떻게 국어를 가르치는 선생님이 되었는가?" 하고 말할지 모르지만, 내가 보기로는 이런 분이야말로 우리 말을 바르게 가르칠 자격이 있는 선생님이다. 민초, 해후, 화훼 따위로 써놓은 말이 무슨 말인지 몰라 어리둥절해 있는 사람이 진짜 우리 나라 사람이듯이 말이다.

우리 나라에서 가장 많은 사람들이 부르는 노래는 「아리랑」 다음으로 「고향의 봄」일 것이다. 그런데 이 노래의 첫머리가 '내가 살던 고향은'이 아니고 "나의 살던 고향은"이다. 이래서 우리는 아주 어렸을 때부터 일본 말법으로 자라났던 것이다.

우리 시인들 가운데서 우리 겨레의 정서를 가장 잘 나타낸 사람이 김소월이라고 하면 아마도 그렇지 않다고 말할 사람이 없을 것이다. 그런데 김소월의 대표작 중 하나인 「가는 길」에는 우리 겨레 정서가 도무지 받아들일 수 없는, 일본사람들이 가장 친근하게 여기는 까마귀가 나온다.

저 산에도 까마귀, 들에 까마귀
서산에는 해 진다고

지저겁니다.

이것은 벌써 미승우 씨가 지적하고서 10년이 지났다. 일본사람들이 어렸을 때 누구든지 부르는「유우야케 고야케」란 동요에도 까마귀가 나온다. 내가 어렸을 때 배운 일본노래 가운데 까마귀가 나오는 노래가 그렇게도 많다는 사실을 깨닫고 놀랐다.

우리 나라 시인들 가운데서 우리 말을 가장 아름답게 살려 쓴 시인이 정지용이라고 한다면, 이것 또한 그렇지 않다고 할 사람이 별로 없을 것이다. 정지용의 대표작으로 많은 사람들이「향수」란 작품을 든다. 그런데 향수라면 화장품이다. 그래서 한문글자로 "鄕愁"라고 썼지만, 정지용은 우리 말을 그렇게 잘 살려서 시로 쓰면서, 시 제목만은 한문글자로 쓰기를 좋아해서 유리창도 "琉璃窓"이라 썼던 것이다. 아무튼 '고향 생각'이라고 하면 될 것을 왜「향수」라 했는지, 이것이 예나 이제나 바로 글 속에 빠져 있는 사람들의 문제라고 생각한다. 그러나 여기서 말하고 싶은 것은 제목이 아니다. 시「향수」의 첫머리가 다음과 같다.

> 넓은 벌 동쪽 끝으로
> 옛이야기 지줄대는 실개천이 회돌아 나가고,
> 얼룩빼기 황소가
> 해설피 금빛 게으른 울음을 우는 곳,
>
> ─그곳이 참하 꿈엔들 잊힐리야.

여기 "황소"가 나오는데, 왜 하필 "얼룩빼기"인가? 이건 우리 소가 아니다. 요새 같으면 온통 외국종 소만 키우는 세상이니까 얼룩소를 보기가 흔하지만, 일제강점기에는 이런 소를 보기가 어려웠다. 외국에서 들어온 얼룩소라야 시가 되는가? 이것은 소월이「가는 길」에서 까마귀를 썼듯이, 지용 역시 자신도 모르고 쓴 것이다. 사실과 사물을 나타내는 말이 아니라 말을 말로서 쓰고, 그 말 속에 빠져 있으니 이렇게 된다. "말로써 말이 많으니 말 말을까 하노라" 하는 시조가 생각난다. 삶에서 떨어진 말이 말을 낳고, 그 말이 또 새 말을 낳고, 이러니까 말이 일본 것이 되기도 하고 서양 것이 되기도 한다.

6. 이대로 가면

일제강점기 일본에 가서 일본사람 스승한테서 인형 만들기를 3년 동안 배운 어느 공예가는, 자기가 만들고 있는 것이 일본인형인 줄을 몰랐다. 그러다가 어느 날 그 사실을 지적당하여 깨달은 날부터, 일본인형 만드는 솜씨와 버릇과 정서를 아주 깨끗이 뜯어고치는 데 꼬박 30년이란 세월이 걸렸다고 한다.

지금 우리 나라에서 글을 쓰고 있는 사람들 가운데 일본말과 일본글에서 벗어나 자유롭게 쓰고 있는 사람은 아무도 없다. 그리고 이렇게 모두가 잘못된 외국말에 빠져 있다는 사실을 제대로 알고 있는 사람도 거의 없고, 알고 있다고 해도 스스로 고쳐보려고 하는 사람은 더욱 없는 형편이다. 모두가 이 사실을 알고 있고, 그래서 바로잡아보려고 애쓴다고 해도 바로잡힐는지 모르는데, 고칠 생각조차 안 하고 있으니 어찌 되겠는가? 우리 말의 앞날은 캄캄한 밤이다. 이대로 가면 누가 무슨 말로 큰소리를 해도 이 땅은 일본문화의 식민지가 되게 되어 있다.

무엇보다도 지식인들, 글을 쓰는 사람들이 앞장서서 자기혁명을 해야 한다. 우리 말, 우리 글이 이 모양으로 된 책임이 책을 읽고 글을 쓴 사람들에게 있으니까. 그리고 말을 파는 사람들은 이제부터 우리 말을 새로 배워야 한다. 지금까지 배운 것은 글이었지 말이 아니다. 시골의 노인들, 무식한 농사꾼들을 찾아가서 우리 말을 배워야 한다. 거리의 장사꾼들한테서도 배울 수 있다. 이런 사람들은 "우리 농사꾼들에게 있어서" 따위 병신말은 안 한다. "그럼에도 불구하고" 따위 말은 안 한다. "가물어서 곡식이 타요" 하거나 "입에 풀칠도 겨우 해요" 하지, "한재에 의해서 농작물이 고사해요"라든가 "호구지책" 어쩌고 하지는 않는다. 그리고 말을 거침없이 잘해서는 안 된다. 근사한 말을 마구 쏟아놓는다면 그것은 글이다. 말을 천천히, 서툴게, 어린아이들같이 하는 것이 좋다. 그래서 참 우리 말을 배워야 하고, 깨끗한 우리 말을 들려주어야 한다. 그렇잖아도 우리는 그 웅변이라는 엉터리 말에 오랫동안 속아서 살아온 것 아닌가.

　이 땅에서 우리 말이 살아나지 않고서는 절대로 우리 겨레가 살아날 수 없다는 사실을 많은 사람들이 깨닫게 된다면, 그때 비로소 우리가 갈 길이 환히 트일 것이다.

제2부 오염된 말로는 민주언론 못 세운다

제1장 모든 문제가 말 속에 있습니다

1. '정신대'를 생각한다

요 몇 달 동안 우리 나라 신문들은 거의 날마다 '정신대' 문제를 보도하거나 논의해왔다. 한 가지 일로 이렇게 오랫동안 기사거리를 삼은 적은 일찍이 없었다고 본다. 신문독자들이 쓰는 '투고란'에도 '정신대'에 관한 글이 가장 많았다.

이것은 당연하고도 남을 일이다. 그렇게 어처구니 없는 일을 당했는데도 그것은 옛날에나 있었던 일이고, 그것을 새삼 문제 삼아봐야 부끄럽기만 한 일이라고 덮어두려 한다면 우리는 벌써 정신이 다 빠져버린 민족이요, 사람이기를 그만둔 비참한 동물이라 할 수밖에 없다. 동서고금에 남의 나라를 침략하는 군인들에게 처녀사냥을 해서(더구나 그것도 강도질로 차지한 식민지에서) '위안부'로 제공했다는 것은 일본군대 말고는 없었다고 하니, 이 점에서도 일본제국은 단연코 세계기록을 세운 것이다.

그토록 신문이 떠들고 온 국민이 분노하고 있는데도 국민을 위한 정치를 한다는 정부는 이 문제에 거의 관심이 없어 보인다. 하긴 일본의 어느 잡지에서 한국은 정당 이름마저 일본 자민당을 본떠 민자당이라 했다고 비웃었으니, 이런 정부에 무엇을 기대하겠는가. 우리는 민족의 양심을 찾고 민족의 정기를 세우기 위해서도 이 문제가 만족할 만한 매듭이 지어질 때까지 앞으로도 몇 달이고 몇 해고 끊임없이 할 말을 소리 높이 외쳐야 할 것이다.

대관절 '정신대'라니 무슨 말인가? 본래 중국글자로 된 말을 우리 글자로 적으니 알 수 없다. '정신대'에서 '정신'(挺身)이란 말을 사전에 찾으면 '솔선하여 앞장섬' '무슨 일에 앞장서 나아감'이라고 풀이해놓았다. 『일본말 사전』에 나오는 풀이도 비슷하지만 '많은 무리 가운데서 먼저 스스로 나아가는 것'이라 하여, 일본사람들이 이 말을 어떻게 쓰는가를 잘 보여주고 있다.

그러니까 '정신대'는 나라를 위해서 어떤 일을 하겠다고 스스로 나선 사람들을 모아놓은 편대란 뜻이 된다. 참 그럴듯한 좋은 이름이다. 골방에 숨고 땅 밑에 숨고 해서 안 가겠다고 하는 사람을 잡아가고, 온갖 거짓말로 속여 끌어가놓고 이런 이름을 붙였으니 말이다. 어느 나라고 못된 정치를 하는 집권자들은 법이고 제도고 또 무슨 시설물을 만들면서 그 이름을 아주 근사하게 지어서 국민들을 속인다.

그러나 아무리 속여도 하늘을 속일 수는 없고, 하늘 같은 백성들을 끝까지 속일 수는 절대로 없다. 내 기억으로는 일제강점기에 '정신대'란 말은 들어본 적이 없다. 우리는 모두 "처녀 공출"이라고 말했던 것이다. 못된 정치를 하는 사람들은 사기꾼과 다름없는 말을 쓰지만, 백성들은 언제나 정직한 말, 모두가 잘 알 수 있는 말을 한다.

우리 나라 정치인들, 행정관리들은 쉬운 백성들의 말을 하는 사람일까? 유식한 한자말이나 서양말을 하고 싶어하는 사람들일까?

우리 나라 교육자들은 아이들이 알 수 있는 말과 말법으로 이야기할까? 책에 씌어 있는 이론을 그대로 말해줄까?

소설을 쓰고 시를 쓰는 사람들은 어떤가? 그 글들이 우리 말로 되어 있는가? 그리고 무엇을 쓰고 있는가?

온 나라가 정신대 문제로 들끓고 있는데도 글을 쓰는 사람들은 달콤한 꿈같은 이야기나 쓰고, 글재주나 부리면서 말과 글을 팔고 있는 것은 아닌가?

이런 걱정을 하는 것은 며칠 전에도 어느 신문에서 '이광수(탄생 백주년) 재조명 활기'라 하는 제목으로 난 기사를 읽었기 때문이다. '재조명'이고 뭐고 하는 것은 좋다. 그런데 같은 문인이라도 다시 드러내어야 할 사람들이 많이 있는데도, 아무리 백주년이라 하지만 일본제국의 야만행위를 매듭짓지 못하고 있는 이 판국에 그 왜놈들에 부역했던 일급반역문인을 좋게 드러내는 온갖 사업을 벌인다는 것은 분명히 우리 겨레를 모욕하는 짓이라 본다.

북한에서도 최근에 와서 춘원의 문학을 연구하게 되었다고 하는데, 연구하는 것이야 좋고 마땅히 할 일이다. 그러나 춘원을 연구하기 전에 연구해야 할 문인들이 대강이라도 북한에서는 연구가 되었는지 모르겠다. 정권에 직접 해를 주지 않은 사람은 쉽게 복권을 시키고, 정권을 비판한 사람은 모조리 반역이고 미국의 간첩이라는 딱지를 붙여 매장했다면 그런 연구가 무슨 소용이 있는가.

2. 아이들이 배우고 있는 겨레말

어른들은 아무리 잘못된 말이라 해도 고칠 생각을 안 한다. 세 살 버릇 여든까지 간다고 하는데, 지금의 어른들은 그래도 거의 모두 청소년기에 들어서 책으로 잘못된 글말을 익혀서 그렇다. 그런데 요즘 자라나는 아이들은 아주 유년기부터 잘못된 어른들 말을 배우게 되니 우리 말이 오염되고 병들어가는 꼴이 도무지 말이 아니다. 다음은 서울의 어느 초등학교 1학년 아이들이 장래희망을 쓴 글이다. 이 아이들은 그래도 말과 글을 바르게 지도하려고 하는 선생님한테 배우고 있다는 점을 참고하기 바란다.

도둑 잡는 경찰관 오재석

나는 커서 경찰관이 돼서 실종된 사람을 찾아서 엄마한테 데려다줄 겁니다. 그리고 도둑도 잡아서 감옥에 처박을 겁니다.

1학년 아이들이 장차 되고 싶어하는 사람은 '선생님' '과학자' 다음으로 '경찰관'이 많다. 도둑과 유괴범은 옛날이야기에나 나오는 사람이 아니라, 아이들 모두가 나날이 긴장하면서 머리속에 떠올리고 있어야 하는 무서운 존재가 되어 있고, 그런 악마들을 잡아가는 고마운 사람이 경찰관이라고 알고 있기 때문이다. 그러니까 1학년 학생으로서 경찰관이 되고 싶어하는 마음은 아주 절실한 삶에서 우러난 마음이라 할 수 있다. 글 전체가 입말로 살아 있는 까닭도 이러하다. 그러나 이제 막 학교에 든 아이들이 삶에서 익혔다는 말이 "감옥"이고 "처박을 겁니다"가 되어 있으니 참 서글프다. "실종"이란 말은 어른들의 말이다. 결국 아이들의 이런 희망도 어른 사회가 강요한 것이라 할밖에 없다.

버스 운전기사 김규환

나는 커서 버스기사가 되겠다. 소형버스 1대를 몰고 돈도 벌겠다. 운전도 잘하고 안내방송도 잘하겠다. 음주운전도 하지 않고 양보운전을 하겠다. 신호도 잘 보겠다.

아마도 운전기사를 하고 있는 듯한 부모나 친척들한테서 버스 운전 이야기를 많이 들은 아이 같다. 어른들이 하는 말을 아주 잘 살려서 쓰고 있는데, 책이나 텔레비전에서 익히게 되는 말들을 바로 생활에서 배운 것이기는 하지만, 요즘 아이들은 이렇게 어른들의 말을 너무 빨리 익힌다는 생각을 하게 된다.

과학자 조용석

나는 세계적으로 인정받는 과학자가 되고 싶다. 그래서 먹으면 영원히 죽지 않는 약, 한번 먹으면 열흘을 먹지 않아도 되는 콩 등을 만들어낼 것이다. 그래서 어머니 아버지께 먹으면 영원히 죽지 않는 약을 드릴 거다. 그리고 세계 곳곳에 가서 내 솜씨를 자랑할 것이다.

중고등학생이 과학자가 되고 싶다고 한다면 모르겠는데, 국민학교 1학년 아이들이 과학자가 되고 싶다고 하는 것은 아무래도 정상이 아니다. 학교교육이고 행정이고 텔레비전이고 온통 과학이 최고라고 하여 어린 아이들까지 '과학'으로 끌고 가려고 하니 그렇게 되지 않을 수 없다. 그러니까 아이들이 과학자가 되면 하겠다는 것이 로봇이나 우주선을 만든다든가, 죽지 않는 약을 만든다는 따위다. 모두 책이나 텔레비전에 나오는 것을 그대로 말하고 있는데, 글로 써놓은 말도 "세계적" "인정받는" "콩 등을"과 같이 완전히 어른들의 말로 되어 있다. "것이다"란 말도 아이들이 입으로 하는 말이 아니다.

이와 같이 아이들은 너무 빨리 어른들의 말을 따라가고 있다. 그 어른들 말이란 대부분 중국글자말이요, 일본한자말이다. 삶에서 익혔다는 말도 거칠고 사나운 말이 아니면 유행하는 우스개말 같은 것이다. 이것이 모두 어른들이 가르치고 있는 것이고, 어른들 스스로 병든 말과 글을 즐겨 쓰기 때문이다.

3. '본다'는 말에 대하여

먼저 시 한 편을 든다. 어린이가 쓴 시다.

조회 이성규(부산 연지초등학교 6학년 8반)
조례 시간만 되면

나는 내 발만 쳐다본다.
교장선생님 쳐다보려니
눈이 부시고
선생님 쳐다보려니
근엄한 표정
고개 들려니
자만심에 가득 찬 거 같고
눈 감으려니
잠자는 줄 알 것 같아
그저
묵묵히 발만 쳐다본다.
• 학급문집 『연필로 그리는 마음』, 1988. 5.

이 시에 쳐다본다는 말이 네 번 나온다. 그런데 이 네 번 가운데서 두 번은 잘못 쓰고 있다. 곧, 교장선생님과 선생님을 보는 것은 쳐다본다고 할 수 있지만, 서 있는 자기 발을 보는 것은 쳐다본다가 아니고 '내려다본다'고 해야 맞는 말이 되는 것이다.

이 글을 쓴 아이뿐 아니고 많은 아이들이 쳐다본다란 말을 올바르게 쓰지 못한다. '내려다본다'고 해야 할 것을 '쳐다본다'고 한다. 곧 쳐다본다와 '내려다본다'를 구별하지 못하는 것이다. 왜 이렇게 되었는가? 아이들이 이 말을 잘못 쓰는 것은 어른들이 잘못 쓰기 때문이다.

"하느님은 왜 하늘에만 계시나요. 하느님은 왜 땅을 쳐다보고만 있나요."

이것은 어느 동화작가가 쓴 글이다. 하느님이 땅을 보는 것이니까 분명히 내려다본다고 해야 하는데 반대로 써놓았다. 어른들이 쓴 동화나 소설에 나오는 쳐다본다란 말이 흔히 이렇게 잘못 씌어 있다. 어른이 이러니까 아이들이 안 따를 수 없다. 대체 어째서 말을 이렇게 잘못 쓸까?

더구나 우리 말에서 가장 많이 쓰는 '본다'란 말에 딸려 있는 말이고, 행동을 뚜렷하게 나타내어서 행동과 말이 온전히 하나로 되어야 하는 말이 아닌가.

'본다'는 말이 어떻게 쓰이는가 생각해보자. 쳐다본다, 내려다본다, 눈여겨본다, 노려본다, 훔쳐본다, 엿본다, 쏘아본다, 돌아본다, 뒤돌아본다, 뒤져본다, 넘본다, 깔본다, 맛본다…… 이것들은 한 낱말로 된 것이지만, 견주어 본다, 대중해 본다, 겨누어 본다, 가늠해 본다, 뚫어지게 본다, 치떠 본다…… 따위로도 얼마든지 쓸 수 있다. 또 우리는 온갖 행동을 나타내는 말 다음에 도움움직씨 '본다'를 붙여서 쓰기도 한다. 먹어본다, 들어본다, 잡아본다, 써본다, 가본다, 맡아 본다, 읽어본다, 생각해본다……와 같이.

우리 말에서는 움직씨가 아주 중요하지만, 그 많은 움직씨 가운데서 '본다'는 말만큼 폭넓게 쓰이는 말이 없다고 할 수 있다.

생각하면 본다는 것은 사람이 진리를 파악하는 가장 바르고 확실한 길이다. 어떠한 인식도 눈으로 (몸으로, 마음으로) 보지 않고는 얻을 수 없다. 따라서 '본다'는 말을 올바르게 쓰지 못한 말과 글은 허공에 뜬 말과 글이요, 병든 말과 글이라 잘라 말할 수 있다.

"하늘을 쳐다보고, 땅을 내려다보고"

그 많은 '본다'는 말 가운데서 가장 분명하고 가장 쉬운 쳐다본다와 '내려다본다'조차 구별 못 하게 되도록, 우리 말과 글이 이 지경에 빠졌으니, 이게 어찌 예삿일인가? 쳐다본다와 '내려다본다'를 어떻게 쓰는 말인지 모른다면 그밖의 '본다'에 관한 모든 말들을 쓸 능력이 있을 리 없다. 그래서 우리 말은 모르니 기껏해야 일본사람들 글 따라 목격한다, 목도한다, 접한다, 시도한다, 일별한다, 관찰한다, 주목한다, 주시한다 따위나 쓰면서 유식한 척한다. 그러면서 "우리 말은 빈약해" 따위 병신 같은 말을 하는 것이다.

말과 글이 병든 것은 삶이 병들고 역사가 병든 것이다. 이래가지고 우리가 무슨 문학을 하고 교육을 하고 문화를 꽃피운다고 하겠는가? 삶에서 아주 떠난 말, 공중에 붕 뜬 말과 글을 가지고!

4. 두 아이의 글

삶과 글의 관계를 생각해보기 위해, 여기 두 아이가 쓴 글을 들어 견주어 보기로 한다. 같은 학년에 같은 글감으로 쓴 글이다.

보기글 1

장래 희망 (ㄱ시 ㅂ초등학교 6학년 여학생)

나는 어렸을 땐 언제나 이런 생각을 했었습니다. '나는 누구보다도 더 훌륭한 사람이 되겠다'고 생각을 했습니다.

그러나, 커가면서 그 생각이 잘못된 점이 있다는 걸 알아냈습니다. 훌륭한 사람이란 꼭 높은 벼슬, 돈 많은 부자, 인기 많은 가수가 아니라는 걸 깨닫게 되었습니다. 자기의 이치에 맞게 행동하고, 착하고 성실하게 자기의 소질을 키워가는 사람을 말하는 것입니다.

나의 희망의 첫걸음은 TV 탤런트가 되는 것이었지만 너무 화려해서 그만 그 꿈은 버렸습니다. 내가 1학년 피아노 학원에 다닐 때부터 피아니스트가 되는 게 저의 꿈이었습니다.

하지만 세월이 감으로써 꿈은 바뀌었습니다. 요즘은 음대 교수가 되는 게 꿈입니다. 음대 교수의 꿈은 좀처럼 싫증을 느끼지 않습니다.

하지만 언젠간 또 꿈이 바뀌어지겠지…….

보기글 2

나의 앞날 (ㄱ읍 ㅅ초등학교 6학년 남학생)

아버지는 고제국민학교를 졸업하고 대구에 가서 구두닦기, 휴지 팔기와 비올 때는 비닐 우산을 팔았다고 한다.

지금은 국민학교를 졸업하고 중학교는 안 다니는 아이들이 없다. 나는 중학교 다하고, 고등학교 붙으면 계속하고, 떨어지면 공장에 일하든지, 아버지 밑에서 옷 만드는 일을 하겠다. 아버지는 사장, 나는 직공이 되어 돈을 잘 벌면 된다. 또 엄마는 고등학교 떨어지면 나하고 같이 과자 장사나 술 장사를 하자고 했다.

왜 나하고 할라 하는 사람이 많을까? 수원 고모부도 오라 하고, 수원 이모집에서도 오라고 한다. 참말로 걱정이다.

고등학교를 나와야지 겨우 장가를 들지, 중학교를 나온 사람에게는 시집을 안 갈라고 한다. 그래서 공부를 푸지기 해야 한다. 나한테 시집 올 사람이 없으면 노총각으로 살면 되지 뭘 걱정하나, 우리 반 아이들아.

이 글 두 편은 여러 가지 관점에서 견주어 말할 수 있겠지만 여기서는 다만 글을 쓴 아이의 삶이 어떤 말로 씌어졌는가 하는 점에서 살펴보려고 한다.

보기글 1을 쓴 아이는 학교의 점수 따기 공부와 학원 공부와 숙제 공부에 온 정신을 쏟고 있다. 그러다가 틈만 있으면 텔레비전을 본다. 곧 오늘날 도시에서 살고 있는 거의 모든 아이들이 빠져 있는, 삶을 빼앗긴 비참한 꼭두각시 놀음을 되풀이하고 있다. 그래서 이 아이가 꾸는 꿈이란 것은 TV탤런트가 되었다가 피아니스트로 바뀌고, 다시 음대 교수로 되면서, 말로는 "이치에 맞게 행동하고, 착하고 성실하게" 어쩌고 하지만 끊임없이 기분 따라 '꿈'을 바꿔가는 꼴이 되어 있다. 그런데 보기글 2를 쓴 아이는 그까짓 쩨쩨한 점수 따기에 매달려 있지 않다. 집일을 거들면서 부지런히 일하는 것을 즐겁게 여긴다. 그래서 학교를 졸업하면 어른들은 이 아이를 서로 데려가고 싶어한다. "나한테 시집 올 사람이 없으면 노총각으로 살면 되지 뭘 걱정하나." 이 얼마나 넉넉한 마음을 가진 아이인가. 어린이다운 깨끗한 마음을 가진 아이인가.

한마디로 말해서 보기글 1을 쓴 아이는 자기 삶이 없다. 그 꿈은 허황하다. 그런 몸가짐으로서는 음대 교수가 될 리가 없고, 된다고 하더라도 병든 음악관밖에 못 가진다. 그런데 보기글 2를 쓴 아이는 건강한 삶이 있다. 이 아이는 틀림없이 성실한 시민의 한 사람으로 살아가면서 많은 이웃 사람들에게 빛을 뿌릴 것이다.

두 아이의 문장을 견주어 보자. 삶이 없이 책만 가지고 공부한 아이가 쓴 보기글 1은 논리가 안 서고 어수선하게 씌어졌을 뿐 아니라 잘못된 어른들의 글말로 오염되어 있다. 우리 말에는 없는 했었습니다가 나오고, "나의 희망의……" 따위가 나온다. 그런데 보기글 2는 처음부터 끝까지 싱싱한 우리 말로 썼다. 토의가 한 군데도 없는 것을 봐도 이 글이 얼마나 살아 있는 말로 되어 있는가 알 수 있다.

삶이 없이 글을 바로 쓸 수 없다는 사실을 아이들의 글에서부터 배워야 할 것이다.

5. 그림이나 사진에 곁들인 글

초등학교 1·2학년 어린이들에게 흔히 그림일기란 것을 쓰게 (그리게) 한다. 나도 지난날 그림일기를 지도한 적이 있지만 별로 신통한 결과를 얻지 못했다. 내가 한 지도 방법이 좋지 않았기 때문이라 여겼는데, 얼마 전 어느 책을 읽었더니 본래 그림일기란 것이 그다지 효과가 없는 것이라 씌어 있었다.

그림으로 하는 표현과 글로 하는 표현은 그 방법이 아주 다르다. 사람의 자기표현은 늘 써서 손에 익은 용구와 수단으로 해야 하는데, 글로 쓰다가 그림을 그리다가 하니 이것도 저것도 온전히 안 되는 것인가 싶다. 내 경험으로는 다 같은 글인데도 만년필로 쓰다가 볼펜으로 쓰면 글씨가 마음대로 안 되어 자꾸 신경이 쓰인다. 그러다가 오랫동안 쓰면 길이 나서 잘 쓰게 된다. 같은 볼펜이라도 모양이 다른 것으로 바꿔 쓰면 또 잘 안 씌어진다. 그러니 그림을 그리다가 글을 쓰다가 하면 잘 되지 않는 것이 당연하다.

그래도 글과 그림을 같은 종이에 쓰고 그려야 한다면 글을 먼저 쓰게 하고 그림은 다음에 그리게 해야 한다. 그래야 글이 제대로 되고 그림도 어느 정도 산다. 그림을 먼저 그리게 하면 글이 죽는다. 글이란 어디까지나 사실을 겪은 그대로 시간의 흐름을 따라 생생하게 되살려 보여주어야 하는 것이기 때문에, 어느 순간의 모양이나 생각을 그려놓은 그림을 보고 쓰게 되면 그만 그 글은 사실과 사물에서 멀어진 것으로 된다. 허공에 뜬 말과 글이 이래서 나온다. 사진을 보고 글을 써도 비슷한 결과가 된다. 그러니까 그림을 그려놓고 글을 짓게 하는 교과서의 글쓰기 지도 방법은 아주 잘못되었다고 하지 않을 수 없다.

다음 글은 지난해 가을호에 나온 어느 회사의 사보에서 표지 그림을 설명한 것이다. 그 표지 그림은 반 고흐의 작품인데, 넓은 들판이 온통 누렇게 익은 곡식으로 물들었고, 군데군데 무슨 과수원인가 푸른 나무들이 모여 서 있다.

- 푸른 하늘을 배경으로 평화롭게 물결치는 황금빛 들녘. 가을 들판의 한 알 밀알 속마다 농부의 땀과 살랑이던 봄바람과 한여름의 성난 빗방울, 그리고 이제 붉은 태양의 미소가 담겨 있다.

이 글에서 "한 알 밀알 속마다 농부의 땀……" 어쩌고 하면서 "……미소가 담겨 있다"고 쓴 것은 실제 느낌이 나지 않는 빈말을 꾸민 것밖에 아무것도 아니다. 그러나 여기서 더욱 잘못된 것은 "가을 들판의 한 알 밀알"이다. 밀은 우리 나라든지 유럽이든지 초여름에 거두는 곡식이지 가을에 거두는 곡식이 아니다. 사실을 보지 않고 그림을 보고 글을 쓰니 이렇게 엉뚱한 잘못을 저지르게 되고, 허황한 글을 쓰게 된다.

- 自然으로의 회귀

이것은 신문에 난 어느 화가의 그림 제목이다. 무슨 말인지 얼른 머리에 들어오지 않는데, 쉽게 알 수 없도록 일부러 이런 말을 썼는가 하는 생각이 든다. 나 같은 사람은 알 수 없는 추상화를 그려놓았으니 제목도 이렇게 쓰겠구나 싶다. '자연으로 돌아감'이나 '자연으로 돌아가기'라고 쓰면 얼마나 좋을까? 하지만 쉬운 우리 말로 쓰면 어렵게 그려놓은 그림에 맞지 않는다. 그림의 문제, 그림에 곁들인 글의 문제가 여기 있다. 그러고 보니 그림의 제목뿐 아니라 그림을 논의한 글에도 유달리 문제가 많을 것 같다.

- 서울 도심 한강고수부지 보리밭이 향수를 느끼는 시민들과 학생들의 자연 학습장으로 인기를 끌고 있다. 선생님의 손을 잡고 신기하다는 듯 보리알을 만져 보는 어린이들의 손끝에 동심이 묻어난다.『ㅈ일보』, 1992. 6. 7.

일부러 그럴듯한 모양을 내게 하여 찍은 사진이라, 설명문도 멋을 부려 "손끝에 동심이 묻어난다"고 했지만, 이런 말은 조금도 실제 느낌이 따르지 않는 말재주가 되었다. 고수부지가 잘못된 말이라는 비판도 나온 지가 오래다.

6. '한자말'에 마취된 사람들

사람들은 모두 쉬운 우리 말을 안 쓰고 유식해 보이는 '한자말' 곧 남의 나라 글자말을 쓰고 싶어한다. '말해서' 하면 될 것을 '언어를 사용해서'라 하고, '부엌'을 '주방'이라 하고, '학생 붓글씨 대회'라 할 것을 "학생 휘호대회"라 한다. '앞날'이란 우리 말을 쓴 글을 나는 본 적이 없다. 모조리 미래라고 쓴다. 우리 겨레는 지금 집단정신병에 걸려 있다. 서로 다투어 유식한 남의 나라 글자말을 쓰려고 하는 어처구니없는 병이다. 순수한 우리 말은 무식하고 못난 사람이나 쓰는 말이 되어버렸다. 이것은 어제오늘 갑자기 이렇게 된 것이 아니다. 일본제국이 총칼로 이 땅을 점령하고부터 비로소 이 꼴이 된 것도 아니고, 아주 멀리 천 년 전부터, 신라가 당나라 군사를 불러왔을 때부터 이런 탈이 나기 시작한 것이다. 중국 것이면 무엇이든지 떠받들어 숭상하는 더러운 버릇이 긴 세월 동안 굳어질 대로 굳어져, 일본을 거쳐 들어오는 서양 것을 또 그렇게 할배같이 모시니, 우리 것은 모두 보잘것없어 부끄럽고 덮어 감추고 없애야 할 것이 되어버렸다. 그래서 몰라도 아는 척하고, 없어도 있는 척하는 생활 태도가 우리 사회 모든 자리를 움직이게 하고 있는데, 이것은 병든 말과 글이 겨레의 얼을 좀먹고 역사가 흘러가는 방향까지 결정하는 판이 된 것이라 아니 할 수 없다.

어느 자리에서 이런 말을 했더니 듣고 있던 한 분이 질문을 했다.

"하신 말씀 모두 맞습니다. 정말 우리는 '미래'만 쓸 줄 알았지 '앞날'이란 우리 말은 쓰지 않았습니다. 왜 우리가 이렇게 바보같이 한자말만 썼는가 생각해보니 '미래'라 하면 희망이 있는 장래를 말하는 것 같은데, '앞날'이라고 하니 어쩐지 어두운 장래를 느끼게 합니다. 그래서도 사람들이 모두 '미래'를 쓰는 것 아닙니까?"

바로 이것이다. 우리 것은 버리고 남의 것만 따르다보니 우리 것은 가난하고 힘없는 사람 무식한 사람이나 쓰는 것이 되고, 그래서 그것은 보잘것없는 것, 희망이 없는 것, 부끄럽고 욕된 것이 되어버렸다. 바로 이것이 우리 역사의 벽이다. '밥상'이 '식탁'으로 되고, '부엌'이 '주방'으로 되는 이 역사의 수레바퀴를 제대로 굴러가도록 돌려놓지 않고는 단 한 걸음도 우리는 우리가 가야 할, 백성이 주인으로 되는 세계로 나아갈 수는 없으리라 본다.

'미래'라고 하니 뭔가 희망이 있는 것 같은 느낌이 든다? 이것이 남의 나라 글자말이 부리는 요술이다. 내가 알기로 중국글자말은 열 가지쯤 기막힌 요술을 부린다. 그중 한 가지를 말하면 '듣는다' '읽는다' '만난다'고 할 것을 모조리 접한다로 쓰고, '못한다' '깨졌다' '막혔다'고 할 것을 모조리 무산이라 쓰는 따위다. 이래서 살아 있는 여러 가지 말을 어떤 틀에 박힌 한 가지 말로 바꾸어 죽여버린다. 이것은 사람의 여러 가지 표현을 똑같이 만들어 의식을 한 가지 틀에다 찍어내는 요술을 부리는 것이다. 이것을 또 달리 보면 말뜻을 흐릿하게 하는 것으로도 된다. 우리 말로 하면 아주 분명한 말도 중국글자말이 되면 이래도 생각할 수 있고 저래도 볼 수 있는 말이 되거나 막연한 말이 된다. 그러면서 뭔가 고상한 뜻이 담겨 있는 듯이 느낀다. 이래서 중국글자말이 부리는 요술에 걸려 사람들은 곧잘 접한다를 쓰는 것이다.

또 가령 일본의 수상이나 각료들이 우리와 관계되는 지난날의 역사를 언급할 때면 으레 나오는 '유감'이란 말이라든지, 일본국왕이 한 말 통석 따위만 해도 그렇다. 언젠가는 노태우 전 대통령도 '유감'이란 말을 썼지. 여기서 우리가 놓쳐서는 안 될 일은, 속임수를 쓰는 반민주 정치를 하는 사람들은 결코 백성들이 쓰는, 뜻이 분명한 쉬운 말을 안 쓴다는 사실이다. 가족끼리 밥 먹으면서야 하겠지만 국민들 앞에서는 안 쓴다. 요술을 부리는 유식한 말을 써서 사기를 치는 것이다. 돈벌이에 정신을 팔고 있는 장사꾼들도 미래, 고객만 썼지 '앞날' '손님'이란 말은 쓰지 않는다. 우리는 모두 남의 나라 글자말에 마쳐되어 있다는 사실을 참 너무 늦었지만 이제라도 깨달아야 하겠다.

7. 하루치 신문 제목

신문은 방송과 함께 온 국민의 말과 글을 이끌어간다. 그런데 신문을 보는 사람은 내용을 모조리 훑어 읽지 않고 제목만 보아서 관심이 가는 기사만 읽는다. 곧 제목만은 누구든지 다 읽는 것이다. 신문 제목이 국민의 말과 글에 얼마나 큰 영향을 미치는가 이만하면 알 수 있다.

이 글을 쓰는 오늘은 8월 2일, 『한겨레』 제1면 첫머리 기사가 좀 달리 시원스럽게 짜여 있기에, 이번에는 오늘 하루치 신문 제목에서 우리 말로 좀 다듬었으면 싶은 것을 대강 보아나가기로 한다.

- 싫든 좋든 객관적 실상 분석부터

이것은 「8·15 47돌. 일본을 다시 생각한다」라는 연재물 첫째 번 1. 시각 혼란의 극복을 위하여의 큰제목이다. 신문기사 제목으로서 잘 나왔지만, 내가 쓴다면 '객관적'이란 말은 안 쓸 것이다. '객관(의) 실상'이라 하든지, '있는 실상'이라고 쓰겠다.

- 의무화 규정불구 30~40%가 아예 안 받아

이것은 「정부발주 공사 감리 '구멍'」이란 큰제목 아래 적힌 제목이다. 여기서는 '규정불구'를 '규정 있어도'라고 쓰는 것이 좋겠다.

- 다리의 붕괴, 믿음의 붕괴

우리 말법으로 쓰면 '다리도 무너지고, 믿음도 무너지고' 이렇게 될 것이다.

- 대일 배상요구 정부가 나서라

"대일"이 문제다. '일본에' 하면 된다.

- 민자 천안교육원터 매입때 부동산 투기로 7백억 챙겨

여기서는 "매입때"를 '살 때'로 써야 한다.

- 무너질 때마다 땜질 대응

"땜질 대응"을 '땜질만 해'라고 쓰는 것이 좋겠다.

- "옛 소련이 사할린섬 매각 추진했다" 폭로

여기 나오는 "매각 추진했다"는 '팔려고 했다'고 쓰면 된다.

- 걸프사태 발발 2주년……미국의 대이라크 정책 평가
  전쟁승리 불구 중동질서 재편 실패

여기서는 발발을 '발생'으로 쓰는 것이 좋고, "대이라크 정책"에서 대자를 빼고 그냥 '이라크 정책'이라 하면 되고, "전쟁승리 불구"는 '전쟁 이겨도'라 쓰면 그만이다.

- 80개 점포 신간만 취급

취급은 일본말이다. '다뤄'라면 된다.

- 현찰 매입 현찰 매도

'현금 사기 현금 팔기'로 써야겠지.

- 전국 교량 일제 점검
  정부 '신행주대교' 대책 일환

교량은 '다리'라 쓰면 되고, "대책 일환"은 '대책으로'라고 쓰면 될 것이다.

- 신행주대교 붕괴 충격

붕괴를 '무너진'이라 써야 한다. 이밖에도 같은 7면 사진 설명에 붕괴란 말이 두 번이나 나오고 제1면·제14면·제15면에도 나와 있다.

- 카메라로 동심 촬영

촬영은 '찍어' 하면 된다. 동심도 '어린이 마음'이라 하는 것이 더 좋다.

- 적자 보지만 '내 일' 보람
  매주 목요일에는 손님들과……

적자는 '손해'로, "매주 목요일에는"은 '목요일마다'로 써야 한다.

- 가톨릭 사제들 정부 통일정책 불신

불신은 '안 믿어'가 좋다.

- 다르니 두 종목 2연패

연패란 말을 아직도 쓰고 있다. '2연왕' 하면 되지.

- 조윤정 이틀째 세계신기록 경신

경신은 '바꿔'라 쓰면 될 것이다.

- 후반돌입……

돌입을 '들어가'로 써야 한다. 2면 제목에도 '돌입'을 썼다.

- 중간 메달순위

순위는 '차례'다.

- ……방위비 감축 국민운동 필요

'방위비 줄이기 국민운동 해야'가 좋겠다.

- 모양 위해 상판 강선으로 지탱 교각수 줄여.
  다리 양쪽 끝에서 상판 붙여나와 중간에 연결

상판은 일본식 말. 우리 말로는 다리판이다. 교각도 우리 말은 '다릿발'이 된다. 강선은 '강철줄'이나 '강철선'이라 써야 하고, 연결도 '이어' 하면 된다.

- 겨레의 하나됨을 위하여

이것은 '겨레가 하나 되기 위하여'라야 된다.

- 벽산건설선 사장재 추락충격 주장

"사장재"가 무슨 말인가? 알 수 있는 말로 쓰든지, 쉬운 말이 없다면 기사 중간에라도 풀이를 하는 것이 옳다.

8. 올림픽 경기 소식 알려준 신문의 글

이번 바르셀로나 올림픽 경기 소식을 알려준 신문기사에서 주로 제목을 살펴보기로 한다.

- 金의 미소 『중앙일보』, 7. 29.

이것은 '금메달의 웃음'이라 써야 한다.

- 수영 연일 세계新 쏟아져 『동아일보』, 7. 31.

연일은 '날마다'이다.

- 여자양궁 올림픽 3연패 『한겨레』, 8. 4.
- 趙윤정 '金'…… 양궁 3連覇 『중앙일보』, 8. 3.
- 趙윤정 金수녕 金 銀…… 개인 3連覇 『동아일보』, 8. 3.
- 칼 루이스 멀리뛰기 3連覇 『동아일보』, 8. 7.
- 칼 루이스 멀리뛰기 3연패 "위업" 『중앙일보』, 8. 7.
- 칼 루이스 올림픽 3連覇 『조선일보』, 8. 8.
- 칼 루이스 멀리뛰기 3연패 『한겨레』, 8. 8.

이렇게 연패(連覇)란 말을 언제까지 써야 하는지 참 답답하다. 어려운 중국글자를 쓰는 것도 문제지만 우리 글자로 쓰면 '잇달아 진다'는 '연패'(連敗)와 똑같이 된다. '잇달아 우승한다'는 뜻으로 '연승'이란 말을 써서 안 될 것 없다. 꼭 달리 쓰고 싶으면 '패' 대신에 '왕'을 써서 '2연왕' '3연왕' 했으면 좋겠다.

- 한국娘子 올림픽 2連覇 눈앞에 『동아일보』, 8. 7.

핸드볼 경기 소식인데, '娘子'가 문제다. '아가씨들' 하면 될 것 아닌가.

- 400m 獨食 『중앙일보』, 8. 7.
- 메달 서유럽국 편중 여전
  상위 3국 '금' 40% 독식 『한겨레』, 8. 7.

여기 나오는 독식(獨食)이란 말은 안 쓰는 것이 좋다. '독차지' 하면 되지.

- 독일에 26 대 25 辛勝……노르웨이와 쟁패 『동아일보』, 8. 7.

핸드볼 경기 보도 제목이다. '辛勝'은 '겨우 이겨'로, 쟁패는 '우승 다퉈'로 쓰면 된다.

- 레슬링 김종신 거푸 4승
  북한 김일도 호투, …… 『한겨레』, 8. 6.

호투가 무슨 말인가? '잘 싸워'란 말을 이렇게 썼겠지.

- 레슬링 자유형 74kg급 결승서 朴章洵이 미국의 먼디를 1-0으로 물리쳐 금메달이 확정되는 순간 두 주먹을 불끈 쥔 채 포효하고 있다. 『한국일보』, 8. 8.

이 글에서는 포효하고가 문제다. '부르짖고'라 쓰면 될 것이다.

- 복싱 라이트급 준결승전서 미국의 오스카 호야에게 안타깝게 1점 차로 진 洪性湜이 얼굴을 감싸고 분루를 삼키고 있다.『한국일보』, 8. 8.

분루는 '분한 눈물'이라 써야 한다. '분해서 눈물을'로 써도 되겠지.
  중국글자를 섞어서 쓰는 신문들이 이렇게 우리 나라 사람이름을 꼭 중국글자로 쓰는 까닭이 무엇인가? 사람이름 알려면 『중국글자사전』을 찾아보란 말인가? 아니면 사람이름쯤 일일이 몰라도 된다는 뜻인가? 참 답답한 것이 신문이다.

- 부브카의 '도약'『조선일보』, 8. 8.

이것은 '뛰어오르는 부브카'라고 쓰면 된다.

- 장대높이뛰기 현 챔피언으로 신기록 달성을 호언하고 있는 세르게이 부브카가……『조선일보』, 8. 8.

이 글에 나오는 "신기록 달성을 호언하고 있는"이란 말은 '새 기록을 세운다고 큰소리치고 있는'이라 쓰는 것이 좋다.

- 1차 시기서 8m 67을 마크, 올림픽 남자육상 멀리뛰기 3연패 위업을 달성한 칼 루이스의 비상모습『조선일보』, 8. 8.

이 글에서는 무엇보다도 마크와 비상을 쉬운 말로 고쳐야 한다. 마크는 '기록'이라 쓰고, 비상은 '-가 날아가는'이라 쓰면 우리 말이 된다.

• 보다 멀리 『조선일보』, 8. 8.

요즘은 상품광고에도 보다란 어찌씨(부사)를 안 쓰고 '더'를 많이 쓰게 되었는데 신문이 이래서 되겠는가.

• 전력 호각세······사기 높아 승산 『조선일보』, 8. 8.

여자핸드볼 경기 소식이다. "호각세"라 했는데, '어금버금' '어금지금' '어슷비슷' 이렇게 얼마든지 우리 말이 있다. 전력은 '싸우는 힘'이란 말인가? '온 힘'이란 말인가?

• 황영조 화려한 피날레 『중앙일보』, 8. 10.

피날레는 '끝맺음'이라 써야 한다.

9. 머리로 만든 말과 저절로 생겨난 말

며칠 전 ㅈ대학교에 갔다가 그곳 어학연구소에서 귀한 일을 하는 몇 분들과 이야기를 주고받는 가운데, 어느 분이 이런 말을 했다.
"한번은 유치원에 다니는 조카를 데리고 목장에 갔어요. 그런데 젖소를 보고 있던 조카가 이런 말을 하잖아요. '야아, 젖주머니 크다!' 이 '젖주머니'란 말을 듣고 참 재미있는 말이구나 싶었어요. 우리 말로는 '젖통'이라고 하지만 젖통보다 젖주머니가 훨씬 좋지요?"
나는 참 재미있는 이야기구나 하고 기뻐하면서, 나대로 들은 이야기를 하나 했다. 얼마 전 안양에 사는 시인 ㄱ 선생을 만나 이런저런 얘기를 하다가 우리 말 얘기가 나왔을 때 ㄱ 선생이 이런 말을 했던 것이다.
"방금 저기 시장 앞길을 걸어왔는데, 어린애 하나가 엄마 손을 잡고 시장에 가면서 롤러 스케이트를 타는 아이들을 가리키며 '엄마 엄마, 저거, 저거…… 발자동차 사줘!' 하고 조르잖아요. 발자동차! 참 좋은 말이지요. 바퀴가 네 개 달렸으니 영판 자동차지요."

젖주머니, 발자동차. 어느 어른이, 어느 학자가 이런 말을 생각해내겠는가? 이래서 어린이는 모두 시인이 되는 것이다. 그 누가 "시인만이 새로운 말을 만들어낼 자격이 있다"고 했는데, 어린이야말로 새말을 만들어낼 수 있는 시인이라 하겠다.

여기서 말을 만들어내는 문제를 좀 생각해보기로 한다. 언제던가『말』지에서 나는, 지식인들이 말을 함부로 만들어내서는 안 된다고 하면서, 모람이니 먹거리니 하는 따위를 보기로 든 적이 있다. 그리고, 말을 만들어낼 수 있는 사람은 글로 살아가지 않고 일을 하면서 살아가는 사람이라고 했다. 그런 생각은 지금도 다름이 없다. 다만 좀더 자세히 말할 필요를 느낀다.

모람은 '모인 사람'이란 두 낱말에서 한 자씩을 따서 만들었다고 하니 참 어이가 없다. 이것이 글을 배운 사람들의 횡포가 아니고 무엇인가? '회원'이란 말을 그대로 써야 한다. '회원'이란 말까지 한자말이라 해서 버려야 한다면 무슨 '회'라는 말은 모조리 없애야 하고, 학교니 학문이니 사회니 역사니 하는 말들도 죄다 없애야 한다. 이런 주장은 우리 말을 살리는 일에 도움이 될 수 없고, 도리어 방해가 된다. 우리 말 운동을 빙자해서, 그런 알 수 없는 말을 쓰는 자기들이 또 하나 특수한 유식계급임을 자랑해 보이고 싶어하는 것밖에는 아무것도 아니다.

먹거리도 그렇다. 이런 말을 지난날 우리 나라 곳곳에서 썼다고 하는 말을 나는 안 믿는다. 가령 어떤 지방에서 썼다고 하더라도 먹거리를 표준말로 삼을 수는 없다. 그것은 '멀 거리'—사실은 이렇게 많이 썼다—라 말했다고 해서 '멀거리'라고 써서는 안 되는 것과 같다. 어떤 분이 먹거리란 말을 수십 년 동안 퍼뜨리려고 온갖 노력을 해왔는데, 내가 보기로 참 딱하다. 그리고 더 딱한 노릇은, 일부 지식인들과 문화운동을 한다는 사람들이 이 먹거리를 즐겨 쓰고 있는 현상이다. 모두 유식계급임을 자랑해 보이려는 심리에서 그러는 것이다. 대관절 '먹을거리'라는 말을 왜 못 쓰는가?

모람, 먹거리 따위는 지식인들이 머리로 만든 말이다. 그런데 아이들 입에서 나온 '젖주머니'와 '발자동차'는 머리로 만든 말이 아니다. 입에서 저절로 튀어나온 말이다. 앞에서, 만든 말이라고 했지만 아주 정확하게 말한다면 이것은 만든 말이 아니라 저절로 생겨난 말이다. 어른이고 아이고 사람들의 건강한 삶은 가끔 새로운 말을 낳는다. 만약 지식인이 어린아이 같은 마음의 상태가 되어 생활 속에서 어떤 새 말을 지껄이게 되었다면 그것은 널리 퍼질 말이 될 수 있고, 우리 말로 받아들여질 수 있을 것이다. 이럴 때 지식인은 생활인이요, 백성의 한 사람이 되어 있는 것이다. 백성이 말을 창조한다는 것은 바로 이런 상태를 말한다.

'벼룩시장'이란 말, 참 재미있는 말이다. 이게 생활인이 만든 말이다. 북한 사전에는 '매미옷'(아래위를 통짜로 간편하게 만든 어린이옷)이란 말이 나오는데, '젖주머니'같이 재미있는 말이다.

삶이 없이는 말 하나 제대로 생겨날 수 없다는 진리를 알아두자.

10. '-살이'와 '서리'

『우리말 사전』을 보면 뒷가지(접미사)로 쓰는 '-살이'란 말은 머슴살이·처가살이·셋방살이 따위로 쓰는 말, 곧 '그 무엇(어디)에 매여 살아가는 일'이란 뜻으로 쓰는 말 한 가지뿐으로 나와 있다. 어느 사전이고 다 그렇다. 그런데 사실은 또 다른 '-살이'가 하나 더 있다. '콩살이' '밀살이' 할 때에 쓰는 '-살이'란 말이다.

가을에 들어 콩이 익어갈 무렵, 그것을 뽑아다가 그슬러 먹는 것이 콩살이다. 밭둑이나 산기슭이나 냇가에서 마른 나뭇가지 위에 꺾어온 콩을 올려 놓고 불을 지르면 나무는 다 타고, 그슬려 익은 콩만 남는다. 그러면 빙 둘러앉아 까먹는다. 그 고소한 맛은 아마 세상의 어떤 콩 요리도 못 당할 것이다. 어렸을 때 가을이면 언제나 기다려지던 것이 콩살이였고, 어른이고 아이고 즐기던 것이 콩살이였다. 밀살이도 꼭 이와 같이 했다. 다만 밀살이는 6월이다.

이 콩살이·밀살이라고 하는 '살이'는 '살아간다'란 뜻이 아니고 '불에 사른다'(사르니·살라)는 말이다. 나는 어렸을 때 콩살이와 밀살이밖에 다른 '살이'는 모르고 자라났지만, 어느 지방에서는 가을에 밤을 그렇게 구워먹는 '밤살이'를 했다는 이야기도 들었다. 그러니 그밖에 또 무슨 '살이'란 말이 더 있으리라.

그런데 어째서 사전에는 이런 콩살이·밀살이·밤살이가 없는가?

요즘 말글살이란 말을 쓰는 이들이 더러 있다. '언어생활'이란 말을 우리 말로 다듬어서 이렇게 쓰는 모양인데, 내가 갖는 말느낌으로는 아무래도 자연스럽게 받아들여지지 않는다. 그런 말을 쓰는 사람보고 쓰지 말라고 하거나 쓰는 것이 잘못이라고 굳이 말하고 싶지도 않다. 나 자신은 언어생활이고 말글살이고 쓸 필요가 없을 것 같다. '말하기' '말하는 태도' 하면 될 것 같다. 또 어떤 경우 꼭 그런 말을 써야 된다면 차라리 언어생활이라 하고 싶다. 나는 "언어를 사용해서"라 하지 말고 '말해서'라 해야 한다고 주장하지만, '언어학' 할 때는 어쩔 수 없으니 '언어'란 말을 아주 없앨 수 없고, 없앨 필요도 없다고 본다. 말글살이는 아무래도 실제 삶을 떠나 말을 말로서 하는 데서 쓰게 되는 지식인의 말이 아닌가 생각한다.

다음 또 하나 '서리'란 말에 대해서다. '서리'란 말이 사전에는 여러 가지 있는데, 그중에서 "떼를 지어서 주인 모르게 훔쳐 먹는 장난"이란 뜻으로 쓰는 '서리'란 말을 살펴보려 한다. 사전에는 모두 "떼를 지어……"라 풀이해놓았다. 그러고는 보기로 '닭서리' '참외서리'를 들었다.

그런데 나는 분명히 이와는 다른 '서리'가 있다는 것을 알고 있다. 떼를 지어 남의 것을 훔쳐 먹는 것이 아니라 주인에게 정당한 값으로 다른 물건을 주고 바꿔 먹는 것인데, 가령 첫여름에 보리가 익어서 타작을 하게 되면 그 보리를 자루에 넣어서 복숭아 밭에 가서 복숭아와 바꿔서 먹는다. 감자와 복숭아를 바꾸기도 한다. 그것을 우리는 '복상(복숭아)서리'라 했다. 그렇게 해서 수박서리 · 참외서리도 했다. 이것은 결코 내 고향에서만 한 것이 아니다. 경북 일대에서 이런 '바꿔 먹는' 서리를 했고, 다른 지방에서도 틀림없이 이런 삶이 있었을 것이다.

이것이 어쩌면 훔쳐서 먹던 '서리'가 세상이 달라짐에 따라 바꿔 먹는 '서리'로 되었겠다는 생각이 든다.

그런데 사전에는 어째서 정당하게 곡식으로 바꿔 먹는 '서리'는 안 올려 놓고, 어쩌다가 훔쳐서 먹는 '서리'만 올렸는가? 이것은 가난하게 살아가는 농민들의 삶을 모르는 (그래서 그 삶의 말을 알 리가 없는) 땅을 차지한 양반들이나 넉넉한 장사꾼들, 또는 지식인들의 편에서 말을 고르고 말을 풀이하는 사전을 만들었기 때문이라 생각한다.

11. 대통령 선거날을 알린 글

우리 말을 오염하는 두 가지 큰 원천이 있으니, 그 하나는 글을 쓰는 지식인들이고, 또 하나는 관청이다.

법률에서 쓰는 말이나 관리들이 쓰는 말이 어려운 중국글자말투성이로 되어 있고, 그것이 또 일본사람들이 쓰던 말 거의 그대로라는 것은 세상이 다 아는 사실이다. 옛날과는 달리 요즘은 누구든지 관청에서 하는 일이나 법을 모르면 바로 자신이 손해를 입기 예사다. 그런데도 관청에서 쓰는 말과 법률말은 어렵게 되어 있다. 우리 말과 우리 말법이 아니니까 어려운 것이 당연하다. 이 어려운 말들은 그대로 신문과 잡지에 쓰이고 방송으로 나온다. 그래서 일반 국민들이 쓰는 생활말로 되고 있는 것이 더욱 큰 문제다. 우리 정신과 삶이 병드는 말을 깨끗이 고쳐 써야 하는 일에서 관청말과 법률말을 바로잡아야 할 일이 중요하고 급하다는 것은 민주주의를 싸워서 얻고 창조해야 하는 일이 중요하고 급하다는 것과 같은 이야기가 된다고 하겠다.

여기, 지난 11월 21일 신문에 났던 「대통령선거일 공고」와 「부재자신고 안내」 글을 보기로 한다. 이 글들은 그다지 어려운 말이라고는 할 수 없다. 그러나 온 국민에게 알리는 이런 글은 마땅히 더 쉬운 말, 깨끗한 우리 말로 써야 할 것이다.

편리하게 한 글월씩 나누어서 든다.

- 대통령선거일 공고

이 제목은 '대통령 선거날 알림'이라 쓰는 것이 좋다. 내가 이런 글을 쓴다면 '대통령 선거날을 알립니다'로 하겠다.

- 국무회의의 심의를 거친 대통령선거일을 대통령선거법 제93조 제1항의 <u>규정에 의하여 이에 공고한다</u>.

밑줄 친 데를 '규정을 따라 여기에 알립니다'로 쓰면 된다.

- 부재자신고 안내

이 제목은 '집 떠난 사람은 이렇게 알려주시오'로 쓰면 좋겠다. 부재자는 어렵고, 안내는 일본말이고, 신고도 누구나 알고 있는 우리 말로 쓸 수 있다. 말을 이렇게 써야 민주주의가 되지.

- 1992년 12월 18일에 <u>실시되는</u> 제14대 대통령<u>선거에 있어 국내에 거주하는</u> 선거권자 중에서 <u>선거일</u>에 주민등록지의 투표소에서

투표할 수 없는 사람은 부재자신고를 하여야만 부재자투표소 또는 거소에서 우편으로 투표를 할 수 있으므로 해당자는 빠짐없이 신고하여주시기 바랍니다.

이 글에서 고쳐야 할 말이 다음과 같다.

* 실시되는 (→하게 되는)
* 선거에 있어 (→선거에서)
* 국내에 거주하는 (→나라 안에 사는)
* 선거일 (→선거날)
* 부재자 신고를 하여야만 (→집 떠난 사람으로 알려주어야만)
* 부재자투표소 또는 (→집 떠난 사람 투표하는 곳이나)
* 거소 (→사는 곳)
* 있으므로 (→있으니)
* 해당자 (→이런 사람)
* 신고하여 (→알려)

이렇게 고쳐서 다시 써본다.

* 1992년 12월 18일에 하게 되는 제14대 대통령선거에서 나라 안에 사는 선거권자 중에서 선거날에 주민등록지의 투표소에서 투표할 수 없는 사람은 집을 떠난 사람으로 알려주어야만 집 떠난 사람 투표하는 곳이나 지금 사는 곳에서 우편으로 투표할 수 있으니 이런 사람은 빠짐없이 알려주시기 바랍니다.

• 선거일인 1992년 12월 18일 현재로 만 20세 이상(1972년 12월 19일 이전 출생자)인 국내에 거주하는 사람으로서 주민등록지의

투표소에서 투표할 수 없는 다음에 해당하는 자.

밑줄 친 곳을 바로잡아서 글 전체를 다시 쓰면 이렇다.

* 선거날인 1992년 12월 18일에 만 20세 이상(1972년 12월 19일 이전에 난 사람)인 나라 안에 사는 사람으로서 주민등록지의 투표소에서 투표할 수 없는 다음과 같은 사람.

• 선거인명부에 등재되고 선거인명부작성만료일 이전부터 주민등록지인 '구·시·군' 밖으로 떠난 자로서 선거일까지 주민등록지로 귀환할 수 없는 자.

이것도 바로잡아서 써본다.

* 선거인명부에 올려 있고 선거인명부를 다 만든 날 이전부터 주민등록지인 '구·시·군' 밖으로 떠난 사람으로서 선거날까지 주민등록지로 돌아갈 수 없는 사람.

이 「부재자신고」 알림글은 여기서 고쳐 보인 것이 3분의 1쯤 된다.

12. 선거싸움 광고싸움

지난 선거싸움 동안에 각 정당과 단체들이 신문에 내었던 여러 가지 광고글들을 좀 살펴보려고 한다. 무슨 싸움이든 한판 지나가버린 것을 다시 되살려보게 하는 노릇은 모두가 반가워하지 않는 줄 잘 안다. 하지만 역사가 아주 끝났다고 생각하는 것은 '휴거'로 세상이 끝난다고 보는 것과 마찬가지로 어리석은 노릇이고, 민주를 위한 싸움은 끊임없이 새로 시작하는 것이다. 더구나 말과 글로 민주사회를 창조하는 바탕을 다지는 일은 잠시도 쉬지 않는 자기살핌을 요구하는 것이라 본다.

　민주역사를 창조하는 싸움은 말 싸움이요 글 싸움이라고 말할 수도 있다. 선거판에서 국민들에게 알리는 광고글만 해도 그렇다. 대통령이 되겠다고 나선 사람들은 서로 다투어 국민들에게 잘 보이려고 근사한 주장, 달콤한 말, 그럴듯한 약속을 한다. 그리고 그런 광고글은 될 수 있는 대로 누구나 잘 읽을 수 있도록 쉬운 말과 쉬운 글로 쓴다. 이런 광고글에서 한문글자를 쓰지 않는 것도 당연하다.

　만약 어떤 광고글에서 좀 어려운 말이 들어가 있거나 문맥이 시원치 않게 되어 있다면 그것은 글을 쓴 선거참모들의 머리가 둔해서 그리된 것이다.

　그런데 어쩌다가 온 국민들이 읽으라고 낸 광고글에 한문글자가 새까맣게 섞여 있는 수가 있다. 한문글자를 섞어서 쓴 광고글(이런 광고글은 또 대개 새로 읽도록 써놓았다.)은 그것이 어떤 사람이 낸 어떤 내용의 글이든지 완고한 옛것을 그대로 가지고 싶어하거나 국민들 위에 올라앉아 국민을 지배하고 싶어하는 사람들이 낸 광고글이라고 보면 틀림없다. 그래서 그런 글을 신문에서 보게 되면 많은 국민들의 마음이 저절로 움츠러들게 마련이다. 선거판에서 한문글자 섞어 쓴 광고글도 이런 효과를 노린 것이라 볼 수밖에 없다. 참으로 괴상하게도 어떤 사람들은 아직까지 우리 사회에서 국민들을 은근히 겁주는 이런 광고글이 선거판에서조차 효과를 거둔다고 믿고 있는 모양이고, 그런 사회가 되어 있으니 기가 막힌다.

　한문글자를 마구 섞어서 쓴 글은 아니지만 민주자유당이 11월 중순부터 한 달 남짓 동안 끊임없이 신문에 내었던 광고글에는 언제나 新 자가 들어 있다.

　• 新한국 창조를 위한 青年時代 선언.

青年이 주역이 되는 新한국!! 각 일간신문, 1992. 11. 14.
- 김영삼과 함께 新한국을 창조합시다! 각 일간신문, 1992. 11. 17.

이렇게 나온 한문글자가 단순히 사람들의 눈길을 끌려고 한 것이라고만 생각되지 않는다. 나는 앞으로 들어설 김영삼 정권이 '새한국' '신한국'이라고 쓰지 않고 굳이 '新한국'을 고집해서 쓸 만큼 그만큼 다른 어느 정당들보다도 보수주의와 권위주의를 많이 가지고 있는 것이고, 그런 것을 미리 광고글로 국민들에게 보여주었다고 생각한다. 그리고 이런 '보수'와 '권위'가 선거싸움에서 표를 잃는 게 아니라 도리어 더 얻게 된다고 계산한 것이라 본다.

- 1. 87년 6월 국민의 민주주의에 대한 바람은 정말 뜨거웠습니다. 그 이래 우리 사회는 일정한 개선이 있어왔습니다.
2. 87년에 비해 국민들의 열기는 높지 않으나 92년 12월의 시점에서 민주주의 실현은 그 중요성에 있어서나 의미에 있어서 87년에 비해 전혀 가볍지 않습니다. 『동아일보』, 1992. 12. 15.

이것은 「지금 우리 사회는 중대한 시련에 직면하고 있습니다 — 이른바 "색깔논쟁"에 대한 우리의 입장」이란 제목으로, 강만길 씨와 그밖에 스물한 사람의 이름으로 낸 긴 성명문의 첫머리다. 중요한 때에 중요한 말을 온 국민에게 하려고 하는 이런 글은 모두가 잘 알 수 있는 쉬운 우리 말과 말법으로 시원스럽게 써야 할 것이다. 그런데 이 글은 요령이 없고 낱말과 말법도 잘못되었다. "그 이래" "일정한 개선이 있어왔습니다" "12월의 시점에서" "중요성에 있어서나 의미에 있어서" 따위는 아주 잘못된 말과 말법이고, 2에서 든 글월은 전체를 아주 쉽고 짧은 말로 새로 써야 할 것이다. 이런 광고글을 보면 벌써 글 싸움에서도 야당이 졌구나 하는 생각을 아니 할 수 없다.

13. 행정말은 쉽게 고쳐 쓴다는데

어느 유치원에서 어린이들이 쓴 글을 모아 책으로 내었는데, 그 가운데 다음과 같은 글이 나와 있다.

"엄마, 요즘 애들 이름 다 세련된 것 같아."
"네 이름도 세련됐는데 왜?"
"아냐. 우리 반에 지연이라는 애가 있는데 지연이가 난 세련된 이름 같애."
"아름이도 세련되고 현대적인 이름이야."

이 글 다음에는 지도교사의 '도움말'로 "아름이는 친구 김지연 이름이 무척 세련된 이름이라고 생각했나봐요." 이렇게 적혀 있다.
여기 나오는 세련되었다란 말은 어린이가 쓸 말이 아니다. 어린이가 쓸 말이 아니라면 어머니나 교사가 어린이에게 들려줄 말일 수도 없다. 그런데 이 어린이는 어린이들의 삶과 마음을 나타내는 우리 말을 배우지 못하고 병든 문명을 살아가는 부모와 교사들의 병든 말을 배워서 자랑스럽게 지껄이고 있다. 아마 이 아이는 어머니가 들려주는 현대적이라는 말도 기회만 있으면 쓸 것이고, 그런 어른스런 말을 하는 어린이를 바라보고 어머니도 자랑스런 웃음을 띨 것이고, 선생님은 "이것이 교육의 성과"라며 흐뭇해할 것이다.
여러 말을 할 것 없이 이게 다 망할 조짐이다. 왜 우리가 이렇게 되어 가는가?
참고로 말하지만 이 아이가 다니는 유치원은 내가 알기로 서울에서도 어린이의 마음과 말을 귀하게 여기면서 보기 드문 좋은 교육을 하려고 애쓰는 곳이다. 그리고 어린이들의 글을 모은 그 책에서 구태여 문제가 있는 글 한 편을 찾아내어 보인 것이 아니다. 이렇게 어른들 말을 한 어린이들의 글이 그 책에는 수두룩하다. 교육을 잘한다는 유치원이 이러하니 그밖의 다른 유치원이야 알아볼 필요가 없다. 또 유치원이 이런데 초등학교에서 중학교로, 이렇게 올라갈수록 말이 어떻게 되어 있을 것이란 사실은 짐작하고도 남는다.

아이들이 아이들의 말을 하지 않는 것은 아이들이 삶을 잃었기 때문이다. 삶을 잃은 것은 목숨을 잃은 것이다. 아이들은 죽었다. 어른들이 아이들을 죽인 것이다.

왜 우리가 이 꼴로 되었는가?

부모와 교사들, 그리고 모든 어른들 말이 병든 책임의 뿌리를 캐면 세 갈래가 된다. 그 하나는 행정이고, 또 하나는 신문과 방송이고, 나머지 하나는 글을 쓰는 지식인들이다. 물론 이 세 뿌리는 서로 얽혀 있다.

오늘날 방송은 온 국민의 입처럼 되었다. 그리고 이 방송말은 신문에서 쓰는 말을 그대로 쓴다. 신문의 문장이 방송말이고, 방송말이 신문의 글이다. 또 이 방송과 신문에서 쓰는 온갖 중국글자말, 일본식 말과 말법, 서양말과 말법은 모조리 지식인들이 글로 써놓은 것이다.

사람들은 듣기 좋고 읽기 쉬운 우리 말을 두고 굳이 어려운 남의 나라 글자말을 서로 다투어 쓰려고 한다. 어떤 말이 의심할 여지가 없이 남의 나라 말법이고, 그래서 우리 말과는 어울릴 수 없어 어색하게 쓰이는데도 기어코 그것을 쓰면서 자랑스러워한다. 아무리 그것이 잘못되었다고 말해도 도무지 소 귀에 경 읽기다.

여기 또 몇 가지만 들어보자. 돌입, 붕괴, 박차, 만끽, 미래, 은닉, 호우, 기로, 관건……. 우리가 조금이라도 제정신이 들어 있다면 마땅히 쓰레기통에 던져버려야 할 낱말들을 신문에서는 여전히 소중하게 쓰고 있다. 역할, 수속, 인상, 인하, 지분, 연인 따위 말이 일본말이라고 아무리 말해도 눈 한 번 깜박 안 하고 그대로 쓰고 있다. 이래서 무슨 민주언론이고 문화창조를 하겠는가?

이제 행정부에서 행정말을 쉬운 우리 말로 고쳐서 쓰기로 했단다. 新한국을 간판으로 내건 정부가 과연 쉬운 우리 말로 행정을 할 수 있을지 두고 볼 일이다. 만약 행정을 쉬운 우리 말로 하게 될 때, 지금까지 어려운 말과 남의 말을 써서 유식함을 자랑하고 권위를 세우던 신문과 방송과 지식인들의 글이 어떻게 될지 자못 궁금하다. 그때에야 모두 행정관리들의 뒤를 따라가는 꼴이 될 것인가? 어렵다고 말이 많던 교원노조의 공문서도 그때서야 교육부의 공문 문장을 본받게 될 것인가? 행정을 안 따를 수 없지만 따라도 서글프다. 모든 것을 '관'에서 끌어가야 하는 역사를 아직도 우리가 확인할 판이니 말이다.

14. 달력과 우리 글자

어느 초등학생이 쓴 글에 "달력에는 우리 글자가 한 자도 없고 전부 외국글자만 적어놓았다면서 어른들이 어째서 이런 달력만 만드는가" 하고 말해놓은 것을 읽은 적이 있다. 나도 그때까지 달력을 예사로 보았는데, 그 아이가 쓴 글을 읽은 다음에 달력을 보았더니 정말 모조리 외국글자뿐이었다. 1·2·3과 같은 아라비아 숫자야 어느 나라고 같이 쓰는 것이지만, 요일을 나타내는 글자는 월·화·수…… 이렇게 아이들도 읽을 수 있게 우리 글자로 쓰는 것이 당연하겠는데 어느 달력이고 月·火·水……로 되어 있다. 게다가 이런 중국글자 밑에는 또 무슨 필요가 있는지 영어까지 SUN, MON…… 하고 적어놓으면서 우리 글자는 쓰지 않았다. 내가 해마다 고맙게 받아서 벽에 걸어놓는 ㅊ출판사에서 만든 커다란 달력도 우리 글자는 없다. 어린이책만을 전문으로 만드는 ㅇ출판사에서 보내온 조그만 꽃달력에는 중국글자도 없고 영어뿐이다. 아이들이 보라고 만든 달력이 이런 꼴이다.

국회의원이 가슴에 달고 다니는 표(배지)가 남의 나라 글자로 도안을 한 것이란 사실과, 모든 국민들이 날마다 쳐다보는 달력에 제 나라 글자가 없다는 사실은 서로 깊은 관련이 있다. 정치를 하는 사람들이 그 모양이니 국민들이 이렇게 되지 않을 수 없고, 국민들이 모두 이런 꼴이니 그런 국회의원이 나오는 것이다. 모두가 부끄러운 달력을 만들어 벽에 걸어 놓고 보면서 아무것도 깨달을 줄 모르는 사람들, 이런 병든 어른들을 가리켜 어느 아이가 마치 "임금님은 발가벗었네!" 하고 부르짖듯이 "달력에 우리 글자가 없어요." 하고 말한 것이다.

수첩과 일기장에 우리 글자가 나오지 않는다는 것은 진작부터 알고 있었다. 나는 해마다 연말이면 다음 한 해 동안에 쓰게 될 일기장과 수첩을 사러 문방구점에 가서는 한 번씩 화를 낸다. 어느 수첩이고 일기장이고 요일과 달을 우리 글자로 써놓은 것을 찾을 수 없기 때문이다. 심지어 달을 나타내는 글자를 아라비아 숫자도 없이 영어로만 써놓은 것이 많다. 제기랄! 영어 공부 못 한 사람은 달력도 못 보게 하는 참으로 더럽고 아니꼬운 식민지다.

언젠가 어느 분이 무슨 초청장을 보내왔는데, 행사를 하게 되는 날짜를 적은 다음에 '나무날'이라 해놓았다. 나는 그때 '나무날이 무슨 말인가' 하고 생각하다가 이내 '아하, 목요일을 말하는구나' 하고 깨달았다. 그리고는 혼자 이렇게 중얼거렸던 것이다.

"목요일이라고 쓰지 않고 왜 이런 말을 쓸까? 저 혼자 좋다고 쓰면 뭘 하나? 모두가 알고 있는 말을 써야지."

그런데 지금 생각하니 그게 아니다. 목요일도 좋지만 나무날은 더 좋다. 일요일은 해날, 월요일은 달날…… 이래서 달력에 해·달·불·물·나무·금·흙, 이렇게 쓴다면 얼마나 재미있겠는가?

월·화·수…… 하는 것과 해·달·불…… 하는 것은 아주 다른 느낌을 준다. 월·화·수…… 하면 그저 아무 뜻없는 소리로만 읽지만 해·달·불·물…… 이렇게 되면 하늘과 땅 사이 모든 자연과 만물을 생각하게 하고, 우리들 나날의 삶을 그 자연 속에 어울리게 한다. 이 얼마나 귀한 일인가? 우리 말 우리 글은 이래서 좋은 것이고, 우리 말 우리 글을 쓰면 우리들 목숨을 살리게 되는 까닭이 이러하다.

나는 백성들이 쓰지 않는 말, 지식인들이 제멋대로 만들어낸 말을 싫어한다. 그런데 이 해날·달날……만은 쓰면 좋겠다는 생각이 든다. 이것은 지식인들이 만들어낸 말도 아니다. 본래부터 있던 우리 말을 찾아낸 것이다. 다만 지금까지 모든 사람들이 월·화·수……를 써와서, 처음 쓰면 좀 어리둥절하게 느낄 사람이 많을 것 같다. 그러나 곧 나처럼 '정말 이렇게 쓰면 되겠구나' 하고 깨달을 것이 틀림없다.

문화운동을 하는 젊은이들이 한번 이 말부터 앞장서서 써줄 수는 없을까? 그래서 우리 말에 대한 깨달음과 실천을 이런 말에서부터 시작하여 차츰 넓혀간다면, 오늘날 물밀듯이 밀어닥치는 병든 왜말과 서양말을 물리치는 엄청나게 커다란 일을 해낼 수도 있을 것이다.

15. 길들여진 말, 길들여진 생각

3월 20일 저녁때, 찻집 '우리 사랑'에 들렀더니 ㅎ 선생이 반가워하면서 말했다.

"저도 지금 막 부산서 돌아온 길입니다. 이인모 선생님 뵙고 왔어요."

고향으로 떠나시기 전에 마지막으로 한번 뵙는다고 갔다가 오는 길이라 했다. 이래서 그날 저녁은 이인모 선생님과 이 선생님을 만나러 온 수많은 사람들, 그중에서도 풀려난 장기수들의 이야기로 한참을 보냈다. ㅎ 선생은, 장기수로 평생을 갇혀 있다가 풀려난 사람들의 이야기를 하면서, 그분들이 하신 한마디 한마디가 너무 귀한 말이라 적어두고 싶었다고 했는데, 그중에 이런 이야기가 있었다.

"어떤 분들은 아이들까지 데리고 왔어요. 엘리베이터를 타고 올라가는데 사람이 너무 많이 들어와 갑자기 요란한 소리가 났어요. 그래 바로 문 앞에 있던 한 노인이 나갔지요. 그러니까 소리가 멎고 문이 닫혔지요. 이걸 보던 네 살쯤 되는 아이가 '아, 하나 빠져나가니 됐네' 했어요. 그러자 그 엄마가 큰소리로 아이를 야단치면서 '하나 빠져나간다니, 그게 무슨 말이냐? 할아버지께서 한 분 나가셨다고 해야지!' 하잖아요.

이때 옆에 서 계시던 '장기수' 할아버지가 그 엄마를 보시고 이렇게 말했어요. '아주머니, 어린애를 꾸중하지 마세요. 모르고 한 말은 죄가 되지 않습니다.'

저는 이번에 거기 가서 너무도 많은 것을 배웠습니다. 재산을 조금이라도 가지고 있는 것이 죄라는 것도 깨달았습니다."

나는 이 이야기를 듣고 생각했다. "모르고 한 말은 죄가 아니다." 정말 그렇다. 그러나 그때 그 아이가 무엇 몰랐단 말인가? 무엇을 알아야 한단 말인가? 서너 살 되는 아이가 "할아버지께서 한 분 나가시니"라고 말해야 되는가?

나는 그렇게 생각하지 않는다. 서너 살 아니라 다섯 여섯 살이 되는 아이라도 만약에 "할아버지께서 한 분……" 하고 말했다면 나는 그 아이를 제대로 자라는 아이라고 보지 않는다. 비참한 길들이기 교육으로 병든 아이라고 본다.

우리 어른들은 아이들을 너무 일찍부터 무엇이든지 많이 가르쳐서 빨리 어른으로 만들고 싶어한다. 그래서 말도 어른들의 말을 하면 똑똑하다고 좋아한다. 아이를 잡는 교육, 우리 말을 죽이는 교육을 하는 것이다.

요즘 아이들이 쓰는 글을 보면 아주 정이 뚝 떨어지는 말을 예사로 쓴다.

- 엄마께서 피아노 연습을 하랬다. 서울 2학년 어린이의 글
- 아빠께서 장난감을 사왔다. 서울 2학년 어린이
- 그럼에도 불구하고 이 글에는…… 6학년 어린이의 글
- 그러나 최소한 95살까지 살고 싶다. 서울 3학년 어린이의 글

아이들이 글에서 엄마께서, 아빠께서라고 쓰는 것이 예사다. 입으로는 그렇게 말하지 않는데 글에는 그렇게 쓴다. 이것이 잘못된 교육으로 길

이 든 것이다. 이러다가는 앞으로 머지않아 말까지 께서로 될 것 같다. 이 께서란 말은 우리 말의 아름다움을 깨뜨려서 버려놓는다고 나는 본다. 적어도 아이들 말에서는 그렇다. 아버지라 할 줄은 모르고 (아버지란 말을 가르칠 줄은 모르고) '아빠'라 해놓고는 께서를 붙이니 이게 어찌 된 말인가? 이러니까 그럼에도 불구하고, 최소한 따위 온갖 잡된 글말을 쓴다.

- 우리 어머니는 날마다 일을 하신다. 빨래하고 밥짓고 뽕 주고 아주 바쁘시다…… 청리초등학교 4학년 이순희, 「어머니」, 『일하는 아이들』, 1964.

지난날 아이들은 모두 글을 이렇게 썼다. 이것이 진짜 우리 말이다.

- 우리 아버지가/어제 풀 지로 갔다./풀을 묶을 때 벌벌 떨렸다고 한다./풀을 묶고 나서/지고 오다가…… 대곡분교 3학년 김규필의 시, 『일하는 아이들』, 1964.

이 시에는 높임말을 한 군데도 안 썼다. 만약 높임말을 말마다 썼다면 이 시의 맛은 아주 반으로 줄었을 것이다. 이것이 우리 말의 참 모습이기 때문이다.

나는 아이들에게 아이들 말을 하지 못하게 하고 어른말, 글말만을 하도록 훈련하는 교육이 우리 말 전체를 병들게 하고, 우리 겨레의 마음을 병들게 하고, 그래서 우리 문학이며 예술이며 학문이며 정치며 역사 전체를 병들게 하는 근원이 되었다고 본다.

16. '신토불이'가 무슨 말인가

ㅎ대학의 이사장이고 성형수술로 이름을 날린 개업의 ㅎ 씨는 같은 산부인과 의사였던 부인과 함께 많은 재산을 모았다. 그런데 세 딸을 의과

대학에 부정으로 넣은 사실이 드러나자 자살을 하려 했다. 이 이야기는 한동안 신문마다 크게 보도되었으니 모르는 사람이 없을 것이다. 그 신문기사들 가운데도 지난 4월 19일 『ㅈ일보』에 났던 「세 딸 실력도 適性도 무시, 醫師 代물림 過慾 물거품」이란 제목으로 된 기사는 세 딸이 모두 고교 성적이 아주 밑바닥으로 돌았으나 음악·미술과 같은 예능과목만은 잘했다는 사실이 자세하게 적혀 있었다. 나는 그 기사를 읽고 그 딸아이들이 참 너무 가엾다는 생각을 했다. 많은 돈과 재산을 자식들에게 물려주기 위해 성격에도 맞지 않는 공부를 자식들에게 억지로 시키려고 했던 무지막지한 부모, 그 부모를 잘못 만난 아이들이 불쌍했다. 차라리 그 아이들이 가난한 농사꾼을 부모로 만나 농사일을 했던들 얼마나 좋았겠는가 하는 생각을 했다.

그러다가 똑같은 날짜로 나온 지방 신문 『주간 홍성』을 보는데, 거기 아주 재미있는 사람의 이야기가 씌어 있어, 앞의 ㅎ대학 이사장의 삶과 좋은 대조가 되었기에 여기 소개해본다. 그 기사 내용을 대강 옮기면 다음과 같다.

어려서부터 부모를 잃고 배운 것도 가진 것도 없이 평생을 가난과 함께 살아온 80세 노인이 생일날 마을 사람들을 초청해서 함께 40년을 살아온 부인과 혼례식을 가져 이야기거리가 되었다. 장곡면 원계리 1구 명천마을 박상돈 씨는 지난 11일 팔순을 맞아 마을사람 1백여 명이 지켜보는 가운데 57세 된 부인과 사모관대 원삼쪽두리를 입고 자기 집에서 혼례식을 올리고 덩실덩실 춤까지 추었다.

명천마을 뒷산인 증산골산과 매봉재 사이 외딴 기슭에 자리잡고 있는 박 옹의 집은 초가지붕 흙집에 신문지로 도배를 한, 두 평 크기의 방 한 칸과 부엌이 전부이며, 전기가 안 들어와 초롱불을 켜고 연탄도 없이 나무를 때고 있다. 여기서 논 두 마지기와 뒷산 아무 데나 평평한 곳이면 곡식을 심고, 인근 무덤을 깎아주며 두 노인만 산다.

이 마을에서 태어나 어려서 고아가 된 그는 이집 저집 머슴살이로 지내다가 40세에 당진에서 온 당시 17세 된 여인을 만나 이 집에 거처를 잡고 1남 2녀를 두었다. 밤에 밖에 나갈 때면 부인을 혼자 두지 않고 꼭 같이 다닐 만큼 금실이 좋기로도 소문이 나 있다. 출가한 두 딸과 대구에서 식당 일을 한다는 올해 27세 된 아들이 이번 잔치를 주선했다는 것이다.

이번 잔치에 박 옹은 축하 돈봉투를 일체 받지 않았다. 그는 마을 잔치집에 갈 때도 봉투를 가지고 가지 않고, 상가집에 가서는 시신이 나간 방을 청소한다든지 한다.

잔치가 끝난 다음날인데도 남은 음식이라고는 부엌 나뭇단 속에 묻어둔 소주 한 병 반이 전부인 박 옹은, 찾아간 사람에게 한 잔 따라주며 70세도 안 되어 보이는 정정한 모습으로 "나는 부자요. 모자란 게 없단 말이오" 하고 힘주어 말했다.

돈과 재물 욕심에 모두 미쳐 있는 이 시대에 얼마나 신선한 이야기인가? 앞에서 든 ㅎ 이사장은 자연을 떠나 돈과 재물 욕심에 얼이 다 빠진 사람이고, 시골 어느 산기슭에서 평생을 일하면서 살아온 이 할아버지는 풀같이 나무같이 자연 그대로 살아 하늘처럼 넓은 마음을 지닌 사람이다.

옛날부터 농사를 지으면서 살아온 사람들은 거의 모두 이 박 노인처럼 살았다. 그들은 글도 책도 몰랐지만 그 마음과 삶이 얼마나 아름답고 참되었던가!

요즘 신문이고 책에서 난데없이 身土不二란 말이 많이 나온다. 굉장한 철학이라도 담겨 있는 말처럼 떠들고 있는데, 다 부질없는 짓이다. 신토불이의 '신' 자도 모르는 백성들은 옛날부터 땅을 떠나지 않고 자연 그대로 살았던 것이다. 굳이 말로 한다면 '사람과 자연은 하나'라고 하면 될 것이지 신토불이는 또 무슨 토째비들의 말인가? 들으니까 이게 또 일본사람들이 처음으로 쓴 말이라고 한다. 어느 나라 사람이 쓴 말이든 그런 따위 남의 글자말을 내세워 유식한 척하는 짓은 이제 그만둬야 할 것이다.

17. 천 년 묵은 여우를 몰아내자

『한국구비문학대계』「경북 달성군 편」에 다음과 같은 이야기가 나온다.

옛날에 아들 삼형제와 딸 하나를 낳아 사는 집에 말을 여남은 마리 먹이고 있었는데, 웬일인지 밤마다 말 한 마리씩 없어졌다. 아버지가 걱정하자 큰아들이 밤을 새워 지켜보고 말했다.
"아부지, 저 동생이 그랍디더."
아버지는 그럴 리가 없다고 하면서 큰아들을 쫓아내었다. 그리고 둘째 아들한테 지켜보라고 했더니 둘째 아들 역시 큰아들과 같은 말을 해서 또 쫓아내었고, 다음 셋째도 그렇게 해서 쫓아내었다.
이래서 그 집이 망하고 동네도 다 망했다. 그 여동생이 바로 미구(메구, 천년 묵은 여우가 변해서 된다는 이상한 짐승)였던 것이다.
여러 해가 지나 쫓겨난 큰형이 고향 집에 한번 가보겠다고 하는데 그 마누라가 못 가게 말리다가 안 되어, 무슨 봉지를 세 개 주면서 "급할 때는 이걸 던져요" 했다. 그래 고향에 찾아가니 동네에는 아무도 없고 여동생 혼자 있었다. 이게 말을 잡아먹더니 정말 사람이 아니구나 싶어, 부엌에 가서 밥을 하는 동안 말을 타고 도망쳤다. 그러자 동생이 말을 타고 따라오는데, 잡힐락 말락 했을 때 봉지를 던지니 온통 땅에 바늘이 가득 꽂혔다. 몇십 리를 갈 동안 그 바늘을 타넘고 따라와 또 잡힐라 했을 때 봉지 하나를 던지니 물 바다가 됐다. 물을 건너는 동안 또 몇십 리를 달려갔지만 다시 잡힐 것같이 되었을 때 마지막 봉지를 던지니 불바다가 되어서 미구는 타 죽고 큰아들은 살아나서 무사히 돌아와 두 동생과도 만나게 되었다.

이 미구 이야기는 내가 어렸을 때 많이 들었다. 그때는 그저 섬뜩하고 기괴한 이야기로만 들었는데, 이번에 책에서 읽고 이것이 다만 이상야릇한 이야기에 그치는 것이 아니구나 싶었다. 고난에 찬 우리 겨레의 역사와 운명을 상징해 보여주는 이야기란 생각이 들었다.

요 몇 해 동안 어쩌다가 가끔 들었던 젊은 문인들의 강연이나 연설 따위의 말, 그 말이 왜 그 모양인가? 정말 말이 아니었다. 한번은 꼭 무슨 책에 나오는 글을 읽는다 싶어 잘 살펴보았더니 써온 원고를 따라 읽는 것도 아니고, 그게 그 사람으로서는 자연스럽게 나오는 말인 것 같아서 얼마나 놀랐는지 모른다. 우리 말이 드디어 이 지경이 됐구나 싶었다.

오늘 신문에는 어느 우유 파는 회사의 광고가 신문마다 한 면 전체를 차지했는데, 그 위쪽에 커다란 글자로 광고문의 제목을 다음과 같이 적어 놓았다.

• 풍요로운 조국에로의 길은 이것뿐

여기 나온 -에로의가 도대체 어느 나라 말인가? 이런 돼먹지 않은 말로 우리 말을 더럽히고 어지럽히는 사람들을 나는 '모국어 학살죄'로 세상에 고발하고 싶다. 돈만 내면 무슨 광고말이든 다 실어주는 신문들도 문제지만, 이런 글을 예사로 보아넘기는 국민들은 병이 들 대로 들었다.

신문기자도 교수도 소설가도 시인도 평론가도, 말과 글을 팔고 있는 모든 사람이 남의 나라 말을 서로 다투어 자랑삼아 쓰고 있으니, 이래가지고 우리 역사가 어찌 풀리길 바라겠는가? 우리 사회가 썩어 문드러진 것은 병든 우리 말의 또 다른 표현일 뿐이다.

어째서 우리가 이 꼴이 됐는가? 생각하면 할수록 우리 겨레 안에 우리를 잡아먹는 '미구'가 있는 것이다. 우리 한 사람 한 사람의 피 속에 미구의 피가 들어 있는 것이다. 몰라도 아는 척, 없어도 있는 척, 우리 것은 부끄럽게 여겨서 짓밟아버리고 남의 것을 흉내내어 가지고 싶어하는 이 더러운 소갈머리는 천 년도 더 이전부터 우리 겨레의 말과 얼을 끊임없이 야금야금 잡아먹는 중국글과 중국글자말이라는 꼴로 나타난 미구였다. 이 미구가 백 년 전부터는 일본말로 둔갑을 하고, 서양말로도 둔갑하면서 나라를 송두리째 팔아먹더니 아직도 뻔뻔스럽게 서울의 거리를 활개치고 다닌다. 동족을 학살하여 권력을 휘두르고 부귀를 누린 것도 필경 미구의 짓이었다.

미구를 몰아내어야 한다. 이 천 년 묵은 여우를 우리 형제 속에서 가려내고, 우리 저마다의 피속에서 가려내어 용서없이 처단하고 깨끗이 맑게 해야 한다. 그렇게 하지 않으면 언제 우리가 그 미구한테 씨도 남겨두지 못하고 잡아먹힐지 모른다.

18. '36년'과 '유감'과 '일장기'

나는 지금, 어제 나온 『ㅈ일보』를 손에 들고 있는데, 이 신문에는 「일제 36년 피해 매우 유감」이란 제목의 기사가 나 있다. 내용을 읽어보니 일본의 외상이 와서 김영삼 대통령에게 "비단 위안부 문제뿐 아니라 지난 36년간 한국인에게 끼친 피해에 대해 매우 유감스럽게 생각한다. 특히 위안부 문제는 가능한 한 빨리 성심성의껏 사실관계를 공개하고 반성·사과하는 입장을 밝히겠다"고 말했다는 것이다.

이 기사에 나온 특히, 가능한 한, 입장 따위 말들은 일본말을 그대로 직역해놓은 것이다. 우리 말은 이래서 일제강점기부터 일본말을 따라가는구나 하고 새삼 생각하게 된다. 그러나 여기서는 다른 두 가지 말 '36년'과 '유감'을 살펴보려 한다.

언젠가 신문독자란에서 '일제강점기가 36년이 아니고 35년이다'라고 쓴 글을 몇 번 본 적이 있다. 또 나 자신 한번은 방송에서 무슨 말을 하다가 "일제 36년" 했더니 진행을 맡은 사람이 재빨리 받아서 "일제는 36년이 아니라 35년입니다" 했고, 다시 또 "36년이라 해서는 틀립니다"고 한 말을 들었던 기억이 생생하다. 그런데도 나는 여전히 '일제 36년'이라 하고 싶다.

- 논밭을 빼앗겨 36년간 『농민의 노래』
- 죽음보다 어두운 오호 36년 정지용 시

우리는 '해방' (이 해방이란 말에 대해서도 그게 무슨 해방인가 '광복'이라고 해야지, 하는 사람이 더러 있다. 그렇게 말하면 광복은 또 무슨 광복이 되었단 말인가?) 때부터 이와 같이 노래로 부르고 시로도 읊고 해서 일제 식민지의 암흑시대를 36년이라고 알고 있다. 이렇게 알고 있는 것은 나라를 아주 빼앗긴 1910년과, '해방'이 되었지만 8월까지 왜놈들에게 눌려 있던 1945년을 다 한 해로 쳐서 36년으로 알고 있는 것이지, 외국 사람들 나이 세듯이 '만'으로 쳐서 그렇게 알고 있는 것은 아니다. 그러니 일본의 외상이 '일제 36년'이라고 한 말도 틀린 말이 아니고, 이런 말 가지고 이러쿵저러쿵할 아무런 까닭이 없다고 본다.

문제는 다음 말 유감에 있다. 유감이라는 중국글자말의 뜻은 일본이나 우리나 비슷하다. 『일본말 사전』을 보면 "바라는 대로 안 되어서 마음에 남아 있는 것" "미련이 남는 것" "불충분", 이렇게 되어 있고, 우리 사전에는 모두 '섭섭함'으로 되어 있다. 그러니까 이 유감은 자기가 잘못했을 때의 느낌을 나타내는 말이 될 수 없고, 어디까지나 남이, 상대편이 잘못했을 때의 느낌을 나타내는 말이다. 따라서 지금까지, 일제강점기 왜놈들이 우리 겨레에 대해 온갖 잔인무도한 짓을 했던 일들이 자꾸 드러나서 감당할 수 없게 될 때마다 일본의 외상이고 수상이고 국왕이고 하는 이들이 언제나 유감이란 말 한마디로 넘겨버린 것은 달리 생각할 여지가 조금도 없는 말의 속임수다. 만약 말의 속임수가 아니라면, 우리 정부가 무슨 까닭인지 모르지만 일본정부 당국의 그 뻔뻔스런 말에 굴복한 것이다.

더욱 가관인 것은, 우리 나라 안의 여당과 야당 사이에서도 한쪽이 잘못해서 사과를 해야 할 경우에 솔직하게 잘못했다고 하지 않고 이 유감이란 말을 해버리면 그만 그대로 적당히 넘어간다는 것이다.

중국글자말은 이래서 우리의 생각과 행동에 온갖 문제를 일으키고, 역사의 흐름을 가로막는 벽이 되어 있다는 것을 알아야 한다.

또 하나, '일장기'란 말인데, 이것은 '해님 모양의 기'를 중국글자말로 쓴 것이다. 7월 1일치 『ㄷ일보』에는 「손기정 선수는 왜 일장기를 달고 뛰었을까요」 하는 제목의 기사가 나와 있다. 그 내용을 보니 어느 교사 출신의 일본 노인이 기특하게도 아이들에게 역사를 바로 알리기 위해 같은 내용의 수업을 일본과 한국의 학교 교실에서 했다는 것이다. 그분이 수업을 하면서 '태극기' 했으니 '일장기' 하고 말하는 것은 당연하다. 그런데 우리가 보통 어느 나라 국기를 말할 때는 그 나라 이름에다 '기' 자를 붙이면 그만이다. 한국기 · 일본기 · 미국기와 같이. 굳이 국기의 모양이나 유래를 나타내는 이름을 말할 필요가 없다. "동아일보의 일장기 말소사건"도 이제는 '동아일보의 일본국기 말소사건'이라 하는 것이 좋다.

무슨 말이든지 일반 백성들이 널리 쓰는 말을 따라서 쓰면 틀림없고, 그것이 가장 깨끗하고 정확한 말이다.

19. '시도하려고'는 '하려고'로 써야

지난 7월 27일 『한겨레』 첫머리 기사 제목은 다음 석 줄로 되어 있었다.

- 아시아나 목포행 여객기 추락

45명 생존·60여 명 사망

목포공항 3차례 착륙시도 실패, 해남 야산서 참사

이런 참혹한 일을 가지고, 이를 알린 신문기사의 말이 이러니 저러니 한다는 것은 분명히 예의에도 어긋나는 일이겠다. 그러나 어찌하겠는가? 이미 죽은 사람은 돌아올 수 없고, 살아 있는 사람은 제 할 일이나 하는 수밖에 없으니.

위에 든 제목 석 줄에서 가장 크게 문제가 되는 말이 "착륙시도 실패"다. 시도는 '하려 한다'는 말이니 착륙시도는 '착륙하려다가'로 쓰면 된다. 그런데 착륙이란 말도 '내린다'란 우리 말이 있으니 '내리려다가' 하면 되고, 글자를 줄이고 싶으면 '내리려다' 하면 그만이다. 그리고, 그다음에 적힌 '실패'는 안 써도 되는 말이다. 글줄마다 추락, 사망, 참사 따위 말이 나와서 '실패'란 말을 또 안 써도 실패한 것은 뻔하니까.

추락이란 말은 '떨어져' 하면 안 될까? "추락 사건"이면 '떨어진 사건'이다.

생존과 사망도 순전한 우리 말로 쓰는 것이 옳다고 본다. '45명 살고 60여 명 죽어', 이렇게 말이다. 사람이 죽고 사는 일을 이렇게 아이들도 잘 알 수 있는 우리 말로 나타내지 않는 것이 예의일까? 그러나 예의는 차려야 할 자리가 따로 있다. 죽고 사는 일조차 남의 나라 글자말을 써야 할 까닭이 없다.

마지막에 나온 참사란 말도 좀 쉽게 알 수 있도록 풀어서 써야 한다. '참혹한 일' 이렇게 말이다. 이렇게 쓰고 보니 쓸데가 없는 말이란 것이 드러난다. 그렇다. 참사고 '참혹한 일'이고 이 기사 제목에서는 공연히 설명하는 말이다.

비행기를 타는 것을 유식한 말을 써서 '탑승'이라고 흔히 말하는데, 그냥 탄다고 하는 것이 좋다.

- 탑승 百6명 중 40여 명 生存 『세계일보』, 1993. 7. 27.

이것은 '탔던 106명 중 40여 명 살아'라고 하면 될 말이다.
시도란 말은 7월 27일 『한겨레』 기사 내용에도 두 번이나 나온다.

- 3차례 착륙을 시도하다 실패해 추락했다.
- 2차례 착륙을 시도했으나 실패한 뒤……

이런 경우도 착륙을 시도하다는 '내리려다'로, 착륙을 시도했으나는 '내리려 했으나'로 쓰면 될 말이다. 물론 착륙이란 말을 꼭 쓰고 싶으면 '착륙하려다' '착륙하려 했으나' 이렇게 쓰면 된다.
다음과 같은 경우는 시도란 말만을 빼어버리고 그 앞뒤의 말을 그대로 이어놓으면 된다.

- 送年모임 옷차림
  變身 시도해볼 기회 『동아일보』, 1992. 12. 14.

여기 나온 "變身 시도해볼"이란 말은 '變身해볼' '바꿔볼' 이렇게 써야 한다.

- 노래운동에 민족음악 접목시도 『중앙일보』, 1991. 1. 10.

이것도 "접목시도"를 '접목'만 쓰고, 이것을 다시 '접붙여' 하면 될 말이다.

- 국내 최초로 시도되는
  주제별 분류와 평역 『한겨레』, 1992. 11. 1.

이것은 무슨 책 광고문이다. 여기서는 시도에다가 '되는'을 붙여놓았는데, '하려 하게 되는'이라 해도 '하게 되는'이라 해도 말이 안 된다. 이미 책이 나왔으니 차라리 '해낸'이나 '이룬'이라 해야 맞을 것이다.

이 시도와 비슷한 말로 '기도'란 말이 있는데, 이것도 '-려고'로 쓰면 된다.

- 釜山폭력조직 다시 꿈틀
  완월·부평洞 등 主무대로 유흥업소 완전장악 기도 『한국일보』, 1991. 9. 12.

여기 나오는 "완전장악 기도"는 '완전 장악하려고'나 '완전 장악하려' 하면 되고, '아주 틀어쥐려' 하면 더욱 좋겠다. "부평洞 등 主무대로"는 '부평동 들 중심으로' 하면 될 것이다.

- 이웃집 나뭇잎 귀찮다
  껍질 벗겨서 枯死 기도 『중앙일보』, 1992. 4. 14.

여기도 "枯死 기도"를 '말려 죽이려' 하면 된다. 한때 자살 기도란 말이 신문에 자주 나왔는데, '자살하려'로 쓰면 될 말이다.

20. 나물은 캐는가, 뜯는가

봄철이라 돌아왔네
나물 캐기 참 좋단다
점심밥을 싸 가지고
너고 나고 둘이 가자

씀바귀는 무쳐 놓고

냉이로는 국 끓여서
아버지께 많이 놓고
오빠께도 맛보이자

이것은 어렸을 때 불렀던 노래다. 여기에 "나물 캐기 참 좋단다"는 말이 나오는데, 씀바귀와 냉이는 정말 이 노래대로 이른 봄에 호미를 가지고 다니면서 캔다. 그런데 쑥은 뜯는다. 냇가의 쑥 뿌리를 캐는 까닭은 사람이 먹을 나물을 하려고 캐는 것이 아니라 소죽에 넣어 끓여서 소에게 주려고 그러는 것이다. 또 도랑가에 있는 미나리는 칼로 도린다. 그러다가 산에 온갖 산나물이 날 때가 되면 그 산나물들도 거의 모두 손으로 뜯지 캐지는 않는다.

내가 1960년대에 안동 어느 산골 분교장에 있을 때 아이들한테서 산나물 이름을 알아보았더니 40가지도 더 되었고, 그 나물들은 거의 모두 손으로 뜯는 것이었다. 그러나 나물을 뜯다가 가끔 잔대 뿌리를 캐기도 하고, 더러는 나물 밑동을 도려낼 필요가 있어서 호미와 조그만 칼을 바구니에 담아서 산으로 간다. 그런데 찔레순이나 고사리나 그밖에 줄기가 좀 굵고 곧게 돋아난 나물은 꺾는다. 또 다래나물은 잎을 딴다. 버섯도 딴다. 이러고 보면 지금 여기서 말한 것만 해도 캔다·뜯는다·도린다·꺾는다·딴다, 이렇게 다섯 가지나 된다. 그런데 책에는 이 다섯 가지 중에 한 가지 캔다만 쓰고 있다.

봄이 오면 하늘 위에 종달새 우네
종달새 우는 곳에 내 마음도 울어
나물 캐는 아가씨야 저 소리 듣거든
새만 말고 이 소리도 함께 들어주

이것은 시인 김동환의 작품 「봄이 오면」의 한 연인데, 지금 중학교 3학년 『음악』 교과서에 제창곡 노래말로 실려 있다.

  푸른 잔디 풀 위로 봄바람은 불고
  아지랑이 잔잔히 끼인 어떤 날
  나물 캐는 처녀는 언덕 위로 다니며
  고운 나물 찾나니 어여쁘다 그 손목……

이것은 현제명 작사·작곡의 「나물 캐는 처녀」다. ㅎ출판사에서 낸 고등학교 『음악』 교과서에는 이 노래가 2부합창 교재로 첫머리에 나와 있다.

이와 같이 일제강점기부터 시를 쓰는 사람들은 나물을 캔다는 말밖에 쓸 줄 몰랐다. 그 까닭은 무엇보다도 글을 쓰는 사람들이 실제로 산과 들에 가서 나물을 뜯거나 꺾거나 캐거나 따거나 하는 그 일을 해보지 않았기 때문이다. 그런데 그 여러 가지 말 가운데 캔다는 말만 쓰게 된 것은, 내가 보기로 중국글자의 영향인 것 같다. '채'(採) 자, 이 글자를 우리는 '캘 채'라고 읽는다. 이 글자 뜻이 사실은 캔다·벤다·자른다·딴다…… 이렇게 여러 가지 뜻이 있는데, 글자 이름을 '캘 채'라 해서 쓰니 그만 이 글자가 들어 있는 말은 죄다 무엇을 캔다란 말로 알려져서, 일은 안 하고 글만 읽고 쓰고 하는 사람들의 말도 이렇게 된 것이 아닌가 싶다.

그런데 방 안에 앉아 글만 쓰는 사람들의 문학작품과는 달리 민요— 일하는 사람들이 부르던 노래에는 우리 말이 아주 정확하게 씌어 있다.

  나물꾼아 나물꾼아
  어서어서 나물가세
  나물칼은 손에 들고
  나물 보구니는 옆에 끼고

원추리는 꺾어 채금 불고
잎은 뜯어 입에 물고……
- 『조선 구전민요집』, 1931.

잡아뜯어 꽃다지
쏙쏙 뽑아 나싱게
주벅주벅 국수뎅이
바귀바귀 쓴바귀……
- 『한국 전래동요집』, 창작과비평사.

 나물을 하는 모습을 얼마나 잘 보여주고 또 재미있게 보여주는 노래인가. 여기 '나물간다'는 말이 나와 있다. 캔다·뜯는다·딴다·뽑는다…… 이 여러 가지를 아울러서 하는 말로는 '나물간다' '나물하러 간다'고 했던 것이다.

21. 오염된 말로는 민주언론 못 세운다

 얼마 전 『ㅎ신문』은 그 신문사 이름으로 '알림'이란 제목의 글을 제법 큼직하게 실었다. 무슨 광고문인가 싶어 읽어보니 사과문으로 쓴 글인 듯한데 사과한다는 말은 한마디도 없는 참 이상한 글이라, 민주언론을 세우려고 생겨난 신문이 이래서야 되겠는가, 하는 생각이 들었다. 그리고 그 글에 씌어 있는 여러 낱말들이 우리 말을 살리는 일을 하고 있는 나로서는 그냥 지나칠 수 없을 만큼 오염되었다고 보기에 여기서 한 차례 말하려 한다. 그 글을 그대로 다음에 옮겨본다.

알림

 93년 1월 31일자 본보 13면의 최연수(44) 씨 사망사건 보도와 관련하여 최 씨가 조남중내과의원에서 조제한 감기약 때문에 숨진 것으로 오인될 소지가 있는 본지 보도는 사실이 아님을 밝히며 이 보도로 인하여 피해를 입은 조남중내과의원에 대하여 유감스럽게 생각합니다.
　향후 저희 신문은 보다 정확 신중한 보도를 위해 더한층 노력하겠습니다.
　1993. 9.
　××신문사

　이 글에서 가장 요긴한 자리를 차지하고 있는 말이 "유감스럽게 생각합니다"란 말이다. 만약 이 알림글이 잘못을 스스로 인정한 것을 알리는 글이라면 마땅히 이 자리에 '사과합니다'란 말을 써야 떳떳할 것이다. 잘못을 해놓고도 그것을 얼버무린다면 그런 사람이나 신문을 누가 믿겠는가? 잘못했더라도 솔직하게 드러내어 사과하게 되면 도리어 그런 신문을 믿게 되는 것이 사람의 마음이다.
　나는 이 유감이란 말에 대해 이 자리에서 이미 한 차례 말한 적이 있다. 유감이란 말은 자기가 잘못했을 때 쓰는 일은 거의 없고, 주로 남이 잘못했을 때에 쓰는 말이다. 이 말을 우리가 일상에서 쓰는 경우를 생각해보면, 가령 두 사람이 말다툼을 한다고 할 때 흔히 이렇게 나온다.
　"너, 정말 그러기냐? 유감천만인데!"
　"뭐, 유감이라고?"
　"그래, 유감이다, 왜. 할 테면 해봐!"
　이래서 유감이란 말 한마디로 말다툼이 주먹싸움으로 되는 수도 있는 것이다. 이것이 유감이란 말이고, 이렇게 쓰는 유감이란 말이 아주 정확하게 쓰는 말이다. 이런 말을 지금의 일본 집권층에서는, 지난날 '일제'가 이 땅에서 저지른 온갖 못된 짓을 덮어 가리고 얼버무리려고 하는 자리마다 이상야릇하게 써서 사과하는 척하여 속임수를 수없이 부리더니(바로 며칠 전에도 일본수상은 유엔총회 연설에서 또다시 이 뻔뻔스런 속임수 말을 썼다!) 드디어 우리 나라 정치인들도 따라서 이 말을 써서 어떤 정치문제나 시국문제를 적당히 얼버무리게 되었는데, 이제는 놀랍게도 민주언론을 앞장서 세워간다는 신문이 이 말을 이렇게 쓰고 있다.

앞에 들어놓은 글을 보면 "조남중내과의원에 대하여 유감스럽다"고 분명히 썼으니, 이 말만 가지고 본다면 어김없이 병원 쪽에서 잘못했고, 신문사에서는 이 일을 섭섭하게 생각한다는 말로 되었다.

언론이 깨끗한 말을 쓰지 않고서는 절대로 깨끗한 말로 살아가는 사람들의 편이 되지 못할 것이다.

이밖에도 위의 글에는 잘못된 말, 쉽게 써야 할 말들이 많다. 보다를 어찌씨(부사)로 쓴 것은 일본말 따라간 꼴이다. 향후는 '앞으로' 하면 되고, 오인될 소지가는 '잘못 인정될 바탕(내용)이'라고 쓰는 것이 좋다. 조제한도 '지은' 하면 그만이다.

피해를 입은은 '해를 입은' 하든지 '손해를 본'이라 써야 한다. '피해'라고 하는 말이 '해를 입었다'는 말이다. 인하여도 내가 쓴다면 '말미암아'로 하든지 '때문에'(보도 때문에)라 쓰겠다. "본보" "본지" "저희 신문" 이렇게 세 가지를 썼는데, 모두 '저희 신문'이라고 쓰는 것이 좋다.

이런 글은 신문사 편집국에서 많이 따지고 다듬어놓은 글이라고 보기에, 참된 민주언론을 위하여 걱정하는 것이다.

22. '비도한'은 우리 말이 아니다

이번에 일본 수상이 우리 나라에 와서 김영삼 대통령을 만나 두 나라 사이의 문제를 의논하고 이웃나라로 사이좋게 지낼 것을 다짐하면서, 지난날 일본이 우리 나라에 대해 잘못한 일을 어느 정도 솔직하게 사과했다. 전에는 일본의 집권층에서 유감이니 통석의 염이니 하여 빤히 들여다보이는 속임수 말을 썼는데, 이번에는 그런 얍삽한 잔재주를 쓰지 않았다. 이것으로 새로 집권한 일본수상이 그 이전의 집권자들과는 좀 다른 성격을 지녔다고 할 수 있어, 한·일 두 나라를 위해 다행한 일이라고 본다. 그러나 잘못을 사과만 하면 되는가? 갚아줄 것을 갚아주어야지. 우리나라가 남북으로 갈라지고, 6·25의 참변을 겪고, 아직도 세계에 단 하나 분단국가로 고통을 받고 있는 것도 따지고 보면 일본 때문이다. 그런데 그들은 '정신대' 문제만 해도 물질로 갚아주는 노릇조차 싫어하고 있다. 그리고 우리는 잘못했다는 말 한마디를 듣기 위해 지금까지 얼마나 많은 주장을 해왔던가. 생각할수록 서글프다.

아무튼 일본수상이 사과를 하기는 했으니 여기서는 그의 연설문에서 좀 생각해봐야 할 말 몇 가지를 살펴보기로 하자. 첫째는 '진사'(陣謝)란 말이다.

신문에서 보니 일본 쪽에서 기자들에게 나눠준 글에는 "오와비"라고 쓴 것을 "陣謝"로 고친 흔적이 보였다고 한다. '오와비'와 '진사'는 같은 뜻의 말이지만 느낌이 아주 다르다. '오와비'는 일본사람들이 늘 쓰는 순전한 일본말이지만, '진사'는 좀 모양을 갖추어 보이려고 하는 자리에서나 쓰는 유식한 글말이다. 이것은 우리 말을 할 때 '잘못했습니다'와 '진사합니다'의 두 말느낌이 다른 것과 같다. '잘못했습니다'고 하면 살아 있는 말이 되어 진정으로 하는 말로 느끼지만 '진사합니다' 하면 우선 무슨 말인지 알아듣지 못할 사람이 많을 것이다. 그러나 유식해 보이고 고상하게 보이기는 한다. 일본말의 '오와비'와 '陣謝'도 꼭 그렇다. 그러니 일본 쪽에서 '오와비'란 말을 쓰기 싫어한 것은 진정으로 하고 싶은 말이 아니어서 모양만 갖춘 중국글자말로 바꾸었다고 본다. 이것은 우리 김대통령이 '나'란 말을 (다섯 번이나) 썼는데, 호소카와 일본수상은 자신을 가리켜 '나'라 하지 않고 본인이란 뻣뻣한 말만 되풀이한 것과도 아울러 생각하게 된다. 사과를 했다고는 하지만 이런 권위를 내세우고 싶어하는 말들에 어쩔 수 없이 나타난 그들의 속마음을 우리는 제대로 읽어두어야 할 것이다.

다음 또 주목되는 것이 "非道한"이란 말이다. '非道하다'란 말은 일본말에서는 써도 우리 말에서는 안 쓴다.『우리말 사전』에 이 말이 나온 것은『일본말 사전』을 그대로 베낀 것이다. 우리는 '무도하다'든지 '무작하다'고 한다. 그러니 일본사람들이 "非道한"이라고 썼다면 우리 글로 옮길 때는 마땅히 우리 말로 '무도한'이나 '무작한'이라고 써야 된다. 신문마다 "非道한" "비도한"이라고 썼는데, 이러니까 우리는 자꾸 주체성을 잃어버리고 일본을 따라가는 꼴이 되는 것이다.

제정신을 잃고 일본말 따라가는 꼴은 다른 말에도 잘 나타난다. 일본 수상의 연설문은 2백자 원고지로 5장 길이고 김 대통령 연설문은 4장 반 남짓 되는데, 이 짧은 글에서 '역사적' '기본적' 하는 무슨 -적이란 일본말투가 일본 수상 연설문에서 7번이나 나오는 것은 당연하다고 하겠지만, 김 대통령의 연설문에서도 5번이나 나온다. 또 일본 수상 연설문에서는 -에 있어서가 3번 나오고 -에서의, -에 의한 따위 말도 나오는데, 모두 일본말을 직역해놓은 것이다. 김 대통령 연설문에서 -에 있어서는 없지만 어찌씨(부사)로 쓴 보다와 입장이란 말이 보인다. 이런 말들은 모두 일본말을 따라가는 데서 쓰게 된 것인데, 우리가 신문이고 책이고 어디서든지 예사로 읽게 되는 터이지만, 더구나 한·일 두 나라를 대표한 사람들이 그들의 머리를 짜내어 썼다는 글에서 이런 말을 읽게 되니, 씁쓸한 느낌을 떨쳐버릴 수가 없다.

중국글자말 따위로 억지로 권위를 세워 보이려고 하는 일본사람들도 참 한심한 섬나라 사람이라 생각되지만, 제정신을 잃고 남의 나라 말만 따라가는 우리도 크게 반성해야 한다.

23. '-으로부터의'라는 말

지난달에 나온『말』지를 한 장씩 차례로 넘기다가「감옥으로부터의 편지 세 통」이란 제목이 나와서, 말을 바로 하고 글을 깨끗이 쓰려고 하는 잡지에서도 이런 잘못된 글제를 썼구나 싶어 답답한 생각이 들었다. 그

제목으로 나온 편지를 읽었더니 시인 한 분이 쓴 글은 참 좋았는데, 다른 한 분이 쓴 글은 무엇을 썼는지 거듭 읽어도 알 수 없었고, 또 한 분의 글도 "만추의 고적"이니 "일치의 정리로 감수합니다" 하는 말들이 나와 좀 서글픈 느낌이 들었다. 감옥에서 10년이고 30년이고 하는 세월을 보낸 분들이 쓴 글을 두고 이런 말을 한다는 것은 예의에 어긋나는 짓임이 틀림없다. 그러나 그런 남다른 분들일수록 우리 말만은 지키고 있어야 하지 않겠나 하는 생각이다. 우리가 다른 모든 것을 다 잃고 빼앗기고 하더라도 마지막까지 정말 목숨을 걸고 지켜야 할 것이 단 하나 있다면 그것은 바로 우리 말이어야 하기 때문이다.

편지글 자체가 오염된 말로 씌어 있기에 제목도 글에 어울리는 이상한 말로 쓴 것일까? 누구나 하는 말로 제목을 붙여놓으면 그 편지글들의 품격이 떨어진다고 생각한 것일까? 나는 잡지를 만드는 분들이, 우리 나라 사람이라면 아이들도 다 아는 '감옥에서 온 편지'란 말을 모른다고는 결코 생각할 수 없다.

- 감옥으로부터의 사색

지금 우리 나라에서 책을 좀 읽었다는 사람 치고 이 책을 모르는 사람은 아마도 없을 것이다. 참 좋은 책이다. 그런데 책 이름이 왜 이런가? 하도 안타까워서 이 책 이름에 대한 생각을 나는 다른 데서 쓴 적이 있다. 아무리 좋은 생각이 담긴 책이라도 그 책이 우리 말을 잘못 가르치고, 우리 말을 병들게 하는 결과를 가져온다면 그냥 보고만 있을 수 없는 것이다.

며칠 전 어느 자리에서 신영복 선생님을 처음 만나서 인사를 했다. 문익환 목사님과 셋이서 이야기를 하는 자리였는데, 우리 말이 잘못되어 간다는 이야기가 나왔을 때 문 목사님이 갑자기 신 선생에게 이렇게 물었다.

"신 선생님, 거 『감옥으로부터의 사색』 참 좋은 책인데, 책 이름을 왜 그렇게 붙였는가요?"

사실은 내가 묻고 싶었던 말이었다. 신 선생님의 대답이 어떻게 나오는지 궁금했다.

"저는 그 책이 나오는 줄도 몰랐습니다."

목사님은 무릎을 탁 치셨다.

"그러면 그렇지! 신 선생 같은 분이 어떻게 그런 말을 썼겠나. 그런데 신 선생님이 책 이름을 지었다면 어떻게 하고 싶었던가요?"

"다시 쓰고 싶은 편지, 이렇게 하고 싶었습니다."

나도 궁금하던 일이 한 가지 시원스럽게 풀려서 반가웠지만, 문제는 오늘날 우리 말이 글 따라 병들어가는 까닭이 글을 쓰는 사람들에게만 있는 것이 아니라 책을 만드는 사람에게도 있다는 사실이다. 신문과 잡지에 투고하는 독자들의 글이 편집자들에게 칼질을 당해서 상처를 입지 않고 실리는 경우는 거의 없다고 모두가 알고 있는 것도 사실이다.

• 아래로부터의 깨끗한 정치 실험

이 역시 『말』지 12월호에 실린 글 제목이다. 우리 말이 될 수 없는 이런 말만은 책을 만드는 분들이 아주 확신을 가지고 바로잡아야 할 일이 아닐까.

이 경우에는 "아래로부터" 다음에 붙은 의는 아무 소용이 없다. 또 로부터에서 '로'는 없애고 '서'를 쓰든지, 아니면 '부터'만 써도 된다. '아래서부터'나 '아래부터' 이렇게 말이다. 다시 또 말의 짜임을 바꾸어 '아래서부터 실험하는 깨끗한 정치' 해도 된다. 이렇게 해야 우리 말이 되는 것이다.

그런데 이 (으)로부터의란 괴상한 말을 왜 그렇게도 쓰고 싶어할까? 우선 책 이름으로 내가 알고 있는 것만 해도 『한국으로부터의 통신』 『자기로부터의 혁명』『혼돈으로부터의 질서』『아는 것으로부터의 자유』……
이렇게 된다. 참으로 괴상하기 짝이 없는 병에 우리 모두가 걸려 있다.

24. 논술 문제와 우리 말

일전에 어느 모임에서 ㅅ 씨가 한 주간지에 나온 서울대 논술 문제를 가지고 "뭐가 뭔지 알 수 없는, 돼먹지 않은 글"이라고 비판했다. 내가 그걸 읽어 보았더니 뭐가 뭔지 알기는 하겠는데 읽기가 대단히 힘들었다. 그래서 ㅅ 씨가 그런 말을 할 만하구나 하는 생각이 들었다. 다음에 드는 글이 바로 그 논술 문제인데, 주간지에 실려 있는 대로 앞과 뒤를 좀 줄여놓았다.

자본주의 경제 체제의 원리들은 개인의 행복이 외부로부터 주어지는 것이 아니라 그의 주관적인 판단과 노력에 의하여 결정된다는 믿음과, 또 개인은 바람직한 생활을 영위해나가는 데에 필요한 정신적·물질적인 수단을 획득할 수 있는 능력을 소유하고 있다는 믿음에 근거하고 있다. 따라서 자본주의 사회의 자유경제 체제는 모든 개인에게 자유스러운 경제 활동을 최대한으로 보장하는 것을 기본 이념으로 하고 있다.

이 문제 바로 앞에 적혀 있는 지시문이 이렇다. "다음은 자본주의 경제 체제의 기본 이념을 설명하고 있는 글이다. 이 글을 논의의 출발점으로 삼아, 자본주의 경제 체제의 운영에 따르는 중요한 문제점 몇 가지를 지적하고, 그 문제점들이 생기게 된 원인을 밝히는 글을 쓰라. 글의 길이는 띄어쓰기를 포함하여 1천 2백 자 내외로 하라."

논술 문제는 학생들이 얼마나 글을 조리 있게 쓰는가, 곧 말이 되게 쓰는가 하는 것을 알아보기 위해서 내는 것이다. 그렇다면 논술 문제 자체는 될 수 있는 대로 쉬운 말로 써야 한다. 그런데 문제를 적어놓은 그 문장 자체가 어려워서 마치 어려운 문장을 푸는 능력을 알아보는 시험 문제같이 되어 있거나, 그 뜻을 알게 된다 하더라도 정작 글을 쓸 때는 그만 그런 글에 질려버려서 자기 생각을 쉬운 말로 쓸 엄두는 못 내고 요란하게 써놓은 남의 글 흉내나 내어 보이려고 한다면 어찌 되겠는가? 문제를 내는 방법이 잘못되었다고 할밖에 없다.

앞에 들어놓은 논술 문제를 좀더 쉽게 쓸 수는 없을까? "-로부터 주어지는" "-에 의하여 결정된다는" "생활을 영위해나가는" "능력을 소유하고" "최대한으로 보장하는" "주관적" "정신적" "물질적인 수단을 획득할"…… 이런 말들은 모두 우리가 보통 입으로 할 때 나오는 말이 아니고 글에서 읽게 되는 말이다. 중학생이든지 고등학생이든지 대학생이든지 딱딱한 사회과학의 이론을 번역한 듯한 글을 보여주고서 글을 쓰라고 하는 것은, 글쓰기를 어렵게 여기도록 하고 글을 못 쓰게 하는 가장 효과 있는 방법이다.

다음은 같은 글을 나대로 좀 쉽게 써본 것이다.

자본주의 경제 체제의 원리는 사람의 행복이 남이 주는 것이 아니라 스스로 판단하고 노력하는 데서 결정된다는 믿음과, 사람은 바람직하게 살아가는 데에 필요한 정신과 물질의 수단을 얻을 수 있는 힘을 가지고 있다는 믿음에 뿌리박고 있다. 따라서 자본주의 사회의 자유 경제 체제는 모든 사람에게 자유스러운 경제 활동을 한껏 하게 하는 것을 기본 이념으로 하고 있다.

원문의 줄거리를 그대로 두고 낱말만 군데군데 쉽게 고쳐놓아도 글이 이렇게 달라진다. 그러나 내가 만약 논술 문제를 낸다면 이런 글조차 보여주지 않고 그냥 지시문만으로 '자본주의 경제 체제를 운영하는 데 따르는 중요한 문제점 몇 가지를 말하고, 그런 문제점이 생겨나는 까닭을 쓰시오', 이렇게 하겠다. 그러면 학생들은 책에서 읽은 지식을 참고로 하여 평소 생활 속에서 느끼고 생각한 것을 자기 말로 쉽게 쓸 수 있을 것이다. 우리 학생들이 얼마든지 좋은 글을 쓸 수 있는 재능이 있는 데도 공연히 어려운 말을 늘어 놓아 기를 죽여서 그만 글을 못 쓰게 하는 '논술 문제 푸는 교육'이 되어가는 것 같아 걱정스럽다.

25. 말의 실상과 글의 논리

지난번에 쓴 글에서 보기로 든 논술 문제를 읽은 분들이 두 가지로 뚜렷하게 다른 의견을 말해주었다. 그 하나는 "뭐가 뭔지 알 수 없는 글"이란 것이고, 또 하나는 '논리가 서 있고, 알 수 있는 글'이란 것이다. 같은 글을 두고 이렇게 아주 달리 보는 까닭이 무엇인가?

편의를 생각해서 그 논술 문제 가운데 긴 글월 하나만을 여기 다시 들어놓겠다.

자본주의 경제 체제의 원리들은 개인의 행복이 외부로부터 주어지는 것이 아니라 그의 주관적인 판단과 노력에 의하여 결정된다는 믿음과, 또 개인은 바람직한 생활을 영위해나가는 데에 필요한 정신적·물질적인 수단을 획득할 수 있는 능력을 소유하고 있다는 믿음에 근거하고 있다.

여기서 내가 묻고 싶은 것은, 이 글을 읽고 "뭐가 뭔지 모르겠다"고 한 사람이 이 글을 더 정확하게 보았는가, 아니면 "논리가 서 있어서 잘 알 수 있는 글이다"라고 한 사람이 옳게 보았는가 하는 것이다.

내 생각으로는 이 글을 "잘 알 수 있다"고 한 사람보다 "알 수 없다"고 한 사람이 더 잘 보았다. 이 글에 논리가 서 있다고 하는 것은 맞는 말이지만, 잘 알 수 있는 글이라고 하는 것은 책에만 나오는 이런 글에 너무 빠져 있는 사람들이 하는 말이다.

그런데 논리가 서 있는 글이라면 마땅히 잘 알 수 있어야 할 것 아닌가? (일반 사람들이 그 내용을 알기 힘드는 무슨 특수한 전문분야가 아니라면 말이다.) 어째서 문제가 되고, 잘 알 수 없다는 말이 도리어 옳다고 내가 말하는가?

여기서 말과 글이 서로 벌어져 멀리 떨어져나간 사실을 알게 된다. 본래 글이란 말을 따라 말이 되도록 써야 하는 것이고, 글의 논리도 말의 실상과 말의 질서를 따라야 하는 것이다. 그런데 글이 말에서 멀어져 말이 될 수 없는 글 자체의 질서를 가지게 되고 글의 논리만을 고집할 때, 그만 그 글은 어렵게 되고 알 수 없는 것으로 된다. 논리는 있는데 알 수 없는 글이 되는 까닭이 이렇다. 이와 같이 논리는 있는데 알기 힘든 글, 알 수 없다고 느끼게 되는 글의 논리는 우리의 경우 외국글 외국말의 질서에서 온 것이라고 보면 틀림없다.

글쓰기에서 논리만을 강조하고, 논리 학습이니 논리 공부니 하는 괴상하기 짝이 없는 짓을 마치 글쓰기의 가장 귀한 방법이 되는 것처럼 여기는 것은 참으로 어처구니가 없이 잘못된 일이다. 글은 '논리'로 쓰는 것이 아니라 '말'로 쓴다. 어떤 사실을, 쓰고 싶어하는 어떤 절실한 생각을 '말이 되도록' '잘 알 수 있는 자기 나라 말'로 쓰면 그만이다. 어른이고 아이고 다 그렇다. '말'보다 '논리'에 맞추어 쓰려고 하는 사람이 있을까? 있다면 외국말, 외국글의 질서가 머리속에 꽉 박혀 있어서 그것이 줄줄이 쏟아져 나오는 사람의 경우일 것이다.

지난번 나는 문제가 된 그 글에서 낱말만을 쉽게 우리 말로 바꾸어서 써보였는데, 사실은 그렇게 쉬운 말로 쓴 것도 우리 말의 질서로 된 글은 아니었다. 대관절 임자말과 풀이말이 그렇게 멀리 떨어져 있어서 말을 길게 늘어지게 하는 수는 없는 것이다. 그래서 이번에는 이 글월을 세 토막으로 나누어 다시 써보기로 했다. 원문과 견주어보기 바란다.

자본주의 경제 체제의 원리는 두 가지 믿음에 뿌리박고 있다. 그중 하나는 개인의 행복이 밖에서 주는 것이 아니라 스스로 판단하고 노력하는 데서 결정된다는 것이다. 또 하나는 사람은 바람직하게 살아가는 데에 필요한 정신과 물질의 수단을 얻을 수 있는 힘을 가지고 있다는 것이다.

　말이 되도록 쓰면 글이 이렇게 쉬워진다. '논리'로 글쓰기를 가르치려고 하는 어리석은 짓을 하지 말아야 한다.

26. 제 버릇 고치는 일도 함께해나가야

「新聞, 할일 다하고 있나」

　이것은 지난 4월 5일자 『중앙일보』 칼럼난의 글제목이다. 이걸 보고 얼마나 기뻤는지 모른다. 날마다 많은 신문들을 훑어보지만, 일본말 역할(役割)을 안 쓰고 이렇게 우리 말 '할일'(또는 '구실'이나 '노릇')을 쓴 글을 지금까지 한 번도 본 적이 없기 때문이다. 그런데 이 제목으로 된 글을 읽어보고 또 놀랐다. 다음과 같은 대문이 나왔기 때문이다.

　"처지를 바꿔 생각하면 누구에게나 誤報에 의한 피해는 심각한 것이다."

　이렇게 또 입장이란 일본말을 쓰지 않고 '처지'란 우리 말을 썼다. 그리고 글 전체에서 이중과거형과 그럼에도 불구하고 따위 오염말들이 보이지 않아 너무 반가웠다. 물론 무슨 -적 하는 말과 등, 및, -에 의한 따위는 썼지만 이런 말까지 한꺼번에 우리 말로 바꿔주기를 지금의 신문 문장에서 바란다는 것은 지나친 욕심일 것이다. 또 위에서 들어놓은 글제목만 해도 '신문'을 중국글자로 썼는데, 백 년 전 『독립신문』이 처음 나왔을 때 한글로 '신문'이라고 쓴 것을 생각하면, 우리 신문이 왜 이렇게 되었는가 싶다. 그러나 이것 역시 지금의 신문기업을 움직이는 사람들이 짜놓은 틀 안에서 쓰다보니 이렇게 되었으리라 본다.

아무튼 신문이 맡아야 할 우리 말을 살리는 크나큰 일은 이렇게 해서 누군가 한두 사람이 앞장서서 시작하면 되는 것이다. 말과 글을 우리 것으로 아주 새롭게 바꿔놓게 될 이 일은 처음부터 너무 앞서갈 필요가 없고 그렇게 해서도 안 된다. 이와 같이 한두 가지, 가장 널리 쓰는 말, 그것이 당연하다고 보는 말, 모두가 쓰는데 어쩔 수 없다고 하면서 따라서 쓰는 말부터 바로잡아나가면 그다음부터는 뜻밖에 쉽게 돌아가서 새로운 판세가 트일 수 있을 것이다.

그렇게 나는 믿고 있다. 우리 신문 문장에서 가장 먼저 바로잡아야 할 말이 **입장**과 **역할**인데, 이렇게 바로잡아 쓴 글을 보니, 지난 백 년 동안 막혀 있던 우리 역사의 체증이 이제 그 어느 한구석에서 시원스레 터져 내려가기 시작하는 듯 느껴진다.

그러나 아직은 우리 신문들이 너무 답답하다. 여기 요즘 나온 신문에서 입장과 역할 다음으로 빨리 바로잡아야 할 일본글말과 일본말법을 들어본다.

- 北核문제 '中國설득'에 <u>승부수</u> 『중앙일보』, 3. 29.
- 러-노르웨이 '마지막 <u>승부</u>' 촉각 『동아일보』, 2. 23.
- <u>승부</u> 집착 않는 노르웨이 관중 『서울신문』, 2. 28.

승부, 승부수는 왜말이다. 우리 말로는 '승패'나 '결판'이라 한다.

- '깨끗한 山河 지키기 운동본부' 발족 『서울신문』, 2. 17.
- 先烈 오시던 날 <u>山河</u>도 숙연 『동아일보』, 4. 5.

우리 말은 '강산'이지 '산하'가 아니다.

- 소형주택 택시값 <u>인하</u> 『한겨레』, 2. 23.

우리 말로 '내려'라 해야지 인하를 써서는 안 된다.

- <u>보다</u> 단순하고 간소하게 『동아일보』, 2. 20.

이렇게 보다를 쓰지 말고 '더' '더욱' '좀더'란 우리 말을 써야 한다.

- 길조로 <u>불리는</u> 까치들이 봄을 맞아 수난을 당하고 있다. 『중앙일보』, 3. 27.

여기 나오는 불리는은 일본말법이다. 우리 말로는 '(-라고) 하는'이다.

- 텅빈 세상<u>에서의</u> '의미' 찾기 『중앙일보』, 2. 26.

-에서의도 일본말법이다. 토 의를 없애야 우리 말이 된다.
이밖에도 많다.
또 하던 말인가 할 것 같은데, 나는 죽을 때까지 하던 말을 되풀이할 것이다. 그런데 신문들은 나무 심는 운동, 쓰레기 치우는 운동은 하면서 왜 글 깨끗이 쓰는 운동은 안 할까? 어째서 국민들한테 이렇게 하자 저렇게 하라고 하면서 정작 스스로 고쳐야 할 것은 안 고치나? 그게 알 수 없고, 문제다. 잡지도 마찬가지다.

27. 우리 것을 잡아먹는 외국종 동식물과 외국말글

우리 땅에 살던 개구리들이 농약 때문에 논밭에서는 다 죽었지만 그래도 산골짝 개울가에는 살아 있더니, 요즘은 그것들마저 외국종 개구리에 다 잡아먹히고 있다고 한다. 물고기도 외국종이 들어와 우리 것이 외국

물고기의 밥이 되고, 미국에서 들어온 무슨 고약한 풀이 또 우리 땅 곳곳에 퍼져가는 모양이다.

동물과 식물뿐 아니고 우리가 입으로 지껄이는 말도 마찬가지다. 어린이들도 요즘은 '열쇠'라 하지 않고 키라 한다. '생일잔치'라고 말하는 아이는 드물고 거의 모두 생일파티라 한다. 쇼핑, 세일, 오리지널…… 물건을 사러 가는 주부들의 입에서 예사로 나오는 말들이다.

이와 같이 서양말 즐겨 쓰는 버릇은 일본말 즐겨 쓰는 버릇이었고, 중국글자말 자랑스럽게 쓰는 버릇이었다. 중국글자말에서 일본말로, 다시 서양말로……. 이는 사람이 사람으로 살아가기를 그만둔 정신상태에서 보여주는 슬픈 버릇이다. 우리 것을 부끄럽게 여기고 천하게 여겨서 덮어 가리고 지워 없애고 싶어하고, 그래서 남의 것을 쳐다보고 흉내내고 따라가고 싶어하는 병든 몸가짐, 바로 얼이 빠진 종살이 버릇이요, 망국망족의 정신병이다. 외국의 동식물을 들여온 것도 정신병자들이 한 짓이었다.

이래가지고 민주주의를 해? 이래가지고 통일을 해? 할 재주 있으면 해보라! 이래가지고 교육을 한다고? 이래가지고 문학을 한다고? 정말 웃기는 노릇이다.

세계화를 한다고 야단법석이다. 그래서 어린애들에게 영어 가르치고 한문 가르친다고 난리가 났다. 아무리 살펴보아도 제 것 다 버리는 것을 세계화라고 하는 모양인데, 이런 세계화의 끝장이 어찌되는 것인가 내 눈에는 너무나 환하다.

여기서 우리가 나날이 보고 듣고 쓰는 중국글자말 한두 가지만 생각해 보기로 하자. 다음은 『ㅎ신문』 3월 19일치에 나왔던 기사 제목이다.

중년 여성 '발 모양 변형증' 환자 많다.
볼 좁고 굽 높은 신발 착용으로 30·40대 후반에 주로 발생이 글에 나온 착용이란 말을 어떻게 쓰는가 생각해보자. 우리 말에서는 '옷'이면 '입는다'고 한다. '모자'라면 '쓴다'고 한다. '신발'이라면 '신는다'고 해야 한다. '이름표'라면 가슴에 '단다'고 해야 되겠지. 이렇게 우리 말은 우선 사람마다 그 몸을 가려주거나 꾸며주는 물건만 해도 그 물건마다 하는 말이 다 다르다. 얼마나 넉넉하고 재미있고 자랑스러운 말인가? 그런데 이렇게 좋은 제 나라 말을 버리고 중국글자말을 써서 '모자'도 '옷'도 '신'도 '이름표'도 '넥타이'도 모조리 착용한다고 하면서 유식한 척하니 이것이 정신병자들 하는 짓 아니고 무엇인가?

이번에는 3월 20일 치 『ㄷ신문』에 난 광고문의 한 대문을 보자.

전 학원에 도덕성 회복운동 현수막·표어를 부착하고 대국민 캠페인을 전개합시다. 한국학원총연합회 '도덕성회복'운동 전진대회 개최 광고문

이 글월에서 현수막은 '드림막'으로, "대국민 캠페인"은 '국민운동'으로, "전개합시다"는 '펼칩시다'로 쓰는 것이 옳다. 그러나 무엇보다도 부착하고란 말이 문제다.

'현수막·표어를 부착하고'

이렇게 되어 있으니 '현수막'도 부착하고 '표어'도 부착하고가 된다. 우리 말이라면 '드림막'(현수막)에서는 마땅히 '걸고'(내리고)라고 해야 될 것이고, '표어'는 '붙여서'로 써야 할 것이다.

이와 같이 중국글자말은 우리 말을 다 잡아먹는다. 마치 커다란 외국종 개구리가 우리 개구리를 모조리 잡아먹듯이.

한 가지만 더 보기를 들어보자. '길이'는 자로 '잰다'고 하고, '무게'는 저울로 '단다'고 한다. '곡식'('곡물'이 아니다. 오늘 신문에 '미국, 북한에 곡물 수출'이란 제목으로 기사가 나와 있는데, '곡물'은 일본사람들이 쓰는 말이다)은 되나 말로 '된다'고 한다. 이것이 우리 말이다. 그런데 중국

글자말로는 모조리 측정한다고 쓴다. 일본말에서도 '하카투'(計) 한 가지만 쓴다.

이렇게 되어서 우리 말이란 것이 하도 책에서만 쓰고 있는 글에 끌려가고 글을 따라가다보니 (그 책의 글이란 것이 모조리 중국글자말과 일본말법으로 되어 있으니) 요즘은 정작 우리 말을 한다(쓴다)고 하는 것이 그만 외국말 외국글의 질서를 따라가는 꼴이 되어 "콩을 잰다"고 한다. 또 "저울에다가 몸무게를 잰다"고 한다. 이런 말은 어쩌다가 철없는 사람들이 쓰는 것이 아니라 이름난 문인들이 이렇게 쓰고, 학교 선생님이 이렇게 쓰는 것이다. 그러니 어린이들이 어떻게 우리 말을 바로 쓰겠는가?

죽어가는 배달말, 그것은 소리 한 번 질러보지 못하고 생매장당한 숱한 우리 백성들의 목숨이다. 도시의 쓰레기장에서 비닐 부대에 무더기로 처넣어 꽉 봉한 채 버려져 숨이 막혀 죽어가고 썩어가 흙으로 돌아갈 수도 없이 된 그 수많은 여린 병아리들의 처참한 모습이기도 하다. 아아, 이래가지고 우리가 죽어선들 어느 땅이고 하늘이고 헤맬 자리조차 있겠는가?

그러니 누구든지 유식한 말을 지껄인다든지 글로 쓴다면 그것은 바로 우리 부모형제들의 목숨을 짓밟는 죄를 짓는 것이다. '만난다'고 할 것을 조우한다 하고, '백성'이라고 할 것을 민초라고 하는 것은 말할 것도 없고, '말을 한다'고 할 것을 언어를 사용한다고 하는 것조차 그렇다. '그 소식을 듣고' 할 것을 그 뉴스를 접하고 하는 것도 마찬가지다. 몰랐다고 해서 될 일이 아니다. 모르고 죄를 지었다고 해서 용서받을 수 없는 것은 법의 상식이다. 더구나 아이들 앞에서 어려운 말, 유식한 말, 어른스런 말을 하는 것이 얼마나 잘못된 일인가 하는 사실을 깊이 생각해야 하겠다. 우리 스스로 우리 것을 잡아먹는 사나운 외국종 동물이 되어 있지는 않은지 날마다 끊임없이 반성해야 비로소 사람 노릇을 할 수 있을 것이다. 적어도 이 땅에서는 그렇게 되어 있다.

제2장 누가 말을 죽입니까, 누가 말을 살립니까

1. 한글 운동과 우리 말 운동

지금 우리 나라에는 글쓰기에서 세 가지 다른 주장이 맞서고 있다. 첫째는 지난 백 년 동안 써온 국한혼용체를 그대로 쓰자는 주장이고, 둘째는 8·15 해방 이후에 의무교육으로 대부분의 국민들이 우리 글자를 읽고 쓰게 됨에 따라 널리 주장해온 한글만으로 쓰기이고, 세번째는 몇 해 전부터 내가 주장하는 우리 말 살려 쓰기다. 국한혼용, 곧 우리 글자에다가 중국글자를 섞어서 쓰자는 주장과 우리 글자만으로 쓰자는 주장은 지난 반세기 가까이 학자들 사이에서 끊임없는 논쟁거리가 되어왔다.

그런데 글 속에 아주 빠져 있거나 글을 팔아서 살아가는 사람이 아닌 보통의 사람—일하면서 살아가는 백성들이나 어린 학생들로서는 이런 논쟁이 도무지 이해가 안 된다. 버젓한 자기 나라 글자, 그것도 세계에서 가장 뛰어난 과학성을 자랑하고 있는 글자가 있는데도 남의 나라 글자(쓰기가 어렵고 불편해서 그 나라에서도 아주 쉽게 고쳐서 쓰고 있는 글자)를 굳이 섞어서 쓰려고 하니 말이다. 그런데도 섞어쓰기 주장이 조금도 그 목청을 낮추지 않고 이제 와서 도리어 점점 더 그 기세를 올리기까지 하고 있는 까닭은 어디에 있는가? 이 까닭도 세 가지를 들 수 있다.

그중 하나는, 이 섞어쓰기가 일제 36년 동안 일본글을 그대로 따라서 써왔기에, 학자들과 문필인들뿐 아니라 초등교육을 받은 모든 사람들이 중국글자를 쓰는 데에 따르는 이익과 권위와 정서를 그 머리와 몸속에 깊이 지니고 있는 것이다. 다음 하나는 정치권력과 경제권을 잡고 있는 사람들이 그 권위를 보이기 위해 언제나 쓰고 싶어하는 것이 어려운 중국글자와 외국말이고, 그래서 어린이들도 쉽게 읽고 쓰는 우리 글자만 쓰기를 바라지 않기 때문이다. 나머지 또 하나는 한글만 쓰기를 주장하는 사람들이 저지르고 있는 실수라 하겠는데, 이분들이 우리 말과 글의 관계를 제대로 잡지 못하고, 한글로 쓰기만 하면 되는 줄 알고 그렇게 하다보니 우리 말과 글이 어지럽게 되어가는 일이 풀리기는커녕 도리어 더욱 엉클어져, 그만 섞어쓰기 주장이 정당함을 증명하는 결과가 되기도 하였다는 것이다.

몇 가지 보기를 든다. 섞어쓰기를 하는 신문들은 '油價' '株價' '豪雨' 이렇게 쓴다. 그런데 한글만 쓰는 신문은 '유가' '주가' '호우'로 쓰고 있다. 이래서 섞어쓰기를 해야 한다고 하는 사람들은 "그것 봐라. '유가' '주가' '호우'가 뭔가? 우리는 아무래도 중국글자를 써야 되고, 아이들에게 중국글자를 가르쳐야 된다"고 한다. 이 경우를 보면 분명히 한글만 쓰기가 실패한 것이고, 섞어쓰기와 한자교육 주장이 이긴 것이다. 지난 40여 년 동안 우리 남한에서 하여온 한글전용 교육과 문화운동이 실패한 까닭이 여기 있다.

그렇다면 섞어쓰기를 해야 하는가? 그렇지 않다. 여기서 아주 시원스럽게 이 문제를 푸는 길이 있다. 그것은 바로 우리 말을 쓰는 것이다. 油價, 株價, 豪雨나 이런 말들을 한글로 적어놓은 유가·주가·호우는 다같이 우리 말이 아니다. 우리 말은 '기름값' '주식값' '큰비'다. 그래서 우리 말대로만 쓰면 무슨 문제가 일어날 건덕지가 없다. 내가 주장하는 것이 바로 이것이다.

남북의 말을 통일하는 길도 우리 말을 찾아 쓰는 것밖에는 절대로 어떤 다른 길이 있을 수 없다. 남쪽에서는 '상호'라 하고 북쪽에서는 '호상'

이라 하는데, '상호'고 '호상'이고 다 집어치우고 '서로'라는 우리 말을 써야 한다. 남쪽에서는 '왕래'를 쓰고 북쪽에서는 '내왕'을 쓴다면 '왕래'고 '내왕'이고 다 버리고 '오고간다'고 하면 된다. 그런데 남이고 북이고 다 같이 '그럼에도 불구하고' '대대적으로' '뉴스에 접해서' '우리 나라에 있어서' '평이한 모국어를 사용해서' 따위를 쓴다면 이것은 남북이 다같이 고쳐야 한다. '그런데도' '크게' '소식을 듣고' '우리 나라에서' '쉬운 말로' 이렇게 말한다.

민주주의가 그렇듯이 우리 말을 찾아 쓰는 일도 어디까지나 일반 백성들이 해야 할 몫이다. 위에서 내려오는 말치고 깨끗한 말은 별로 없다. 권력을 잡은 사람이 무슨 말을 한마디 하면 다투어 그 말을 따라 쓰는 풍토가 되어서야 말과 백성과 민주주의를 살릴 길은 없다. 어째서 우리 말 매김씨(관형사) '새'는 안 쓰고 너도나도 모조리 '신' 자를 붙여 '신한국' '신시대' '신기술' '신교육'이라고만 하는가? '문민'이란 말도 알고 보면 일본사람들이 영어를 번역해서 그들 헌법(제66조 제2항)에 쓴 말이다. 말을 남의 것으로 흉내내고 따라 쓰는 곳에서는 어느 시대고 종살이 문화가 있을 뿐이다.

2. 한자 조기 교육에 대하여

신문을 보면 무산, 관건, 만끽, 가시화, 발발, 수수…… 따위 온갖 괴상한 한자말을 쓰고 있다. 우리가 세계 무대에서 경제고 문화고 빛을 내려고 한다면 남의 말 남의 글자 배워 따라가서는 절대로 안 된다. 한때는 편리할는지 모르지만 언제까지나 남의 꽁무니만 따라다니게 될 것이다. 세상에 제 것을 아끼고 소중히 여길 줄 모르는 사람들이 무슨 창조를 하겠는가? 창조가 없는 겨레는 영원히 식민지 종살이를 할 뿐이다. 우리가 일본글에 홀딱 빠져 있다보니 -에의, -에로의, -에 있어서의 따위를 마구 써서 우리 말을 버려놓고, 영어를 배우게 되니 '우리 학교'를 '나의 학교'

라 해서 우리들의 생각조차 서양사람같이 되어간다. 우리 말을 버리고 우리 얼을 어디에다 간직하겠는가? '학교'고 '민주주의'고 우리 글자로 쓰면 그만이고, '열쇠'라고 하면 됐지, '관건'이란 말을 쓰기 위해 '關' 자와 '鍵' 자를 가르칠 필요는 없다.

3. 『우리말 사전』과 한자말

얼마 전 어느 일간신문에 한문글자 쓰기를 주장하는 한 교수의 글이 실렸는데, 그 글의 첫머리가 이러했다.

국어의 약 70%가 漢字語라는 조사통계가 있다. 국어의 太半이 한자어인데 어찌 그 한자어를 적어온 漢字가 國字가 아니라고 할 수 있겠는가.

여기서 누구나 알고 있을 상식으로 되묻지 않을 수 없는 것은, 우리 말을 적어 보일 수 없는 글자를 어떻게 우리 글자라 할 수 있는가, 하는 것이다.

噫라, 舊來의 抑鬱을 宣揚하려 하면, 時下의 苦痛을 擺脫하려 하면……

이것은 「독립선언서」의 한 구절이다. 여기 나오는 이 어려운 글자들을 가령 모두 어릴 때부터 다른 공부 제쳐놓고 애써 익혀서 겨우 읽고 쓰게 된다고 하더라도 이것들을 읽는 소리를 들어서는 무슨 말인지 알 수 없다. 알 수 있는 말소리라면 우리 한글로 적으면 그만이고, 우리 말이 아닌 괴상한 소리를 적어놓은 한문글자를 우리 글자로 볼 도리는 도무지 없는 것이다.

한문글자는 모두 5만이나 되지만 이것을 읽는 소리는 800 정도밖에 안 된다고 한다. 우리 한글은 닿소리 14자와 홀소리 10자를 첫소리와 가운뎃소리와 받침소리로 짜맞추어서 그 소리마디를 3,000가지도 더 낸다. 그러니까 우리 말 우리 글로 '슬프다!'고 써야 할 것을 남의 나라 뜻글자 빌려와서 "噫라" 하고 유식한 척하지만, 이것을 읽으면 '희라'가 되는데 어째서 우리 글자가 되는가?

너무 지나친 보기를 들었다고 할는지 모르지만, 이와 같은 한자말은 오늘날 나날이 나오는 신문에도 얼마든지 씌어져 나온다.

"전쟁이 발발하면……"

"금품수수 사실로 드러나……"

"30년 만의 해후"

이렇게 쓰고 있는 이 발발, 수수, 해후 따위를 우리 말로 볼 수 있는가? 이런 말을 한문글자로 써놓고 이것이 우리 글자라고 할 수 있는가?

우선 이 글 첫머리에 들어놓은 글에 나오는 "國字"란 말만 해도 그렇다. '국자'라고 하면 무슨 말인지 어리둥절하다. '우리 글자' 하면 얼마나 좋은가? 한문글자를 쓰면 이렇게 자꾸 우리 말을 버리게 된다. 우리 글자가 아니기 때문이다.

한자말이 70퍼센트나 된다고 하는 것은 국어사전에 나오는 말을 가리킨다. 정말 사전이란 것이 그렇게 되어 있다. 가령 옥편(『新字源』)에서 '갈 행'(行) 자를 찾아보면, 이 행 자가 앞에 나오는 말이 모두 68개나 된다. 그런데『우리 말 사전』(『국어사전』)에서 '행'(行) 자가 앞에 있는 말을 찾아 세어보면 어느 사전에는 167개가 되고, 또 한 사전에는 324개나 된다. ('행정' 같은 말은 그다음에 또 다른 말이 붙어서 된 말을 모두 빼고도 그렇다.) 이러니 70퍼센트가 넘지 않을 수 없다.

이 많은 행- 무엇하는 말들 가운데는 별의별 말이 다 나오는데, 거의 모든 말들이 우리가 평생 가야 한 번도 쓰지 않는 말로 되어 있다. 한문글자에서는 그래도 좀 쉽게 쓸 수 있는 글자, 많이 쓸 것 같은 글자가 이 모양이다.

그런데 이 행 자로 시작하는 말에서 우리가 가끔 쓰는 말을 찾아보니 대강 30개쯤 되었다. 이 말들은 모두 한문글자를 쓰지 않고 한글로 쓰면 누구나 다 잘 알 수 있는 말이다. 행동, 행랑, 행방, 행사, 행렬, 행세…… 이와 같이.

또 이런 말조차 토박이 우리 말로 쓰면 더 좋다. 행방(→간 곳), 행보(→걸음), 행선지(→가는 곳)…… 이렇게 말이다.

우리가 가장 많이 쓰는 '행동'이란 말까지도 토박이말로 쓸 수 있다.
"적극적으로 행동을 취한다."
이렇게 쓰지 말고
'스스로 나서서 한다.'
이렇게 말이다.

지금까지 행(行) 자 하나만 가지고 말했는데, 다른 모든 한문글자와 글자말이 다 이렇다.

민족문학을 지키고 다지고 바로 세워야 하는 자리에서, 위기에 빠져 있는 우리 말의 문제를 제쳐두고 과연 우리가 무엇을 제대로 할 수 있는지 나는 의심한다.

그리고 사전이란 것을 볼 줄 알아야 한다. 그 구수하고 아름다운, 수없이 많은 우리 말들을 '속어'니 '사투리'니 해서 푸대접하거나 아예 올려 놓지도 않고, 온갖 잡동사니 한자말을 일본사전에서 옮겨놓은 사전이란 것을 너무 믿지 말아야 한다. 제대로 된 우리 말 사전이 나오기까지 사전에서 잘못된 것을 끊임없이 비판해야 되겠고, 그러면서 아쉬운 대로 참고하여 쓸 수밖에 없다.

한문글자와, 우리 말이 될 수 없는 한자말에서 벗어나지 못하면 우리 말은 자꾸 시들어져 머지않아 아주 죽어버리게 될 것이다. 말을 잃으면 우리 겨레도 끝장이 난다. 한문숭배가 그대로 영어숭배가 되고 서양숭배로 이어진다는 것도 마음에 새겨둘 일이다.

4. 겨레말 살리는 일에 앞장서야
─『언론노보』에 바란다

올해 나온 『언론노보』(제181~198호)를 대강 제목만 훑어보는 정도로 해서 이 글을 쓰게 되었다. 나는 이 『언론노보』를 처음 보는데, 우선 '이만하면 그래도 괜찮구나' 하는 느낌이 들었다. 일간이든 주간이든 우리 글자를 가로짜기로 해서 만든 신문이 중국글자를 섞어서 세로 짠 신문보다 우리 말 살려 쓰기에서 한 걸음 앞서 있다는 사실은 이 『언론노보』에서도 확인할 수 있었다. 이 사실은 같은 언론인들이 만드는, 돈벌이 신문이 아닌 『기자협회보』와 견주어 보아도 잘 드러난다.

우선 아주 눈에 띄는 것을 말하면, 고정해서 나오는 자리나 연재 기사의 제목인데 "곧은 소리" "선소리" "특별 기고" "기자 수첩" "문화 산책" "알림" "오늘 이야기" "책과 함께 뜻과 함께" "일요일을 되찾자" 들로 되어 있어서, 이 신문이 우리 말 쓰기에 남다른 관심을 가지고 있다는 것을 알 수 있다. (다만 "특파원 리포트"는 '특파원 보고'나 '특파원 소식'으로 썼으면 싶다.)

그러고 보니 어디에서고 노동조합에서 내는 신문들이 다른 일반 신문들보다 우리 말을 덜 오염시킨다. 『전교조신문』이나 『전국노동자신문』도 그렇다. 이런 신문을 보지 않은 사람들은 아마도 이 신문들이 아주 꺽꺽한 중국글자말을 함부로 써서 딱딱하게 읽힐 것이라 생각할 것 같은데, 사실은 아주 다르다. 이것은 다른 일반 상업지들에 예사로 나오는 부풀린 선전말, 눈길을 끌려는 말, 유식한 듯이 보이려는 말 따위가 없다 보니 그만큼 글쓰기가 제대로 되어 있는 것이 아닌가 싶다. 보기를 들면 이런 노조신문에는 조우, 해후, 희화화한다, 사자후, 절찬리 성료, 스릴 만끽, 해프닝, 산행 가이드 따위 눈살을 찌푸리게 하는 말들이 안 보여서 좋다.

그런데 역시 잘못된 말, 이런 것쯤은 『언론노보』에서 고칠 만한데 싶은 말들이 적지 않게 눈에 띈다. 무엇보다도 모든 신문들이 커다란 제목에서 언제나 버릇처럼 쓰는 돌입(→들어가, 시작), 고조(→높아져), 돌연(→갑자기) 같은 말을 『언론노보』에서는 한번 깨끗한 우리 말로 써볼 수 없는가? 이런 몇 가지 말만 바로잡아도 신문이 주는 인상이 아주 크게 달라질 것이다. 새롭고 부드러운 느낌이 들고, 글이 싱싱하게 살아날 것이 틀림없다. 언론의 민주운동은 이렇게 우리 말을 바로 쓰는 일에서부터 시작해야 하는 것이 아닐까? 신문이 우리 말 살리기에서 언젠가 한번은 커다란 '혁명'을 일으켜야 하는데, 이 일은 다른 어느 신문보다 『언론노보』가 가장 먼저 할 수 있다고 본다.

몇 가지를 더 들면 기로(→갈림길), 확산(→퍼져), 우왕좌왕(→갈팡질팡), 경악케(→놀라게), 방치해서는(→버려두어서는) 따위 말도 있다. 인상, 할당 같은 일본식 말도 보인다. 자리하다는 '자리 잡다'라고 써야 우리 말이 된다.

자꾸 욕심을 부리게 되는데 사이비(→엉터리, 가짜), 반복(→되풀이), 원칙적으로(→원칙으로), 전적으로(→아주) 이런 말들도 마음만 있으면 쉽게 고쳐 쓸 수 있을 것이다.

다른 것 다 그만두고 우선 입장(→태도, 처지)이란 말 한 가지라도 우리 말로 바로잡는다면, 80년이나 써온 부끄러운 식민지 말을 청산하는 커다란 출발의 신호가 될 수 있을 것이다. 이렇게 쉬운 일을 못 한다면 우리가 또 무슨 다른 일을 할 수 있는지 나는 의심한다.

5. 여성운동과 우리 말 바로 쓰기

말을 우리 말로 하고 글을 바로 쓰는 이야기를 해달라는 부탁을 받고 신문이나 잡지에 실린 글을 두고 쓰려고 하다가 바로 『일하는 여성』에 나온 글을 살펴보기로 했다. 이것이 더 유익하겠다는 생각이 들었기 때문이다.

이번에 내가 받은 『일하는 여성』은 지난해 9월과 11월치, 그리고 올해 8월치, 세 권이다. 이 세 권에서 글의 제목만을 대강 보고 말하겠는데, 지난해 9월 치에는 유달리 역할이란 말이 많이 나온다. 신문에도 거의 날마다 나오는 말이지만, 이것은 일본말이니 절대로 쓰지 말아야 한다. 다음에 제목을 그대로 적고, 바람직한 우리 말을 묶음표 안에 써보겠다.

- 부모 역할에도 훈련이 필요하다. (→할일)
- 교과서에 나타난 남녀 역할 연구 (→맡은 일, 할일)
- 여성의 역할 (→할일, 구실, 〔여성이〕 하는 일)
- 올바른 남녀 역할의 정착을 위하여 (→할일)

제목 정착이란 말도 쉬운 말로 쓰는 것이 좋겠다. 그래서 글 전체를 우리 말법으로 써서 '남녀가 맡은 일을 올바로 자리 잡도록' 하든지, '남녀가 맡은 일이 올바로 자리 잡히도록', 이렇게 했으면 싶다.

- 교과 집필진의 평등한 성역할 의식 교육 실시 (→성 할일, 남녀 할일)

"의식 교육"도 '깨닫는 교육'이라고 쓰는 것이 좋겠다.

- 평등한 성역할 심의 지침 작성 (→성 할일, 남녀 할일)

이밖에 -에서의, -에의, -과의, -으로서의 따위 일본말법으로 쓴 제목과 사진 설명문도 눈에 띈다.

- 교과서 편찬 및 집필과정에서의 개선 (→집필과정의)

및도 '과'란 토를 써야 한다.

- 자녀와 <u>의사소통에서의</u> 14가지 걸림돌 (→생각 주고받을 때의)
- 교과 <u>집필진에의</u> 여성참여 확대 (→집필진에)
- <u>적과의</u> 동침 (→적과)

동침은 '함께 잠'이라 쓰는 것이 더 낫겠다.

- 인천시민 문화대동제에 참가하여 <u>통일역군으로서의 의지를</u> 드높인 인천여성 노동자회 (→통일 일꾼으로 그 뜻을, 통일 일꾼으로 된 뜻을)

이것은 글 제목이 아니고 사진을 설명한 글인데, 굵직한 글자로 나와 있다. "문화대동제"는 행사 이름이 그렇게 되어 있어서 그대로 썼겠지만, 이런 '대동제' '예술제' '축제'라고 하는 말도 일본말이다. "문화대동제"라 하지 말고 '문화 큰잔치'라고 하면 얼마나 좋은가.
또 한 가지, -을 통해란 말도 될 수 있는 대로 안 쓰는 것이 좋다. 아주 깨끗한 우리 말 토가 있으니까.

- <u>교과서 분석을 통해 본</u>, 남녀차별 교육의 실상과 개선 방안 (→교과서를 분석해서 본, 교과서 분석에서 본 교과서 분석으로 본)
- <u>아이를 통해</u> 배우는 우리들의 사랑법 (→아이한테, 아이한테서)

다음은 11월호의 글 제목인데, 여기서는 일본사람들이 만들어서 쓰는 -적이 유달리 많이 나온다.

- 그래도 <u>순종적인</u> 여자가 좋다. (→순종하는)
- <u>이상적인</u> 여성상 (→바람직한 여성, 가장 바람직한 여성의 모습)
- <u>동물적</u> 성에서 사랑과 결합된 <u>인간적</u> 성으로…… (→동물의, 동

물 같은 | 사람다운)

'사랑과'는 '사랑으로'라고 써야 할 말이다.

- 동물적 성으로부터의 진화 (→동물의 성에서, 동물스런 성에서)
- 권위적인 교회를 변화시키는 기독여성들 (→권위에 갇힌, 권위만 휘두르는)
- 정치적 안정과 부드러운 노사관계 (→정치, 정치의)
- 인도네시아는 왜 그토록 매력적인가? (→매력이 있는가)
- 훼손되는 사회적 관습 (→사회)

훼손되는이란 말은 '헐뜯기는'이라고 써야 할 말이다. "훼손되는 사회적 관습"이라면 '헐뜯기는 사회 관습' 곧 좋은 사회 풍습이 헐뜯긴다는 말이 된다. 그런데 이 작은 제목으로 된 글을 읽어보니 좋은 사회 풍습이 아니라 아주 잘못된 사회 관습 때문에 여성노동자들이 상처를 받는다는 내용이다. 그러니까 이 제목은 잘못 쓴 것이다. 쉬운 입말로 쓰면 이런 잘못된 말을 안 쓸 것인데, 어려운 한자말을 쓰니까 엉뚱한 말을 쓰게 되고, 엉뚱한 말이나 본뜻과는 아주 반대되는 말을 써놓고도 모르고, 읽는 사람들도 예사로 겉스쳐 읽어버리는 것이다.

- 다국적 기업의 횡포에 공동대응을 약속하다. (→다국)

"공동대응을"은 '함께 맞설 것을'이나 '함께 맞서기를'이라고 쓰는 것이 좋겠다. 그리고 "약속하다" 이런 말법은 없다. 여기서는 이미 약속한 것을 말하니까 '약속했다'고 써야 옳다.

이밖에 몇 가지 더 들어본다.

- 서구에서의 모성보호에 대한 국가 정책

이것은 −에서의도 문제지만, 낱말의 자리를 좀 바꿔 써야 하고, 따라서 새로 보태어야 할 낱말도 있고, 줄일 낱말도 있다. 말이 되게 다시 쓰면 이렇다. '모성보호에 대한 서구 여러 나라의 정책'.

- 12·12를 조망한다. (→내다본다.)
- 연하 남성과의 결혼 어때요? (→아랫나이 남성과 결혼하면)
- 주인집 경매시 임대차 보증금을 돌려받을 수 있나요? (→경매 때)

올해 지난 8월호에는 제목에서 잘못된 말이 거의 안 보인다. 꼭 한 군데,「해고된 노동자 노조출입 및 노조활동 막을 수 없다」고 쓴 이 제목에서, 및이란 것을 '과'로 고쳤으면 좋겠다.

우선 제목이라도 이렇게 지난해 나온 책과 견주어서 우리 말 쓰기가 잘된 것은 편집하는 분들이 애쓴 결과가 아닌가 싶다. 그러나 본문을 읽어보니 여전히 문제가 많다. 한꺼번에 잘할 수 없는 사정은 무슨 일이든 같을 것이다. 부디 여성운동도 우리 말을 찾아 쓰는 일을 함께하는 데서 더욱 잘할 수 있게 되기를 바란다.

6. 말과 글을 살리는 자기혁명

문학이 병들고 시가 죽어간다. 이렇게 말하면 거의 모든 문인들이 그게 무슨 소리냐 하고 나를 이상한 눈으로 볼 것이다. 그러나 나는 여전히 말하겠다. 문학이 병들었고 시는 다 죽어간다고. 만약에 그렇지 않다면 내가 묻는 다음 말에 누구든지 대답해보라.

어째서 '새벽의 눈동자'가 아니고 "여명의 눈동자"인가? 어째서 '땅 위에'라면 안 되고 "대지 위에"라 써야 시가 되는가? 어째서 '슬픔'이니 '근심' 같은 말은 시가 안 되고 "애수"니 "우수"니 하는 말을 써야 되는가? 어째서 '우리가 가는 길'이면 안 되고 "우리의 가는 길"이라야 되는가? 어째서 『새떼들에게로의 망명』이란 이름의 시집이 나와도 아무런 비판이 없는가? 이것은 최남선의 시 「해에게서 소년에게」를 빛나는 신시의 첫 작품으로 알아온 그 부끄러운 우리 말에 대한 무식함과 어이없는 무관심을 아직까지도 소중히 간직하고 있는 꼴이 아니고 무엇인가? 어째서 우리 말이 아닌 그녀를 써야 소설이 되는가? 어째서······.

글쟁이들의 병든 말을 들자면 끝이 없으니 이쯤 해두자. 문학이란 사람의 삶과 생각을 말로 나타내는 것이다. 따라서 우리 배달겨레의 문학은 배달겨레의 말로 써야 한다. 그런데 배달겨레의 말을 버리고 남의 나라 말을 함부로 섞어 써도 우리 문학에 아무 탈이 없다고 보는가? 우리 말의 아름다움과 질서를 아주 깨뜨리는 괴상한 말을 마구잡이로 써도 문학이 되고 시가 된다고 보는가? 그렇다면 대관절 문학에서 무엇이 문제가 되는가?

문학이 병든 것은 문인이 병든 것이다. 그 병은 땀 흘려 일을 하지 않는 데서 생겨난다. 얼마 전 돌아가신 문익환 선생과 김남주 시인, 이 두 분은 우리가 함께 살아왔던 시대에 좀처럼 볼 수 없었던, 살아 있는 말로 시를 쓴 분들이었다. 이분들은 농사를 짓거나 공장노동을 하거나 하지는 않았지만, 삶의 현실 속에 발로 뛰면서 그야말로 고된 일을 하면서 살았고, 엄청난 고난과 박해까지 당했기에 그런 시를 쓸 수 있었던 것이다.

그런데 오늘날 거의 모든 문인들은 방 안에 앉아 제멋대로 글재주만 부리고 있다. 이들은 또 어렸을 때부터 책만 읽고 글 속에서 자라났다. 그 글이 죄다 일본글을 잘못 옮겨놓은 글이고, 요란한 중국글자말로 된 글이고, 그래서 우리 말은 아주 형편없이 망가져버린 글이었는데, 그것을 모르고 거기 빠져서 그런 글만 되풀이해서 쓰고 있으니, 이래가지고 무슨 소설이 되고 시가 되겠는가? 민족문학이고 뭐고 해도 다 뿌리 없이 만든 종이 꽃에 지나지 않는다.

이제 우리는 말을 살리고 겨레혼을 살리기 위해 저마다 커다란 변신과 변혁을 하지 않으면 안 된다. 이 자기혁명이 이뤄지자면 두 가지 조건을 사람마다 갖추어야 하는데, 그 하나는 땀 흘려 일하는 삶이고, 또 하나는 오염된 말과 글의 실상을 꿰뚫어 보는 눈이다. 여기서 노동자들은 아주 유리한 자리에 있다. 두 가지 조건 가운데 한 가지는 이미 갖추고 있으니까.

노동자들의 건강한 글쓰기 문화가 꽃피어날 때, 비로소 우리 문학도 제자리를 잡게 되는 까닭이 이러하다.

7. 쉬운 말과 어려운 말

성수대교가 무너졌다. 참 어이가 없다. 그런데 그 사건을 여러 날 동안 크게 다룬 신문들은 제목에서부터 굵직하게 적어놓은 말들이 무슨 말인지 알 수 없는 것이 많아, 이래서 되겠는가 하는 생각을 안 할 수가 없었다.

「상판 이음새 빗물 스며

핀 주변 H빔 부식」

어느 신문 1면에 난 제목이다. "이음새 빗물 스며"만이 우리 말이고, 그 밖에는 모두 들온말인데, '핀' 'H빔'이 무엇인지 모르겠다. 상판도 알 수 없다. 부식도 모를 사람이 많을 것이다. 주변은 초등학생들이 읽는 교과서에도 나오는 말이지만 '둘레'라는 말이 더 낫다.

"이음새 빗물 스며"만 우리 말이라 했는데, '이음새'는 '이음 새'(사이)를 잘못해서 붙여 써놓은 것이 아닌가 싶어 기사 본문을 읽어보니 거기에도 "상판 이음새 틈으로 흘러든 빗물로……" 해놓았다. 그렇다면 '이음새'란 말이 있다는 것인데, 여러 날 뒤에 나온 어느 신문을 보니 「수직재 이음부 갈라져……」란 제목이 보였다.

같은 신문 다른 면에는 또

「사고 부분 상판만 보수…… 3개월 소요

앞옆 상판까지 교체…… 6개월 걸릴 듯

교각 제외 상부 완전 교체…… 이 년 이상」

이런 제목이 나와 있다. 여기 상판, 교각이란 말이 나오는데, 이 사건을 다룬 모든 신문의 기사마다 나오는 상판이란 말은 알고 보니 바로 '다릿발'에 걸쳐놓은 '다릿판'인 모양이다. 왜 '다릿판' '다릿발'이라 하지 않고 상판이니 교각이니 하는지, 꼭 이렇게 일반 사람들이 모르는 어려운 한자말을 써야 '언론의 위신'이 서는지 알 수 없다.

소요니 교체니 하는 말도 물론 쉬운 말로 쓰는 것이 좋다.

몇 가지 신문을 찾아보니 다리 그림이 그려져 있고, 다리의 여러 부분을 가리키는 말이 적혀 있다. 버팀쇠, 우물통, 슈이탈, 수직재, 상현재, 하현재, 사재, 트러스, 연결핀, 고정핀, 앵커스팬, 서스펜션 스팬, 앵커스팬, H형빔, H빔…….

이 가운데서 "버팀쇠" "우물통"은 순 우리 말이다. "H형빔"과 "H빔"은 같은 말이겠지. 그림을 보니 이런 것들이 대강 다리의 어느 부분인가 짐작은 간다. 그런데 이런 말들을 누구나 잘 알 수 있도록 우리 말 이름을 붙일 수는 없는가? '버팀쇠' '우물통'같이 말이다. 이렇게 쉬운 말로 다리의 모든 부분을 말하게 되면 아이고 어른이고 모든 사람들이 다리라는 구조물에 대해 친근감이 들어서 관심을 가지게 될 것이다. 그래서 공사를 엉터리로 하거나 관리를 잘못하는 일도 아주 썩 줄어들 것이 아닌가 싶다. 과학을 생활화한다는 것도 우선 말부터 쉬운 우리 말을 써야 될 것이다. 그런데 본래부터 쓰던 '다릿발'도 버리고 교각이라 하고, 사전에도 없는 상판이란 괴상한 말을 쓰고 있으니 이래서 되겠는가?

또 다리가 탈난 사실을 알리는 말도 '무너져' '떨어져' '흠' '갈라져' '가라앉아' '벗겨져' '삭아' 하면 될 것을 모든 신문이 붕괴, 추락, 하자, 균열, 침하, 이탈, 부식 따위로 쓰고 있다. 이러니까 다리 위를 지나가는 차는 차량이 되고, 다리 밑을 지나는 '배'는 선박이 될 수밖에 없다. 그리고 이렇게 겉모양만 요란하게 꾸며 보이는 마음가짐과 태도가 다리를 무너뜨린다고 보면 틀림없다.

한자말을 써야 앞선 나라가 된다고 외치는 사람들이 웬일로 요즘 부쩍 많아진 것 같은데, 나는 이런 어려운 말을 써서는 절대로 남에 앞설 수 없다고 생각했다. 앞서기는커녕 남의 뒤 꽁무니 따라가기에도 허덕일 것이다.

문학도 우리 말을 제대로 쓰고 있는지 살피고 따져봐야 할 때가 늦었다. 내가 알기로 우리의 현대문학은 일제 때부터 외국말과 외국말법을 퍼뜨리기에 가장 앞장서왔다. 그래서 지금은 유식에다 말장난의 병까지 걸려 있다. 이 사실을 바로 보지 못하고서 겨레문학을 살려낼 길은 없을 것이다.

8. 남 따라가는 병

남편을 잃고 세 아이를 데리고 어렵게 살아가는 어머니가 있는데, 얼마 전 만났더니 이런 말을 했다.

"대학에 다니는 아이가 친구 결혼식에 가는데 옷이 없다면서 사달라고 하지요. 얼마면 되겠느냐 물어도 말이 없기에 3만 원 정도 하는 것 사 입어라 했더니, 사 입고 결혼식에 갔다왔기에 물어보니 10만 원짜리라 했습니다. 아버지가 평소에 아주 검소한 생활을 하셨고, 아이들에게도 그렇게 가르쳤는데 이렇습니다. 세상이 다 그러니 어쩔 수 없어요."

이렇게 말한 분의 남편은 내가 잘 아는 사람인데 아주 훌륭한 교육자였다. 지난해 돌아가신 뒤 기회가 있어 그 부인을 몇 번 만났다. 그 교육자에 그 부인이구나, 하는 느낌이 들도록 훌륭한 분이었다. 그런 부모 밑에서 자라난 아이들도 부모의 가르침보다 세상의 환경과 병든 삶의 흐름이 더 큰 힘으로 작용한다는 사실을 새삼 생각했다.

우리 나라 사람들이 결혼식 같은 때에 보이는 지나친 예의나 모양 갖추기는 남의 나라까지도 소문이 나 있는데, 결혼식을 축하하러 가는 사람들의 마음가짐도 다를 바 없다. 예식장에 와달라고 청하는 글부터 그렇다. 글을 잘 쓴다는 분들도 이런 청첩장이 되면 뭔가 근사한 말 한마디쯤 써넣고 싶어한다. 이런 편지를 받은 사람이 또 예식장에 가면서 옷 모양에 유달리 마음을 쓰게 되는 것은 당연하다. 아무 옷이나 보통때 입는 그대로 입고 가면 되겠다는 느낌이 들도록, 진심으로 축하하는 마음만 보여주면 되겠다는 생각이 들도록 하는 그런 청첩장을 쓸 수는 없는가?

중국 연변에 사는 동포 작가 한 분을 두어 달 전에 만났는데, 이것 저것 말을 주고받다가 그곳의 결혼 풍습 이야기를 들은 것이 잊혀지지 않는다. 그곳 동포들이 가장 힘들어하는 것이 자식들 결혼에 돈을 많이 들여야 하는 일이라 했다. 이전의 모택동 시대에는 안 그랬는데, 개방이 되고부터 맨 먼저 달라진 것 가운데 하나가 감당하기 어려울 만큼 돈을 들여 치르게 되는 결혼식이라 했다. 중국사람은 안 그러는데 조선족만 그런다고 했다.

우리 겨레가 왜 이렇게 되었는가? 언제부터 이렇게 되었는가? 모택동 정치에서는 그 나쁜 버릇을 없애고 살았는데, 그 정치가 풀리자 어느새 또다시 옛날의 나쁜 버릇으로 돌아간다는 것은 우리 겨레의 몸속에 얼마나 속속들이 그 나쁜 병균이 스며들어 있기에 그런 것일까?

결혼뿐 아니라 장례도 그렇다. 사람이 죽어서 그 슬픔을 나누기 위해 찾아갈 때도 요즘은 새 옷을 차려입고 간다. 죽음 앞에서도 우리는 겉치레로 행동하는 사람이 된 것이다.

나는 지금까지 주로 옷 이야기를 했다. 올여름에는 웬일인지 검은 옷이 유행이다. 지난해까지 입고 다니던 흰 옷은 다 어떻게 했는지 궁금하다.

옷이고 집이고 먹는 것이고 무엇이든지 다 그렇다. 우리 겨레가 가지고 있는 가장 큰 병을 나는 다음 세 가지로 본다.

첫째는, 속에 아무것도 든 것이 없으면서 겉만 있는 척 꾸며 보이는 병.

둘째는, 남의 흉내만 내면서 남만 따라가는 병.

셋째는, 무엇이든지 제 것은 다 버리고 없애고 싶어하는 병.

이 세 가지 병 때문에 우리 사회는 엉망이 되고 우리 역사는 아주 꽉 막혀버렸다. 이 병을 안 고치고는 어떤 정치도 우리 국민을 살리지 못할 것이다.

우리가 가진 이 세 가지 병은 그 어떤 행동에도 다 나타나지만 또 모든 말과 글에 그대로 나타난다. 행동은 말과 글이 되어 나타나지만, 말과 글이 또 사람의 마음을 길들이고 행동을 규정한다. 우리가 한문이라는 중국글을 숭상했을 때 우리 말은 중국글을 따라가고, 중국의 사상이 우리 행동을 지배했다. 우리가 일본글을 읽고 일본말을 했을 때 우리 말과 글은 일본말 일본글을 따라갔다. 영어도 마찬가지다. 이래서 우리 말은 엉망진창이 되었고, 우리 정신도 그렇게 되었다. 우리는 언제나 남의 눈치만 보고 남의 것만 따라다닌 얼 빠진 겨레가 된 것이다. 이 사실을 똑바로 보고, 이 병의 뿌리를 아주 뽑아야겠다는 결심을, 마치 마약환자가 죽을 각오를 하고서 그 마약을 안 먹겠다고 거부하듯이 그렇게 해야 한다. 그렇게 단단히 마음을 먹고 한 사람 한 사람 자기를 바로 세워 새사람이 되지 않고서는 우리 겨레의 앞날에 희망이 없다고 나는 본다.

9. 아름다운 우리 말

더러 우리 말이 아름답다고 하여 글을 쓰는 사람들이 이제는 아무도 쓰지 않는 말, 죽어버린 옛말을 들어서 길게 풀이하는 것을 본다. 그런 글은 우리들에게 별로 도움이 안 된다. 도움이 되기는커녕 '아름다운 말은 다 죽어버리고, 우리가 지금 쓰는 말은 좋지 않은 말만 남지 않겠나' 하는 해로운 생각을 갖게 하기 쉽다. 우리가 말을 하고 글을 쓰는 형편이 그렇게 되어 있다.

쓰지도 않는 엉뚱한 말을 가지고 아무리 말해봐야 그것이 쓰일 수가 없다.(지금 쓰고 있는 말도 자꾸 버리는 판이다.) 그런 글을 쓰는 사람은 필경 남들이 모르고 있는 말을 나는 이만큼 알고 있다는 것을 자랑하기 위해서 쓰는 것이라고밖에 생각되지 않는다.

  내가 보기로 사람들은 날마다 흔하게 쓰는 쉬운 우리 말, 또 흔히 쓸 수 있는 우리 말이 값지고 아름답다는 사실을 모르고 있다. 마치 언제나 마시는 물과 공기가 귀한 줄 모르듯이. 그래서 가령 '먹는다' '일한다' '잔다' '쉰다' 같은 말은 안 쓰고 음식을 섭취한다, 작업한다, 수면을 취한다, 휴식한다 따위 말을 쓰고 싶어한다. '하늘' '들판' '기쁘다' '슬프다' '웃는다' 하는 말도 버리고, 창공, 벽공, 초원, 광야, 환희, 비탄, 애수, 미소 따위 남의 나라 글자말을 쓴다. 얼이 빠져 있으면 무엇이 참되고 아름다운 것인지 분간을 못 한다.

  여기서 누구나 다 잘 알고 있는 쉬운 우리 말 두어 가지를 들어서 살펴보겠다. 일제강점기부터 많은 사람들이 노래로 불렀던 동요 「고향 생각」의 첫 절이 이렇다.

> 푸른 산 저 너머로 멀리 보이는
> 새파란 고향 하늘 그리운 하늘
> 언제나 고향집이 그리울 제면
> 저 산 너머 하늘만 바라봅니다.

  이 노래말에 나온 낱말은 모두 우리 토박이말이거나 '산' '고향'과 같이 아주 우리 말로 되어버린 말이다. 이 가운데 "푸른"(푸르다)이란 말과 "새파란"(새파랗다)이란 두 가지 말을 생각해보자. 이 노래에 나온 대로 나무와 풀이 우거진 산의 빛깔은 푸르다. 그리고 맑은 하늘의 빛깔은 새파랗다. 그런데 사전을 보면 이 '푸르다'와 '파랗다'를 구별하지 않고 같은 빛깔로 풀이해놓았다. 이것은 한문글자 '靑'을 '푸를 청'이라 읽고 '靑天' '靑山'을 '푸른 하늘' '푸른 산'이라 새기는 데서 그만 이렇게 되었다. 다시 말하면 글자 한 자에 몇 가지 뜻을 담아야 하는 뜻글자인 한문글자를 아무런 비판도 없이 그대로 쓰면서 그 글자말에 따라가다보니 우리 말이 이와 같이 뒤섞여 어지러워지고 죽어가게 된 것이다.

그러나 아직도 이 '푸르다'와 '파랗다'는 아주 죽은 말이 아니고, 우리가 잘 알아서 구별할 수 있으니, 지금부터라도 앞에서 적은 노래말과 같이 '푸른 산' '파란 하늘'로 올바르게 써야 하겠다. '초록'이니 '녹색'이니 하지 말고 '푸르다'는 말을 쓰고, '벽공'이니 '창공'이니 하지 말고 '파란 하늘'이라고 해야 한다.

다음은 '그리운' '그리울'(그립다)이란 말이다. 이 '그립다'란 그림씨(형용사)는 사전에서 풀이해놓은 대로 '그리는 마음이 간절하다'는 뜻인데, 그러니까 이 말은 '그린다'란 움직씨(동사)에서 생겨난 것이다. 그래서 '그린다'를 사전에서 찾아보면 '사랑하는 마음으로 간절히 생각한다'고 풀이해놓았고, 쓰이는 보기로 "고향을 그린다" "임을 그린다" "고국을 그린다"고 적어놓았다. 또 이 '그린다'는 "그림을 그린다"고 쓰기도 한다. 그러니까 우리가 고향을 그리워한다고 할 때는, 그 고향을 사랑하는 마음으로 간절히 생각하면서 눈앞에 고향산천을 그림으로 그리듯이 그려본다는 말이 된다. 이렇게 사람의 마음을 그 오묘한 데까지 섬세하게 나타내는 말이 우리 말 아니고 또 어느 나라에 있는지 나는 모른다.

참고로 이웃 나라 말 한 가지를 들면, 일본말에서는 그림을 그린다는 말과 글이나 글씨를 쓴다는 말을 똑같이 '가쿠'(かく)라고 한다. 그래서 말이 뒤섞이는 것을 피하기 위해서 그림을 그린다고 할 때는 '가쿠'란 말 앞에 '그림'이란 말인 '에'(え)를 붙여서 '에가쿠'라고 말하기가 예사다. 마치 '맵다'는 말만 있고 '짜다'는 말이 없어 짠맛을 나타낼 때는 '맵다'는 말 '카라이' 앞에 소금이란 말 '시오'를 붙여서 '시오카라이'라고 하는 것과 같이.

그런데 '쓴다' '그린다'는 뜻으로 쓰는 일본말 '가쿠'(書く·描く)는, "무슨 뾰족한 것으로 어떤 물건의 거죽을 이리저리 휘젓는다"는 뜻인 '가쿠'(搔く)란 말에서 생겨난 말이다. 똑같은 뜻을 나타내는 말인데도 우리 말 '그린다'와 일본말 '에가쿠'의 말밑을 알고 보면 이렇게 다르고, 우리 말

이 얼마나 넉넉한 삶과 마음에서 재미있게 생겨난 자랑스런 말인가를 깨닫게 된다.

그런데 참으로 한심스럽게도 우리 나라 글쟁이들은 일제강점기부터 '그립다'란 우리 말을 쓰기에 인색해서 동경(憧憬)이니 향수(鄕愁)니 사향(思鄕)이니 하는 유식해 보이는 한자말을 쓰고 싶어했다. 더구나 제 나라 제 겨레 말을 그 누구보다도 더 잘 알고 사랑해야 할 시인들이 그러해서, 우리 말의 아름다움을 가장 잘 나타냈다고 하는 정지용도 그의 대표작이라고 하는 작품 제목을 '향수'(鄕愁)라고 했으니 더 말할 나위가 없다.

지식인들은 우리 말이 아름답다면서 우리 말을 버린다. 다만 지식인들이 써놓은 글의 해독을 입지 않은 사람들만이 우리 말을 하면서 우리 얼을 지켜갈 뿐이다.

10. 병든 글, 병든 말

하루는 어느 회사에서 어린이들을 위해 좋은 일을 하는 자리를 마련했다면서 두 젊은이가 찾아와 이것저것 묻고 갔다. 그 뒤 무슨 소식지를 보내왔기에 펴보니 내가 했다는 말이 적혀 있는데, 그 글의 제목이 이렇다.

- 교사는 스스로를 월급쟁이로 생각지 말고 참정신의 소유자라고 생각해야 합니다.

내가 교육자들이 가져야 할 마음가짐에 대한 말을 하기는 했다. 하지만 이런 제목으로 적어놓은 글—내가 했다고 되어 있는 말을 읽어보니 그야말로 엉망진창 괴상한 말로 되어 있다. 입으로 한 시간도 넘게 한 말을, 들은 사람이 제멋대로 줄이고 또 줄여서 5분도 안 되는 동안에 말한 것으로 적어놓았다. 그러니 내 말이 될 수 없는 것은 뻔하다. 또 당했구나 싶어 열 번도 더 뇌우쳤다.

우선 이 제목만 해도 내 말이 아니다. 그리고 "생각지"란 말은 틀린 말이고, "참정신의 소유자"는 '참 정신을 가진 사람'이라든지 '바른 마음 가진 사람'이라고 써야 우리 말이 된다.

같은 소식지에 어느 대학교수가 쓴 글 제목이 이렇게 나와 있다.

• 어린이들과의 언어적 상호작용 어떻게 할 것인가?

이게 무슨 말인가? 본문을 읽어보니 글이 죄다 이런 괴상한 말로 되어 있는데, 제목으로 삼은 듯한 본문의 구절은 이렇다. "교실 속에서 교사가 어떻게 유아와 언어적 상호작용을 할 것인지……" 그래서 결국 이 말이 '어린이들과 말을 어떻게 주고받을까요?' 하는 말이구나 하고 깨달았다.

'교실 속에서'도 이상한 말이다. '교실에서' 해야지. 대학교수란 사람들이 왜 이렇게 우리 말을 괴상하게 쓸까?

• 급격한 변화의 시대에 건강한 삶은 어떻게 가능한가?

이것은 올해 고려대학교 입시 논술문제다. 내가 만약 같은 내용으로 문제를 내어야 한다면 다음과 같이 쓰겠다.

* 시대는 급하고 세차게 달라져 갑니다. 이런 때에 어떻게 하면 건강하게 살아갈 수 있을까요?

똑같은 내용을 묻는 말이지만, 앞에서 적어놓은 문제를 읽고는 쓰기를 어려워하는 사람도 이렇게 쉬운 말로 된 문제를 읽으면 쓸 자신을 가질 것이다.

• 사회적 존재로서의 인간의 삶은 공간적으로는 물론 시간적으로도 고립되어 형성될 수 없다.

이것은 올해 서울대학교 입시 논술문제의 첫머리다. 이게 무슨 말인가? 몇 번이나 되풀이해 읽고 나서야 다음과 같은 말임을 깨닫게 된다.

＊ 사람은 언제 어디서고 혼자 살아갈 수는 없다.

이렇게 되면 사람을 바보로 만드는 것이 논술문제가 아닌가, 국어 교육이 아닌가 하는 생각이 든다.

• 이 글의 지문을 인물의 행동을 표시하는 지문, 무대 장면을 표시하는 지문으로 구별해보자.

이것은 중학『국어』2-1에 나와 있는 '공부할 문제'다. 이 글에서 '지문'이란 말 하나만 우리 말 '바탕글'로 바꿔 써도 아주 읽기 쉬워진다. 어째서 일본사람들이 쓰는 '지문'이란 한자말을 써야 하는지, 그 까닭을 알 수 없다.『국어』교과서는 초등학교부터 깨끗한 우리 말을 버리고 중국 글자말과 일본말법을 쓰도록 가르치는 것으로 되어 있다.

• 글을 읽게 된 동기는 어느 부분에 나타나 있는지 알아보자.

이것은『읽기』5-1에 나오는 '공부할 문제'다. 5·6학년 어린이들이 독서감상문이란 것을 쓰는 첫머리에 흔히 "내가 이 책을 읽게 된 동기는……" 하고 쓰는 까닭을 이만하면 알 것이다. 말과 글을 죽이는 국어 교육을 그만두고, 말과 글을 살리는 우리 말 교육을 해야 한다.

11. 우리 말 바로 쓰기 지도

요즘은 아이들에게 글쓰기를 가르치는 것이 아주 크게 유행하고 있어서, 나 같은 사람한테도 가끔 아이들 글을 어떻게 보아주어야 하는가, 지도를 어떻게 하면 되는가 하고 전화로 물어오는 낯설은 어머니들이 있다. 그때마다 나는 왜 아이들한테 글쓰기를 가르치고 싶어하는가 하고 물은 다음, 될 수 있는 대로 지도하지 않는 것이 좋다고 말해준다. 그 까닭은 어차피 잠깐 그 방법을 듣기만 해서는 제대로 지도할 수가 없는 일이고 보면 차라리 지도하지 않는 것이 잘못 가르치는 것보다 몇 배나 더 낫고, 아이들을 조금이라도 살리는 길이라고 보기 때문이다.

그런데 여기서 글짓기 지도를 하는 사람이든지 하지 않는 사람이든지 부모가 되고 교사가 되어 있는 사람이라면 누구든지 알아두어야 하고 알아두어서 가르칠 수 있는 것을 한 가지 말하겠다. 사실 이것은 글짓기 지도를 하는 데서도 이제는 가장 중요한 목표 가운데 하나로 되어 있고, 방법이 되어 있고, 지도하는 내용 곧 알맹이로도 되어 있다고 하겠는데, 그것은 바른 우리 말, 깨끗한 우리 말을 쓰게 하는 것이다. 바르고 깨끗한 우리 말이란 옛날부터 우리 겨레가 써온, 아이들도 잘 아는 쉬운 말이다. 우리 말이 될 수 없는 어려운 한자말과 우리 말을 죽이는 한자말, 일본말과 일본말법으로 된 말, 서양말과 서양말법 따라서 쓰는 괴상한 말······ 이런 비뚤어지고 오염된 말을 쓰지 않고 아이들이 잘 알 수 있는 말을 쓰게 하면 대개는 저절로 바르고 깨끗한 우리 말이 된다. 이런 우리 말 바로 쓰기 공부는 글쓰기와 말하기를 함께하는 공부요, 아이들도 어른들도 다같이 배우는 공부다. 아이들에게 가르치는 것이 그대로 어른 스스로 배우는 일이 된다.

다음에 들어놓은 말들은 어느 유치원 어린이들이 한 말을 부모 또는 교사가 적은 것이다. 유치원생이든 초등학생이든 이런 말을 입으로 하거나 글로 썼을 때, 무슨 말을 어떻게 바로잡아주어야 되는지 알아두어야 하겠다.

- 엄마! 봄인데 왜 낙엽이 떨어지지?

여기서 자기 아이가 낙엽이라는 유식한 말을 썼다고 기뻐한다면 큰 잘 못이다. '나뭇잎'이라 해야 맞는 말이다.

- 선생님, 오늘요 사람인형 포기하고 꿈돌이 갖구 왔어요.

"포기하고"란 말이 어른스럽다. 어른스런 말은 깨끗하지 못한 말이다. '그만두고' 해야지.

- 오이는 왜 흰색, 노란색, 초록색으로 되어 있어? 아, 알았다. 자기가 오이라는 걸 표시해주기 위해 흰색, 노란색, 초록색을 섞어놨나 봐.

여기도 어른 말이 있다. "표시해" 하는 말이다. '보여'라고 하면 될 것이다.
'초록색'이란 말은 '푸른색'이라고 하는 것이 옳다. 하늘은 파랗고, 솔잎이나 오이는 푸르다고 해야 맞는 말이 된다.
흰색 오이가 있는 것처럼 썼는데, 왜 이렇게 썼을까?

- 난 머리 계속 길러서 한쪽으로 묶고 싶어요.

어린아이들이 "계속"이란 말을 써야 할 때가 있을까? 여기서는 '자꾸'란 말로 바꾸면 훨씬 낫다.

- "아빠, 내일 바퀴에 방울 빼주세요."
  "알았어."
  다음날 아빠는 바빠서 늦게 귀가하셨다.
  "아빠, 왜 뻥까고 그래."
  "이 녀석 말버릇 좀 보게."
  "시이, 내일 또 안 해놓으면 봐아!"

이 글 가운데 "다음날 아빠는 바빠서……" 하고 쓴 부분은 어머니가 설명해놓은 말이다. 어머니 말이라도 "귀가하셨다"는 좋지 않다. 더구나 아이가 읽게 되는 말 아닌가. '돌아오셨다'고 쓰거나 '집에 오셨다'고 써야 할 말이다. 이 글에 나온 아이는 말버릇이 좋지 않다. 아이들의 말버릇은 결국 어른들이 가르친 것이다.

- 엄마가요, 나 사진 찍어줬어요. 가족 사진이 별로 없어서요. 내가 서서 웃고 찍었어요. 다 맞춰 놓으면 자동으로 찍혀요.

여기 나오는 "자동"이란 말은 이제는 아이들도 보통으로 쓰는 말이 되었지만, 우리 말이 달리 있으면 우리 말을 쓰는 것이 옳다. "자동으로"를 '저절로'로 고쳐 쓴다면 얼마나 좋겠나.

- 감기 걸려서 캠프 때 못 갈 것 같아요.

캠프는 '야영'이라고 해야 한다.

- 우리 아빠는 롱다리고요, 엄마는 숏다리예요.

롱다리, 숏다리라 하여 서양말과 우리 말을 한데 섞어서 잡탕으로 만들어 우스갯소리로 다투어 쓰고 있는 꼴은 정말 웃음거리가 될 만하다. 어른들이 이런 말을 웃으면서 쓰니까 아이들도 자랑스럽게 쓴다. 이래서 무슨 교육이 되겠는가?

- 단풍 구경 <u>갔었지</u>.
- 저요, 호랑이 나오는 데 <u>갔었어요</u>.
- 선생님, 어제 우리 언니 해님반에 <u>왔었죠?</u>
- 색종이 만드는데요, 향기가 조금 <u>났었거든요</u>.
- "만표야, 왜 그렇게 목소리가 크니?"
  "그럼 어떻게 해요. 애기 때부터 목소리가 <u>컸었는데요</u>."

이 보기들에는 모두 영어를 따라서 쓰는 이중과거형 말이 들어 있다. 우리에겐 이런 말법이 없는데, 외국말 하기를 자랑스럽게 여기는 사람들이 우리 말까지 이렇게 오염시켜서 아이들도 따라하게 되었다. 어른들부터 말버릇 글버릇을 고치고, 아이들 말도 고쳐주어야 한다. 위에 든 보기에서 밑줄을 그어놓은 것이 이중과거형 움직씨나 그림씨인데, 이것을 우리 말법으로 고쳐서 차례로 쓰면 '갔지' '갔어요' '왔죠?' '났거든요' '컸는데요' 이렇게 된다. '갔' '왔' '났' '컸'과 같은 글자 안에 줄기(어간)와 과거를 나타내는 도움줄기(보조어간)가 다 들어 있으니 그다음에 또 써놓은 '었'은 겹으로 쓰는 도움줄기가 되므로 이것을 없애야 우리 말이 된다.

- 저요, 선생님이 봐서 <u>수줍었어요</u>.

이럴 때는 '부끄러웠어요'라고 해야 맞는 말이 된다. '수줍다'든지 '수줍어한다'고 하는 말은 남이 보았을 때 부끄러워하는 태도가 있다든지 부끄러워하는 기색을 보인다는 말이다. 그러니까 자기 자신의 느낌을 말할 때는 부끄럽다고 해야 하는 것이다.

　아이들에게 깨끗한 우리 말을 들려주고 올바른 우리 말을 쓰게 하는 일은 아이들을 사람답고 슬기롭게 기르는 가장 귀중한 교육의 방법이 된다는 사실을 부디 모든 어른들이 깨달았으면 좋겠다.

12. 학교에서 서둘러 바로잡아야 할 잘못된 말 열네 가지

　우선 선생님들이 아이들 앞에서 하게 되는 말이 얼마나 중요한가 하는 문제부터 생각해보자. 첫째 선생님들이 아이들 앞에서 말을 해주는 것은 우리 겨레말을 아이들에게 가르쳐주는 일이고, 겨레의 얼을 아이들에게 심어주는 일이다. 학교란 데가 없었던 옛날에는 이 커다란 일을 부모들이 집에서 잘 해내었다. 그런데 학교가 생겨난 다음에는 이 크나큰 일의 반을 학교에서 맡더니, 요즘에는 거의 죄다 떼어맡다시피 하고 있다. 오늘날 아이들은 교과서와 선생님이 들려주는 말에서 겨레말을 배워야 하게 되어 있는 것이다.

　둘째는 교육의 수단이 되는 말의 중요성이다. 생활교육이니 행동교육이니 하지만 뭐니 뭐니 해도 학교에서 가장 많이 쓰는 교육의 수단은 말이고, 선생님들이 언제나 애써 연구하고 살펴야 하는 것이 말을 어떻게 들려주어야 하나 하는 것이다. 수업을 어떻게 해야 하나 하는 문제는 아이들 앞에서 말을 어떻게 해야 하나 하는 문제가 되기 예사다.

　셋째는 말이 아이들에게는 가장 널리 쓰이는 자기표현의 수단으로 되어 있다는 것이다. 벙어리가 아닌 다음에는 모든 아이들이 말을 한다. 그래서 아이들은 말을 하면서 자라나고, 말을 하면서 자기를 키워간다. 글쓰기로 삶을 가꾸는 교육을 하는데, 이 글이란 것도 결국 말인 것이다.

　겨레말을 이어주고, 교육의 가장 중요한 수단이 되고, 자기표현의 가장 넓은 길이 되고—이러니까 교육자는 어찌 보면 말로 살아가는 사람, 말을 파는 직업이라고도 할 수 있다. 물론 빈말, 재주부리는 말이어서는 안 된다. 정직한 말, 알맹이가 있는 진실한 말, 깨끗한 우리 말, 싱싱하게 살아 있는 말이라면, 이런 말을 파는 일이 얼마나 귀하고 값진 일이겠는가.

그런데 지금 우리 말은 한자말과 일본말과 서양말에 짓밟혀 아주 엉망진창이 되어가고 있다. 참 교육을 하려고 하는 선생님들이라면 무엇보다도 우리 말부터 살려야 한다는 생각을 해야 할 것이다. 말을 살리지 않고 아이들을 살릴 수가 없기 때문이다.

여기서 오늘날 선생님들이 교실에서 운동장에서 가장 서둘러 바로잡아야 할 잘못된 말 열네 가지를 들어보겠다.

① 수업 (→공부)

수업이란 말은 지도안을 쓸 때나 선생님들끼리 하는 말에서 쓸 수는 있지만 학생들 앞에서 써서는 안 된다. "수업하는 종이 울렸는데 왜 교실에 안 들어가느냐?" 이렇게 말하니까 아이들도 "오늘은 토요일이라 4시간 수업을 마치고……" 이와 같이 말하고 글도 이렇게 쓴다. 선생님들은 아이들 앞에서 자기 자신을 가리켜 "선생님은……" 하면서 왜 아이들의 말 '공부'를 쓸 줄 모르고 수업이라고만 하는가? 이것은 교육하는 마음가짐에도 깊이 관련이 있는 말이다. 참 교육은 아이들과 함께 선생님도 배우는 것이라고 한다면 선생님들끼리 하는 말조차 '공부'라고 하는 것이 바람직하다고 본다.

② 의자 (→걸상)

10년 전 내가 학교에 있을 때만 해도 아이들이 교실에서 자기들이 앉는 걸상을 의자라고 말하지는 않았는데, 요즘은 거의 모든 아이들이 의자라고 하는 듯하다. 아이들이 써놓은 글을 읽으면 걸상은 안 나오고 의자만 나온다. 큰일이 났다. 이대로 가면 머지않아 또 하나 우리 말 '걸상'이 생매장당하게 되었다. 이렇게 학교의 교실에서 우리 말이 쫓겨나고 죽어가는 것은 순전히 선생님들 때문이다. 선생님들이 모두 의자라고 하니까 아이들이 따를 수밖에 없다. 어떻게 해서라도 '걸상'이란 말을 살려야 한다. 민주교육이니 교육개혁이니 하는 것도 우리 말을 살리는 일에서부터 시작해야 제대로 될 것이다.

③ 나의 학교 (→우리 학교, 나의 책→내 책)
　어쩌다가 나의……라고 할 경우가 있겠지만, 될 수 있는 대로 나의를 쓰지 말고 '우리'를 쓰거나 '내'라고 해야 한다. '나의 어머니'가 아니고 '우리 어머니'라야 되고, '나의 고향'이 아니고 '우리 고향'이다. 이것이 우리 말이다. 나의를 함부로 쓰는 것은 영어와 일본어를 따라가기 때문이다.

④ 갔었다 (→갔다)
　"나도 어제 거기 갔었는데……" 이런 이중과거형의 외국말법은 절대로 쓰지 말아야 한다. "나도 어제 거기 갔는데……" 하면 그만이고, 이것이 깨끗한 우리 말이다.

⑤ 되어진다 (→된다)
　"선선한 가을이 와서 공부가 잘 되어진다"고 해서는 안 되고 '선선한 가을이 와서 공부가 잘 된다'고 해야 옳다. '되어'(된다)란 말만으로도 어떤 일이 저절로 이뤄지는 뜻을 나타내는데, 여기다가 또 지다라는 말을 겹으로 붙여서 쓰는 것은 외국말법 따라가는 노릇으로 우리 말을 어수선하게 하고 어지럽게 한다. "작은 물고기가 큰 물고기한테 잡아먹혀진다"도 '작은 물고기가 큰 물고기한테 잡아먹힌다'고 해야 우리 말이 된다.
　'된다'만 쓰는 경우도 꼭 써야 할 때에만 쓰는 것이 좋다. "청소가 잘 되었구나" 하고 칭찬하기보다는 "청소를 잘 했구나" 하고 칭찬하는 것 같이.

⑥ 불린다 (→-라고 한다)
불린다는 말은 일본말법을 그대로 따른 것이니 절대로 쓰지 말아야 한다. "백두산은 우리 겨레의 성지라 불린다"고 해서는 안 되고 '백두산은 우리 겨레의 성지라고 한다.' 이렇게 말하고 써야 한다. "김구 선생은 우리 겨레의 스승이라 불린다." 이것도 '김구 선생은 우리 겨레의 스승이라고 한다'고 써야 우리 말이다.

⑦ 잰다, 단다, 된다
길이나 사람의 키는 자로 잰다, 무게는 저울로 단다, 곡식은 되나 말로 된다. 이것을 모조리 잰다고 하는 것은 일본말 따라가는 꼴이다. 풍부하고 자랑스러운 우리 말은 이래서 일그러지고 찌그러지고 쪼무러진다.

⑧ '푸르다'와 '파랗다'를 구별할 것
맑은 하늘빛은 '파랗다'고 해야 하고, 솔잎은 '푸르다'고 해야 한다. 우리 겨레가 색맹일 수 없는데 '파랗다'와 '푸르다'를 구별하지 않고 쓰게 된 것은 한문글자 '靑'을 '푸를 청' 자로 읽어서 마구 썼기 때문이다. '초록'이니 '녹색'이니 하는 말도 될 수 있는 대로 쓰지 말고 '풀색' '풀빛' '푸른빛'이라 하는 것이 옳다.

⑨ 세 단(→석 단), 네 동(→넉 동), 세 섬(→석 섬), 세 되(→서 되), 세 장(→석 장), 네 달(→넉 달)
이와 같이 '석' '넉'을 쓰는 말을 틀리지 않도록 지도해야 한다.

⑩ 접한다 (→만난다, 듣는다, 본다……)
"그 사람을 접해보니"라 하지 말고 '그 사람을 만나보니'라 해야 되고, "그 소식에 접해서"라 해서는 안 되고 '그 소식을 듣고'라 해야 한다. "좋은 책을 접하지 못하고"는 '좋은 책을 읽지 못하고'가 옳다. 접한다는 한

자말을 쓰면 이렇게 많은 우리 말이 죽어버린다.

⑪ 가족 (→식구)

'가족 제도'라든가 '가족 조사' 할 때는 가족을 써야 하지만 '우리 집 식구는 다섯입니다'라고 해야 할 것을 "우리 집 가족은……" 하는데, 이것도 일본말에 따라가는 것이다. 일본말에는 '식구'(食口)가 없다.

⑫ 언어 (→말)

'말한다'고 해야 할 것을 언어를 사용한다고 하는 것은 얼마나 바보 같은 말인가. '언어학' 할 때야 어쩔 수 없지.

⑬ 비교한다 (→견준다, 댄다)

"누구 키가 더 큰가, 어디 한번 대보자." 이런 동요에서도 우리 말을 배울 필요가 있다. "오늘은 비교적 따뜻한 날씨다." 이럴 때 우리는 공연히 비교적이란 말을 쓴다. '오늘은 따뜻한 날씨다' 하든지 '오늘은 좀 따뜻한 날씨다' 하면 될 말이다. 비해도 안 쓰는 것이 좋다. "지난해에 비하면 그래도 잘한 셈이다" 이렇게 하지 말고 '지난해에 대면 그래도 잘한 셈이다'고 해야 한다.

⑭ 매일 (→날마다)

"나는 매일 일곱 시에 일어난다'고 하지 말고, '나는 날마다 일곱 시에……' 하고 말해야 한다.

이 열네 가지 말은 바른 우리 말을 가르쳐야 하는 학교에서 가장 먼저 바로잡아 주어야 할 말이다. 이 열네 가지 말만 바로 쓰게 되면 그밖에 잘못된 우리 말은 아주 잘 눈에 띄고 어렵지 않게 고칠 수 있다.

이런 말을 바로잡는 일에서 한 가지 깨달아야 할 것은, 이 열네 가지만 해도 이 가운데서 아이들보다 어른들이, 학생보다 선생님들이 더 잘못 쓰는 말이 많다는 것이다. 우리가 아이들에게 가르칠 것은 가르쳐야 하겠지만, 아이들한테서 도로 배워야 한다는 사실을, 더구나 겨레말 교육에서 크게 깨달아야 할 것이다. 이제는 아이들 말도 많이 오염되어 있기는 하지만, 그래도 어른들이 하는 말보다는 아이들 말이 더 깨끗하다. 중학생 말보다는 초등학생 말이 더 깨끗하고, 같은 초등학생이라도 1학년 어린이들의 말이 가장 깨끗하다.

아이들의 말을 들으면서 아이들과 같이 살아갈 수 있는 선생님들은 깨끗한 말, 싱싱하게 살아 있는 말을 함께 배울 수 있기에 그 어느 어른들보다도 행복하다고 하겠다.

13. '차세대'와 '신역사'와 '미래'

제 나라 말과 남의 나라 말을 분간할 줄 모르는 사람들, 남의 나라 말이라고 잘 알면서도 제 나라 말은 안 쓰고 남의 말을 쓰고 싶어하는 사람들, 이런 사람이 국민의 거의 전부가 되어 있다고 할 때, 그런 나라의 앞날이 어찌 되겠는가? 남의 나라의 식민지가 될 것은 뻔하다. 아니, 벌써 문화의 식민지가 되었기에 제 것과 남의 것을 구별하지 못하고, 제 것은 버리고 남의 것만 쳐다보고, 남의 말을 쓰고 싶어하는 것이다.

지금 우리가 꼭 그렇게 되어 있다. '관'이고 '민'이고 할 것 없이, 모두가 우리 말을 버리고 있는 보기는 얼마든지 들 수 있지만, 여기서는 최근에 유행처럼 쓰고 있는 말 몇 가지를 들어보겠다.

- 차세대 지금 어디에 있는가. 『한겨레』, 1991. 6. 26.

나는 이 신문 제목에 나오는 차세대란 말을 '차를 많이 타는 사람들의 세대'라고 생각하여 기사를 읽었더니 그게 아니고 '다음 세대'란 뜻으로 쓴 중국글자말이었다. 그 뒤로 이 차세대란 말이 신문에 나올 때마다 이게 무슨 말인가 하고 어리둥절했다.

• 차세대 종합통장

신문뿐 아니라 은행의 저금통장도 이런 이름을 붙여놓았다. 이 경우에도 만약 이 말을 우리 말로 썼다면 '차를 많이 타는 세대'란 뜻이겠는데, 사실은 그렇지 않은 것 같다.

• 차기 대통령

왜 '다음'이란 우리 말을 버리고 '차기'라는 말을 쓸까? 아이들도 다 아는 '다음'이라는 우리 말을 쓰면 대통령의 위신이 깎이고 권위가 없어지는가? 어느 신문이고 방송이고 '다음 대통령'이라고 하는 것을 보지도 듣지도 못했다. 이것이 참 괴상하고 알 수 없는 일이다. 그러나 바로 이것이 우리 역사의 벽이다.

다음은 신(新)이란 걸 쓰는 문제다.

우리에게는 '새'라는 말이 있다. 새색시, 새신랑, 새집, 새교실, 새나라…… 이렇게 쓴다. 이런 '새-'를 신-으로 바꾸어 '신색시' '신신랑'으로는 쓰지 않는다. 그런데 신-이란 것을 꼭 써야 할 경우가 있을까? 해방 바로 뒤에 『신천지』란 잡지가 있었고, '신세계 백화점'은 지금도 있다. 그러나 이런 말도 '새천지' '새세계' 하면 더 좋다. 이밖에 지금 신-무엇이라고 하는 어떤 말도 '새-'라고 써서 안 될 말은 없다고 본다. 하지만 워낙 많이 쓰는 말이기에 모조리 없애자는 욕심은 안 부리겠다. 다만 새 말을 쓰게 될 때는 깨끗한 우리 말을 썼으면 좋겠다. 신도시라 하지 말고 '새도시'로 쓰고, 신인이라 하지 말고 '새사람'이라 하는 것같이 말이다.

그런데 요즘 와서 '신'이 자꾸 나오는데, 이 신도 남의 글자 新으로 쓰는 것이 멋으로 유행하는 것은 아닌가 하는 걱정까지 든다.

- 新세대·新생활―新××
  新한국형 김장독 냉장고 탄생
  냉장고의 新역사가 시작됩니다.

이것은 지난 1월 19일 어느 일간신문의 한쪽 전체를 차지해서 나온 어느 회사의 광고문이다. 온통 新 자투성이다. 이래야 광고문이 되고 근사한 상품같이 보아주는 것일까? 그렇다면 우리 국민들이야말로 한심하다고 할밖에 없다.

그런데 여기 "新한국형"이란 말이 예사로 안 읽힌다. 이 新한국이란 말이 아무래도 지난 대통령 선거 때 민주자유당에서 한 달 반에 걸쳐 끊임없이 신문에 광고했고, 그 뒤에도 새로 들어설 집권세력이 제 얼굴처럼 내걸고 있는 말이고 글자이기 때문이다. 그래서 이런 상품 광고문에다가 일부러 新 자로 철갑을 해놓은 것이 그저 멋이 아니라 그 이상의 어떤 흉내나 아첨이 아닌가 하는 생각을 떨칠 수가 없다.

하나 더, 미래란 말이 있다.

- 당신의 한 표가 우리의 미래를 좌우합니다.

이것도 지난 선거 때 신문마다 자주 나오던 광고문인데, 공보처에서 낸 것이다. '앞날'이란 말을 쓰면 얼마나 좋겠는가. 그런데 행정관청이고 학교고 신문 잡지고 어디에도 '앞날'이란 우리 말을 쓰는 것을 보지 못했다.

더구나 요즘은 신문이고 방송이고 이 미래란 말이 쏟아져나온다. 정부에서는 올해를 "책의 해"라고 정해서 선포식까지 했다. 사람들에게 책을 읽히도록 하려는 뜻은 좋은데 표어가 잘못되었다.

- 책을 펴자, 미래를 열자.

신문이고 잡지고 텔레비전이고 거리의 현수막이고 날마다 이 표어를 보고 읽는 동안에 그만 초등학생들뿐 아니라 유치원생들까지 '앞날'이란 말은 쓸 줄 모르고 미래를 쓰는 판이 되었다.

한 해 뒤, 곧 이 "책의 해"가 지나간 뒤 어느 가정에서 아버지와 아이(유치원생)가 주고받는 말을 생각해본다.

아버지   너, 앞날에 어떤 사람이 되고 싶으냐?
아들   아빠, '앞날'이란 언어가 어떤 의미를 내포한 언어예요?
아버지   미래라는 뜻을 가진 말이란다.
아들   올라잇! 난 미래에 위대한 문학가를 기필코 쟁취하겠어요.

맙소사! 이런 아이들이 문학가가 되어서 우리 모국어가 어찌 되겠는가?

물론 이 주고받는 말은 좀 부풀린 것이다. 그리고 사실은 아버지부터 "너 미래에 어떤 인간으로 성장하고 싶으냐?" 하고 물으면서 어린 자식이 또 어렵고 유식한 말로 대답하는 것을 보고 흐뭇해하고 자랑스러워할 것 같다.

구태여 올해 정부와 신문과 방송과 출판사들이 미래라는 말을 앞장서서 퍼뜨리지 않아도 벌써 오래전부터 우리 말과 글은 상처투성이가 되어 있고, 우리 글은 남의 나라 말과 말법으로 엉망이 되어 있다. 이런 판세에 말과 글을 바로잡으려는 일은 하지 않고 오염된 글만 읽혀서 어찌 되겠는가?

또 책을 제대로 읽는 국민이 되게 하려면 몇 가지 잔치 분위기를 만드는 행사를 벌이거나 구호만 가지고도 안 된다. 잠시 얼마쯤은 효과가 나타날지 모르지만, 정말 책 읽기를 즐기는 국민이 되게 할 수는 결코 없다. 책을 좋아하는 국민이 되게 하려면 무엇보다도 교육하는 방법을 아주 새롭게 해야 한다. 초등학교 1학년 때부터 밤낮 교과서와 참고서만 가지고 읽고 쓰고 외우게 해서 책만 보면 지긋지긋하도록 만드는데, 어떻게 학교를 졸업한 뒤에 책을 읽고 싶어하겠는가?

모든 것을 백성들이 스스로 하도록 하는 분위기를 만들어야 민주주의도 되고 책도 읽게 된다. 무엇이든지 힘으로 끌어가려고 하면 한 가지도 되는 것이 없다. 말과 글이 병드는 것도 그렇다.

14. '와해'와 '붕괴'

지난날 교단생활을 했을 때, 학년 초마다 아이들의 가정환경을 조사해서 적어두는 장부에 초가, 와가란 말이 있었던 것을 기억한다. 초가란 말은 누구나 알겠는데, 와가란 말은 그때 생각에도 참 딱하다는 느낌이 들었다. 왜 '기와집'이란 우리 말을 쓰지 않고 이런 괴상한 말을 쓰는가? 와가, 이건 우리 말이 아니다.

초가는 어떤가? 초가도 중국글자로 된 말이지만 오랫동안 우리 백성들이 자연스럽게 널리 써서 와가와는 달리 모두가 다 아는 우리 말이 되었다. 너와집은 있어도 풀집이란 말은 없다. 볏집으로 이었다고 해서 '볏집'이라고 하지 않는 것은 '볏짚'과 뒤섞이기 때문일 것이다.

중국에서 글자가 들어오기 전에는 초가라 아니 하고 무엇이라 말했을까, 하는 의문이 생긴다. 중국의 한자가 들어오기 전에도 벼농사를 짓고, 볏짚으로 지붕을 이었을 것인데 어떻게 말했는지 모른다. 아무튼 지금은 초가요, 초가집이다.

그런데 초가가 옳은가 '초가집'이 옳은가? 중국글자로 된 초가(草家)에 이미 집이란 뜻이 들어 있는데, 여기에다가 또 '집'을 덧붙이는 것은 군더더기가 된다는 의견이 나올 수도 있다. 그러나 이것은 중국글자를 써서 그 글자를 중심으로 해서 보니까 그런 생각을 하게 된다. 글자보다 먼저 말이 있었고, 또 중국글자를 쓰게 되어도 여전히 우리는 우리 말로 서로 뜻을 주고받으면서 살아왔다. 그래서 초가라면 얼른 그 뜻이 잡히지 않는 수가 있어 '집'을 더 붙여서 쓰고 싶은 마음이 저절로 되니, 이래서 '초가집'이 된 것이다. 이것은 처가(→처갓집), 외가(→외갓집)도 마찬가지다. 해변(→해변가), 역전(→역전앞)도 이런 자연스런 말하기 심리에서 된 것이다.

이렇게 볼 때 초가, 외가, 처가를 표준으로 된 말로 삼을 것이 아니라 '초가집' '외갓집' '처갓집'을 표준말로 함이 옳지 않겠나 생각한다. 그런데 사전을 찾아보면 어느 사전도 두 가지가 다 나오는데 '초가집'에는 초가로만 써서 초가를 찾아보도록 해놓고, 초가 쪽에 자세한 풀이를 해놓았다. '외갓집'도 외가 쪽에, '처갓집'도 처가에 자세한 풀이를 해놓았다. 이것은 『우리말 사전』들이 모두 중국글자말을 중심으로 해서 만들어놓았기 때문이다.

해변은 '바닷가'라고 하면 되니 쓰지 말아야 한다. 우리 말을 버리고 남의 나라 글자말을 쓰니까 '해변가'란 괴상한 말까지 나온다. 역전도 '역전앞'도 쓰지 말고 '역앞'이라든지 '정거장앞'이라 해야 옳다.

그럼 다시 와가로 돌아간다. 와가의 와는 '기와'란 말의 중국글자(瓦)를 읽는 소리다. 우리 말의 뜻과는 아무 상관이 없는 이 와 자 소리 문제인데, 중국사람들이 '瓦斯'라 쓰고, 일본사람들도 그렇게 써서 '가스'라 읽는데, 우리 나라 사람들은 '와사'라고 하여 괴상한 소리로 읽어서 병신말을 만들었다. 탄산 와사, 와사등…… 이런 말을 썼지.

지금은 와사고 와사등이고 안 쓰지만, 이 와 자가 들어간 중국글자말은 아직도 널리 쓰인다. 가령 와해 같은 말인데, 이것이 '와사'와는 달리 중국글자의 뜻이 들어 있다고 해도 우리 말이 될 수 없는 엉뚱한 중국글자 소리로 된 말이라는 점은 조금도 다를 바 없다.

다음은 모두 신문기사 제목이다.

- 국민당 瓦解 직전 『동아일보』, 1993. 2. 13.
- 국민당 瓦解 국면 『한국일보』, 1993. 2. 14.
- 국민당 瓦解에 허탈한 '蔚山' 『중앙일보』, 1993. 2. 14.
- 瓦解 임박! 國民黨 이모저모 『중앙일보』, 1993. 2. 14.

이렇게 모든 신문이 와해(瓦解)란 말을 썼다. 보지는 않았지만 다른 신문들도 다 같은 말을 썼을 것이다. 거의 모두 중국글자로 瓦解를 썼는데, 우리 글자로 쓴 것도 있다.

- 國民黨 와해 직전 『중앙일보』, 1993. 2. 13.
- 국민당 와해 위기 『한겨레』, 1993. 2. 13.

이미 우리 글자로 쓸 바에는 왜 우리 말로 쓰지 못하고 이런 이상한 남의 나라 글자말을 쓰는지 참으로 한심하다. "와해 직전"은 '곧 무너질 듯'이라면 되고, "와해 위기"는 '무너질 판'이라면 얼마나 읽기 좋고 알기 쉬운가.

아마 방송도 새 소식을 알리는 시간에 우리 말은 안 쓰고 모두 와해라고 했을 것이다. 글 따라 말이 병들고, 말 따라 마음이 병드는 까닭이 이렇다.

와해와 비슷한 말에 붕괴가 있다. 역시 신문기사 제목이다.

- 商街아파트 붕괴⋯⋯ 14명 死亡 『중앙일보』, 1993. 1. 7.
- 아파트 불 붕괴⋯⋯ 14명 死亡 『동아일보』, 1993. 1. 7.
- 아파트 불 붕괴 27명 사망 『한겨레』, 1993. 1. 7. 제1판.
- 아파트 붕괴 27명 사망 『한겨레』, 1993. 1. 7. 제4판.

이렇게 모조리 붕괴다. '무너진다'는 말을 신문기자들은 모르는가? 그럴 리가 없다. 우리 말을 쓰면 신문의 권위가 떨어진다고 보는가? 그럴 것이다. 그렇지 않고서는 이렇게 쓸 수 없다. 우리 말을 쓰면 신문을 읽는 사람들이 이런 기사쯤이야 나도 쓰겠다고 생각할 것이고, 그렇게 되면 기사를 쓰는 사람이나 신문을 만드는 사람들이 무엇으로 권위를 세우겠는가? 말은 안 하지만 이런 생각을 가지고 있는 것이 틀림없다.

위의 기사 제목에서 '불 붕괴'란 말이 나온다. 나는 처음 이것을 보고 무슨 말인지 몰라 어리둥절했다. 묘하게도 두 신문에서 똑같이 이 괴상한 말을 썼는데, 한 신문은 뒤에 나오는 판에서 고쳤다.

사망(死亡)도 '죽어'란 우리 말을 써야 한다. 법률의 조문은 중국글자말 투성이다. (중국글자말투성이란 것은 일본말투성이란 것이다.) 법률말도 우리 말로 고쳐 써야 하겠지만, 신문의 글은 법률의 조문도 아니다. 어째서 이렇게 사망(死亡)만 쓸까?

이제 법률말도 쉬운 우리 말로 다듬어 쓴다고 하는데, 관청에서 쉬운 말을 쓰게 되면 그때 가서야 신문이고 방송들이 관청 따라 우리 말로 바꿔 쓰는 꼴이 될 것인가?

지금 여기 든 말은 우리가 잘못 쓰고 있는 수천 가지 말 가운데 겨우 두세 가지를 든 것뿐이다.

15. 갈피를 잡을 수 없게 하는 말들

신문이나 책을 읽다가 보면 무슨 말인지 선뜻 머리에 안 들어오거나, 잘못 알게 되거나, 한참 생각해도 갈피를 잡을 수 없는 말이 가끔 제목에서부터 나온다. 이럴 때는 어쩔 수 없이 본문을 한참 앞뒤로 대강이라도 훑어 읽고 나서야 비로소 그 말뜻을 알게 되는데, 이런 글을 쓴 사람이나 이런 인쇄물을 만든 사람이 원망스럽고, 때로는 짜증이 나기도 한다. 이런 경우가 띄어쓰기를 잘못해서 일어나는 수도 있고, 서양말을 마구 범벅으로 써서 생겨나는 수도 있지만, 대개는 안 써도 되는 (쓰지 말아야 하는) 중국글자말을 쓰기 때문이다.

- 대선모의 투표 『한겨레』, 1992. 11. 20.

이것이 무슨 말인가 어리둥절하다가 한참 사진과 글을 살펴본 다음에야 '대선 모의투표'란 말임을 알았다. 띄어쓰기를 잘못하는 것은 틀린 글, 엉뚱한 글을 쓰는 것이 된다.

- 끊으면 관상동맥질환의한 사망위험 50% 감소 『새건강』, 1992. 7. 11.

이 신문 제목에 나오는 "관상동맥질환의한"이란 말도 알 수 없어 한참 살펴본 다음에야 '관상동맥질환 의한'이란 말임을 알아냈다. 의한은 또 일본식 말이다. '에 따른'이란 우리 말을 써야 한다.

- 80병 상이 상 병원 '감염관리위' 설치 『새건강』, 1992. 7. 11.

이것도 무슨 말인지 알 수 없다. 기사 내용을 읽어보니 '80병상 이상 병원……'이란 말을 잘못 띄어쓴 것이다.

- 교수실에 투구·劍 매단채 연구활동 『중앙일보』, 1993. 3. 12.

여기 나오는 '매단채'를 나는 처음에 '每團體' 곧 '단체마다'란 뜻으로 읽었다. '체'와 '채'가 다른데도 그렇게 읽혔다. 기사를 읽어보니 "매단 채"를 잘못 띄어쓴 것이다.

- 지하철부착 말지 광고
  안기부관련 문안 삭제 『한겨레』, 1992. 11. 1.

이게 무슨 말인가 싶어 기사를 읽어보니 "말지"가 아니고 『말』잡지'였다. '지하철부착'도 '지하철에 붙인'이라 써야 한다.

- 어린이발작증세 게임기와 '무관' 『새건강』, 1993. 2. 6.

이 제목에 나오는 게임기란 말은 이 무렵에 일어난 사건을 알고 있는 사람이 아니면 무슨 말인지 어리둥절할 것이다. 영어와 중국글자말을 잡탕으로 한 괴상한 말이다. '놀이기계'나 '놀이기' 아니면 '오락기계'나 '오락기'란 말이라도 썼으면 좋겠다. 대관절 '놀이'라면 될 것을 왜 게임이라고 하는가? 아이들도 요즘은 '오징어 놀이'라고만 하지 않고 "오징어 게임"이라 말하게 되었다. 운동경기를 할 때도 게임이란 말은 쓰지 말고 '경기'라고 하면 된다.

- '김영삼 군부' 구축 신호탄 『한겨레』, 1993. 3. 9.

나는 이 제목에 나온 구축이란 말을 처음에 '驅逐' 곧 '몰아내기' '내쫓기'란 뜻으로 읽었는데, 다시 잘 보니 構築 곧 '쌓아올리기' '만들기'란 뜻으로 쓴 말이었다. '만들기' 하면 될 것을 왜 이렇게 어렵고 헷갈리기 쉬운 말을 쓸까?
"병충해 구축"이란 말도 '병충해 몰아내기'나 '병벌레 내쫓기' '병벌레 없애기'와 같이 써야 한다. "세력 구축"은 '세력 쌓아올리기'나 '세력 만들기'지.

- 鄭후보 票분산에 李후보 辛勝 『동아일보』, 1993. 3. 12.

이 辛勝이란 글자를 읽는 국민이 얼마나 될까? 우리 글자로 신승이라 써도 문제가 된다.

- 이 대표는 1차투표에서 과반수 획득에 실패해 2위를 차지한 김상현 최고위원과 2차투표까지 가는 접전을 벌인 끝에 2천 8백 95표를 얻어 2천 5백 34표를 얻은 김 최고위원에 3백 61표 차이로 신승했다. 『한겨레』, 1993. 3. 12.

의무교육만을 마친 우리 국민들이 이 신승이란 말을 알아낼 것 같지 않다. 그리고 우리가 실제로 말을 할 때는 '겨우 이겼다'고 하지 아무도 신승했다고 말하지 않는다. 만약 신승했다고 말하는 사람이 있다면 그 사람은 잘못된 글에 중독이 들어서 말까지 괴상한 글말을 하는 병신이 된 것이지. 글을 쓰는 사람은 그 머리속에 들어 있는 글말로 쓸 것이 아니라 누구나 잘 알고 있는 우리 겨레의 말로 글을 쓰려고 애써야 한다.

- 보건지소 비새고 하자투성 『주간 홍성』, 1993. 2. 8.

이 제목에 나오는 하자도 우리 말이 될 수가 없고 되어서도 안 되는 말이다. '흠'이란 우리 말을 왜 안 쓰는가? "투성"은 '투성이'라 써야 하고, "비새고"도 '비 새고'라고 띄어써야 하겠다.

- 대두유 각 신문에 난 제일제당 '선물세트' 전면광고에서, 1992. 12. 29.

이것은 '콩기름'이다. 알기 쉬운 우리 말로 써놓으면 물건이 시원찮게 보여서 잘 안 팔리고, 어려운 말, 알 수 없는 말로 써놓으면 잘 팔린다고 생각해서 이렇게 상품 이름을 붙였다면 우리 국민을 바보로 놀리는 짓이라 아니 할 수 없다.

- 어느 누구에게나 기쁜 마음으로 선물할 수 있는 레일로드가 유가지로 탈바꿈을 합니다. 『Railroad』, 1993. 2.

여기 나오는 유가지도 우리 말이 될 수 없다. '책값을 받는 잡지' 하면 되지. 이 책은 책이름부터 우리 말, 우리 글자로 써야 할 것이다.

• 敎育界고민 '公開논의'에 의의 『동아일보』, 1992. 8. 26.

이것은 "교육부-교총 첫 정기교섭결산"을 말한 기사제목이다. 의의란 말이 읽기도 거북하고 뜻도 선뜻 머리에 안 들어온다. 이런 말은 우리 말에서 아주 없애야 한다. 여기서는 '뜻있어' 하든지 '보람'이라고나 쓸 말이 아닌가 싶다.

• 방화보다 외화선호하는 관객들 『새건강』, 1992. 10. 31.

여기 나오는 "방화" "외화" 같은 말도 다른 말과 헷갈리게 하니 쓰지 말아야 한다. '우리 영화' '외국 영화'라고 해야지. 이 제목 전체를 '우리 영화보다 외국 영화 좋아하는 구경꾼들' 이렇게 쓰면 얼마나 좋겠나. 『새건강』은 신문기사에서 쓰는 말부터 부디 건강한 우리 말을 썼으면 좋겠다.

16. 지난 때를 나타내는 우리 말

우리 말의 움직씨(동사)에서 때를 나타내는 꼴은 가령 '먹는다'란 말이면 기본형으로 '먹는다' '먹었다' '먹겠다' 세 가지가 있어서 지금과 지난 적과 올적을 나타내고, 여기에 나아가고 있음을 나타내는 '먹고 있다' '먹고 있었다' '먹고 있겠다'가 쓰이고 있다. 그림씨는 기본형뿐이다. 이런 우리 말법을 모르고 지난적을 나타내는 도움줄기(보조어간) 었을 아무 데나 함부로 쓴다든지, 겹으로 쓰는 것은 다른 나라 말법을 따라 써서 우리 말을 짓밟는 짓이 된다.

- 이 프로는 청소년들을 대상으로 한 것이고 시간도 저녁 8시니까 시청률도 꽤 높을 것이다. 그런 만큼 좀더 신중하게 프로를 <u>제작했어야 했다</u>. 『동아일보』, 1993. 1. 18.

여기 나오는 "제작했어야 했다"란 말은 늘 이런 글말을 쓰고 읽는 이들은 예사로 보아 넘길는지 모르지만 매우 어설프게 느껴진다. 우리 말법이 아니기 때문이다. 이럴 때(움직씨 다음에 도움움직씨 '했다'가 올 때)는 앞에 나온 움직씨에는 었을 안 써야 하고 쓸 필요가 없다. 곧 '제작해야 했다'고 써야 하는 것이다.

- 그는 일본에 땅을 <u>사놨어야 했다</u>. 『한겨레』, 1993. 2. 3.

이것도 "사놨어야 했다"가 아니고 '사놔야 했다'고 써야 된다.

- 고가도로를 지나가는 차량들이
  거북이 걸음을 하고 있었지만
  서대문에서라도 좌회전을 <u>했어야 한다</u>.
  직진을 한 것이 잘못이었다. 『중앙일보』, 1992. 12. 23.

여기 나오는 "했어야 한다"도 었을 도움움직씨 쪽에 쓰는 것이 옳다. '해야 했다' 이렇게. 시일수록 살아 있는 우리 말을 써야 할 것이다.

- 장부를 조작해 회사공금을 <u>빼돌렸더라도</u> 이 돈을 개인용도로 사용한 것이 증명되지 않는 이상 업무상 배임죄로 처벌할 수 없다는 판결이 나왔다. 『중앙일보』, 1992. 12. 23.

이 기사문에 나오는 "빼돌렸더라도"는 잘 썼다. 흔히 이런 경우에 '빼돌렸어도'라고 쓰는데, 이것은 우리 말법이 아니다.

위의 보기글에서 "조작해"는 '꾸며 만들어'라고 쓰는 것이 좋고, "사용한"은 '쓴'이라 해야 되고, "않는 이상"은 일본말법이니 '않는 바에는' '않는 다음에는' '않을 때에는' 이런 따위로 써야 한다.

그런데 이 기사문의 제목이 다음과 같이 나와 있다.

- "장부조작 公金 빼돌렸어도
 私用 증명 못 하면 無罪"

이와 같이 "빼돌렸어도"라고 쓴 것은 잘못되었다. 기사 본문에서 쓴 대로 '빼돌렸더라도'라고 써야 우리 말이 된다. 제목으로 낸 글을 겹따옴표로 했는데, 기사를 끝까지 읽어도 누가 꼭 이런 말씨로 말했다든지, 판결문이 이런 말씨로 되어 있다든지 하는 내용이 없다. 결국 기사를 쓰는 사람의 글버릇이 이렇게 된 것이다. 그것도 본문 기사에서는 바르게 쓰면서.

- 그러나 이 모든 질문과 답변들은 공허할 수밖에 없었다. 누구보다 먼저 법정에 서 있었어야 할 曺 당시 총장의 자리가 비어 있었기 때문이다. 『조선일보』, 1993. 3. 23.

이 글에 나오는 "서 있었어야"는 누가 보더라도 '서 있어야'로 써야 된다고 할 것이다. 그런데 글을 쓰는 이들이 왜 이렇게 쓸데없이 었을 자꾸 넣어서 어설픈 말을 만들기 좋아할까? 다음은 신문 광고란에서 자주 보는 글이다.

- "나이를 먹었어도 젊은 사람처럼 살고자 하시는 분과 젊었어도 나이 든 사람과 같은 분을 위한 종합활력 영양제"—게리아트릭 파마톤

이 광고글에 나오는 '먹었어도' '젊었어도'를 '먹어도' '젊어도'로 고쳐서 읽어보라. 훨씬 더 시원스럽게 읽힌다는 것을 알 것이다. 이 글에 겹따옴표를 한 것은 다만 눈길을 끌기 위한 것인 듯하다.

이렇게 었을 아무 데나 자꾸 넣어 어설픈 글말을 만드는가 하면, 한편 그것도 마음에 덜 찼는지 었을 겹으로 해서 었었을 쓰게도 되었는데, 이것이 또 무슨 돌림병처럼 번져서 소설에서고 신문기사에서고 마구잡이로 쓰고 있다.

• "기대가 컸었는데……"
　文民정부 '흠있는 公職者' 속출 市民 허탈 『동아일보』, 1993. 3. 4.

이 두 줄로 된 제목에서 첫줄에 나온 "기대가 컸었는데"는 이 신문을 펴보는 누구의 눈에도 맨 먼저 들어가도록 첫머리에 아주 큼직한 글자로 나와 있다. 이래서 잘못된 서양말법이 우리 말을 내어쫓고 판을 치는 세상이 되었다. 이 제목 역시 겹따옴표를 했지만, 기사를 끝까지 읽어도 누가 이런 말투로 말했다고는 안 되어 있다.

• 당시 어느 사학은 10년 동안에 재산이 3만 배나 늘면서 빼돌린 돈으로 음식점과 부동산 확보도 모자라 대기업을 매수, 재벌의 기틀을 마련한 사실이 폭로되기도 <u>했었다</u>. 그런 비리의 수단은 물론 재단주도의 부정입학, 합격자를 떨어뜨리고 돈 받고 학생 넣기, 청강 및 입교권을 재단 하수인격인 학생 주먹패들에게 보너스로 주기, 졸업장 팔아먹기 등 온갖 비리가 횡행했음이 <u>폭로됐었다</u>. 당시 특감대상에 올랐던 학교 설립자 및 총학장 겸직 교수들의 전횡을 사학비리의 근본요인 중 하나로 봤던 5共정부에서는 사회정화 차원에서 설립자의 총학장 겸직 및 학사행정 간여를 금지시키기에 이르렀다. 그래서 많은 거물급 교주총장들이 <u>물러났었다</u>. 『한

『국일보』, 1993. 2. 10.

　여기 따온 대문을 보면, 글월이 모두 4개인데 이 가운데 3개가 없을 겹으로 쓴 마침꼴로 맺어놓았다. 이것을 모두 고쳐서 '했었다'는 '했다'로, "폭로됐었다"는 '폭로했다'나, '드러났다'로, "물러났었다"는 '물러났다'로 해놓고 읽어보면 어느 쪽이 우리 말인지 누구나 환하게 깨달을 것이다.
　"매수"는 '사들여'로 쓰는 것이 좋고, "폭로되기도"는 '드러나기도'로 쓰는 것이 좋다. 비리란 말도 좀더 쉬운 우리 말로 쓸 수 없을까? '옳지 않은 일' '비뚤어진 일' 하면 좀 길어지지만 누구나 다 알 수 있는 말이 된다. "재단 주도의"는 '재단이 주도하는' 하든지 '재단이 주로 끌어가는' 하면 될 것이다. 등은 '따위'로 쓰는 것이 옳고, "횡행했음이"는 '제멋대로 쓸고 다녔음이'라고 하면 얼마나 좋은가.

제3부 우리 말 바로 쓰기 기준

제1장 배달말은 배달겨레의 생명입니다

1. 『우리 말 우리 글』 회보를 내면서

우리 말 살리기 일을 온 나라에 펼쳐보겠다고 뜻있는 사람들이 모여 취지문을 만들고 할일을 정하고 한 것이 지난 1991년 봄이었습니다. 그것이 끝내 실패하고 만 사정에 대해서는 다른 자리(『우리 글 바로 쓰기 2』, 제2부, 제1장, 24. 우리 말 살리는 운동을 어떻게 해야 할까)에 대강 적어놓은 대로입니다. 그런데 날로 자꾸 병들어가는 겨레말을 그냥 보고만 있을 수가 없어, 아무리 어렵더라도 이 일만은 기어코 해야 한다고 지난해, 그러니까 1992년 6월에 다시 또 몇 사람이 모였습니다. 이번에는 이것저것 할 것 없이 아주 조그만 책 하나를 달마다 또는 달거리로 내기로 해서, 깨끗한 글을 쓰고 싶어하는 분들을 모으니 그럭저럭 서른 사람이 넘었습니다. 이만하면 일이 잘 되겠다 해서 막상 시작해보니 무엇보다도 글이 안 모이고, 더러 보내온 글도 그대로 실을 만한 것이 몇 편밖에 안 되고, 또 글을 보는 눈이 편집 일을 맡은 사람마다 달라서 의견을 모으기가 힘들었고, 그런데다가 저는 저대로 이 일 저 일 바빠서 쫓기다보니 여기에 매달릴 수가 없었습니다. 그래서 지난해 하려던 일도 6월부터 시작하여 여러 차례 모여 의논하고, 소식을 전하고, 모임의 이름과 내게 될 책 이름을 정하고, 원고를 모아 함께 생각을 나누면서 다듬고 하다가, 그만 11월 20일자로 낸 소식지에서 일단 이 일을 중지한다는 알림글을 싣고 말았습니다. 이래서 두 번째 계획도 물거품이 되었던 것입니다.

지난해 하려던 때로부터 꼭 한 해가 또 지났습니다. 얼마 전 오일우 님 말이 이랬습니다.

"그거 뭘 그토록 어렵게 생각하십니까. 조그만 회보같이 시작하면 되지요."

그렇습니다. 처음부터 크게 하려고 욕심을 내니까 어려웠던 겁니다. 힘에 맞게 하면 얼마든지 할 수 있지요. 이래서 이번에는 의논이고 뭐고 할 것도 없이 다짜고짜로 이렇게 회보부터 만들게 된 것입니다. 우리 말로 우리 이야기를 하는 조그만 자리를 마련한 것이지요. 사람들이 자꾸 모여들어 이 자리가 비좁으면 더 큰 자리를 마련하면 될 것입니다. 꼭 그렇게 되리라 믿습니다.

그저께는 어느 분하고 전화를 하다가, 이번에 다시 이 일을 시작했다고 말했더니 그분 말이 이랬습니다.

"그거, 쪽박으로 바다물 퍼내는 거 아닙니까? 성난 파도가 산같이 밀려 오는데……."

저는 대답했습니다.

"저도 그렇게 느낍니다. 아무리 외쳐도 도무지 소 귀에 경 읽기입니다. 글을 쓰는 모든 사람이 그래요. 하지만 어찌합니까? 우리는 어떤 일을 할 때 그것이 이뤄질 수 있는가 없는가를 따져서 되면 하고 안 되면 안 하고, 이래서는 안 되지요. 하지 않을 수 없어서 하는 것입니다."

더구나 내 귀에는 우리 말을 살려야 한다는 목소리가 여기저기 온 나라 구석구석에서 들려옵니다. 전체 사람수에 대면 그 수가 매우 적기는 하지만, 바른 말 외로운 목소리는 세상의 모든 어둠을 밝히는 등불이 될 수밖에 없습니다. 우리는 이제야말로 나라와 겨레를 살리는 가장 밑바탕이 되는 일부터 해야 하며, 우리 말 우리 얼을 살리는 커다란 겨레의 할 일을 국민운동으로 펴나가야 할 때가 되었습니다. 그런 일을 하는 데 이 회보가 하나의 조그만 횃불 노릇을 할 수 있기를 진심으로 바랍니다.

2. 우리 말 바로 쓰기 기준

우리 말을 쓰자는 이야기를 한참 하고 나면 흔히 받는 질문이 있다.
"우리가 일본말을 그렇게 많이 쓰는 줄 몰랐습니다. 그런데 모두가 쓰니까 우리 말인 줄 알고 썼지요. 일본말을 배우지 못한 세대로 우리가 예사로 쓰는 말이 일본말인가 아닌가를 어떻게 하면 구별할 수 있습니까?"
이럴 때 나는 곧 다음과 같이 대답한다.
"일본말 안 쓰기 위해 일본말 배울 필요는 없습니다. 그런데 일본말 몰라도 그걸 어느 정도 찾아낼 수 있습니다. 글을 쓰거나 말을 하면서 어떤 말이 일본말인가 아닌가를 판단할 수 없을 때는 그 말을 학교 공부를 안 하고 책을 읽지 않고 살아가는 시골의 노인들이 입으로 말하고 있는가, 하는 것을 생각해보세요. '입장' '역할' '그럼에도 불구하고'…… 이런 말은 시골 사람들이 쓰지 않으니 우리 말이 아닙니다. 일본말이지요. 서양 말도 그렇습니다."
그런데 이렇게 말해놓고도 다시 덧붙여 말한다.
"그렇게 해서 글을 쓰거나 말을 하면 대개 틀림이 없습니다. 그런데 요즘은 시골의 노인들도 모두 방송말을 귀에 못이 박히도록 들어서 그 말이 적지 않게 오염되었습니다. 그래서 우리 말을 바로 쓰려고 하는 사람들이 참고할 수 있도록 '우리 말 바로 쓰기 기준'이란 것을 만들어보았습니다. 이것을 참고해주세요."
지금 우리 겨레가 쓰고 있는 말은 무엇보다도 먼저 깨끗한 우리 말과 바로잡아야 할 잘못된 말―이 두 가지로 크게 나눌 수 있다. 이렇게 나눠놓고, 이것을 다시 몇 가지 갈래로 나눌 수 있으니, 표로 만들면 다음과 같다.

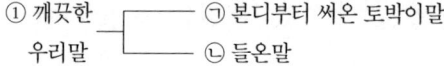
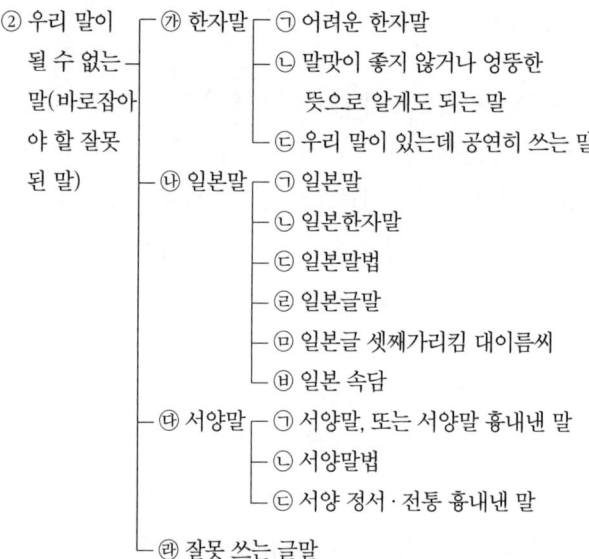

다음에 보기로 든 말들은 각 항목마다 겨우 얼마쯤씩 들어 보인 것에 지나지 않는다. 우리가 쓰고 있는 모든 말, 사전이란 데 올려놓은 모든 말을 이 기준에 따라 나눌 수 있으니, 이것을 보고 저마다 힘 되는 대로 한두 가지씩 바로잡아나갈 수 있기를 바란다.

① 깨끗한 우리 말

㉠ 본디부터 써온, 가장 깨끗한 우리 말
- 아이·어른·소·강아지·땅·하늘·바다·구름·나무·바람·비·안개·길·목숨·마음·새벽·저녁·물·불·부엌……(이름씨)
- 나·너·그·그이·저이·이것·저것·그대·누구……(대이름씨)
- 하나·둘·셋……(셈씨)

- 일한다 · 간다 · 본다 · 듣는다 · 말한다 · 웃는다 · 먹는다 · 읽는다……(움직씨)
- 반갑다 · 기쁘다 · 슬프다 · 아름답다 · 깨끗하다 · 무겁다……(그림씨)
- 이다 · 아니다……(잡음씨)
- 이 · 그 · 저 · 새 · 헌……(매김씨)
- 빨리 · 천천히 · 저절로 · 더구나 · 가끔 · 방긋방긋 · 팔랑팔랑……(어찌씨)
- 아아 · 아차 · 어이쿠 · 아뿔사……(느낌씨)
- 가 · 이 · 은 · 도 · 에 · 에서 · 까지 · 부터 · 한테 · 을 · 으로……(토씨)

ⓒ 밖에서 들어왔지만 우리 말이 되어버린 말
- 산 · 강 · 책 · 신문 · 학교 · 학생 · 교실 · 역사 · 문학 · 예술 · 철학 · 자동차 · 전기 · 민주주의 · 자유 · 국회 · 정부 · 회의 · 내일 · 냉장고 · 감옥 · 연필 · 필통 · 만년필……
- 버스 · 라디오 · 텔레비전 · 아파트 · 구두 · 피아노 · 셔츠……

② 우리 말이 될 수 없는 말(바로잡아야 할 잘못된 말)

㉮ 한자말

㉠ 어려운 한자말
- 조우 · 해후 · 호우 · 다반사 · 기아 · 미지수 · 두건 · 입자 · 인후 · 분사 · 빈축 · 선박 · 유실수 · 집하장 · 불연성 · 수수방관 · 일전불사……

㉡ 말맛이 좋지 않거나 엉뚱한 뜻으로 알게도 되는 말(우리 말에 어울릴 수 없는 말)
- 오자 · 오지 · 오수 · 오독 · 오탁 · 수수 · 끽연 · 발발 · 왕왕 · 의의 · 의외 · 의아스럽다 · 하자 · 종용 · 고객 · 박차 · 미소 · 미아 · 화훼 · 회화 · 희화화 · 외화……

(ㄷ) 우리 말이 있는데 공연히 쓰는 말
- 대지·초원·여명·황혼·야생조·야생화·미풍·영아·유아·서식·종자·파종·수확·제초·작물·작황·돌연·돌입·붕괴·미래·상호·석권·관건·도서·기로·해안·계곡·산정·춘계·추계·하계·동계·완구·주방·접해서·사용·성인……

⑭ 일본말

(ㄱ) 일본말을 그대로 쓰는 경우
- 야끼마시·가다마에·에리·조로·고데·아다리·가다로꾸·요오지·도비라·입빠이·시와·우라·에에또·요이샤……

(ㄴ) 일본한자말
- 입구·입장·역할·수순·수속·취급·취입·인상·인하·인양·일응·절취·수취인·승부수·승부사·민초·예취·소채·야채·주관적·객관적·사회적……
- 특히·공히·필히……

(ㄷ) 일본말법
- 나의 집·나의 학교·나의 어머니·나의 사는 곳·나의 존경하는 사람……
- 불린다·던져진다·주어진다·되어진다……
- -에 있어·-에 있어서·-에 있어서의……
- -에의·-에로·-에로의·-로의·-으로부터의·-에서의·-와의··-마다에
- 보다(어쩌씨)

(ㄹ) 일본말을 그대로 옮겨놓은 글말
- -에 다름 아니다·그럼에도 불구하고··-에 의하여

(ㅁ) 일본글 셋째가리킴 대이름씨
- 그녀

(ㅂ) 일본 속담, 또는 글귀
- 도토리 키 재기 · 벌레를 씹는다 · 원숭이도 나무에서 떨어진다 · 손에 땀을 쥔다

㉰ 서양말

(ㄱ) 서양말, 또는 서양말 흉내낸 말
- 가이드 · 오픈 · 이미지 · 메시지 · 쇼핑 · 조깅 · 레크리에이션 · 캘린더 · 조크 · 제스처 · 스케줄 · 커브 · 캠핑 · 해프닝 · 파티 · 파트 · 넘버 · 게임 · 컬러 · 메뉴 · 커미션 · 커버 · 에세이 · 엠티 · 스푼 · 슬로건 · 클럽 · 키 · 오더 · 캠페인 · 그린스카우트 · 스케일……

(ㄴ) 서양말법
- -었었다 · -했어야 했다

(ㄷ) 서양정서 · 전통 흉내낸 말
- 공주 · 요정 · 거인 · 대부 · 인어아가씨 · 뜨거운 감자……

㉱ 잘못 쓰는 글말
- 먹다 · 가다 · 오다 · 일하다 · 쉬다……

3. 권위와 이익에 매달리지 말아야

신문이고 방송이고 상품광고고 이제 우리 말은 남의 글과 말로 난장판이 되었다. 그게 잘못된 남의 나라 말이라고 아무리 말해도 글을 쓰는 사람 치고 들어주는 이가 없다. 여기에다 일부 학자들은 우리 말을 잘못 쓰고 있는 글쟁이들에게 그럴듯한 핑계를 대도록 하는 이론—공중에 뜬 말재주까지 바치고 있다.

얼마 전 한 신문에서는 우리 말에 관한 학자들의 토론 내용을 알리면

서 어느 분의 주제발표 제목을 「외래요소 흡수해야 국제적 언어로 발전」
이라고 붙여놓았다. 또 며칠 전 어느 이름난 분은 말에 관한 글을 한 신
문에다 쓰면서 다음과 같이 적어놓았다.

　　필요 이상으로 순혈을 고집하는 바람에 한국말을 오히려 빈혈에 걸
리게 하는 국수주의자들이 있다. 말도 인간처럼 혼혈아를 낳기도 하고
때로는 귀화하여 시민권을 획득하기도 한다. 지나치게 외래어를 많이
쓰는 것도 병이지만 무조건 말의 변화와 개방성에 말뚝을 박으려 하는
결벽증도 병이다.

　이런 말들은 언뜻 보기에 누구든지 옳은 말로 여겨질 것 같다. 그런데
남의 나라 말을 받아들여 우리 말을 넉넉하게 한다는 것은, 우리 것도 남
에게 주어서 서로 주고받는 맞먹는 자리에 서 있을 때만 그렇게 할 수 있
는 것이다. 주는 것은 없고 받는 것뿐이어서 덮어놓고 따르고 흉내내기
만 하는 처지에서는 결코 내것을 넉넉하게 할 수 없다. 한쪽으로 기울어
져 매여 딸리는 데서는 다만 내 것은 시들고 죽어버릴 뿐으로, 그런 말이
절대로 용서되어서는 안 된다. 이것은 우리가 지금 겪고 있는 눈앞의 일
들이 너무나 잘 말해준다. 아이고 어른이고 모조리 서양 것을 좋아하고,
감탄사 하나라도 일본사람 목소리를 내면서 신을 내는 판인데, 어떻게
학문을 한다는 사람들이 그런 말을 예사로 하는지 알 수 없다.
　한편 우리 말을 너무 지나치게 고집하여 중국글자말이면 무엇이든지
배척하고 싶어하는 이들도 우리 말 살리는 일을 도리어 더 꼬이고 뒤틀
리게 하고 있다. 가령 보기를 들자면 '회원'이란 말을 쓰지 않고 '모인 사
람'을 줄여서 만들었다는 '모람'이란 말을 쓰는 따위다. 우리가 우리 말
을 살리자는 것은 벌써 죽어버린 말을 살리자는 것도 아니고, 괴상한 말
을 억지로 만들어내어서 그것을 퍼뜨리자는 이야기도 아니다. 다만 아직
도 한쪽에서 살아 있는 말, 그래서 사람들이 그것을 학대하여 짓밟고 내

버리고 있는 말을 살려내자는 것이다. 아직 숨이 붙어 있는 말을 살리는 것이 가장 급하고, 그것이 제대로 안 되는 형편인데, 엉뚱한 말을 만들어 내어 쓰자고 하는 뜻이 어디 있는가? '식품' '식료품' '먹을 것' '먹을거리' '먹이' 이렇게 얼마든지 있는 말을 다 두고 굳이 먹거리란 말을 억지로 세워서 쓰자고 하는 것도 같은 보기다. 이런 괴상한 말들을 방 안에서 만들어내어서 자랑스럽게 써 보이는 것을 우리 말 운동이라고 알고 있는 사람들의 마음속에는 우리 말을 살리겠다는 뜻이 아니라 뭔가 다른 속셈이 있는 것으로 느껴진다. "우리는 백성들이 쓰는 쉬운 우리 말을 쓰고 있지만 무식한 백성들과는 달라서 이렇게 별난 말도 다 만들어내어 쓰고 있는 특별한 사람들이다." 만약 이런 속셈이 아니라고 하면 어떻게 그런 괴상한 말을 만들어내어 쓰는 수수께끼를 풀 수 있겠는가?

이렇게 보면 우리 말 살리자는 사람을 국수주의자라고 말하는 사람이나 괴상한 말을 만들어내어 쓰는 사람이 다 같은 한 가지 잠재의식을 갖고 있다고 볼 수 있다. 그것은 잘못된 글에서 얻어낸 권위와 이익을 잃지 않으려 하는 것이다. 여기에도 이른바 '기득권'을 놓치지 않겠다고 한사코 그것에 매달려 있는, 한심한 지식인들의 모습을 보게 된다.

4. '우리 집'과 '나의 집'

다음에 인용하는 글은 며칠 전 『ㄷ일보』에 어느 소설가가 쓴 글의 한 대문이다. 신문이고 잡지고 무슨 책이고 모든 인쇄물들이 잘못된 남의 나라 말투를 서로 다투어 자랑스럽게 쓰고 있는 터이지만 이 경우는 어떤 주장을 하고 있어 주목된다.

'우리 어머니'라고 할 때 형제가 여러 명이면 그럴 수도 있겠다 싶다. '우리 학교'라고 하면 우리 모두가 다니는 학교쯤으로 이해해도 좋다. 그런데 문제는 '우리 집사람' '우리 딸' '우리 미스 김'으로 가면 난감해질 수밖에 없다.

원시 모계사회도 아닌데 어떻게 집사람을 '우리'가 공유할 수 있다는 것인지. 문단 대선배이신 어른께서 정초에 새로 맞춘 한복 자랑이라도 하시면서 "우리 집사람이 해준건데……" 하는 이야기를 듣고 있자면 "아이구 선생님, 저는 제 집사람이 따로 있습니다" 할 수도 없고.

이 글에 따르면 어느 '문단 대선배이신 어른'이 정초에 "우리 집사람이……" 하고 말했던 모양인데, 나는 이 문단선배가 우리 말을 바로 썼다고 본다. 우리는 지금까지 말을 할 때 분명히 우리 집, 우리 식구, 우리 어머니, 우리 누나, 우리 할머니…… 이렇게 말해왔고, 우리 말이 그렇게 되어 있다. 우리 말은 우리 말로 써야지, 일본말이나 서양말을 표준으로 해서 우리 말을 보아서는 안 된다.

이 소설가는 위에서 인용한 대문 다음에 "오죽하면 60년대에는 '우리 애인은 올드미스'라는 유행가까지 버젓이 히트했을까. 어떻게 애인을 너랑 나랑 함께 가질 수 있다는 것인지. 삼각관계도 아닌데 말이다. 게다가 가사는 어떤가. 우리 애인은 올드미스인데 서비스가 이만저만이 아니란다" 하고 써놓았다. '우리 애인은 올드미스'라면 아무래도 좀 이상하다. 이런 말은 서양말과 우리 전통사회에서 쓰지 않던 말로 되어 있어서 '애인'이란 말 앞에 '우리'를 쓸 수 없는 것이 당연하다. 그런데 집, 마당, 식구, 어머니…… 앞에는 '나의'를 써서는 안 어울리고 어디까지나 옛날부터 써온 '우리'라고 해야 옳다. "원시 모계사회도 아닌데……" 했는데, 우리 집이라고 하는 말은 누구든지 남의 집에 함부로 들어가서 살아도 된다고 해서 하는 말은 아니다.

또 우리가 말을 하는 것이, 어렸을 때 배워서 알고 있으니까 그대로 말하는 것이지, 말 하나하나를 이치로 따져서 말하는 것이 아니다. 내가 쓴 「새와 산」이란 제목으로 된 시 첫머리에

> 새 한 마리
> 하늘을 간다

라고 쓴 구절이 나오는데, 이것을 보고 어느 분이 "하늘을 간다"고 한 것은 문법에 맞지 않은 말이니 "하늘에 간다"고 써야 된다고 말했다. 그분도 시를 쓰는데, 자기가 쓰는 모국어를 이렇게 문법으로 따져서 쓰는가 싶어 놀랐다. '새 한 마리/하늘에 간다'고 해보라. 영 맛이 달라지고 맛이 없어지는 말이 된다. 왜 이렇게 되는가? 우리 말을 살리지 못했기 때문이고, 외국말법을 따라서 '문법'에 맞게 써서 죽은 말이 되었기 때문이다.

그럼 우리 말은 말법도 없는가? 그렇지 않다. 말법이고 문법이 무엇인가? 그게 어디서 오는가? 실제로 입으로 하는 말이 표준이고 그것이 법이지.

며칠 전 어느 분이 보내준 시집의 이름이 『매를 때리고 나서』였다. 이것도 '매로' 때리지, 어째서 '매를' 때리는가 하고 따질 사람이 있을 것 같은데, 나는 이 시집의 제목도 잘못 쓴 것이 아니라고 본다. 우리는 보통 "매를 때린다"고 말하는 것이다.

하도 문법이고 논리고 하는 것을 따지니까 이제 말법으로 살펴보겠다. '매를 때린다'는 "매를 잡고 때린다"는 말에서 '잡고'를 줄여서 말한 것이라 할 수 있다. '길을 간다'도 "길을 (물어서, 한 걸음씩 또는 십 리 이십 리 세면서, 고달파 원망하면서, 살펴보면서, 노래하면서……) 간다" 이렇게 온갖 생각이나 사연을 줄였다고 볼 수 있다. 이 얼마나 재미있고 깊은 뜻이 들어 있는 자랑스런 말인가!

자, 다시 '우리 어머니' '우리 집사람'이란 말로 돌아가보자. 서양 사람들은 무엇이든지 '나'를 표준으로 해서 생각하고 행동한다. 그래서 말도 그렇게 되어 있다. 그런데 우리는 나와 함께 부모형제를, 이웃을 생각해서 행동하고, 말도 그렇게 되어 있다. 그래서 '우리 집'이고 '우리 집사람'

이다. 형제가 없이 저 혼자라도 '우리 어머니'라 한다. 그 어머니가 이웃에 있는 아이에게도 어머니 노릇을 어느 정도 할 수 있다면 그것은 얼마나 바람직한 일이겠는가? 이래서 우리 말은 참으로 자랑할 만한 겨레문화의 전통을 이어온 것이다.

지금 우리 나라 사람들은 먹고 입고 쓰고 하는 무엇이든지 우리 것을 버리고 남의 것, 그중에서도 서양 것을 따라가고 싶어 환장해 있는 판이 되었다. 서양 옷에 서양 집에 서양 음식 먹고 살더라도 제발 말만은 우리 말을 해야 할 터인데 말까지 헌신짝같이 마구 버린다. 천 년 동안 중국글을 하늘같이 여겨서 쓰던 버릇이 백 년 전부터는 일본말을 따라가고, 이제는 서양말이다. 학자고 교육자고 문인이고 다 그렇다.

1979년에 내가 엮어서 낸, 농촌 아이들의 글을 모은 책 『우리도 크면 농부가 되겠지』를 보면 시골 아이들이 쓴 글이 모두 '우리 집'이요 '우리 어머니'다. 어느 아이도 나의 어머니, 나의 집이라고 쓰지는 않았다. 요즘도 도시에 사는 아이조차 나의 집이라고는 안 한다. '우리 집'이고 '우리 아파트'지. 그런데 일제강점기 문인들이 써놓은 글을 보면,

　　내 어머니 가신 나라 해 돋는 나라
　　• 한정동 동요, 「따오기」

　　나의 살던 고향은 꽃 피는 산골
　　• 이원수 동요, 「고향의 봄」

이렇게 되어 있다. 문인 가운데 그래도 우리 말을 가장 깨끗하게 쓴다는 아동문학 작가들이 이러니, 그밖에 소설가나 시인들이나 평론가들의 글이야 말할 나위가 없다. 거의 모든 소설가들이 아무 생각 없이 마구 쓰고 있는 그녀란 말도 일제강점기부터 소설에 나왔지만, 아직도 이 말은 아무도 입으로 말하지 않는다. 우리 말이 아니기 때문이다. 세상에 자기

나라 말이 아닌 말을 이렇게 아무런 반성도 없이 60년 동안이나 끊임없이 써온 소설가들이 우리 말고 어느 나라에 또 있을까?

사람의 삶이 자꾸 병들고, 그래서 말도 자꾸 오염이 되어버려, 어쩔 수 없이 소설가도 모든 사람이 쓰는 말을 따라서 썼다면 모르겠는데, 이것은 백성들이 아직 쓰지도 않는 남의 나라 말을 앞장서서 소설에다 쓰면서 그걸 자꾸 퍼뜨리고 있으니, 이래가지고 되겠는가? 지금 우리 말이 엉망진창으로 되어가는 책임의 대부분은 글을 쓰는 사람들이 져야 한다고 말하지 않을 수 없다.

앞에서 든 소설가가 쓴 그 글에서 일본말법과 서양말법을 쓴 대문을 들어본다.

"일본에 있어 '위안부'란 '매춘'이었다. 그러나 우리 여인들에게 있어 그것은 강제연행이며 인간사냥이었다."

"청일 전쟁 이후 일본의 언론은 기자가 전장으로 나갈 때 종군기자를 '고등관'이라는 직책으로 대우했었다. 이것이 종군이다."

이 글에서 위안부란 말이 잘못된 말이라고 한 의견은 옳다. 그런데 "일본에 있어" "여인들에게 있어"란 말은 일본말을 직역한 잘못된 글말이다. '일본에서' '여인들에게'(여인들로서)라고 해야 우리 말이 된다. 또 "대우했었다"는 영문법을 따라서 쓴 꼴이다. 우리 말로는 '대우했다'면 그만이지 이런 괴상한 '이중과거형' 말법은 없다.

이렇게 서양말법과 일본말법을 예사로 쓰면서 정작 바로 쓴 우리 말은 잘못되었다고 하니 이런 분들이 쓰는 글을 자꾸 읽게 되는 사람들의 말이 글 따라 병들 것은 뻔하다. 이래가지고 우리 앞날이 어떻게 될까? 가슴이 답답하다.

5. 책 읽기에 대하여

사람이 만들어낸 문화의 산물 가운데서 가장 크게 자랑할 만한 것을 든다면 아마도 책이 될 것이다. 그런데 나는 요즘 책이 사람의 역사에서 해놓은 일에 대해 많은 의심을 하는 눈으로 보게 되었다. 책이 사람을 착하게 하기보다는 악하게 하는 편이 더 많다고 생각이 들어, 책의 해독에 대해 깊이 걱정하고 있다. 더구나 우리 나라에서는 책과 글 때문에 그만 역사가 아주 엉망이 되고, 우리가 모두 병신 같은 꼴이 되었다는 생각을 뿌리칠 수 없다.

얼마 전에 한 젊은이가 찾아왔다. 음악을 전공했다는 그는 도시 생활에 회의를 느껴 아내와 자식을 서울에 두고는 혼자 전라도 어느 산골에 들어가 두 해 동안 명상하는 생활을 했다. 그래서 그동안 생각했던 것을 글로 썼다면서 2백자 원고지로 1400장쯤 되는 원고를 내어놓았다. 책으로 내고 싶은데, 그럴 만한 가치가 있는지 좀 봐달라는 것이었다. 나는, 명상이란 것이 좀 의심스럽기도 했지만 한편 기특한 사람이란 생각도 들어서, 원고를 보기 전에 우선 좀 말을 해보았다.

그런데 얘기를 나눠보니 이 젊은이는 저 혼자 끊임없이 말을 늘어놓아서 듣고 있는 나를 아주 지치게 했고, 그 얘기란 것도 허황한 꿈 같은 것이었다. 나는 곧, 이 젊은이가 책을 너무 많이 읽었구나, 그래서 책 속에 빠져 있구나 생각해서 무슨 책에 가장 큰 감동을 받았는가 물었더니 톨스토이의『참회록』과『예술론』을 들었다. 크리슈나무르티를 말하기도 했다. 그런 책이라면 나도 남들에게 읽으라고 권한 적이 있다. 이 젊은이는 다행히도 좋은 책을 읽었던 것이다. 그런 좋은 책을 읽은 사람이 왜 이렇게 되었는가.

여기서 우리가 분명히 알아두어야 할 것은, 아무리 좋은 책이라도 책만 읽어서는 건강한 사람이 될 수 없다는 것이다. 책보다 중요한 것은 삶이다. 일하는 것이다. 일하면서 살아가는 가운데서 사람은 비로소 사람다운 마음을 가지게 되고, 사람다운 감정을 지니게 되고, 사람다운 행동을 하게 된다. 말도 삶에서 배워야 살아 있는 말이 되고, 글쓰기도 물론 그렇다. 책 읽기도 자기의 삶이 있어야 비로소 읽은 것이 제 것으로 유익하게 된다.

나는 그 젊은이가 가져온 원고를 첫머리만 조금 읽고는 이렇게 말해주었다.

"글이 너무 지루합니다. 더러 말장난도 있고요. 대관절 무엇을 말하고 싶은지 아주 요약해서 말해보세요. 책방에 가면 책이 산으로 쌓여 있어요. 책의 공해가 심각합니다. 그래도 내어야 할 책이라면 내어야지요. 그만큼 사람들에게 하고 싶어하는 절실한 말, 발견한 어떤 귀한 진리가 있어야 합니다. 그것이 뭔지 말해보세요."

내 말이 끝나자 젊은이는 아무 말 없이 원고를 도로 싸서 가지고 일어섰다. 나는 그에게 마지막으로 한마디 더 말해주었다.

"책을 그만 읽으세요. 일을 하면서 살아가세요. 책과 명상으로 진리를 찾으려 하지 마세요."

나는 지금까지 이 젊은이와 비슷한 사람을 수없이 만났다. 나 역시 책 속에 파묻혀 살아왔다. 그것은 얼마나 헛되게 보낸 인생이었던가!

어떤 때는 이놈의 책을 모조리 불태워 버려야지, 그래야 아이들도 살고 어른도 사람이 되지 하는 생각이 들지만, 그렇게 할 수도 없고, 해서도 안 되겠지. 책이 없으면 사람은 더 질이 나쁜 구경거리나 놀이에 빠질 테니까.

할 수 없다. 읽어도 좀 적게 읽고, 비판하는 정신으로 읽는 수밖에. 그리고 책에 쓰인 글은 거의 모두 우리 말을 죽이는 외국말과 외국말법으로 된 글임을 단단히 알고 읽어야겠다.

6. 손으로 쓰는 까닭

사람들에게 이 회보를 좀 보라고 주면 대개는 "손으로 쓰셨네요. 참 수고가 많습니다" 하고 인사를 한다. 그런데 더러는 "너무 글자만 꽉 채

워놨네요" 하는 사람도 있다. 그러면 나는 곧 이런 사람한테 준 것을 뉘우치면서 대답한다. "글자만 있어 답답하다고 느끼면 읽을 필요가 없습니다."

정말이지 만화 같은 그림에다가 빈자리까지 많이 두어 슬쩍슬쩍 책장을 넘기면서, 읽는 것이 아니라 구경하도록 해놓은 책이 이런 새 시대에 잘 만든 책이라고 보는 사람은, 그런 책에서 물든 병든 서양말과 일본말투를 결코 고치려고 하지 않을 것이다.

한번은 어느 분한테서 이런 말을 들었다.

"애는 많이 쓰셨는데, 이래가지고 누가 봅니까?"

이분이 "이래가지고……" 한 것은, 모든 것이 빠르기를 다투는 과학시대에 이렇게 궁상스럽게 손으로 쓴 것을 누가 한 줄이라도 읽어주겠는가, 하는 말이었다. 나는 그 사람에게 바로 말해주었다.

"손으로 애써 쓴 것을 안 본다면, 기계로 친 것은 잘 보는가요? 이게 초라하고 시대에 뒤떨어진 것 같지요. 나는 이 미친놈의 돈과 기계에 끌려가는 시대에, 뒤떨어진 사람만이 우리를 살려준다고 생각합니다."

이 회보를 거들떠보지도 않는 사람도 많겠지만, 한 자도 빠뜨리지 않고 알뜰히 읽어줄 사람도 많을 것이라 나는 굳게 믿는다. 며칠 전에도 어느 분이 전화로 "회보가 아직도 안 나왔습니까? 회보를 기다리면서 날을 보냅니다"고 했다. 한 줄, 한 자도 놓치지 않고 읽게 되는 읽을거리, 이것이 『우리 말 우리 글』을 만드는 목표다.

그러나 아무튼 이렇게 손으로 쓰는 일에 대해 자꾸 말이 나오니, 여기서 그 까닭을 몇 가지 밝히기로 한다.

첫째, 나로서는 기계로 치는 것보다 더 쉽고 편하다. 누가 컴퓨터로 쳐주겠다고 하는 것도 마다했다. 내가 치면 모르지만 남에게 시키면 원고 다듬고 편집하고 교정하고 하는 일들이 손으로 쓰는 것보다 훨씬 힘들고, 시간이 더 걸리고, 그래도 결과는 잘못되어 나오기 예사다.

둘째, 기계에 기대고 빨리 하려고만 하는 문명에 거슬러 가보고 싶다.

대량 생산, 대량 소비의 상업시대에 맞추어 한 장 쓸 시간에 열 장을 치게 되면 글은 그만큼 저질이 되고, 말은 타락한다. 말과 글을 바로잡으려면 우선 이 흐린 물결에서 거슬러가는 삶부터 배워야 하지 않을까 싶다.

셋째, 군색하다고 볼 사람도 있지만, 친근감이 든다는 사람이 많다. 이걸 군색하다고 보는 사람의 마음을 나는 믿을 수 없다.

넷째, 만드는 비용이 아주 적게 든다.

다섯째, 이것도 노동이다. 글을 쓰는 사람은 글만 쓰지 말고 일을 해야 한다. 펜으로 쓰는 것까지 힘든다고 기계 앞에서 손가락 운동만 해서야 점점 더 그 글이 문제가 될 것 아닌가. 나는 이렇게 손으로 쓰는 일의 기쁨이라도 맛보고 싶다.

여섯째, 우리 말과 글을 살리기 위한 글쓰기 운동을 하는 자리는 이렇게 손으로 쓴 글이 잘 어울린다. 우리 말은 책으로 인쇄되어 나오는 글이 망쳤다. 우리가 일상에서 쓰는 대부분의 말은, 책의 해독을 입지 않은 어린아이들의 말과 시골 노인들의 말이 표준으로 되어야 한다. 이런 깨끗한 말은 아무래도 손으로 써보이는 것이 더 잘 어울린다.

그러나 언제까지나 이렇게 쓸 수는 없겠지. 더구나 글씨가 이렇게 곱지 못하니 읽어주는 사람들에게 여간 미안한 게 아니다. 얼마 동안 이렇게 쓰다가 훌륭한 일꾼이 나오면 기계의 힘까지 빌리는 수밖에 없을 것이다. 그렇게 하더라도 한 해에 한 번쯤은 여러 사람이 저마다 개성이 있는 글씨로 쓴 글의 특집을 내었으면 싶다.

7. 이원수 선생의 글과 우리 말

우리 말은 아이들과 시골에 사는 할머니 할아버지들의 말이 가장 깨끗하다. 우리 글은 아이들이 쓴 글과 아이들이 읽을 수 있도록 쓴 글이 가장 깨끗한 글이다. 그러니까 아이들이 읽도록 쓰는 글은 가장 깨끗한 우리 말로 써야 한다.

그러면 과연 지금 아이들이 읽고 있는 글들이 깨끗한 우리 말로 씌어 있는가? 불행하게도 그렇지 못하다. 어린이문학은 그 문장에서 잘못된 말이 너무 많다.

여기서 우리는 다시 이원수 선생의 문학작품에서 많은 것을 배울 필요를 느낀다. 이원수 선생은 평생 어린이를 위해 글을 썼기 때문에 그렇기도 하지만, 우리 말을 그 어느 작가보다도 깨끗하게 쓴 분이다. 그래서 이원수 선생이 동시에서 우리 말을 어떻게 살려 썼는가를 생각해보려 한다.

동시에서 선생은 진작부터 살아 있는 입말을 쓰려고 했다. 1937년에 발표한 「아카시아꽃」을 보면 "부지깨"(부지깽이)라 쓰고, "올에도"(올해도)라고 썼다. 표준말이란 것보다 사투리와 아이들의 말을 더 존중한 것이 분명하다. 역시 같은 해에 쓴 「고향 바다」에는 '자려고'라 쓰지 않고 "잘랴고"라 썼다.

잘랴고 눈 감아도
화안히 뵈네.

어렸을 때부터 썼던 말, 실제 입에서 나오는 말을 쓰고 싶었던 것이 틀림없다.

쬐꼬만 쬐꼬만 연두 눈이 텄네요.
• 「새눈」, 1958.

쬐꼬만 내 치마도 팔랑팔랑.
• 「빨래」, 1938.

어느 학년이던가, 국어교과서에 「새눈」이 실렸는데 '조그만'이라 되어 있었다. '조그만'과 "쬐꼬만"은 그 말느낌이 크게 다르다.

행길로만 도느냐?
- 「너를 부른다」, 1946.

표준말로는 '한길'이다. 그러나 만약 '한길'이라 썼다면 영 맛이 없는 글말로 읽힐 것이다.

이원수 선생은 이와 같이 동시에서 실제로 쓰는 살아 있는 겨레말, 어린이말을 쓰는데 그 누구보다도 충실했다. 이것은 시인으로서 가져야 할 당연한 태도라 하겠다.

그런데 「고향의 봄」 첫머리에 나오는 "나의 살던 고향은"은 어찌 된 것인가? 이 「고향의 봄」은 선생이 겨우 열네 살이던 소년 때에 쓴 작품이다. 그 당시 모든 선배 문인들이 일본말 번역체로 글을 쓰던 시절에, 어린 중학생이 어찌 일본말의 영향에서 벗어날 수 있었겠는가? 그로부터 70년이 지난 오늘날에도 글을 쓰는 모든 어른들이 일본말 따라 쓰는 버릇을 고치지 않고 있는데 말이다.

이것은, 선생이 17·18세 때 썼던 두 편의 동화를 두고 말할 때, 그것을 가지고 선생의 작품세계를 논할 것이 아니라 하나의 습작으로 보아야 하는 것과 같다.

선생은 또 아이들에게, 아무리 복잡하고 어려운 일이라도 그것을 어려운 말로 쓰지 않고 아주 쉬운 말로 써 보이는 훌륭한 재능을 가지고 있었다. 그것은 「오끼나와의 어린이들」(1946)만 보아도 잘 알 수 있다.

우리는 이제부터라도 이원수 선생의 동시와 동화를 겨레말의 교과서라고 생각하여 공부해야 한다.

8. 모두 쓰는 말인데

지난달 15일 낮, 오일우 님하고 을지로 3가에 있는 어느 인쇄소에서 회보를 몇 뭉치로 나누어 들고 올 때였다. 충무로에서 전철을 바꿔 타고 서울역을 지났을 무렵이었다고 생각되는데, 문 앞에 서 있던 한 젊은이가 자리에 앉아 있는 나를 보더니 앞에 와서 물었다.

"혹시 이오덕 선생님 아닙니까?"

나는 맞아요, 하고는 어떻게 나를 아는가 되물었더니 책을 읽었다고 했다. 그래 반갑다면서 내 옆 빈자리에 앉으라고 해서 얘기를 나누었다.

그런데, 젊은이가 그다음에 하는 말이 이랬다.

"친구들하고 『우리 글 바로 쓰기』를 읽고서 가끔 토론을 하는데, 저희들이 모르는 일본말을 깨우쳐주신 것은 많은 도움이 됩니다. 그런데 어떤 것은 너무 지나치다는 느낌이 들었습니다."

"뭐, 지나친다고? 어떤 말이 그렇던가요?"

"얼른 생각이 안 나지만 모두가 쓰는 말은 그대로 써야 하지 않습니까?"

"그렇다면 말이고 글이고 우리 것 쓰자고 할 필요가 없지요. 모두 잘못 쓰니까 큰일났다고 하는 거지. 내가 지나치게 말한다 싶은 것 제발 한 가지라도 말해봐요. 그것 가지고 얘기해야지."

젊은이가 대답을 못 했다. 나는 잇달아 말했다.

"신문이고 잡지고 거기 나오는 글이 얼마나 잘못되었는가요? 그런데 그게 잘못되었다고 아무리 말해도 안 고칩니다. 글을 쓰는 사람들, 적어도 글을 팔아먹는 사람들은 자기 글 버릇을 안 고칩니다. 잘못 쓴다는 것을 몰라서도 그렇지만, 뻔히 알고서도 안 고칩니다. 수백 가지 중에 단 한 가지도 안 고쳐요. 그런데 음식점 같은 데서 일반 서민들이 쓰는 말은 그렇게도 귀에 거슬리나 보지요. '우동'이니 '와리바시'니 하는 말들이 잘못되었다고 더러는 무슨 큰 의분이라도 가진 것처럼 분개하고 탄식하기도 합니다. 요즘 '우동' '와리바시' 쓰는 사람 거의 없어요. 우리 서민들이 글 팔아먹는 문필인들보다 훨씬 나아요. 사실 음식 이름이나 물건 이름쯤 몇 가지 일본말 그대로 써서 아주 우리 말이 된다고 해도 그다지 걱정할 것 없어요. 우리 말 전체가 살아 있으면 그게 무슨 걱정이래요. 그런데 지식인들이 써서 퍼뜨리고 있는 어려운 한자말이나 일본말, 그리고 일본말법은 마치 암세포같이 우리 말을 잡아먹고 우리 말의 뿌리를 뽑아서 말려 죽입니다. 그러면서 지식인들은 반성을 하지 않고 조금이라도 고치려고 하지 않아요."

생각해보니 그날 그 젊은이가 한 말은, 글을 쓰든지 읽든지, 아무튼 책 속에 빠져 있는 거의 모든 우리 나라 사람들이 가지고 있는 의견이 되겠다는 생각이 들었다. 어려서부터 어른이 된 지금까지 어려운 말 근사한 말 배우는 것을 공부라고 하여왔고, 그런 남의 나라 글말로 이론을 짜고 생각을 하고, 학문이고 문학이고 따위를 하여온 사람들이 그 몸과 마음에 속속들이 배어 있는 병든 말버릇, 종살이 글버릇을 뿌리뽑기란 얼마나 힘들겠는가? 더구나 그런 말과 글로 얻어낸 자리가 있어 손해를 안 보려 하는데 말이다.

그러나 아무리 어렵더라도 이 일만은 기어코 해내어야 한다. 오늘 아침에도 나는 신문에서 보았다. "스릴 만끽" "자태가 우아하고 아취 넘쳐" "내게 있어서의" "가을에의 초대" "전통 의상의……" "인양" "가시화" "역할" "입장"…… 이 따위 어지러운 말들을 깨끗이 없애지 않고 어떻게 우리 말을 살릴 수 있는가? 우리 말을 살리지 않고 어떻게 우리 언론을 바로잡겠는가? 어떻게 우리 문학을 창조하겠는가? "모두가 쓰는 말인데 어쩔 수 없다." 지식인들이 걸핏하면 내뱉는 이 말처럼 책임 없는 말이 없다. 병든 말을 누가 모두 쓰고 있는가? 백성들에 앞장서서 말을 모조리 오염시키면서 이런 책임 없는 말로 또 자기를 변명하다니, 어이가 없다.

9. '백성'이 살아야 한다

며칠 전 「통일맞이 칠천만 겨레모임 취지문」이 우편으로 왔는데, 그 글의 내용이 좋을뿐더러 문장이 참 깨끗했다. 근년에 숱한 취지문이나 성명서 들을 보았지만 이만한 글은 본 적이 없다는 느낌이 들었다. 그런데 그 글 가운데 좀 생각하게 하는 말 하나가 있어서 이 글을 쓰게 되었다. 바로 민이란 말이다.

- 통일맞이는 민의 운동입니다.
- 우리 민도 통일의 대안을 마련하고……

무심코 읽어나가면 이렇게 나오는 민이 무슨 말인지 어리둥절하다. 얼마 뒤에 "관과 민이"라 해서 '관'이 나와서야 민을 쓰게 된 까닭을 알게 된다. 아마도 그 취지문을 쓴 분이 민이란 말을 쓸까 말까 하고 적잖이 망설였을 것이라 짐작하는데, 그렇다고 하더라도 "관·민·군" 하듯이 쓸 때야 어쩔 수 없지만 민만을 따로 쓴다는 것은 아무래도 문제가 있다고 본다. 아직도 죽지 않은 우리 말 '백성'을 굳이 안 쓰는 까닭이 어디에 있는가? 한번 생각해보지 않을 수 없다.

중국글자를 읽을 때 우리는 먼저 그 글자가 가지고 있는 뜻을 나타내는 말을 내세운 다음 그 글자의 소리를 우리 나라 사람들이 옛날부터 읽던 대로 읽는다. 가령 '天'이면 '하늘 천'이라 하고, '地'면 '땅 지'라 하는 것과 같다. 그래서 중국글자 사전을 보면 더러 잊었던 우리 말을 찾아낼 수도 있다. '過'를 '허물 과' 하니까 '허물'이란 말을 알게 되고, '女'는 '계집 여' 하니까 여자는 본래 계집이라고 말했다는 것을 알 수 있다.

그런데 뜻을 나타내는 자리에 순 우리 말이 아닌 중국글자말이 나오는 글자가 있다. '法'(법 법), '貴'(귀할 귀), '賤'(천할 천)……과 같은 글자다. 이것을 보면 아주 옛날에는 법이 없이 살았고, 귀하다든지 천하다든지 하는 차별이 사람 사회에 없었다는 것을 알 수 있다. '獄' 자도 본래는 '옥 옥'이 아니라 '우리 옥'이었다.

이제 民(백성 민) 자를 생각해보자. 백성(百姓)이니까 중국글자 소리로 된 말이다. '國'은 '나라 국', '土'는 '흙 토', '王'은 '임금 왕', '人'은 '사람인'이니까 民도 당연히 나라·흙·임금·사람과 같이 우리 말이 있었을 터인데 없다. 어쩌면 본래부터 없었는지도 모르지만, 아무튼 民을 나타내는 순 우리 말은 없다.(이 말이 없는 까닭을 모르겠는데, 만약 그 까닭을 밝히게 되면 우리 역사와 사회의 중요한 문제를 푸는 좋은 실마리 한 가닥을 찾아낼 것 같다.)

그런데 지금 우리는 '뫼'라 하지 않고 '산'이라 말하고, '가람'이라 하지 않고 '강'이라 말한다. '강' '산'뿐 아니라 '책' '벽' '문'과 같은 말들도 우리 말이 되어버렸다. 그와 같이 백성이란 말도 아주 우리 말이 되어버렸다는 사실을 아니라고 할 사람이 없을 것이다.

하지만 글을 쓰는 사람들 가운데는 적지 않은 사람들이 '백성'이란 말을 쓰기 싫어한다. 어째서 대중·민중·인민, 심지어 민초란 말까지 즐겨 쓰면서 우리 말이 되어버린 '백성'은 쓰기 싫어할까?

"백성이란 말은 옛날 봉건시대에 민중을 착취하던 특권계급에게 덮어 놓고 복종만 하던 사람들을 가리키던 말이다"라고 하는 사람이 더러 있어 많은 젊은이들이 이 말을 믿는 것 같은데, 잘못 알고 있는 것이고, 우리 역사를 부정하는 좋지 못한 말이다. 우리 역사를 잘 살펴보면 못된 정치를 비판하고 권력에 맞서 싸운 사람들이 어느 시대고 끊임이 없었다. 그 사람들이 백성이었고, 백성이라고 했지, 달리 무엇이라고 말했던가? 민중이고 대중이고 인민이고 민초고 하는 말들은 모두 일제강점기에 글을 배우고 책을 읽은 사람들이 쓴 말이다. 우리 말은 백성밖에 없었던 것이다.

말을 살리는 일에서 어떤 이는 서양말을 몰아내는 일이 무엇보다도 급하다고 하고, 어떤 이는 일본말을 없애는 일이 앞서야 한다고 하고, 어떤 이는 중국글자말에서 벗어나는 일이 근본이라 하고, 어떤 이는 옛말을 살려 쓰는 일부터 해야 한다고 말한다. 내가 보기로는 서양말·일본말·중국글자말들이 모두 어떤 병든 가닥으로 이어져 하나가 되어 있다. 적어도 우리 말을 망그러지게 하는, (들어온) 말은 그렇다. 그런데 옛말을 살린다는 것은 될 수 없다. 버젓하게 살아 있는 말도 마구 짓밟고 내버리는 판인데, 죽은 말을 무슨 수로 살리겠는가? 지금 우리가 가장 서둘러 해야 할 일은 아직 죽지 않아 조금이라도 숨을 쉬고 있는 말부터 살리는 일이다. 백성을 비롯해서 뜰(정원), 부엌(주방), 들머리(입구), 품삯(노임), 견준다(비교한다), 뉘우친다(후회한다)와 같은 말들을 살려 쓰는 일이다.

10. 쌀 개방과 말 개방

쌀 개방으로 온 나라가 시끌벅적하더니 이내 숙지근해졌다. 그것이 그렇게 되도록 되어 있다. 내가 보기로는 좀 우습기까지 하다. 먹는 것, 입는 것, 자는 것, 가지고 다니는 것, 기르고 가꾸는 것, 보고 듣고 좋아하는 것, 지껄이고 쓰고 하는 말…… 몸이고 정신이고 모조리 다 '개방'해서 내 것, 우리 것은 싹쓸이로 내버리고 남의 것을 먹고 쓰고 따르고 좋아해서 아주 환장해 있는 판인데, 이렇게 살아온 것이 우리가 걸어온 길인데, 이제 쌀을 지킨다고? 무슨 수로 지키는가? 누가 지킨다는 것인가? 농민들도 선거 때마다 언제나 외국 세력에 기대어 온 정당에 표를 찍지 않고 어찌했던가?

어려운 중국글자말 쓰지 말자, 일본말법·미국말법으로 우리 말 죽이지 말자, 이렇게 말하면 아주 이름이 난 지도자란 사람들조차 그건 국수주의다, 문화란 서로 주고받아야 한다, 그러면서 쌀 개방은 안 된다고 한다. 거짓말이다. 백성들은 언제나 이렇게 해서 속아왔다.

신문이 일본말을 어떻게 퍼뜨리고 있는가, 그래서 우리 말을 얼마나 학대하고 있는가, 한번 더 보기로 하자. 정부는 쌀 개방을 하는 것이 나라 경제를 살리기 위함이라고 한다. 그러니까 신문들은 다투어 외국과 경제로 결판내게 되었다면서 승부, 승부수 따위 말을 쓰고 있다. 승부(勝負, 쇼부)란 말은 노름판에서 쓰던 일본말이다.

새해에 들어 물건 값이 오른다면서 신문들은 또 며칠 동안 잇달아 무슨 요금이 인상되고 무슨 품목이 인상된다고 했다. 값이 오르면 '값 올라' 하면 될 것이지 어째서 인상이란 일본말을 써야 하는가?

그러더니 어제오늘은 정부에서 물건 값을 잡는다고 해서 신문마다 인하란 말을 쓰고 있다. 한글만 쓰는 한 신문은 첫쪽 머리기사에서 「소주 등도 환원 종용」이란 제목을 크게 붙여놓았다. 여기서 등도 문제고 환원도 생각해볼 말이지만 종용이란 말은 총무처에서 나온 『행정용어순화편람』이란 책에도 '권함'이란 말로 고쳐 쓰도록 해놓았다. 이런 말은 행정관청이나 법정 같은 데서 쓰더라도 신문에서는 우리 말로 바꿔 써야 한다. 그래야 말로 민주주의를 지키고 키워가는 신문이 될 것이다. 그런데 이런 답답한 남의 나라 글자말을 신문이 앞장서서 퍼뜨리고 있으니 우리가 무슨 희망을 언론에다 걸겠는가?

어디 그것뿐인가. 입장, 역할, 가시화, 해프닝, 했었다…… 신문에 날마다 단골로 나오는 이런 병신말들은 우리가 얼마나 얼이 다 빠진 껍데기 문화를 '언론'으로 만든다고 하고 있는가를 잘 말해준다.

지금 이 글을 쓰고 있는 바로 옆에도 아침에 들어온 신문이 펴져 있는데, 거기 안 보려야 안 볼 수 없는 책 광고가 눈에 들어온다. 『초국가시대로의 초대』, 이 -로의, -에의, -로부터의, -에 있어서의 따위 말로 글을 쓰는 사람들과 책을 만드는 사람들이 퍼뜨리는 해독을, 우리 말을 파괴하는 무서운 죄악을 어떻게 해야 할까?

김대중 선생이 "글로벌 민주주의"를 들고 나왔다. 잡지 기사로 잠깐 스쳐 읽은 그 내용만으로도 아주 탁 트인 시원스런 생각이란 느낌이 들었다. 그런데 어째서 글로벌인가? 이분이 뉴욕이나 런던 같은 곳에서 이런 생각을 발표했다면 모르지만, 우리 나라 사람들이 들으라고 한 말에서 서양말로 된 제목을 붙였다는 것은 예사로 보아넘길 일이 아니다.

그런데 만약에 글로벌 대신에 다른 우리 말을 썼다면 어찌 될까? 아마도 사람들은 별 볼 일 없는 시시한 견해라고 여길 것이다. 대학이고 장사판이고 교회고 할 것 없이 우리 풍토가 그렇게 비참하게 되어 있다. 이래서 김대중 선생 같은 분조차 자신이 세운 생각의 체계에다 외국말로 이름을 붙였던 것이다. 바로 이것이 우리 모두의 문제다. 마치 밀가루 부대에 '밀가루'라 쓰지 않고 "소맥분"이라 쓰듯이 말이다.

쌀 개방은 밥 그릇을 미국사람들에게 맡겨버리는 짓이지만, 말 개방은 우리들의 '얼'과 '기'를 송두리째 일본과 미국에 팔아넘기는 짓이 된다. 밥 그릇을 남에게 맡기는 것도 문제지만, '얼'과 '기'를 빼앗기면 뿌리 없는 나무와 다름이 없다. 동물과 식물까지도 '기'가 있고 '얼'이 있다는데, 사람에게 그것이 없으면 어찌 되겠는가? 우리 모두 목숨을 걸고서라도 지켜야 할 것이 무엇인가 분명하게 알아두자.

11. 식민지 문화로 가는 길

1965년에 나왔던 『글짓기 지도의 이론과 실제』란 책에서 내가 가장 힘들여 비판한 것은 아이들의 글이 거의 모두 노는 이야기로 되어 있는 글쓰기 풍조였다. 그래서 그 뒤 나는 『일하는 아이들』(1978)이란 어린이 시집과 『우리도 크면 농부가 되겠지』(1979)란 어린이 산문집을 내었다. 그런데 지금은 어떤가? 제발 아이들이 '놀이'이야기라도 써주었으면, 노는 이야기라도 쓸 수 있게 되었으면, 하는 생각을 하게 되었다. 그만큼 우리 교육은 뒷걸음질을 했고, 아이들은 삶을 빼앗겨 비참한 어른의 흉내만 내고 있는 것이다.

일제강점기부터 우리 어린이문학에서는 동심지상주의가 가장 큰 흐름을 이루었다. 그래서 여기에 대한 비판의 소리도 높았다. 나도 70년대에 쓴 평론에서 동심지상주의를 비판했던 것이다. 그런데 요즘은 어떤가? 제발 그 동심이라도 보여주었으면 하는 생각이 든다. 그만큼 우리 어린이문학은 질이 낮은 괴상한 말장난을 파는 장사꾼들의 문학으로 떨어져버렸다.

모두가 잘살게 되었다고, 적어도 먹는 문제만은 해결이 되었다고 좋아한다. (다만 농민들만 빼고 말이다.) 그런데 어찌 된 셈인가? 문화란 분야에서는 분명히 뒷걸음질을 쳤다. 교육도 문학도, 그밖에 모든 자리가 그렇다. 얼핏 보기에는 눈부시게 번들거리고, 규모가 엄청나게 커져서 굉장하게 발전한 것 같지만, 알고 보면 아주 형편없이 조잡하다. 알맹이가 생기지 않는 쭉정이요, 병든 열매가 되어 있다.

역사가 뒷걸음치는 이런 현상은 요즘 들어 갑자기 한자(중국글자)를 섞어서 쓰자, 어린이들에게도 한자를 가르치자고 하는 어처구니 없는 보수 반동들의 목소리가 커지고 있는 일에도 같은 맥줄로 나타나 있다.

한자 쓰기를 주장하는 사람들이 내세우는 까닭이 두 가지다. 그 하나는, 우리 말의 대부분이 한자로 되어 있으니 한자를 알아야 우리 말을 바로 알 수 있다는 것이다. 다음 또 하나는, 동양문화권에서는 아무래도 한자를 써야 그 문화를 제대로 이어갈 수 있다는 것이다. 과연 그런가?

첫째, 한자를 알아야 우리 말을 알게 된다고 하는 말인데, 생각할수록 어이가 없다. 언젠가 북쪽에서 온 어느 높은 자리에 있는 사람도 청와대에서 같은 말을 해서 놀랐다. 요즘 신문을 보니 이북에서는 통일에 대비해서 한자를 가르친다니, 거기나 여기나 뒷걸음치는 꼴은 마찬가지인 것 같다. 한자를 알아야 우리 말을 안다면, 그럼 옛날부터 중국글자 배우지 못하고 농사일만 하면서 살아온 대부분의 백성들은 어느 나라 말을 하면서 살았던가? 그분들이야말로 가장 깨끗한 우리 말을 했고, 우리 말을 지키고 이어준 우리 겨레였던 것이다. 내가 보기로는 한문책 들여다보고 유식한 한자말이나 쓰고 싶어한 사람들이 우리 말과 우리 글을 망쳐놓았다. 우리 것은 말이고 글이고 보잘것없는 것으로 본 이런 사람들이 일제강점기에는 한자를 쓰는 일본글에 홀딱 빠져 있었고, 오늘날에도 일본글 직역한 글체를 자랑스럽게 여기면서 한자를 쓰고 싶어하는 것이다. 영어 조기 교육을 외치는 사람들도 우리 것을 믿지 못하고 남의 것을 숭배하는 슬픈 버릇이 고질로 된 이런 사람들이다.

몇 가지 보기를 들어보자. 호우, 계곡, 기로, 이런 말은 한자를 가르쳐서 쓰게 할 것이 아니라 아주 쓰지 말아야 할 말이고, 마땅히 큰비, 골짜기, 갈림길이란 우리 말을 써야 한다. 그런데 산, 강, 학교, 민주주의 같은 말은 우리 말이 되었으니 우리 글자로 쓰면 그만이다. '열쇠'라고 하면 될 것을 무슨 까닭으로 관건이란 말을 쓰기 위해 關 자와 鍵 자를 가르쳐야 하는가? 한자를 배워야 우리 말을 알게 된다고 하는 사람은 우리 말을 모르는 사람이다.

둘째, 동양문화권이니까 한자를 써야 한다고 하는 것은 한자조차 모르고 하는 소리다. 지금 중국에서 쓰는 한자는 우리가 쓰는 것과 아주 다르다. 일본사람들은 한자를 많이 제한해서 쓰고, 많은 한자를 자기들 말로 읽는다. 그리고 그들은 한자를 안 쓰면 글을 쓸 수 없다. 그러니 말이 '한자'이지 사실은 중국과 일본과 우리가 모두 다르게 쓴다.

山河(산하)란 말이 있는데, 이것은 중국과 일본에서 쓴다. 우리는 '강산'(江山)이다. 우리가 중국과 일본을 따라 山河를 쓸 것이 아니라 우리만 쓰는 '강산'을 자랑스럽게 써야 우리 문화가 빛난다. 그리고 이 '강산'은 우리 글자로 쓰면 되는 것이다.

일본의 정치인이나 장사꾼, 관광객들을 위해 서울 거리의 간판을 한자로 쓰자고 하는 것도 참 웃기는 말이고 한심한 생각이다. 그런 짓 해서 돈 벌어 어디다 쓰자는 것인가? 일본사람들이 서울에 와서 새로 생긴 한자 간판을 보게 되면 편리하다고 좋아하겠지만, 똑똑한 일본사람이라면 이 나라를 아주 형편없는 나라로 깔볼 것이 틀림없다. 이러니까 지난날 식민지가 되었구나, 하고 말이다.

12. 시와 우리 말

다음은 주로 일간신문에 발표된 시에서 깨끗하지 못하다고 느끼는 말을 뽑아 우리 말로 바꿔본 것이다. 시인이 써놓은 작품을 남이 고친다는 것은 안 될 일이라고 할 사람이 있을 줄 안다. 그러나 이것은 우리 말이 될 수 없는 말을 우리 말로 고치거나, 좀더 깨끗한 우리 말로 바꿔본 것이니, 우리 시문학을 다시 살펴보는 실마리가 되었으면 좋겠다.

- 黎明의 청소부 (→새벽)
- 이른 새벽 포도 위에 (→포장길)
- 不信에 녹슨 파편들 (→믿지 못하는 마음에 녹슬어 깨진 조각들)
- 물건너 갔었을 때 (→갔을)
- 오늘의 민초들이 (→백성)
- 바람까지 서늘한 때를 택하여 (→가려서)
- 살을 맞대고 살게 되어지면 (→되면)
- 이 지상 위에 유감없이 出現시킨 저 나무 (→땅 | →나타난)
- 曠原을 거쳐서 (→벌판, 아득한 벌판)
- 꽃이 피는 이유를 (→까닭)
- 내 주위에는 (→둘레)
- 상실해가는 고향 (→잃어버리고 있는)
- 얻은 것은 단지 부채뿐이라 (→빚)
- 내 눈에만 보여지는 하얀 손이 (→보이는)
- 흔히 말하는 암적 존재라기보다 (→암 같은 존재, 암 같은 사람)
- 바로 암 자체였습니다. (→그것)
- 유일한 길 (→단 하나의)
- 그럼에도 불구하고 (→그런데도)
- 우리의 절망을 치유하고 (→치료하고)
- 해후(시제목) (→만남)
- 분리될 수 없는 우리가 되어 (→떨어질)
- 초원을 향한 참새의 꿈 (→들판)
- 초원의 전설과 함께 (→들판)

- 그 엄청난 <u>세척력</u>(洗滌力)을 (→씻는 힘)
- 아스라한 <u>회한</u>을 쓰다듬는 늙은 할미꽃의 <u>미소</u>를 (→뉘우침 | → 웃음)
- 애잔한 미소 (→가냘픈 웃음, 애처로운 웃음)
- 저미는 <u>비애</u> (→슬픔)
- <u>산하</u>에 뿌리가 되는 날까지 (→강산)
- 꽃들의 붉은 <u>언어</u>엔 (→말)
- 불쑥 던지는 <u>언어</u>들이 (→말)
- 꽃을 피우는 <u>종자</u>가 있지요. (→씨앗)
- <u>경직된</u> 순간에도 <u>미소</u>를 잃지 않고 (→굳어진 | →웃음)
- 휘호 (→글씨)
- 이런 일은 이 땅에서나 <u>가능한</u> 일 (→있을 수 있는)
- 대명천지로 <u>불리는</u> 세상입니다. (→……라고 하는)
- 새떼들<u>에게로의</u> 망명 (시집이름) (무슨 말인지 모르겠음)
- <u>해변의 모래밭</u> (→바닷가)
- 강원도 삼척 <u>궁촌</u>들에 핀 (→가난한 마을)
- 푹 쉬고 싶은 욕구만 <u>팽배해졌다</u>. (→넘쳤다, 꽉 찼다.)
- 누구를 위해 <u>존재하는가</u>. (→있는가)
- <u>산하</u>는 푸르러도 (→강산)
- 동토에 늙고 병들어 <u>쇠잔하신</u> 오마니여 (→언 땅 | →사그라지신)
- 憂愁 (→근심)
- <u>방황하는</u> 가을 (→떠도는, 헤매는)
- 당신의 <u>시선</u> 속에 (→눈길)
- 이북 <u>택하여</u> 가버렸다는 (→……이 좋다고)
- <u>매일 반복되는</u> 그 시간 (→날마다 되풀이되는)
- 재래식 화장실에서 (→옛날 뒷간)
- 모두들 <u>질타하는</u>(→꾸짖는, 크게 꾸짖는)

- 돌이켜보면 지난 시간은 우리에게 그다지 희망적이지 않았지만 또한 그다지 절망적이지도 않았던 것을 (→희망을 주지 | →절망을 주지도)
- 나무의 필적 (→글씨)
- 자동차 매연이 (→그을음연기)
- 철마다 부활하는 꽃처럼 (→다시 피는)
- 여유치 못한 사람들도 도보로 나섭니다. (→여유가 없는 | →걸어서)
- 그곳에 도달했다는 이야기도 (→이르렀다는)
- 도보자들이 몰려 있는 횡단보도엔 (→걷는 이 | →건널목)
- 무단횡단을 하다가 (→함부로 건너다가)
- 한 점 마침표로 추락한다. (→떨어진다.)
- 하! 삼도내마저 말라붙어 차안과 피안의 경계가 없어졌다. (→이승 | →저승)
- 내 육체의 모멸을 발견하는 일에 다름 아니니 (→몸뚱이 | →업신여김 | →일과 같으니)

"육체의 모멸"이란 말은 자기 몸뚱이가 업신여김을 당한다는 말인지, 스스로 업신여긴다는 말인지 모르겠다. -에 다름 아니다는 일본말을 그대로 옮겨 쓰는 말이다.

- 가벼운 유영으로 (→헤엄)
- 천국의 현관이 어디인지 (→문간)
- 의아한 사람들은 (→이상하게 여긴)
- 아, 이역살이 스물두 해 고향이 그리워 울던 밤 (→남의 나라에서)

시는 다른 어떤 글보다도 더 깨끗한 우리 말로 써야 하는 글이다. 시인은 다른 어떤 글쟁이보다도 우리 말에 민감해야 하고, 깨끗한 우리 말을 찾고 우리 말을 살려 쓰기에 남다른 힘을 기울여야 한다. 시인이 자기 겨레말에 둔감하다면 시를 쓸 자격이 없다. 요즘 우리 시를 훑어볼 때, 과연 이 나라에 우리 말을 살려 쓰려는 참된 시인이 몇이나 있는지 의심이 난다.

13. 모난 자루를 둥근 구멍에 끼워 넣기

중국글말에 '방예원조'란 말이 있다. '방'은 모가 나 있다는 뜻이고 '예'는 자루(손잡이)란 뜻이고 '원'은 둥글다는 것이고, '조'는 구멍이다. 그래서 네모난 손잡이에 (그것을 끼워 넣게 되어 있는) 둥근 구멍이니, 서로 맞지 아니하는 일을 가리키는 말이다. 우리가 세상을 살다보면 어떤 일이 서로 어긋나서 맞지 않는 것이, 마치 네모난 손잡이 나무를, 물 푸는 그릇 한쪽에 있는 둥근 구멍에다가 끼워 맞추려고 하는 것 같은 경우를 가끔 보게 되는데, 참 재미있는 말이구나 싶다. 그런데 '방예원조'래서야 무슨 말인지 보통사람은 짐작도 할 수 없다. 우리 속담에도 이와 비슷한 말이 있는지 모르겠다.

여기서 마땅히 '방예원조'를 왜 중국글자로 쓰지 않나, 하고 물을 사람이 나오겠는데, 써봐야 아는 이가 드물 것이다. 더구나 자루 '예' 자는 좀처럼 쓰지도 않는 글자고, 구멍 '조' 자는 그 획이 많고 복잡해서 어떻게 되어 있는 글자인지 알아볼 수 있게 찍혀 나오는 경우가 드물다. 구멍이라고 쓰면 될 것을 무엇 때문에 구멍이란 두 글자를 열 번 쓰는 것보다 더 힘드는 남의 나라 글자를 쓰겠는가? '방예원조'를 모르면 중국글자로 쓴 말 역시 모를 것이다.

그런데 이 말뜻을 우리 말로 풀어서 모난 자루 어쩌고 해도 중국사람들만큼 절실한 느낌으로 와 닿지는 않을 것 같다. 그 까닭은 이렇다. 우리가 물이나 국을 푸는 데 쓰던 박 바가지는 자루가 따로 없다. 손잡이

없이 쓰던 그릇이 바가지다. 그리고 소죽을 푸는 데 쓰던 바가지는 손잡이가 아주 하나로 된 나무 바가지였다. 그러니 네모난 손잡이고 둥근 구멍이고 하는 물건이 없으니 말이 없고, 말이 없으니 이런 남의 글자말이 그다지 절실하게 몸으로 느껴지지 못하는 것이다. 그러나 머리로는 얼마든지 이해할 수 있다. 이와 같이 말 하나에도 그것이 생겨나고 쓰인 그 나라 사람들의 삶이 있는 것이니, 덮어놓고 남의 나라 말을 우리 것인 양 섞어서 쓰게 되면 정말 둥근 국자 구멍에 네모난 손잡이를 끼워 넣는 꼴이 되는 것이다.

그러면 이 '방예원조'를 아쉬운 대로 우리 말로 옮겨서 이야기를 해보자. 우리가 지금까지 써온 대부분의 중국글말이 꼭 이 "모난 자루에 둥근 구멍" 꼴로 되어 있다. 몇 가지 보기를 들겠다.

- 전쟁이 <u>발발했다</u>.
- 금품을 <u>수수했다</u>.
- 하자가 있으면 <u>이의</u>를 신청해야
- <u>미각</u>을 만끽……

신문과 잡지에 수없이 쓰고 있는 이런 말들이 우리 말로 자연스럽게 느껴진다면, 그런 사람들은 네모난 자루를 둥근 구멍에 끼워서 억지로 맞춰놓은 국자가 흔들거려 빠지려고 하여 매우 불안하고 불편해도 언제나 그렇게 써와서 그만 그런 상태가 예사 일로 되어버린 사람일 것이다. 문제는 불편을 참는 일보다도 그런 어설픈 말로 살아가는 사람들의 정신 상태와 정서가 과연 제대로 안정되어 있는 것일까 하는 점이다.

- <u>매순간</u> 몸을 던지듯 몰두 『동아일보』, 1994. 4. 4.

"순간" 다음에 '마다'란 토를 붙여야 우리 말이 된다. 매순간 이것이 바로 "모난 자루에 둥근 구멍" 꼴이다.

- 매일 밤마다 1~2시간씩 정전 『서울신문』, 1994. 3. 24.

여기서 "매일"이란 아무 소용이 없다.

- 중국과학원의 심리학연구소 연구팀은 사람의 뇌를 이해하기 위한 연구로 병아리의 기억력에 관한 <u>연구를 실시한 결과</u>······『동아일보』, 1994. 3. 31.

이 글에서는 '연구를 한 결과'라면 된다. "실시"는 쓸데없이 들어간 것이다.

- 이 연구팀이 생후 5일 된 병아리 1천 마리에 대해 <u>실시한 실험 결과</u>······『동아일보』, 1994. 3. 31.

여기서도 '실험한 결과'면 될 것을 괜히 "실시"를 넣어서 "실시한 실험 결과"라 썼다. "생후"도 '나서'라면 된다.
이밖에도 '청소를 한다'고 할 것을 "청소를 실시한다"고 하고, '우리가 한 일'이라 할 것을 "우리가 실천한 일"이라 하고, '새로운 방법을 썼다'고 하면 될 것을 "새로운 방법을 시도했다"고 하는 따위가 모두 맞지 않는 손잡이를 어설프게 끼워놓은 꼴이다.

- 나무를 잘 보살피고 키우는 <u>育林</u>이 더욱 긴요하다. 『동아일보』, 1994. 4. 5.

이 글에서 "육림"(育林)이란 말은, 그 뜻을 앞에서 우리 말로 다 말해놓았으니 아무 소용이 없다. 중국글말을 써야 글다운 글이 되고, 그래서 우리 말은 그 중국글말을 부질없이 꾸며주는 노릇밖에 못한다고 생각하는, 이 숨어 있는 우리들의 정신상태, 이것이 모두 "모난 자루에 둥근 구멍" 꼴이 된 남의 글말을 쓰는 데서 온 것이다.

• 企業―文化 '만남의 場' 연다 『동아일보』, 1994. 4. 5.

이 "만남의 場"을 우리 말로 쓰면 '만나는 자리'다. '만난다'는 움직씨를 일부러 이름꼴로 만들고, 거기에다가 또 중국글말 場을 가져오고, 이 두 말을 이번에는 일본말법을 따른 의로 이어놓았으니 도무지 꼴이 아니다.

늦가을 어느 날인가 '육림의 날'이란 것이 있다. 육림이란 괴상한 말을 쓰니까 일본말법 의가 붙는다. '나무 가꾸는 날'이라면 얼마나 좋은가? '식목일'도 '나무 심는 날'이라고 하는 것이 훨씬 낫다. 말을 이렇게 쓰고, 이런 말을 써서 권위를 세우려고 하는 관리들이 하는 일이니까 나무를 심는 일도 가꾸는 일도 제대로 안 된다. 지금 우리 나라 산에 나무가 어지간히 우거져 있는 것은 나무를 심고 가꾸는 행정을 잘 했기 때문이 아니다. 나무를 때어서 살던 농민들이 없어졌기 때문에 나무가 자라나지 않을 수 없다.

• 고래로부터 우리는 禮를 존중해왔다. 『한국일보』, 1994. 3. 27.

"고래" 하면 '옛날부터'란 말이다. 그런데 고래 다음에 또 "로부터"가 붙었으니 이것이 제대로 된 말일 수 없다. 여기서 고래는 아무 짝에도 쓸데가 없고, '옛날부터' 하면 그만이다.

이런 보기를 들자면 끝이 없으니 이쯤 해두자. 요약하면, 중국글말을 덮어놓고 쓰니까 아무 소용이 없는데도 자꾸 쓰게 되고, 그래서 앞뒤가 안 맞고, 겹으로 쓰게 되고, 그 말소리가 괴상하게 나고, 이래서 우리 말은 말법에 어긋난 병신 같은 말이 된다. 거듭 말하지만, 꼭 모난 나무 손잡이를 둥근 구멍에 맞춰 넣는 짓이다.

중국글자를 섞어서 쓰자고 주장하는 사람들은 "한자가 우리 글자고 한자말은 우리 말이다." 한다. 그러면서 『국어사전』을 보면 한자말이 우리 말의 대부분을 차지하고 있으니 아이들에게도 한자를 가르쳐야 한다"고 말한다. 어째서 우리 말을 적을 수도 없는 글자가 우리 글자인가? 그리고 『국어사전』이고 『우리말 사전』이고 하는 책에는 온갖 잡동사니 중국글말이 다 들어가 있어서 그런 말들은 아예 쓰이지도 않거나, 쓰인다고 해봐야 '모난 손잡이에 끼워 맞추는 둥근 구멍 노릇'이나 하게 되어 우리 말을 해치고 병들게 할 뿐인 것이다. 그리고 그밖에 우리 말과 어울려 쓰이는 것처럼 보이는 말조차 사실을 알고 보면 본래 있던 우리 말을 쫓아내고 그 자리를 차지해 있는 말이 되어 있다. 그런데 사전에 올려 있는 '한자말'이 다 우리 말이라고 좋아하다니!

- 1930년대 작가 김유정의 소설에 등장하는 어휘 중 6백 11개의 어휘가 현행 국어사전에는 실려 있지 않을 만큼 우리는 우리 말을 빠르게 잊어가고 있다. 김소월이 사용한 전체 시어 3천 96개 중 1백 56개의 어휘도 우리 말 사전에 실려 있지 않다는 조사도 나왔다. 『동아일보』, 1994. 3. 30.

어찌 김유정과 김소월 두 사람의 작품뿐이겠는가? 홍벽초의 소설, 정지용·백석·이용악의 시, 이태준의 소설…… 그밖에도 얼마든지 있다.

그리고 또 이런 문학작품에 적혀 있는 말들보다 더 많고 더 확실하게 살아 있는 우리 말의 보배창고가 바로 시골에서 농사를 지으며 살아온 사람들이 쓰고 있는 말이다. 이 귀한 보배창고를 우리는 잘 간직할 줄 모르고, 아주 짓밟아 없애고 있다. 이 모든 우리 말의 실상을 무시하고, 일제강점기 이후 몇몇 사람들이 한정된 자료로 만들어놓은 사전에다가 『일본말 사전』에 나오는 중국글자말을 거의 모두 옮겨다놓은 『우리말(국어) 사전』이란 것을 가지고 "한자말은 우리 말"이라 하고 있으니, 이런 무지함이 어디 또 있는가?

한 겨레의 말은 그 겨레가 이어온 삶을 따라 그 겨레와 고난을 함께하면서 이어오고 이어간다. 그래서 남다른 질서와 개성과 생태를 지닌 생명체라 할 수 있다. 그런데 아주 다른 성격과 질서를 가진 다른 나라, 다른 겨레의 말이 총칼과 돈의 힘으로 밀고 들어오게 되면, 처음에는 손님으로 지내다가 차츰 함께 살기를 강요하고, 그러다가 안방을 차지하고는 주인을 쫓아내는 판이 된다. 중국글말이 그렇고, 일본글말이 그렇고 영어라는 미국말이 그렇게 되어서 지금 우리 말은 온몸이 상처투성이가 되었다. 겨레말이 상처투성이가 되었다는 말은 겨레마음이 상처투성이가 되었다는 말과 같은 말이다. 중국글자가 우리 글자란 말은 이래서 나온다. 어린아이들에게 영어를 가르쳐야 한다는 소리가 이래서 나온다. '모난 자루에 둥근 구멍이 된 슬픈 말과 글의 역사'는 이렇게 해서 마침내 우리 겨레의 정신문화를 파멸의 낭떠러지로 끌어가는 것이다.

이 모양 이 꼴로 가도 좋단 말인가?

14. 말을 살리는 길

얼마 전 연세대 총학생회에서, 그 학교 교문 옆에다가 "마광수는 결코 인도와도 바꿀 수 없다"는 걸개막을 20여 일 동안이나 내걸었다가 인도 대사관에서 항의가 있어 걷어내렸다는 신문기사를 읽었다. 나는 마광수 교수의 글을 읽은 적이 없고, 그 글의 문제에는 관심이 없지만, 학생들이 내걸었다는 그 걸개막에 대해서는 한마디 안 할 수가 없다.

가령 마 교수가 쓴 글이 아무리 굉장한 것이라 하더라도 어째서 인도와 바꿀 수 없다고 했는지 생각할수록 어이가 없고, 너무나 한심해서 말을 못할 지경이다. 이것이 우리 대학생들이 가지고 있는 정신상태인가 싶으니 한숨이 저절로 나온다. 도대체 대학에서는 뭘 배우고 뭘 가르치는가? 그런 철없는(철이 없다고 해도 말이 안 된다) 짓을 하는 학생들이 있다면 좀 생각을 제대로 하고 있는 학생들이 타일러서(타이를 게 아니라 야단을 쳐서) 당장 걷어 없애야 할 터인데, 대관절 학생들이 한다는 운동은 무엇을 하는 것인가? 영국 사람이나 할 말을(영국 사람도 오늘날에는 그따위 말을 감히 입 밖에 낼 사람이 없을 것이다.) 자랑스럽게 대학교 교문 옆에다가 내걸었다는 그 젊은이들에 대해 나는 분노가 아니라 차라리 불쌍하다는 느낌을 갖는다. 인도 대사관의 항의가 있고서야 그걸 뜯어내렸다고 하니, 이래가지고 우리 학생들이 얼굴을 들고 다닐 수 있는가? 학생들뿐 아니라 온 국민이 부끄러운 일이요, 나라 체면이 말이 아니다.

우리 젊은이들이 왜 이렇게 되었는가? 책 때문이다. 이놈의 책이란 것이 서양말과 서양말법을, 서양사상과 서양이론과 서양정서를 우리들 피속에 주사해 넣는다. 아주 어렸을 때부터 이런 책만을 죽자살자 읽고 쓰고 외우고 했으니, 어른이 되어서도 머리속에서 나오는 생각이란 것이 서양 사람이나 할 말을 제 것인 양 토해 내는 것이다.

옛날에는 중국글을 하늘같이 여겼는데, 그 중국숭배가 일본숭배로 이어지고, 다시 서양숭배로 되었다. 제 것을 천하게 여겨서 짓밟아 없애고 싶어하는 이 고약한 버릇, 서양 것이면 똥도 좋다고 핥아먹고 싶어하는 이 슬픈 버릇이 사람들의 뼈속까지 스며들어 있는데, 그 근원은 책이고 글이다. 책과 글이 우리 겨레를 망치고 나라를 망친다. 책과 글이 우리를 깨우치고, 문명이란 것을 흉내내게 하고 도시를 만들었지만, 한편 책과 글이 우리의 얼을 빼고, 우리를 병신으로 바보로 만들고, 괴물 같은 존재로 만들고 있는 것도 사실이다. 우리는 지금 분명히 겨레의 얼을 빼는 교육을 하고 있고, 나라를 망치는 병든 식민지 글 문화를 만들기에 온통 미쳐 있다.

몇 해 전부터 뜨거운 감자란 말이 쓰이더니, 요즘은 이 말이 크게 유행한다. 신문이고 잡지고 방송이고 걸핏하면 뜨거운 감자다. 참 가관이다. 이게 우리 말인가? 글을 쓰는 사람들이 얼마나 얼이 빠져 있는가 하는 것을 이런 말에서도 볼 수 있다.

감자란 것은 찌든지 굽든지 뜨끈뜨끈할 때 먹어야 제맛이 난다. 식어 버리면 밥도 맛이 덜하지만 감자는 더 맛이 없다. 미국사람 영국 사람들은 감자를 설탕에 찍어 먹으니 식어야 된다. 그래서 뜨거운 감자는 먹기 거북한 것으로 여긴다. 그쪽에서 뜨거운 감자란 말이 생겨난 까닭은 들으나마나 이럴 것이다. 그런데 어째서 우리 삶에서 생겨나지도 않고 우리 삶의 느낌에도 맞지 않는 이런 말을 그렇게 쓰고 싶어하는가? 그 까닭은 다만 그 말이 코쟁이 양반들의 말이기 때문이다. 정말 정나미가 뚝 떨어지는 짓거리요, 꼬락서니다.

두어 해 전에 어느 노동자 단체에서 낸 신문이었다고 기억하는데, 한 면 위쪽에 커다란 글자로 이런 제목이 나 있었다.

"빵 아니면 죽음을 달라!"

우리가 지금 빵을 가끔 먹기는 하지만 그래도 주식은 밥이지 빵은 아니다. 밥을 먹고 살지 빵을 먹고 산다고는 할 수 없다. "빵 아니면 죽음을 달라!" 누가 보아도 우리가 할 말은 아니다. 어느 서양 나라의 노동자들이 외칠 구호다. 우리 노동자라면 마땅히 우리 말을 해야 할 것이다. 그런데 우리 말로 '밥 아니면 죽음을 달라'고 하면 말이 좀 이상한가? 그렇다면 왜 그런가?

요즘은 밥을 굶는 노동자가 없다. 두어 해 전에도 그랬을 것이다. 그렇다고 노동자들이 사람다운 대우를 받아 잘 사는 것은 아니다. 일하는 시간이 너무 길고, 일이 위험하고, 일하는 환경이 나빠서 건강을 해치고, 병이 들어도 치료비가 없고, 아이들 교육비를 댈 수 없고, 물건 값은 오르는데 월급은 안 오르고…… 뭐 이런 여러 가지 문제가 해결되기를 노동자들은 바라는 것이다. 그러니까 "밥 아니면 죽음을" 하는 구호가 맞지 않는 말이 될 수밖에 없다.

그런데 빵을 먹고 사는 것이 아닌데도 "빵 아니면 죽음을" 하면 말이 근사하게 느껴지고, 똑같은 뜻으로 되어 있는 '밥 아니면 죽음을' 하면 어색하게 느껴진다. 당장 이 말의 허점이 드러나는 까닭은, 우리 말이기 때문이다. 이와 같이 우리 말을 하면 잘못 쓰는 것이 금방 드러나 보인다. 우리 말이 좋고, 우리 말을 써야 하는 까닭이 이렇다.

여기서 우리는 이런 말을 할 수가 있다. 정직한 사람은 쉬운 우리 말을 쓰고, 쉬운 우리 말을 쓰면 정직해진다. 그러나 헛기세를 부리거나 속임수를 쓰고 싶어하는 사람은 남의 말이나 남의 말법을 쓰고, 남의 말과 말법을 즐겨 쓰면 헛기세를 부리거나 속임수를 쓰는 사람이 된다고.

오늘날 우리 신문들이 어째서 중국글자와 중국글자말을 한사코 쓰고 싶어하는가, 일본의 한자말을 죽자고 버리지 않는가, 왜 해프닝이란 말을 그처럼 즐겨 쓰고 있는가 하는 까닭도 여기서 다시 한 번 생각해볼 수 있다. 왜 시인들이 이미지란 말을 안 쓰면 시를 얘기할 줄 모르는가, 왜 소설가들이 그녀가 아니면 소설을 못 쓰는가, 어째서 문인들이 데뷔란 말이 아니면 약력을 적을 줄 모르는가도 좀더 그 정신들의 밑바닥을 환히 비춰서 생각해볼 필요가 있다. 오늘날 글을 읽고 글을 쓰면서 글 속에 갇혀 있는 거의 모든 지식인들의 행동을 이끌어가는 것은 그들의 골수에 박혀 있고 온몸에 굳어져 있는 두 가지 버릇이라고 보는데, 하나는 남의 나라 서양나라 쳐다보는 종살이 버릇이고, 또 하나는 겉멋만 부리고 싶어하는 타락한 장사꾼의 자기표현이다. 지식인들이 이러하니 글을 모르는 거리의 장사꾼들도 하다못해 세일이니 오픈이니 가이드니 오리지널이니 하는 말이라도 해야 물건이 팔리는 줄 안다. 이게 망국의 풍조가 아니고 무엇인가?

프랑스에서는 영어를 광고문에 쓰거나 공석에서 말하면 280만 원의 벌금을 내도록 하는 법을 만들어놓았다고 한다. 같은 서양이고 더구나 같은 유럽공동체 나라로 바로 이웃에 있는 데도 이렇다. 영어를 못 쓰게 하는 법률이 프랑스 국회에서 통과되던 거의 같은 날에 영국과 프랑스 사이에 있는 도버해협의 바다 밑 터널이 완성되어 첫 기차가 지나가는 사진이 신문에 났다. 개인이고 나라고 이웃끼리 참된 벗으로 사이좋게 지내려면 이와 같이 서로 제것을 지키면서 남의 것을 존중해주어야 하는 것이다.

그런데 우리는 어떤가? 바로 옆에 있는 일본만 해도 그렇다. 일본의 외교관들이 한국에서는 한문글자를 쓰는 것이 좋겠다고 한다. 외교관들뿐 아니라 일본의 교수들, 학생들까지 뻔뻔스럽게 우리 신문에다 그런 글을 가끔 발표한다. 지금 서울 거리의 간판에다가 한문글자를 쓰도록 하고, 아이들에게 한문글자를 가르치고 싶어하는 당국의 속셈이 이런 일본의 정치인들과 경제인들의 요구 때문이기도 하다니 참 기가 막힌다. 우리나라 『국어사전』에 올려 있는 한자말은 거의 모두 『일본말 사전』에 올려 있는 말 그대로다. 우리가 한문글자를 아이들에게 가르쳐서 한자말을 쓰게 하는 것은 일본말을 가르치는 것이 된다는 사실을 분명히 알아야 한다. 이것을 누구보다도 잘 아는 것이 일본사람들이다. 그래서 일본의 지식인들은 기회 있을 때마다 동양문화와 한문글자 이야기를 꺼내어 우리들에게 한문글자를 쓰도록 권하는 것인데, 이것이 엉큼한 속셈에서 나온 것인 줄 모른다면 우리가 홀로 서서 나라를 꾸려갈 자격이 있다고 할 수 없다.

아무튼 제 나라 말을 지키는 것이 바로 제 나라 사람들의 목숨을 지키는 일임을 잘 알고서 그런 법까지 제정한 나라가 그저 부럽기만 하다. 동양에서는 월남이 또 영어 간판을 못 걸게 하고 있다고 한다. 그런데 우리는 정부가 나서서 어린아이들—우리 말도 제대로 익히지 못한 아이들에게 영어를 가르치도록 하고 한문글자를 가르치려 하고 있다. 36년 동안의 일본말 교육과 반세기 동안의 미국 숭배 교육이 드디어 우리를 이 지경으로 몰고 온 것이다. 지금 우리가 프랑스같이 남의 말과 글을 법으로 못 쓰게 하고, 온 힘을 기울여 우리 말 교육을 한다고 해도 지금까지 입은 상처를 아물게 하기는 정말 어려울 터이다. 그런데 어린아이 때부터 남의 말 남의 글자를 가르친다면 가뜩이나 병든 교육열로 아이들 잡아족치는 일이면 다시 없는 할일로 알고 있는 부모들이 얼마나 아이들 때려잡기에 미친 상태가 될까? 이게 하루빨리 망하자고 작정한 것 아니고 무엇인가?

다음은 신문기사의 한 대문이다.

- 청와대의 한 수석비서관은 문제의 글에 대해 "읽어보지도 않았다" 면서도 표정은 마치 벌레 씹은 듯했고……『동아일보』, 1994. 4. 22.

이 글에 '벌레 씹은 듯했고'란 말이 나오는데, 이것은 일본 속담이다. 우리 말이 그렇게도 없어서 일본 속담을 빌렸을까? 우리 말이 없어서 못 쓴 것이 아니라 몰라서, 배우지 못해서 이런 남의 말을 쓴 것이다. 학교에서 배운 것은 한자말로 된 문장이고, 책으로 읽은 것이 일본말법과 서양말법으로 된 글이었으니 이럴 수밖에 없다. 이 기사를 쓴 사람은 일본말인 줄 모르고 썼겠지만, 모르고 썼다고 해서 용서받을 수 있는 문제가 아니다.

- 말하자면 1894년까지는 일본·한국·중국은 앞으로 누가 패권적 지위를 차지하게 될지 모르는 도토리 키재기 상태에서 경쟁하는 위치에 있었던 것이다.『한겨레』, 1994. 4. 20.

이것은 일본에 군국주의가 일어나도록 불을 지른 노기 대장의 얘기를 쓴 글의 한 구절이다. 우리 나라를 침략하고 강탈해서 식민지로 만든 명치 천황에 충성을 하던 노기 마레스케란 군인은 천황이 죽었을 때 그 천황을 따라 자결해 죽은 기가 막힌 사람이다. 이런 사람을 영웅으로 찬양한 글을 한국의 문인이 써서 신문에 발표했으니 놀랄 일이다. 이런 글에 일본말과 일본말법이 나오는 것은 당연하다. 이 보기글에 나오는 도토리 키재기란 말은 일본 속담이다. 일본글을 읽고 그 내용을 소개하는 글을 쓰자니 일본말이 저절로 나오게 된다. 이 글을 쓴 사람도 이것이 일본 속담인 줄 모르고 옮겼겠지만, 그 잘못이 어찌 용서되겠는가. 이 글을 읽는 사람들은 이 말이 우리 말인 줄 알고 다시 또 이 말을 다른 자리에서 쓰게 될 수 있을 것이고, 이래서 우리 말이 엉망으로 되는 것이다.

오늘날 -에 있어서(의), -에의, -에로의, -으로부터의 따위 온갖 괴상한 일본말, 일본말법이 예사로 신문과 잡지에 나오고, 소설마다 그녀란 대이름씨가 나오고, 아이들이 쓰는 글에까지 보다란 어찌씨(부사)가 나오고 있는 까닭이 이러하다. 한문글자 民을 우리는 '백성 민 자'라 읽는다. 여기서 '백성'은 우리 말이고(본래는 이것도 중국글자로 된 말이었지만, 이제는 아주 우리 말이 된 것이다.) 민은 중국글자를 중국사람 따라 비슷하게 소리낸 것이다. 그런데 우리 말 '백성'은 안 쓰고 민 자만 쓰고 싶어해서 '민주'를 쓰고 '민중'을 쓰고 민초를 쓴다. 이 가운데서 민초란 말은 일본제국주의자들이 즐겨 쓰던 말인데, 우리 지식인들은 이 말을 따라 쓰면서 유식한 척한다. '백성'을 안 쓰는 까닭을 어떤 사람들이 그럴듯하게 말하지만 그것은 핑계고, 정말은 '백성'이란 말이 그저 무식하고 평범한 사람들이나 쓰는 말이기 때문이다.

책 속에 빠졌다든지 갇혔다든지 하는 것은 삶이 없다는 것이다. 삶이 없으니 말이 죄다 남의 글말이 될 수밖에 없다. 그리고 기껏해야 남의 글을 흉내내고, 제멋대로 된 글이나 쓰게 되니, 그 말들이 공중에 뜬 것이 되고, 사실을 잘못 알리는 말이 되고, 속임수가 될 수밖에 없다.

다시 신문에 난 글 한 구절을 든다.

- 멀리서 보니 野山 중턱에 하얀 빨래가 펄럭이고 있었다. 이상한 풍경이었다. 그러나 다가가 보니 논밭에 버려진 비닐이 바람에 날

려 나무에 걸려 있는 모습이었다. 李孝石은 평창 산중턱 흐드러진 메밀꽃이 쌀을 뿌린 듯 희다고 했으나 오늘의 농촌 山河는 쓰다 버린 폐비닐로 빨래를 펼친 듯 희다고나 할까. 그 逆說의 현장이 우리의 마음을 아프게 한다. 『동아일보』, 1994. 3. 21.

이 글에 나오는 山河는 '산천'이라고 써야 우리 말이 된다. 이 산하는 대개의 경우 '강산'이라고 쓸 자리에 잘못 쓰는 일본한자말이지만, 이 자리만은 '산천'이 알맞다. 또 폐비닐은 바로 그 앞에 '쓰다 버린'이란 말이 있으니 버린다는 뜻인 '폐'란 말을 '비닐' 앞에 또 붙일 필요가 없다. 이 글을 읽고 이 정도로 잘못된 낱말을 고쳐야 한다고만 생각했는데, 그 뒤 십여 일이 지나서 같은 신문의 독자란에 다음과 같은 글이 나왔다.

- 文學작품 기사 인용 자의적 해석 지양을

    문학작품을 기사에서 인용할 때는 원문에 충실해야 한다고 생각한다. 21일자 1면의 '횡설수설'을 보면 농촌의 논밭에 버려진 폐비닐 쓰레기를 비유적으로 표현하면서 '李孝石은 평창 산중턱 흐드러진 메밀꽃이 쌀을 뿌린 듯 희다고 했으나……'라고 유명 소설의 한 구절을 인용했다. 그런데 이효석의 「메밀꽃 필 무렵」 원문에는 '피기 시작한 꽃이 소금을 뿌린 듯이 흐뭇한 달빛에 숨이 막힐 지경이다'라고 묘사되고 있다. 즉 '횡설수설'에서는 원문대로 '소금'이라고 인용하지 않고 대신 '쌀'로 표현했다. 물론 전체 내용을 전개하는 데 있어서는 쌀이나 소금이나 하얗다는 속성이 있기에 폐비닐과의 비유적 표현에 어색함은 없겠다. 그러나 작품의 원문을 자의적으로 해석해 기사화하는 것은 지양해야 한다는 생각이다. 『동아일보』, 1994. 4. 3.

이 글은 오염된 말이 많은데, 여기서 이런 말들을 따지지는 않기로 한다. 이 글을 읽고 『이효석 전집』을 펴보았더니 역시 원문이 "소금"으로 되어 있었다. "횡설수설"을 쓴 분이 왜 '소금'을 "쌀"로 바꿔 썼을까? 소금을 쌀로 고쳐서 이 작품을 실어놓은 또 다른 책이 있어서 그것을 보고 쓴 것일까? 그럴는지도 모른다. 우리 책들을 읽다보면 지난날의 작품들 가운데서 더구나 그 작품을 쓴 사람이 살아 있지 않은 경우에는 교정도 성의 없이 보아놓았지만 원문을 제멋대로 고쳐서 글을 엉뚱하게 읽도록 하는 일이 예사로 있고, 어느 정도 정확하게 그 원문을 읽도록 해놓은 경우는 매우 드문 형편이다.

그런데 소금을 쌀로 고쳐놓은 이 경우는 얼핏 생각할 때 더 잘된 표현이 되지 않았나 하고 생각하기 쉽다. 누가 처음 이렇게 고쳤는지는 모르지만 그렇게 한 사람은 아마도 '쌀'이 '소금'보다 낫겠다는 계산으로 일부러 그렇게 고친 것이 틀림없다. 그런데 이런 머리속의 논리부터가 애당초 잘못되었다. 삶의 바탕에서 씌어진 말을 머리로 따져서 고치려 든 태도가 글렀다.

이효석은 물론 글만 쓰는 작가였지 농사를 짓는 사람은 아니었다. 그러나 어렸을 때는 시골에서 자라났고, 농민들의 삶을 몸으로 겪었으니 농민들의 말이며 정서를 어느 정도 자신의 것으로 간직할 수 있었다. 이것은 이효석뿐 아니라 일제강점기를 살았던 모든 작가들이 다 그랬다고 본다. 그래서 이효석은 메밀꽃밭을 표현하면서 쌀을 뿌린다는 말은 생각할 수도 없었던 것이다. 그 시대에 소금도 귀한 생활품이었지만 그래도 소금을 땅에 뿌린다는 말은 할 수 있었다. 그런데 쌀을 땅에 뿌린다는 것은 도무지 있을 수가 없고, 따라서 그런 비유의 말을 할 수 없었던 것이다. 있을 수 없는 일을 글로 쓸 수는 없다. 이래서 삶이 없이 글만 쓰는 사람은 우리 겨레의 삶과 정서에서 떠난 허황한 글을 머리로 만들어내는 것이다.

말을 어떻게 살릴 수 있는가? 말은 사전에 들어 있는 우리 말을 외우고 쓰고 한다고 살아나는 것이 아니다. 흔히 잡지에 나오는, "당신의 우리 말 실력은……" 어쩌고 하는 제목으로 토박이 말이나 벌써 죽어버린 말을 이것저것 모아 보이는 것을 부지런히 읽는다고 살아나는 것이 아니다. 새로운 말을 만들어낸다고 될 일도 아니다.

말을 살리는 길은 글을 비판하고 책을 비판하는 길이요, 삶을 찾아 가지는 길이다. 말을 살리는 길은 책과 글 속에 빠져 있는 병든 삶에서 벗어나 참된 삶을 살아가는 길이다. 책과 글 속에 묻혀 있도록 하는 그릇된 교육을 비판하고 바로잡는 길이다. 책만 읽고 글만 쓰는 글쟁이들의 글에 끌려가지 말고, 그것을 거절하고 그것에 맞서서 자기 자신의 삶에서 우러난 말을 자랑스럽게 쓸 때 비로소 말은 살아날 것이다.

15. 한글을 기리는 말

여기 우리 글자인 '한글'을 기리는 말들을 모아보았다. 1은 최현배 지은 『한글갈』에서 옮긴 것이고, 2는 『어린이』지(1926년 6월)에 실렸던 것이고, 3은 바로 며칠 전 신문에 났던 것이다.

1

『한글갈』에 나오는 「한글기림」에는 모두 열여덟 사람이 우리 글자를 기리는 말을 해놓았는데, 그중 열한 사람이 한 말은 모두 우리 나라 사람인데도 그 생각을 한문으로 써놓았다. 우리 글자가 훌륭하다고 하는 생각을 우리 나라 사람이 쓰는데 바로 그 훌륭하다고 하는 우리 글자로 쓰지 않고 남의 나라 글자로 썼으니 이것을 어떻게 보아야 할까? 그래서 이 열한 사람의 글은 여기 옮기지 않고 나머지 일곱 사람 것만 옮겼다. 옮기지 않은 열한 사람의 이름은 다음과 같다.

- 정인지(鄭麟趾), 최만리(崔萬里), 성현(成俔), 이수광(李?光), 숙종

대왕, 이익(李瀷), 신경준(申景濬), 홍양호(洪良浩), 정동유(鄭東愈), 유희(柳僖), 이규경(李圭景).

주시경

세종대왕은 하늘이 내신 대 성인으로, 조선말에 알맞은 글자가 없음을 근심하사, 국문 28자를 몸소 지으시메, 글자는 간단하고 소리는 갖아 이리저리 굴려씀이 통하지 않음이 없으니, 이는 천연스런 특성의 우리 국문이라. 이 국문이 된 뒤에 우리 말로 지은 글월이 잇달아 나와 …… 점점 나아가는 운기를 당하였다 할 만하다.

- 『국어문법』「서」

김택장삼랑(金澤庄三郞)

세종은 해동의 요순이라 일컫는 명군인데, 이조의 정화는 거의 다 이 시대에 집중되었다. 언문의 제정 같은 것도 실로 이 왕의 사업 중의 하나이니, 언문은 세계 글자 중 가장 새로운 것의 하나로서, 한자나 가나와 달라, 순연한 '알파벳'식의 표음글자이다.…… 언문은…… 세계의 글자 중에 유없는 특종의 구조를 가지고 있다. 그것은 음성을 과학적으로 분류하여 같은 종류의 음성을 표하는 글자는 동일한 기초 글자에서 순차로 발달시킨 것이란 일이다. 가령 ㅅ(s)에서 ㅈ(ch), ㄴ(n)에서 ㄷ(t)과 ㄹ(r)을 만듦과 같은 따위가 그것이다. 이 점에서 언문은 글자의 역사 중에 특별한 한 계단을 짓는 것이며, 조선인의 과거에서의 지적 산물 중 세계에 자랑할 만한 것이다.

- 「국어학통론」 부록, 『대일본백과대사전』.

소창진평(小倉進平)

언문은 오늘날의 학문적 입장에서 보더라도 학술적 가치가 풍부한 글자인데, 그것이 발포되려 할 즈음 및 발포된 당시의 학자 내지 일반 국민의 의향은 어떠하였을까? 오늘 우리의 상상으로 말한다면, 이 새 글자는 일반국민의 대환영을 받아, 곧 세상에 유포되었으리라고 생각되겠지마는, 실제에서는 반드시 그런 것은 아니요, 그 발포를 보기까지에는 많은 파란곡절이 있었는 모양이다.

• 『조선어학사』

께일

세종은 동양뿐 아니라, 세계에 큰 공헌을 한 갸륵한 왕입니다. 여러 가지의 위대한 사업이 많으나, 무엇보다도 언문의 발명은 세계적입니다.

• 김윤경, 『조선문자급어학사』(朝鮮文字及語學史)〔주시경님 말씀에 있는 께일 박사와의 대화를 따옴〕.

휴 밀러(閔休)

한국글이 기억하기 쉽고도 활용이 넓으며, 또 간편하고 조직이 섬세함이 '알파벧'으로는 아마 세계에 그 짝이 없는가 합니다.

• 김윤경, 『조선문자급어학사』

미국의 모 대학교수 M씨

1945년 8·15 해방 직후 미국의 모 대학 교수가 삼 주간의 한국 교육을 시찰하고, 느낀 바를 말하여 가로되, "한국에는 장래 감옥이 소용없게 되겠다. 왜냐하면, 이렇게도 과학스럽고 쉽고 편리한 글로써 온 국민을 교육할 것 같으면, 모든 국민이 다 각각 생업을 얻어 잘 살아갈 터인즉 무슨 맛으로 구태여 죄를 짓고 감옥을 찾아갈 맛이 있겠는가 함이다"고.

최현배

한글은 과학스런 조직을 가지고 민중 교화의 사명을 띠고 난 글자이다. 오늘날 우리 국민의 가난하고 여리고 어지러운 뒤떨어짐을 이기고서, 세계 사람들로 더불어 어깨를 겨누고 나아가려면, 그 가장 근본스런 방도가 한글만으로써 글자 생활의 한길을 삼음에 있나니, 대한 나라의 참된 독립과 자유의 발전도 여기에서 꽃피며, 배달 겨레의 민주주의스런 번영과 행복도 여기에서 열음 열어, 겨레의 이상 "밝은 누리의 실현"도 이로써 이룰 수 있을 것이다. 한글은 겨레의 생명이요 자랑이며, 나라의 힘이요 소망이다. 한글만 쓰기로써 겨레 문화를 빛내자.
• 『고친 한글갈』, 1961.

2

조선글은 천하에 제일 권덕규

우리 인류가 쓰는 말과 글 가운데에 어떤 말이 제일 좋으며 어떤 글이 제일 좋은가. 나는 이에 대하여 두어 마디 하고자 한다.

말에 당한 이야기는 '조선말이 세계 말 가운데에 지체가 그리 낮지 아니하니라' 하는 말만 아직 하여 두고 우선 이번에는 글에 당한 이야기나 하여보자. 그러하면 글은 몇 가지나 있는가. 이에 대하여도 자세히 이야기하려면 적지 않지마는 알아듣기 쉽게 간단히 이야기하고 말자.

대체 글은 몇 가진가. 세계의 글을 통틀어 간단히 나누면 두 가지로 나눌 수밖에 없다. 첫째는 그림글, 둘째는 소리글이다. 본보기를 들어 말하면 지나(중국)글 곧 한문 같은 것은 그림글이요, 서양 각국에서 쓰는 로마글자 곧 알기 쉽게 영어글자 같은 것은 소리글이다. 또한 동양으로 말하여도 지나글밖에 조선글 일본글 같은 것은 소리글이다.

이번에는 조선글 이야기를 할 터이요. 조선글이 소리글에 붙었으니까…… 그림글 이야기는 이다음으로 밀고 소리글 이야기나 하자. 소리글이라 함은 글자 곧 말을 적는 표를 그림으로 하지 아니하고 말하는 소리를 그대로 그리도록 표를 만든 것이다. 그러한데 소리글 가운

데에도 소리를 덩어리 덩어리 뭉치어 표하는 것과 소리의 갈래갈래를 샅샅이 갈라서 표하는 것이 있으니, 일본글자 같은 것은 덩이소리글이요, 조선글 서양글 같은 것은 낱소리글이다. 다시 똑똑히 설명하면 일본글은 소리글은 소리글이로되 소리를 낱낱이 형용하여 읽지 못하고 덩어리 덩어리로 형용하여 부르는 것이요, 영자나 조선글은 소리의 나는 차례를 따라 그 소리를 깔축 없이 드러내는 것이니, 이에 본보기를 들어 말하면 '가'라는 소리를 쓸 적에 조선글이나 서양글은 그 소리를 더 나눌 수 없이 똑똑히 갈라서 ㄱ 다음에 ㅏ, ㄱ과 ㅏ를 합하면 '가'가 되게 만든 글이어니와, 일본글은 'カ' 이렇게 표하여 말하면 'カ'라는 소리가 ㄱ 다음에 ㅏ가 났는지, ㅏ 다음에 ㄱ이 났는지 도무지 분간이 없다. 이런 글을 덩어리글 곧 소리글 가운데에서 범벅글이라 한다.

이렇게 조선글은 소리의 낱낱을 형용할 수 있고 일본글은 소리를 덩어리 곧 범벅으로 내게 된 까닭에 조선글로는 이 세계 어느 나라 말이고 적어 형용하지 못할 것이 없으되 일본글로 우리 인류 전체의 말을 적기에는 퍽 거북하다. 그러기에 외국말을 배우는 데에도 조선 사람은 말재주가 있고 일본사람은 말재주가 부족하다는 것은 이 때문이다. 우리 조선 사람이 세계에 자랑할 것이 많은 가운데에 더욱 글 자랑 같은 것은 우리가 자랑하기 전에 외국 사람이 먼저 항복하는 것이다. 그리하여 어떤 외국 사람의 말에, "세계의 2백여 가지 글 가운데에 조선글 같이 아름답게 된 것은 다시없다"고 하였다.

과연 조선글은 세계에 으뜸이다. 그러하면 글은 말을 따라 생기고 말부터 아름다워야 말을 따라 생기는 그 글이 아름다울 것이니, 조선글이 천하에 제일이라는 한쪽에 조선말은 어떠한가 하고 다시 한번 생각하고 연구할 문제다.

이번에는 이만 하여두고 때때로 이에 당한 이야기를 할까 한다. 또한 우리 글과 말에 대한 질문이 있으면 그것은 아는 대로 정성껏은 대답하려 한다.

3

한글 "세계문자 중 가장 우수"
미국 과학잡지 '디스커버리' 극찬

한글의 우수성이 미국에서도 평판을 얻고 있다. 미국의 가장 권위 있는 과학전문 잡지 중 하나인 『디스커버리』 최신호는 24일 한글이 세계에서 가장 합리적인 문자이며 그 독창성과 기호배합의 효율성 면에서 특히 돋보인다고 찬사를 보냈다.

세계적으로도 많이 읽히고 있는 이 잡지 6월호는 제이드 다이어먼드가 기고한 '쓰기, 정확함'이라는 제하의 글에서 한글이 이러한 장점 때문에 '지식의 확산'이라는 문화적 측면에서 뛰어난 성과를 얻고 있다고 평가했다.

이 글은 한글이 언어학자가 아닌 세종대왕이 지난 1446년에 만들었다고 소개하면서, 그럼에도 불구하고 한글이 세계에서 가장 우수한 알파벳이며 쓰기에도 가장 과학적인 체계를 갖추고 있다는 평가를 동시에 받고 있다고 전했다.

이 잡지가 칭찬하는 한글의 우수성은 대략 세 가지로 요약된다. 우선 모음과 자음이 쉽게 구별된다. 또 자음이 입술·입·혀의 위치를 확실히 해준다는 점, 그리고 28개 자모(현재는 24자모)가 수직 수평의 조합으로 반듯한 사각형태를 이루면서 질서정연하게 배열되는 점을 적시했다.

특히 자음의 장점에 대해서는 지난 1940년 세종대왕이 처음 만든 한글체 원본이 발견되기 전까지만 해도 "비전문가가 글을 만들면서 우연히 이 같은 특징이 주어진 게 아니겠느냐"는 것이 세계학계의 다수 의견이었을 만큼 그 과학적 체계성이 독보적인 것이었다고 이 잡지는 설명했다.

한반도에 문맹률이 극히 낮은 것도 한글의 이 같은 간결성과 관련이 있는 것으로 보인다고 이 기고문은 부연했다. 또 남한이 여전히 한글과 한자를 혼용하고 있는 반면 북한은 한글만 고집하고 있는 점은 대조적이라고 소개했다.

이 글은 영어를 한글과 비교, 영어의 경우 단어 구성이 지극히 불규칙적이어서 학습에 혼란을 주고 있다는 점을 들고, 이 때문에 컴퓨터에 오자(誤字) 수정 소프트웨어가 필요하며, 국민학교 4학년 미만 아동들이 틀린 단어를 쓰는 경우가 다반사라고 지적했다. 『동아일보』, 1994. 5. 25.

위의 자료들이 모두 귀한 글들이기는 하지만 잘못 옮긴 말도 있고, 생각해봐야 할 말도 있기에 풀이를 겸해서 몇 가지로 나누어 적어본다.

① 일본사람 두 학자가 쓴 글은, 우선 우리 말로 잘못 옮겨 놓은 말이 여러 군데 있다는 것을 말해두고 싶다.

• 정화

이것이 무슨 말인지, 이 글을 읽는 사람은 거의 모두 어리둥절할 것이다. 세계에서 가장 뛰어난 글자로 쓴 것이 무슨 말인지 모르는 글이 되어서야 그 뛰어난 글자가 무슨 소용이 있겠는가? 이 "정화"는 그 원문이 아마도 틀림없이 精華로 되어 있을 것이다. 일본사람이 쓴 글에 精華란 말이 나왔다면 이것을 우리 말로 바꾸어서 '알맹이'라고 해야지, 일본글 따라서 '정화'라 해서 어찌 되겠는가? 한글로 쓰는 것은 글자만 한글로 쓰는 것이 아니다. 우리 말로 쓴다는 것이다. 우리 말을 적기 위해 한글을 만들었지, 남의 말과 글을 잘 따라가고 흉내내는 괴상한 재주를 부리기 위해 한글이 생겨난 것은 아니다. 세계에서 뛰어난 한글을 남의 말과 글 따라가는 데 써먹는 사람들이 얼마나 많은가!

• 조선인의 과거에서의 지적 산물……

이것도 일본말법을 그대로 따라 쓴 글이 되었다. 우리 말로 옮기면 '조선 사람이 지난날에 만들었던 슬기로운 생산물……'쯤이 될 것이다.

그런데 이 원문을 보면 "조선인의 과거에서의"란 말이 "지적 산물"을 꾸며주는 것으로 되어, '언문'이 지난날에는 우수한 창조물이었다고 읽힌다. 따라서 이 말에는 '오늘날에는 우수한 글자라고 할 수 없다'는 뜻이 은연중에 들어 있어, 일본제국주의에 발을 맞춘 일본학자의 속셈이 이런 말에서도 나타나 있음을 알게 된다.

• 학문적 입장

이것은 '학문하는 처지'라고 써야 우리 말이 된다.

• 학술적 가치

이것은 '학술의 가치'라면 된다.

• 그것이 <u>발포</u>되려 할 즈음 및 <u>발포</u>된 당시의 학자 내지 일반 국민의 의향은……

일본글을 그대로 따라 쓰면 이렇게 어설픈 말, 괴상한 말이 된다. 우선 "발포"란 말부터 '총을 쏜다'는 말과 같으니 우리 말에서는 안 쓰는 것이 옳다. '발표'라고 하면 될 것이다. 그래서 위의 대문을 우리 말로 쓰면 이렇게 된다. '그것이 발표되려 할 즈음과 발표된 당시의 학자나 일반국민의 생각은…….'

- 유포되었으리라고

이것은 '퍼졌으리라고' 하면 된다.

② 최현배 씨가 쓴 글에 "과학스런" "근본스런" "민주주의스런"이란 말이 나온다. 일본글말 '과학적' '근본적' '민주주의적'을 안 쓰고 이렇게 우리 말을 살려 쓴 것이 참 훌륭하다. 미국의 어느 대학 교수가 했다는 말 가운데도 "과학스럽고"가 나오는데, 이 글도 최현배 씨가 썼던 것 같다. 그런데 일본사람 두 학자의 글은 왜 그런가. 누가 번역해놓은 것을 따왔다면 그런 사실을 밝혀두어야 했을 것이다.

또 있다.

- 오늘날 우리 국민의 가난하고 여리고 어지러운 뒤떨어짐을 이기고서

이 대문에서 '국민의'는 '국민이'라고 해야 우리 말이 된다.

- 한글만으로써 (→한글만으로)
- 이로써 (→이로, 이것으로)
- 한글만 쓰기로써 (→한글만 써서)

이와 같이 써놓은 이 "로써"(으로써)는 일본말투가 아니고 한문새김말투라 할 것이다. 입으로는 하지 않는 이런 말을 쓰니까 다른 글말이 자꾸 따라 나오고, 남의 나라 말과 말법을 쓰게 된다. 이런 말들은 마땅히 묶음표 안에 적어놓은 말로 바꿔 써야 하겠다.

미국의 어느 대학 교수가 했다는 말을 소개한 글에도 한문새김말투가 몇 가지 나온다.

- 말하여 가로되 (→말하기를, 말하는데)
- 편리한 글로써 (→편리한 글로)
- 잘 살아갈 터인즉 (→잘 살아갈 터인데, 잘 살아갈 것인데)

③ 권덕규 씨의 글은 입으로 말을 하듯이 써서 아주 좋은 글이 되었다. "소리글이로되" "못할 것이 없으되" 같은 말이 나오는데, 이런 말을 칠팔십 년 전에는 더러 썼던 것으로 짐작된다. (다만 한 군데 "소리의 나는 차례를 따라" 하고 쓴 것은 '소리가 나는 차례를 따라'로 써야 할 말이다.) 이렇게 깨끗한 글이 된 것은 아마도 이 글이 어린이를 상대로 해서 썼기 때문이 아닌가 하는 생각이 든다.

이밖에 권덕규 씨의 글에서 또 두 가지를 더 적어둘 것이 있다. 하나는 일본글과 우리 글을 견주어서 우리 조선글이 훌륭하다는 점을 말하면서, 한편 일본글이 아주 불편하여 일본사람들은 일본글 때문에 말재주도 없다고 했다. 일본사람들이 우리 나라에 와서 제멋대로 행세하면서 조선말 조선글을 멸시하던 때에 이 글이 발표되었다는 사실을 생각할 때, 앞에 나온 일본사람 학자가 쓴 글과도 대조가 되는 점이 있어 재미가 있다.

다른 또 하나는, 권덕규 씨가 말과 글이 어떤 관계를 가지고 있는가를 잘 알고 있는 듯하다는 것이다. 이것은 "글은 말을 따라 생기고 말부터 아름다워야 말을 따라 생기는 그 글이 아름다울 것이니, 조선글이 천하에 제일이라는 한쪽에 조선말은 어떠한가 하고 다시 한번 생각하고 연구할 문제다"고 한 것으로 보아서, 말과 글의 관계를 올바르게 보면서 말이 글보다 앞서고 으뜸이 되어 있다는 사실을 알아낸, 보기 드문 학자가 아닌가 싶다.

④ 우리 한글이 세계에서 가장 훌륭한 글자라고 서양 사람들이 말한다고 해서 비로소 굉장한 사실을 찾아낸 것처럼 떠드는 것은 도리어 부끄러운 짓임을 알아야 한다. 이렇게 좋은 글자를 두고 어째서 그 어느 나라

도 그 글자를 그대로 쓰고 싶어하지 않을 만큼 불편하고 뒤떨어진 글자인 중국의 한문글자를 아직도 그대로 섞어 쓰고 있는가? 그리고 그 어려운 글자를 어린아이들에게 가르치고 싶어서 미쳐 있는가? 이런 나라가 이 지구 위에서 한국 말고 또 어디에 있는가? 미국의 어느 잡지에서 한글이 훌륭한 글자라고 하니까 신문마다 그 소식을 실으면서 여전히 중국의 한문글자를 그대로 쓰고 있으니 이것이 무슨 꼴인가? 이것이 한글을 찬양하는 글을 어려운 한문으로 써놓은 왕조시대 학자들의 짓과 무엇이 다른가? 입으로 온갖 그럴듯한 말은 다 지껄이고, 손끝으로 온갖 근사한 글을 쓰면서도, 그렇게 지껄이고 주장하는 말을 스스로 자기 몸으로는 한 가지도 행하지 않는 고약하기 짝이 없는 우리 나라 지식인들, 글쟁이들의 어찌할 수 없는 모습을 여기서 볼 수 있다.

벌써 오래전부터 농·공·상·광업, 행정, 법조, 의료, 미술, 음악…… 각계에서 우리 말 살려 쓰기 운동이 한 차례 이상은 다 있었는데, 오직 말과 글을 팔고 있는 교육계와 문필인들만은 이런 일을 하고 있다는 말을 못 들었으니, 이것 또한 참으로 알 수 없는 기괴한 일이 아니고 무엇인가? 그러나 곰곰이 생각해보면 일이 그렇게 되어 있다. 우리 글과 우리 말을 오늘날 이 꼴로 만들어놓는 일에 앞장섰던 사람이 바로 말과 글을 팔아먹고 살던 사람이었으니까.

지금이야말로 말과 글을 팔고 있는 사람들은 땅을 치며 뉘우쳐야 할 때다. 그래서 우리 어머니, 우리 아버지, 우리 아이들이 있는 곳으로, 우리 말이 있는 곳으로 돌아와야 한다.

16. 아이들을 살려야 한다

일요일도 아닌 날 낮에 놀이터 같은 데서 놀고 있는 아이들을 보면 흔히 이런 말이 나온다.

"너희들이 이 세상에서 제일 행복하다."

요즘은 유치원에서부터 아이들의 재난은 시작한다. 잘못된 부모들의 '조기교육' 풍조에 맞춰 아이들 교육이 '지능개발' 위주로 나가고 있기 때문이다. 길에서 가방을 메고 똑같은 모자를 쓰고, 꼭 장난감 모양을 하고는 줄을 서서 걸어가는 아이들을 보면, 어쩌다가 사람의 자식들이 저 모양으로 되었나 싶어 한숨이 저절로 나온다.

유치원은 그래도 괜찮다. 국민학교란 데를 들어가게 되면 그날부터 '차렷' 하는 어른들의 고함소리에 꼼짝도 해서는 안 되는 '부동자세'부터 배워야 한다. 그야말로 고생길이 훤히 트인 것이다. 고생이야 어때? 사서도 한다고 하지 않았나. 몸과 마음이 다 일그러지고 시들어 죽게 되는 것이 문제지.

그러면 놀이터에서 놀고 있는 서너 살짜리 아기들은 정말 행복한가? 학교라는 굴 속에 들어가기 전인 이 아이들은 그래도 행복하다고 할 수밖에 없다. 다만 위험한 시설물 때문에 어떤 사고가 일어나지 않고, 유괴당하지 않고, 그래서 엄마나 할머니가 옆에서 지켜봐주거나, 놀다가 배가 고파 집으로 가면 먹을 것을 마련해놓고 기다리는 어머니가 있으면 말이다. 참으로 짧은 아기 시절이나마 이런 행운을 타고난 어린이가 얼마나 될까?

그런데 우리는 아기들의 삶을, 그저 뛰놀고 노래하고 먹고 자고 하는 평화스럽고 자유스러운 것으로, 아무것도 힘드는 일이 없는 것으로만 생각하기가 쉽다. 그래서 그런 상태를 천진한 동심이라 말하고, 그것을 행복이라고 본다.

아이들을 이렇게 겉으로밖에 볼 줄 모르니까 '조기교육'과 '지능개발'을 해야 한다는 주장이 나온다. 날마다 먹고 놀고 자기만 하는 아이들을 그대로 두면 손해다. 하루빨리 글자를 가르치고, 속셈을 가르치고, 논리를 가르치고, 영어를 가르치는 것이 남보다 앞서는 길이고 나라에 유익한 길이다! 이래서 부모고 교육자고 행정하는 사람이고 기업주들까지 한통속이 되어 아이들 채찍질하기에 정신이 없고, 온갖 장사꾼들이 아이들

상대로 돈벌이에 열을 올리는 판이 되었다.

　나는 우리 말을 우리 아이들에게 제대로 이어주어야 우리 겨레가 살아난다고 믿는다. 그래서 초등학생들에게 한문글자를 가르치고 영어를 가르치는 짓과 유치원에서 글자를 가르치는 짓을 절대로 해서는 안 된다고 생각한다. 그런데 요즘 들으니까 유치원 아이들한테도 무슨 과외 공부를 하도록 법을 만들려고 하는 모양이다. 만약 이것이 사실이고 이렇게 된다면 앞으로 우리 아이들이 어떻게 될까? 중고등학생, 초등학생은 견디다 못해 스스로 목숨을 끊기도 한다. 그러나 더 어린아이들은 목숨을 끊을 줄도 모르니 어떻게 그 재난을 견딜까? 그 연약한 몸과 머리는 터져 버리고, 마음은 병들고 비틀어져서 끔찍한 꼴이 될 것이다.

　먹고 자고 놀기만 하는 아기들 시절이 과연 아무것도 하지 않고 아무 일도 없는 때인가 살펴보자. 학자들의 말을 따르면 사람은 누구나 두 살부터 여섯 살까지, 곧 학교에 입학할 때까지, 집에서 앞으로 평생 써야 할 모국어의 가장 기본이 되고 알맹이가 되는 낱말 2,200~2,300개를 익힌다고 한다. 이런 사실은 반드시 학자들이 조사해서 발표한 자료가 아니라도 우리가 보통의 상식으로 충분히 짐작할 수 있다. 우리 어른들이 만약 어떤 남의 말을 배워서 제 나라 말과 조금도 다름없이 자유스럽게 그 말을 쓰게 되도록 하려면 몇 해나 걸릴까? 5년? 10년? 20년?

　어느 대학교수의 말을 들으니 영어 공부를 30년이나 해도, 어렸을 때부터 영어로 살아가는 그 사람들같이는 안 되더라고 했다. 그게 당연하다. 그런데 아이들은 제 나라 말을 겨우 5년 동안에 완전히 익힌다. 어른들이 보기에 놀고 먹고 놀고 자고 하면서 아무것도 하는 일이 없는 것 같고, 배우는 것이 없는 것 같은데도, 짧은 동안에 어른들이 머리를 싸매고 수십 년 동안 죽자 살자 공부한 것보다 더 많은 공부를 해낸다. 특별히 정신에 장애가 없다면 모든 아이들이 다 그렇다.

　이는 무엇을 말하는가? 겉으로 보기에는 하는 것이 없고, 아무 일도 없는 것 같지만, 그 여리디여린 몸과 마음이 사실은 엄청난 활동을, 두뇌

노동을 하는 것이다. 그러기에 아기들은 어른보다 더 많이 자게 된다. 활동을 많이 하니까 쉬기도 많이 해야 한다. 또 이런 까닭으로 사람의 역사를 보면 어느 나라 어느 민족이고 어린 아기들을 가장 먼저 보호하였고, 어린이들에게는 또 다른 짐을 지우지 않고 다만 즐겁게 뛰놀고 노래하게 하고, 재미있는 얘기나 들려주었다. 어린이들은 그저 자고 놀고 먹고 노는 동안에만 우리 어른들이 도무지 해낼 수 없는, 모국어 공부를 아주 자연스럽게 하게 된다는 것을, 늦었지만 우리는 지금이라도 크게 깨달아야 한다.

유치원만 해도 어린이들에게 잘못된 짐을 지우는 교육으로 되어가는데, 이제 또 이 어린이들에게 온갖 과외 공부를 시키게 될 것을 생각하니 소름이 끼친다. 아이들이 아무리 괴상한 동물로 되어가고 죽어가도 도무지 그것을 느끼는 감각이 없어진 듯한 어른들, 이 어른들은 어디까지 아이들을 몰고 갈 작정인가? 도대체 이 나라가 왜 이렇게 되어가는지, 왜 우리 겨레가 이 모양으로 앞이 꽉 막혀야 하는지, 한숨이 나올 뿐이다.

거듭 말하지만 어린아이들은 공백의 시간을 보내는 것이 아니다. 아이들의 시간은 가장 귀한 것으로 꽉 차 있다. 거기에다 또 추악한 어른들이 잡동사니를 쑤셔 넣는 짓은 인권을 짓밟는 범죄 행위가 된다. 아이들의 영혼을 폭파하는 이 범죄 행위를 우리는 절대로 용서할 수 없다.

아이들을 살리는 일만이 우리들의 희망이다.

17. 곤충채집과 사람교육

도시에서 산다는 것

사람이 도시에서 살아가는 것은 자연을 죽이면서 사는 것이다. 아무리 '사람은 자연의 한 부분'이란 생각을 가지고 사람답게 살고 싶어하는 사람도 도시에서는 그 정도가 크고 작은 다름이 있을 뿐이지 자연을 직접으로나 간접으로 해치지 않고 살 수는 없다. 우선 쓰레기를 조금도 집 밖으로 내보내지 않는 사람이 있겠는가? 그 쓰레기는 옛날과 같이 흙으로 돌아갈 수 있는 것이 아니고, 어디에도 갖다 놓아서는 안 되는, 땅을 더럽히고 목숨을 죽이는 쓰레기로 되어 있다.

 도시라는 곳은 사람을 밑뿌리부터 죄인으로 만들지만, 도시라는 틀 속에 갇혀 있으면 그렇게 해서 자연과 목숨을 죽이는 짓을 아주 예사로 여기면서 도리어 그 학대, 학살 행위를 즐기게도 된다. 그래서 사람이 하는 모든 일이, 정치와 경제와 온갖 산업 활동이, 교육과 학문과 예술과 문학과 종교까지도 편리함과 편안함과 먹고 마시고 노는 향락을 찾는 사람들의 욕망을 채워주기 위한 수단이 되고 겉치레가 된다. 이것이 멈출 줄 모르는 사람의 역사요, 도시문명의 모습이다.

죽어가는 목숨들

 나는 지금 서울 변두리에 10년째 살고 있다. 날마다 아파트에서 나와 차를 타는 곳까지, 아니면 사무실이 있는 곳까지 걸어가면서, 눈으로 보아야 하는 피할 수 없는 풍경에서 괴로운 생각을 떨쳐버리지 못한다. 아파트 건물 사이 길에 있는 나무들은 사람이란 동물이 얼마나 잔인한가를 하루에도 몇 번씩이나 가르쳐준다.

 해마다 한두 차례씩, 그토록 희망에 넘쳐 뻗어오른 가지들을 모조리 잘려버리는 쥐똥나무들, (그 옛날 내 고향 마을 앞 밭둑의 쥐똥나무들은 얼마나 자유롭게 가지들을 뻗치면서 싱싱하게 자랐던가!) 도무지 그 자리에 그대로는 자랄 수가 없는 나무들이 마구 촘촘하게 심어졌다 싶더니, 어느새 뿌리째 뽑혀 버려지기도 하고, 나무 허리에 전깃줄이나 나일론 밧줄이 감겨 자꾸 파고들어가는 것도 예사로 볼 수 있고, 전등을 달아 놓아서 밤에도 잠을 못 자겠다 싶은 나무도 있고, 뿌리가 뻗어나간 땅 바닥을 시멘트로 발라 덮어서 말라 죽어가는 나무도 있다.

 가장 끔찍한 것은 지름이 30센티미터나 되겠다 싶게 자란 방울나무(플라타너스)들을 사람 키보다 위쪽쯤에서 모조리 싹둑 잘라서 마치 길가에 커다란 말뚝을 한 줄로 박아놓은 것같이 만든 것이다. 대체 무슨 까닭으로 그렇게 베어놓았을까? 사람의 머리털을 가위로 자르고 면도하듯이 쥐똥나무도 그렇게 만들고, 아름드리로 자라날 나무도 그렇게 해놓아야 도시가 아름다워진다고 보는 모양이다. 이것이 건강한 사람들의 눈이고 마음이라 할 수 있는가? 이런 사람들이 건강한 사회를 만들어갈 수 있다고는 꿈에도 생각할 수 없다.

지난 가을에는 아름드리로 자란 커다란 방울나무가 땅에서 4, 5미터쯤 되는 데서 뭉청 톱으로 잘라진 처참한 광경을 보고 얼마나 놀랐는지! 그 나무는 한 아파트 건물 바로 옆에 서 있어서 그 어느 집에도 방해가 안 될 뿐 아니라, 여름에는 시원한 그늘을 만들어 사람들의 쉼터가 되었고, 봄에는 눈부신 새잎을, 가을에는 고운 단풍잎을 날려주었으며, 겨울에도 아름다운 풍경을 그려 보였던 것이다. 대체 무슨 원수가 졌다고 그 고마운 나무를 그 꼴로 만들었을까?

도시의 건물 사이, 길가에 서 있는 이런 나무들을 보는 것이 나로서는 고문을 당하는 것이다.

고양이와 개 이야기

다음은 동물이다.

몇 해 전만 해도 겨울 밤이면 추워서 떨고 있는 고양이 울음 소리를 들을 수 있었는데, 지지난해부터는 고양이 소리를 못 들었다. 소문에는 고양이를 잡아서 약으로 파는 사람들이 그물을 던져 다 잡아갔다고도 한다. 이 고양이들은 사람들의 방에서 쫓겨난 지 오래다. 고양이를 대신해 안방을 차지한 것은 개다.

고양이들은 또 쥐가 (사람들이 약을 놓아서) 다 없어졌으니 사람의 집에서는 할일이 없어 농촌에서도 쫓겨나 도둑고양이 신세가 되어 산으로 들로 헤매게 되었다.

먹을 것이 없는 도시의 고양이는 쓰레기통을 뒤져서 음식 찌꺼기를 찾아 먹는 것을 오직 하나 살길로 삼고 숨어 있다가 밤에만 나온다. 그런데 그러다가 고양이 사냥을 하는 장사꾼들의 그물에 걸리는 모양이다. 먹이 사슬이 끊어지고 집에서 쫓겨난 고양이들이 마지막으로 가는 길을 사람만은 피할 수 있다고 보는 것은 얼마나 어리석은 생각인가?

일전에 어느 중국집 앞을 지나는데, 그 문 앞에 조그만 고양이 새끼 한 마리가 나일롱 끈으로 매달아놓은 굵은 쇠사슬을 목에 걸고, 울 줄도 모르고 가만히 앉아 있었다. 그날 그 중국집은 쉬는 날이었는데, 옆집 아주머니한테 물었더니 "쓰레기통에서 주워 왔답니다"고 했다. 아직도 밤마다 쓰레기통을 찾아다니는 고양이가 있구나 싶었다.

살아남은 고양이들은 추운 겨울 밤을 어디서 어떻게 새울까? 새끼는 어디서 낳아 어떻게 키울까? 지난날 새끼들에게 쥐를 잡는 훈련을 시키던 어미 고양이가 이제는 쓰레기통을 뒤지는 훈련을 시켜야 하겠는데, 그 쓰레기통은 뚜껑이 닫혀 있고, 열려 있다 하더라도 잘못 그 속에 들어갔다가 뚜껑이 닫히게 되면 어찌 될까? 그런 경우를 대비해서 어미 고양이는 새끼들의 목숨을 구하기 위해 무엇을 가르칠 수 있을까? 쓰레기통은 사람이 마음대로 하는 것이니 이것은 쥐 잡는 일보다 한층 더 어렵고, 도무지 고양이의 머리나 힘으로서는 어찌할 수가 없겠다는 생각이 든다. 불쌍한 고양이들!

도시 사람들은 이제 고양이 대신에 개를 기른다. 개를 안고 시장에도 가고, 차도 탄다. 개한테 옷을 입히고, 목욕을 시키고, 화장을 해준다. 나는 모든 동물을 좋아한다고 생각했는데, 요즘 도시 사람들이 안고 다니는 개만은 한사코 싫다. 이 개들은 죄다 외국종으로, 옛날 시골 집에서 기르던 개와는 아주 다르다. 모양도 괴상하게 생긴데다가 울음도 방정맞게 울고, 골목을 지나다가 만나면 쬐꼬만 놈이 캥캥 날카롭게 짖으면서 금방 발목이라도 물 것같이 따라온다. 어떨 때는 이놈을 그만 콱 밟아버릴까 하는 생각까지 든다. 온통 그 골목이 제 땅인 것처럼 유세를 부리는 것은 필경 그 주인을 닮아서 그렇겠지. 대체 이 나라 사람들은 어째서 저

따위 개짐승을 좋아하게 되었는가?

하지만 생각해보면 개한테 무슨 죄가 있겠는가? 잘못은 다 그런 개를 그따위로 기르는 사람에게 있다. 하필 왜 서양개가 그토록 좋은가? 우리 개, 우리 고양이 다 버리고 서양개 좋아하는 것은, 우리 말 우리 글 시원찮게 여기고서 외국말 외국글 즐겨 쓰고 자랑스레 여기는 것과 똑같은 정신상태가 아니고 무엇인가? 더구나 버림당하여 외국으로 팔려가는 그 많은 우리 아이들은 키워줄 줄 모르고 서양에서 비싼 값으로 개를 사들여 사람보다 더 대접하고 위하고 있으니, 이래가지고 우리가 사람이라고 할 수 있는가?

아이들의 곤충채집

여름이면 이 아파트 길에서 또 하나 괴로운 광경을 날마다 본다. 잠자리채와 곤충채집통을 든 아이들이 매미며 잠자리를 잡으러 다니는 것이다. 학교에서 받은 방학숙제를 해야 하는 아이들이야 무슨 잘못이 있겠는가. 다만 잡아죽이는 것을 재미로 기쁨으로 여기도록 하는 어른들의 잘못이니, 이렇게 자라나는 아이들이 딱하고 가엾을 뿐이다.

또 흔히 아버지나 어머니들이 자식들과 함께 잠자리채를 휘두르며 다니는 모습을 보기도 하는데, 참 할 일이 어지간히도 없는 어른들이구나 싶다. 그렇게 하는 것이 아이들 위하는 교육이라고 잘못 생각하는 모양이니 한심하기 짝이 없다.

나는 지난날 40여 년 동안을 교직에 있었기에 학교 선생님들이 곤충채집 숙제를 여름방학 때마다 내게 되는 사정을 잘 알고 있다. 숙제를 내는 까닭은 교과서 따위가 그렇게 되어 있기 때문이고, 방학이 지나간 다음에는 전시회에 내야 하기 때문이다. 채집한 곤충을 어느 교실이고 단 한 번도 교재로 다루거나 관찰 자료로 쓰는 것을 못 보았고, 썼다는 말을 들은 적도 없다. 곤충을 관찰한다면 자연 속에서 살고 있는 모양을 그대로 살펴보아야 될 것 아닌가.

한마디로, 매미고 잠자리고 딱정벌레고 무엇이고 그저 잡고 죽이는 것을 재미로 즐기도록 하는 것이 우리 나라 아이들의 곤충채집이다. 누가 무슨 말을 해도 나는 그렇게밖에는 결코 볼 수가 없다.

우리 나라 아이들 수가 모두 얼마인데, 그 아이들이 한 사람 앞에 겨우 몇 마리씩을 잡는다고 해서 이 땅의 곤충들이 멸종한다든지 하지는 않는다, 그런 걱정은 지나친 신경과민이다—이렇게 말할 사람이 있을 것이다. 그러나 우리 땅 곳곳에서 해마다 아이들이 잡아죽이는 곤충의 수는 엄청날 것이다. 가령 그 수란 것이, 몇몇 곤충들이 곧 멸종하게 될 정도는 아니라 하더라도, 문제는 살아 있는 것들의 목숨을 까닭없이 죽이는 짓을 예사로 하게 하는 그 반자연·반생명의 그릇된 교육을 하는 데 있다. 여기 어린아이 하나가 단지 조그만 개미 한 마리, 거미 한 마리를 처음으로 까닭없이 죽였다면, 그것은 예사로 볼 일이 아니다. 맨 처음에 죽인 그 행위는 다시 그다음에 죽이는 행위를 좀더 쉽고 가볍게 하게 하고, 이래서 저보다 약한 목숨을 죽이는 행위는 끊임없이 이어져서 한 사람의 성격으로 굳어지게 된다. 사람마다 가게 되는 평생의 길은 이렇게 해서 그 방향이 결정되는 것이다.

지금은 온 세계가 자연을 살리고 환경을 지켜야 사람이 살 수 있다고 해서 교육도 나라마다 그런 방향으로 나가고 있다. 자연을 살리는 교육은 숫자로 계산해서 할 수 있는 것이 아니다. 숫자로 계산하는 것은 장사꾼들이 하는 짓이다. 한 마리 벌레라도 그 목숨이 귀하다고 가르치는 일, 까닭 없이 나무 한 그루를 베어 죽이는 짓은 죄악임을 깨닫게 하는 일, 이런 사랑의 마음을 아이들에게 심어주지 않고서는 결코 사람의 교육을 해낼 수는 없다.

그런데 두어 해 전이던가, 우리 나라에서 거의 단 하나라 할 환경운동 단체에서 만든, 그 단체의 표장(휘장·마크)에 그려져 있는 그림을 보고 놀랐다. 들판에서 두 아이가 서 있는데, 한 아이는 잠자리채를 들고 나비 같은 것을 잡고 있고, 또 한 아이는 채집통을 들고 있는 것을 원색으로 그린 그림이었다. 환경운동을 하는 단체에서 자연과 교육을 기껏 이 정도로 알고서 하고 있는가 싶어 크게 실망했다.

늦게 깨달은 교육부

교육부에서는 올해부터 여름방학 숙제인 곤충채집과 식물채집을 없앤다고 해서, 지난달 신문에도 보도되었다. 그리고 또 며칠 전 신문에는 서울시 교위에서 국민학교에 환경과목을 새로 둔다는 소식이 나왔다. 늦었지만 모두 잘한 일이다. 이 곤충채집이 잘못되어 있다는 것을 나는 20여 년 전에 다음과 같이 쓴 적이 있다.

해마다 여름방학이면 각급 학교에서 곤충채집을 시킨다. 그것은 그저 잡아죽이는 일을 가르치는 것으로 끝나고 있다. 얼마나 많은 곤충들이 방학 때마다 아이들의 손으로 죽어가고, 얼마나 많은 아이들이 그저 잡아 죽이는 재미를 익히고 있는 것일까. 교실마다 있는 어항은 고기를 기르는 것이 아니라 살육하는 도살장이 되어 있는 것을 부인하는 교사가 있겠는가? 그저 잡고 죽이고 하는 짓만 시켜온 것이다.
• 「생명의 존엄」, 『신동아』, 1973. 12. 『이 아이들을 어찌할 것인가』, 1977, 170쪽.

또 환경교육과를 새로 두어야 한다는 글도 다음과 같이 쓴 적이 있다.

가정에서나 학교에서나, 아이들이 아주 어려서부터 반드시 해야 할 가장 중요한 일이 쓰레기 처리다. 이 쓰레기 처리는 '환경과'라 말하든지 해서 환경의 보존과 공해 문제를 가르치는 독립 교과를 두게 되면(반드시 그래야 한다) 그 교과를 공부할 때 해야 할 일이 될 터이다. (앞에서 든 청소교육도 이 '환경과' 교육의 한 부분이 되겠지.)
쓰레기 처리 문제를 몇 가지 들어본다……

- 「쓰레기처리교육」, 『일을 해야 사람이 된다』 『참교육으로 가는 길』, 『오늘의 책』, 1986 가을호.

그런데 이번 여름에 보니 잠자리채를 들고 다니는 아이들이 여전히 있었다. 물론 지난해같이 많지는 않았다. 교육이 잘못된 근본 까닭은 행정 쪽에 있지만, 교육이 오랫동안 병들어 있으면 행정이 그것을 바로잡으려 해도 쉽게 바로잡히지 않는다. 교육자들의 정신 문제는 행정 지시로 하루 이틀에 달라질 수 없는 것이다. (교사와 부모들이 가지고 있는 교육에 대한 이해와 인식 문제는 참고글 1·2·3·4를 보시기 바람.)

이번 여름에 있었던 글쓰기회 연수회에서 발표된 교육실천 사례에서도 곤충을 기른다든가, 식물을 기른다든가, 관찰을 하게 한다는 문제가 더러 나와 있기에 연수자료집에서 필요한 부분을 옮겨본다.

그리고 6월 1일 처음으로 아침자습 시간에 우리 교실에 있는 동물이나 식물을 자세히 관찰하고 시를 쓰게 했다. 교실에는 개구리알 관찰을 위해 꾸며 두었던 수조 속에 올챙이와 개구리가 있었고, 창가에는 강낭콩과 봉숭아, 옥수수, 보리를 심어 두었는데, 보리는 씨를 너무 많이 뿌렸고, 관리를 못해 거의 말라 죽어가고 있었다. 아래에 우리 반 아이들이 쓴 시를 적어본다.
- 김영규, 「3학년 시 쓰기 지도를 해보고」

이렇게 쓴 다음에 들어놓은 시 4편 중 3편을 보기로 한다. 교사와 함께 고쳐놓았다는 작품이다.

수조 속의 개구리 김수진(초등학교 3학년)
내가
까꼬 까꼬 하여도

웃지 않는다.

개구리가 갑자기
칠판 밑으로 튀어나왔다.
세봉이가 얼른 잡아넣었다.
물 위에 둥둥 떠 있다.
개구리가 심심하나봐.

다시 바위돌에 앉았다.
옆구리에서 숨을 쉬는지
울룩불룩 움직인다.

태성이가
연필을 집어넣었다.

개구리가
태성이 손 쪽으로 돌아섰다.
개구리를 만지고 싶다.

보리 김경숙(초등학교 3학년)
보리는 참 불쌍해
보리가 다 시들어서
보리의 심정은
어떠할까?
1994년 4월 12일에 심었다.
그땐 사랑을
많이 받았던 보리

이제 인기는 바로
옥수수와 강낭콩
나도
옥수수와 강낭콩이 좋지만
말라죽은
보리도 좋다.

개구리 잡기 곽한익(초등학교 3학년)
논에서 개구리가
논물에 떠 있는
볏짚 두 가락 밑으로 들어갔다.
손을 물에 담구었더니
개구리가 재빠르게
잠수를 해 앞으로 갔다.
손을 재빨리 넣어
개구리를 잡았다.
"잡았다"고 외쳤다.
잡은 개구리를 보니
참개구리였다.
미끌미끌하고
다리를 오므렸다 폈다 하고 움직인다.
1.5리터짜리 병에 넣었다.
이종사촌인 동영이가
"또 잡았다" 하고
팔을 올리며 좋아하였다.

"보리를 4월에 심었다는 것이며, 그 보리를 말라죽게 했다"는 일부터

찜찜하다. 그러면서 그것을 관찰해서 시를 쓰게 하여 "참 불쌍해" "말라 죽은 보리가 좋다"는 말이 나오게 했는데, 이래서 과연 시가 되고 시 교육이 될까? 이런 아이들이 병아리를 사가지고 놀다가 죽으면 "슬프다"면서 기도를 드리고, 죽은 병아리를 묻어주고는 다시 또 병아리를 사는 아이들과 무엇이 다른가? 같은 아이들이 아닌가? 이런 아이들의 생태를 '어린이 마음'(동심)이라 보고 그것을 쓰게 해서 시가 된다고 나는 생각할 수가 없다.

개구리를 제목으로 해서 쓴 두 편의 시도 개구리라는 살아 있는 목숨에 대한 이해와 마음에서 우러난 애정은 찾아볼 수가 없다. 이래서는 아무리 자세히 보고 정직하게 쓰라고 해도 시가 나오지 않을 것이다. 더구나 한 반에서 쓰는 아이들의 시가 이렇게 모두 비슷한 형태를 가지고 있다는 것은 교사의 말이 너무 영향을 준 것이 아닌가 걱정된다.

또 한 분이 쓴 것을 보니 이런 대문이 있다.

4월 23일, 30분 동안 곤충 관찰하기.
별로 관찰할 곤충이 없었는지 파리, 바퀴벌레, 개미가 전부였다. 움직임을 붙잡으며 관찰했어야 하는데, 병에 가둬두고 관찰한 아이가 많았다.
• 『살아 있는 글쓰기 숙제』

이것은 지도교사가 잘못한 것이다. 살펴보기(관찰)를 숙제로 내었다면 언제, 어디서, 무엇을, 어떻게 보고 어떻게 적어두어야 하는가를 잘 가르쳐주어야 하고, 교사 자신이 그런 지도를 하는 목표도 잘 알고 있어야 한다. 그런데 이 글에서 짐작하기로는 그냥 무엇이든지 30분 동안 "잘 관찰해서 적어 오너라"라고만 했던 것 같다. 그러니 아이들이 그걸 붙잡아 병 속에 가두어놓고 보는 것이 편리하고 잘하는 일인 줄 아는 것이 당연하다. 어디 가서 무슨 벌레를 자세히 보려고 하면 자꾸 제멋대로 움직여서 30분 동안 따라다니면서 살펴보기가 힘들고 귀찮으니 말이다. 그렇게 개미든 매미든 유리병 속에 가두어놓고 보는 것은 사람을 감옥에 가두어놓고 그 행동이며 표정을 글로 쓰려고 하는 짓과 조금도 다를 것이 없다.

또 이 교사는 어쩌면 아이들 앞에서, 이 글에 쓴 말과 같이 "움직임을 붙잡아서 관찰해봐라"고 했는지도 모른다. "움직임을 붙잡아"라고 했다면 아이들은 기어다니는 것들을 손으로 붙잡으라고 하는 말인 줄 알 것이다. 아이들의 말을 할 줄 모르면서 아이들을 가르칠 수는 없다. 그리고, 본디부터 아이들이 하는 말이 가장 깨끗하고 바른 우리 말임을 선생님들만은 알아야 한다.

제비 이야기

얼마 전 일간신문에 제비 이야기가 해외 이야기거리(토픽)로 났다. 여기 그대로 옮겨본다.

> 집 다섯 번 헐린 제비 부부 자살
> 주인집 문에 스스로 머리 받아
> 여름을 나기 위해 중국 북부 흑룡강성 목단강시를 찾은 두 마리의 제비가 애써 튼 둥지를 집 주인이 계속 헐자, 슬픔 속에 스스로 목숨을 끊었다고 중국 관영 영자지 『차이나 데일리』가 16일 보도. 이 제비들은 목단강시의 한 가정집 처마 밑에 작년에 틀어둔 옛 둥지가 헐린 것을 발견하고 다시 새 둥지를 지었으나 집 주인이 다시 부숴버려 짓고 부수기를 다섯 번 거듭한 끝에 극도의 절망감에 빠져 이 집 문에 스스로 머리를 들이받아 목숨을 끊었다는 것. 『중앙일보』, 1994. 7. 18.

나는 이 짧은 기사를 읽고, 70년 전 독일의 어느 시인이 쓴 「제비의 노래」에 얽힌 이야기와, 15년 전 내가 실제로 어느 학교에서 본, 집을 뜯기는 제비를 눈앞에 그려보지 않을 수 없었다.

　사상범으로 독방에 갇힌 이 시인은 한여름 동편으로 나 있는 조그만 창 너머로 한 쌍의 제비가 집을 짓는 것을 보고 말로 다 할 수 없는 행복을 맛보았다. 그런데 제비 이야기를 시로 썼다는 사실이 알려지자 감옥 당국이 곧 이 시인을 다른 방으로 옮겨버린다.
　그 다음해 옥에서 풀려난 이 시인은 자기가 쓴「제비의 노래」를 남몰래 감옥에 갇혀 있는 사람들에게 보냈다. 시인이 갇혀 있던, 동쪽으로 창이 나 있는 방에는 미장공을 하던 죄수가 들어 있어서, 지난날의 시인과 똑같이 제비를 단 하나 벗으로 삼고 있었는데,
　시인이 보낸「제비의 노래」가 옥중에서 발견된 몇 시간 뒤에는 교도관이 와서 그 제비집을 뜯어버린다. 미장공은 글을 써서 당국에 항의했지만 당국은 "제비는 마구간에 집을 지으면 된다. 거기는 지을 자리가 있으니까" 하고 회답한다. 미장공은 지난날의 시인과 같이 북쪽 방으로 옮겨 갇히게 되고, 그 동쪽 방은 엄중하게 봉하게 된다.
　그 뒤 집을 잃은 제비 한 쌍은 여섯 차례나 새집을 짓지만 잇달아 교도관들의 손에 뜯긴다. 몇 주간이나 계속된 제비들의 전쟁을 죄수들은 모두 동정하여 남몰래 이야기하면서 지켜보았다. 마지막에 감시하는 눈이 미치지 못한 세면대 위 철관 사이에 집을 지었다는 것을 알고 죄수들은 모두 기뻐 어쩔 줄을 모르고 있는데, 그만 그것도 교도관들에 발견되어 뜯기고 만다.
　제비들은 집을 짓는 일을 단념한 듯 감방 앞 전깃줄에 하룻밤을 새운 다음 아침 일찍 어디로 날아가버렸지만, 이윽고 숫제비만 돌아온다. 암제비는 죽은 것 같았다. 알을 낳을 자리가 없었기 때문이리라.
　•『세계 명시 집대성 독일편 3』, 平凡社(에른스트 톨러 작품 해설문).

내가 본 제비 이야기

내가 본 이야기는 경북 안동군 길산초등학교에서 있었던 일인데, 1981년에 쓴 글이 있기에 그 앞부분을 그대로 다음에 옮겨본다. 길산초등학교는 이 일이 있기 전에 3년 동안 내가 교장으로 근무했던 학교로, 지금은 댐이 들어서서 물속에 잠겨버렸다.

어느 학교에서 교육연구 공개행사가 있어, 그 학교 교장선생님의 안내로 학교 안팎의 시설물을 둘러보던 때였다. 콘크리트 교사의 바깥벽과 처마 몇 군데에 제비들이 집을 짓느라고 흙을 물어다 나르는 것이 눈에 띄어 이상하게 여겼다. 그때가 7월에도 하순이 되었으니 말이다. 내가 있는 학교에서도 복도 천장에 제비집이 있는데, 벌써 새끼를 다 날려 보내고 다시 두 번째 새끼들을 키우느라고 부지런히 먹이를 물어 나르는 것을 보고 왔던 것이다. 한여름이 다 된 이제사 묵은 집터에 흙을 물어 날라 집을 짓고 있다니, 이렇게 지각한 제비들, 아니면 게으른 제비들도 있는가 싶어 쳐다보는데, 안내하던 교장선생님이 제비집을 가리키며 이런 말을 하는 것이었다.

"한 이틀 내가 너무 바빠서 안 봤더니 저렇게 또 흙을 붙여놨네요. 뜯어놓으면 또 짓고, 또 뜯어놓으면 또 짓고 합니다. 참 지독한 놈들이지요. 몇 달 전부터 날마다 장대로 제비집 뜯는 게 일입니다."

아, 그랬던 것이구나! 그래서 저렇게 지금도 흙을 물어와 집을 만들고 있구나. 어쩌면 한번쯤 교장선생이 출장을 간 사이 집이 완성되고 알까지 낳았는지도 모르지. 그 알들도 집과 함께 박살이 나고 말았는지도 모르지. 앞으로 어떻게 될까?

그러나 짓고 허물고 하는 이 불행한 싸움은 끝없이 되풀이될 수 없는 것만은 확실하다. 제비들은 너무나 약하고, 집을 지어야 할 시간도 한정되어 그 시한이 곧 닥쳐오고 있기 때문이다. 지어도 지어도 뜯기고 마는 이 무서운 형벌이 어디서 무슨 까닭으로 내리는지 알 수도 없이 그들은 결국 어느 날 아침 허물어진 보금자리 위에 기진해 떨어지겠지.

날마다 아침부터 그래도 희망을 품고 지푸라기며 진흙을 정성으로 뭉친 건축의 재료를 쌓아 올리던 그 오묘한 보금자리가 무시로 어떤 포악한 힘으로 파괴되어 조각조각 땅에 떨어지던 그 자리에, 드디어 그들은 피를 토하고 떨어져 죽을 것 아닌가. 죽어서 사람의 잔인성에 항의할 것 아닌가.

나는 참다못해 한마디 했다.

"교장선생님, 제비집 있는 것 더럽게 생각하지 마시고, 오히려 자연스런 풍경으로 아름답게 보시면 안 됩니까? 뜯는 것도 여간 수고가 아니지요. 자연보호 한다고 나무 위에 새집도 달아주는 판인데, 제비가 불쌍하지 않습니까? 벌써 새끼들을 날려 보낼 땐데요."

"깨끗한 벽에 제비집 붙은 게 흉하고, 제비똥 떨어지는 것도 더러워요."

"제비똥이 없어도 아이들은 하루 몇 번씩 청소를 해야 할 텐데요."

"안 돼요. 내가 이 학교에 있는 한 절대로 제비집은 그냥 안 둡니다!"

교장선생님의 말씀은 단호했다. 그래서 문답은 끝이 난 것이다. 나는 그날 그 학교 아이들의 교육 상황을 보고 듣고 했지만 머리속에 들어온 것은 아무것도 없었다. 그 학교를 나와서도 우울한 생각을 떨쳐버릴 수가 없었다.

• 「제비집과 학교」, 수필집 『거꾸로 사는 재미』

끝으로 말을 맺으면, 목숨을 가진 모든 것을 사랑하는 것, 입으로 하는 사랑이 아니고 함께 사는 것, 형제가 되는 것, 이것이 교육이다. 참된 사람교육이다. 이 사람교육은 아마도 다음에 드는 시에 나타난 것과 같은 아이들의 깨끗한 감성을 다치지 않고 고이고이 키워가는 데서 잘 이룰 수 있을 것이다.

고양이 이길동(울진 온정초등학교 4학년)

집에 와 보니까
우리 어머니께서
고양이가 죽었다고 해서
나는 눈물이 핑 돌았습니다.
나는 고양이가 참
안 죽었으면 좋겠는데
고기 먹다가 얹혔는지 몰라도
고기 먹다가 죽었습니다.
죽으면 슬픕니다.
나는 눈물이 났습니다.
(이호철 선생 지도)

참고글 1

초교생 곤충채집 자연 파괴 무관 임채수(서울 방산초등학교 과학주임교사)

지난 5일 환경처와 한국 교원단체총연합회는 야생 동식물의 생태 보호를 위해 이번 여름방학부터 초등학교 학생들의 식물 및 곤충채집을 금지한다고 발표했다. 초등학교 어린이들에게 식물채집(표본)이나 곤충채집(표본)을 숙제로 내주지 말고 대신 폐품을 수집해서 쓸모 있는 생활용품이나 재활용품을 만들어보는 공작을 과제로 내주자는 것이다.

일선 학교 교육현장에서 이번의 조치를 보면서 야생 동식물 보호라는 측면보다는 어린이들의 자연교육을 외면한 발상임을 느껴 몇 가지 부당성을 지적하고자 한다. 우선 식물이나 곤충을 '채집'하는 활동을 '공작'으로 대체할 것을 권하는 부분이다. 식물이나 곤충채집은 자연관찰 또는 자연탐구 활동 측면에서 필요한 교육활동이고, 공작이란 미적 구성이나 실용성 등을 추구하는 판이한 활동인데 '채집'을 '공작'으로 대체해도 좋다는 생각은 납득이 가지 않는다.

다음은 초등학교 어린이들의 채집활동이 생태계를 파괴한다고 보는 발상이다. 아마 채집활동이 숙제로 나가게 되는 경우 한 어린이가 곤충 10마리, 식물 10여 종씩 채집한다면 전국 어린이가 몇 명이니 그 수가 얼마라는 산술계산에 의한 것 같다. 곤충채집의 경우 어린이들의 숙제물에는 잠자리·매미·나비 등 몇 점이 고작이고, 과제 이행 정도도 10%를 넘지 못하며, 식물채집의 경우도 생활주변에서 흔히 보이는 명아주나 방동사니 등 잡초 수준이 대부분이다. 이를 두고 생태계 파괴 운운함은 참으로 답답한 노릇이다.

오늘날 생태계의 파괴와 멸종 위기를 맞고 있는 동식물의 개체종이 늘어나고 있는 주요 원인은 알려진 대로 각종 오염의 가속화와 과도한 농약 사용으로 인한 생태계 교란 현상에 기인한다. 일부 몰지각한 사람들이 상업적으로 장수하늘소·반딧불·사슴벌레 등을 포획하거나 어린 학생들의 자연관찰 또는 탐구과정의 일부로 이루어지는 잠자리 수준의 채집이어서 생태계에 크게 영향을 미치는 것이라고는 생각하지 않는다. 오히려 '자연문맹'에 가까운 요즘 어린이(특히 도시 어린이)들에게는 자연을 바르게 알고 느끼게 하는 의미에서 종(種)과 개체수를 제한하더라도 채집 관찰 활동을 적극 권장해야 할 일로 믿고 있다.

실제로 필자는 얼마 전 발표된 환경처 고시 1993-65(93. 8. 9.) '멸종 위기에 처한 야생 동식물 지정고시'에 곤충류로 호랑나비 3종, 명주나비 2종, 모시나비, 노랑나비 등이 나와 있는 것을 보고 도감을 찾아 어린이들에게 보여주며, 이번 여름방학 중 채집활동에 뜻이 있는 어린이는 위의 종을 포획하지 말 것을 지도한 바 있다. 이번 식물 곤충 채집 금지 조치의 재고를 바란다. 『동아일보』, 1994. 7. 14.

- 파괴 무관 (→파괴 않는다, 해치지 않는다)
- 및 (→과)
- 폐품 (→버린 물건)

- 수집해서 (→모아서)
- 일선 학교 교육현장에서 (→교육현장에서)
- 조치 (→처리)
- 대체할 (→바꿀, 대신할)
- 미적 구성이나 (→아름다움을 짜만들거나)
- 실용성 등을 (→실제로 필요한 것들을)
- 판이한 (→아주 다른)
- 대체해도 (→대신해도)
- 납득이 가지 않는다 (→곧이들을 수 없다, 이해할 수 없다)
- 발상 (→생각)
- 산술계산에 의한 (→산술계산을 따른)
- 등 (→따위)
- 과제 이행 (→과제를 하는)
- 주변 (→둘레)
- 생태계 파괴 운운함은 (→생태계 파괴 어쩌고 하는 것은, 생태계를 파괴한다고 하는 것은)
- 개체종 (→낱종)
- 각종 (→온갖, 여러 가지)
- 과도한 (→지나친)
- 각종 오염의 가속화와 과도한 농약 사용으로 인한 생태계 교란 현상에 기인한다. (→여러 가지 오염이 심해지고, 농약을 지나치게 써서 생태계가 어지러워진 때문이다.)
- 몰지각한 (→지각 없는)
- 상업적으로 (→장사속으로)
- 등을 (→따위를)
- 포획하거나 (→사로잡거나)
- 수준의 (→정도의)

- 의미 (→뜻)
- 개체수 (→낱몸수)
- 필자 (→나)
- 위기에 처한 (→위기에 빠진, 위태한 지경이 된)
- 위의 종을 포획하지 말 것을 (→이런 종을 잡지 말 것을)
- 금지 조치의 재고를 바란다. (→금지한 처리를 다시 생각해주기 바란다.)

참고글 2

초교생 동식물 채집 반대
자연 그대로 관찰 더 중요
―임채수 씨 '나의 의견'을 읽고

이창형(서울 도봉구 미아8동 324-91, 독일 베를린 공대 환경정책 전공)

14일자 「나의 의견」 난에 실린 임채수 선생님의 곤충채집과 관련한 글을 읽고 임 선생과 다른 의견을 말하고자 한다.

우선 초등학생의 채집활동이 동식물의 멸종과 무관한가라는 문제다. 우리와 산업구조가 유사한 독일의 한 조사를 보면 흥미롭게도 그 정도는 미미하지만 '학문(자연과학) 연구' 역시 생물종의 멸종에 기여하는 것으로 나타났다. 초등학생의 동식물 채집 역시 학문 연구의 하나임이 분명하다. 20여 년 전의 어린이들이 채집한 곤충에는 오늘날의 어린이들이 볼 수 없는 것들이 있을 것이다.

채집을 통한 동식물의 관찰이 어린이들에게 자연을 알게 하고 느끼게 하는 데 얼마나 효과적인가 하는 점이다. 과제로서의 채집활동은 오히려 어린이들에게 혹시나 자기가 멸종 위기의 동식물을 잡거나 뽑지 않을까 하는 부담감을 주게 될 것이다. 자연의 관찰은 자연 그대로의 상태에서 하는 것이 더욱 의미가 있다. 곤충이 주로 발견되는 장소, 생김새, 날아다니는 모습 등과 같이 굳이 채집하지 않고도 관찰할 수 있는 내용은 얼마든지 있다. 이미 출판된 훌륭한 동식물 도감을 손에 들고 야외로 나간다면 더욱 좋을 것이다.
　동식물의 채집과 관련하여 무엇보다도 어린이들이 서로 토론할 수 있는 기회가 주어져야 한다. 그들은 파괴된 지구 환경에 대하여 얘기할 것이며, 단 한 마리의 곤충이 얼마나 중요한지를 깨닫게 될 것이다. 『동아일보』, 1994. 7. 19.

- 무관한가 (→관계가 없는가)
- 유사한 (→비슷한)
- 흥미롭게도 (→재미있게도)
- 미미하지만 (→아주 작지만)
- 기여하는 (→이바지하는)
- 채집을 통한 동식물의 관찰이 (→채집으로 하는 동식물 관찰이)
- 효과적인가 (→효과가 있는가)
- 과제로서의 채집활동은 (→과제로 하는 채집활동은)
- 멸종 위기의 동식물을 (→씨가 없어질 지경이 된 동식물을)
- 부담감을 주게 될 것 (→걱정을 하게 할 것)
- 자연 그대로의 상태에서 하는 것이 (→자연을 그대로 두고 하는 것이)
- 의미가 (→뜻이)
- 장소 (→곳)
- 등과 같이 (→들과 같이)
- 관찰할 (→살펴볼)
- 야외로 (→들로)
- 주어져야 한다 (→〔어린이들에게〕 주어야 한다)

참고글 3

자연도 알아야 지킨다

찜통 더위도 아랑곳하지 않고 숯내(탄천)로 잠자리며 메뚜기를 잡으러 나선 아이들이 어깨동무를 하고 웃는 모습이 무척 싱그럽다.

올해부터 교육부에서 수십 년간 이어온 여름방학 숙제인 곤충채집과 식물채집을 폐지한다고 하였는데, 이 아이들은 어찌 된 영문으로 잠자리채와 채집망을 들고 나섰는가?

아이들이야 본능적으로 자연과 친하고 어울리길 즐긴다. 나비를 시간 가는 줄 모르고 뚫어지게 쳐다보기도 하고, 또 잡고 싶어한다. 그렇게 나비를 배우고 패랭이꽃을 알아간다. 알지 못하면 느끼지 못하고, 느끼지 못하면 사랑하지 못한다.

한 미학자는 아는 만큼 느낀다고 했던가? 문화도 자연도 아는 만큼 느끼고 사랑하게 마련이다. 사랑하지 못하는 자연을 가꾸고 지키기를 바란다는 것은 터무니없는 주문이다. 파괴되는 자연 환경을 지키고자 하는 정부의 입장이 한편 이해가 가면서도 도대체 교육이 추구하는 바가 무엇인지 되묻지 않을 수 없는 이유가 여기에 있다.

물론 명분이야 있다. 아이들이 정작 곤충채집은 하지 않고 개학 때 문구점에서 사서 낸다는 것이다. 어른들의 빗나간 상혼이 가슴 아프다. 하지만 빗나간 상혼 때문에 교육마저 포기할 수는 없다. 빗나간 상혼은 엄격히 다스리고 교육은 교육이다. 집안의 강아지만 이쁘고 길섶의 패랭이꽃을 알지 못하는 아이가 어떻게 자연을 사랑하고 환경을 지킨단 말인가? 『분당뉴스』, 1994. 7. 29.

- 채집망 (→채집그물)
- 본능적으로 (→본능으로)
- 입장이 (→태도가)
- 이유가 (→까닭이)

- 상혼 (→장삿속)
- 포기할 (→내버릴)

참고글 4

'동식물 채집'이 아닌 '자연 관찰 기록'을 숙제로 주어야 황미(안양시)

지난호 회보에서 곤충채집에 관해 찬반 의견이 실린 글을 읽었다. 채집 숙제를 할 수 있도록 해야 한다는 임채수 선생님의 의견은 초등학생들 곤충채집이 생태계를 파괴할 만큼 거창한 것도 아니고, 요즘 아이들을 '자연문맹'에서 벗어나게 하는 교육 방법 가운데 하나라는 주장이었다. 어린이들에게 곤충채집이나 식물채집을 시키는 것이 자연을 가까이해서 자연을 알고 사랑하는 마음을 기른다는 것이다. 그러나 자연을 알고 사랑하는 방법이 결국은 뽑고 잡아서 죽이는 것이 되었기에 문제가 일어나는 것이다.

지난 6월 어느 날, 우리 반 자연 실험 관찰 시간이었다. 봉숭아 뿌리와 줄기가 하는 일을 알아보기 위해 창가에 심어놓은 세 그루 봉숭아 가운데서 한 그루를 뽑았다. 뿌리에 붙은 흙을 털고 깨끗이 씻어 곁가지를 모두 잘라내고 있는데, 한 아이가

"선생님, 우리 그 실험하지 말아요. 봉숭아가 너무 불쌍해요."라고 했다. 그러자 다른 아이들도 다 같은 마음이라는 듯 모두 나를 쳐다보았다. 나는 그 순간 얼굴이 화끈 달아오르고, 내가 지금 아이들에게 무엇을 가르치고 있는지를 생각하게 되었다. 뿌리와 줄기가 하는 일을 바로 눈으로 보기 위해 그것을 땅에서 뽑아내어 자르고 쓰레기통에 버리게 되는 과정을 아이들은 어떻게 생각할까? 우리가 무엇을 알아보기 위해서는 '그런 것쯤이야 뭐'라는 생각을 길러주는 교육이 된 것은 아닐까?

나는 그날 한 그루로 우리 반 전체가 함께하는 방법으로 그 수업을 마무리했다.

아이들이 자연을 알고 사랑하는 방법에 채집이 가장 좋은 방법은 아니

다. 이창형 씨 의견대로 동식물 도감을 들고 아이들과 함께 산과 들로 나가 찾아보고 살펴보는 방법도 있을 것이고, 자연 상태에서 일정 기간 곤충이나 식물을 관찰하고, 책에서 더 자세히 알아보는 방법도 있다. 그리기도 하고, 사진 찍기 따위 여러 가지 방법으로 자료를 모으고 분석할 수도 있다.

아이들을 '자연문맹'에서 벗어나게 하는 교육을 하면서 자연을 해치는 일부터 시키는 것은 올바른 방법이 아니다. 아이들을 가르치면서 느끼는 것은, 아이들은 어른이 가르치기 전에 이미 자연을 사랑하고 있다는 것이다. 아이들은 곧 자연이기 때문이다. 어른들의 그릇된 교육 방법이, 아이들이 자연과 더불어 자연스럽게 자라나는 것을 방해하고 있다.

18. 그림과 우리 말

나는 그림을 볼 때 거기 적혀 있는 글자도 함께 본다. 함께 본다는 것은 그림을 따라 적어놓은 글자와 말도 작가의 자기표현으로 본다는 것이다.
그림 아래쪽 한구석에는 이름이 적혀 있다. 우리 나라 사람이라면 당연히 우리 말 이름이 있을 터이다. 그래서 이름을 그대로 적든지 줄여서 적든지 아무튼 우리 한글로 적는 것이 천 번도 만 번도 당연하다고 나는 생각한다. 그런데 어째서 모두 서양 사람같이 서양글자로만 적는가? 이것이 참 알 수 없다. 이래서 무슨 그림을 제대로 그리겠는가? 이렇게 늘 생각해왔는데, 『미술세계』 9월호를 보니 그림에 적혀 있는 이름이 모두 우리 글자로 되어 있어서 그동안 미술계도 많이 달라졌다는 것을 알게 되었다. 참 반가운 일이다.
다음은 작품 제목인데, 이것도 「겨울 이야기」 「가보세 가보세」 「어머니」 「이사가던 날」 「하늘 보기」 「일터에서」 「기다림」…… 따위로 우리 말로 되어 있어 여간 반갑지 않았다. 그전 같으면 「秋日」 「野生化」라고 할 것을 「가을날」 「들꽃」이라 썼으니 이 얼마나 다행한 일인가.

그러나 이 제목에서는 아직도 「春夜」「上과 下」「無題」「FROM」「화원」「사유의 공간」「묵시적 대화」「천재일우」「육체를 벗어난 전신적인 것에의 유희」「吉」…… 따위가 보였다. 이런 말의 허세를 버리지 않고 참된 그림의 세계를 찾아갈 수 있을지 나는 의심한다.

이밖에 또 그림을 논의한 글이 있다. 9월호에서 우선 글의 제목만 해도 우리 말일 수 없는 말이 여기저기 보인다.

- 미술에 있어서 이데올로기는 필요한가?
- 자기 만족의 시대에 있어서의 '脫이데올로기' 경향
- 빈 공간의 또 다른 모습으로의 탄생
- '안견' 논쟁의 유감

이런 제목 가운데는 무슨 말인지 알 수 없는 말도 있다. 이런 제목으로 미술을 논의한 글이, 다른 문학평론이나 음악평론을 하는 분들의 글과 다름없이 외국말법으로 오염되어 있으리란 짐작은 쉽게 할 수 있다.

- 침전되었던 과거에 대한 연민

그림을 그리는 이들도 굳이 이런 어려운 말을 써야 그림 이야기를 할 수 있는가? 이런 제목으로 쓴 한 화가의 글 첫머리에 다음과 같은 말들이 나온다.

- 하늘은 온통 흑잿빛이다.
- 작업실 유리창에 엉기성기 붙어 있는 빗방울들이 제 무게를 견디지 못하고 주르륵 낙하한다.
- 바다가 바라다보이기도 하고 논밭과 과수원이 바다를 대치하는 맞은편에 어우러져 있던 고향마을은……

우리 말일 수 없는 말, 괜히 어렵게 쓴 말, 그래서 잘못 쓴 말, 또 그래서 뒤숭숭하게 된 글…… 말 문제가 곧 그림 문제 아닌가.

19. 허세 부리는 말과 행동

『우리말 사전』에도 없는 말을 신문에서 날마다 쓰고 있다면 사전이 모조리 엉터리인가? 신문이 엉터리인가? 둘 중 하나임이 틀림없다. 바로 상판(床板)이란 말이 그렇다. 지난 10월 21일부터 여러 날 동안 일간 신문마다 제목에서부터 수없이 나왔던 이 말은 무슨 말인가? 아마도 처음부터 상판이란 말을 알고 신문을 읽었을 사람은 거의 없을 것 같다. 누구나 기사를 다 읽고 나서야 무슨 말인가 대강 짐작했을 것이다. 그렇다면 상판 대신에 다른 또 어떤 괴상한 말을 그 자리에 넣어도 결과는 마찬가지일 터이다.

그런데 이 상판이란 말은 다리를 설계하는 사람이나 공사하는 자리에서 일하는 사람만이 알아야 하는 물체를 가리키는 말이 아니다. 다리 위로 차를 운전하면서 다니거나 걸어다니는 모든 사람들이 알아야 하고 실제로 잘 알고 있는 물체를 가리키는 말이다. 다리가 무너진 다음날 신문 광고란에는 서울특별시장이 「서울시민 앞에 사과드립니다」란 제목으로 광고글을 냈는데, 그 첫머리가 다음과 같다.

시민 여러분!
10월 21일 아침 발생한 성수대교 상판 붕괴 사고로 많은 시민들이 귀중한 생명을 잃고, 또 부상을 당하는 불행에 대하여 서울시정의 책임자로 참담한 마음 금할 길이 없으며 시민 앞에 깊이 사과드립니다.

이 글에서 "성수대교 상판 붕괴 사고로" 했는데, 왜 '성수대교 붕괴 사고'로 하지 않고 상판이란 말을 더 넣었는가? '성수대교'란 다리 전체가

다 무너진 것이 아니고 다리의 어떤 한 부분만 무너졌다는 것을 강조하고 싶었는가? 그런지도 모른다. 어쨌든 상판이란 다리를 완성시켜서 그 위로 사람과 차가 다닐 수 있게 하는 부분이다. 그래서 이 글에도 상판이란 말은 바로 다리란 말과 다름없이 쒸어 있다. 따라서 상판이 무슨 말인지 모르는 사람도 이것이 다리의 어느 부분인가를 누구나 짐작할 수 있다. 그러나 신문기사에 나온

"상판이 무너질 위험이 높다."
"구조대원들이 상판 주변에서 바쁘게 움직이고 있다."
"상판 이음새 빗물 스며"

이런 글에서는 상판이 무슨 말인지 알 수 없다.

결국 상판이란 말은 다릿발 위에 걸쳐놓아서 그 위로 차나 사람이 지나다니도록 하는 물체(철판)다. 서울의 한강을 건너 다니는 큰 다리에서 이 물체가 무너져 내렸는데, 이 엄청난 사건을 알리는 신문이, 바로 이 물체를 알 수 없는 말로 알린다는 것은 도무지 있을 수가 없는 일이다. 그런데도 신문은 날마다 그 알 수 없는 말을 써서 보도했고, 그렇게 했는데도 그 누가 신문사에 항의한 사람이 있었다는 말을 못 들었다. 큰 다리가 무너져 차가 몇 대 강물에 떨어지고 사람이 무더기로 죽고 다치고 한 것도 어처구니가 없지만, 이렇게 온통 모든 신문이 알 수 없는 말을 써서 그 기막힌 일을 알려도 예사로 보아넘긴다는 것은 더한층 어처구니가 없는 일이다. 왜 그런가 하면, 다리가 무너지는 일이야 천재지변으로 그럴 수도 있고, 또 우리 나라 사람들이 하여온 것을 보면 그런 일이 자꾸 일어나게도 되어 있다. 그런데 온 나라 사람들이 신문에서 알 수 없는 말을 읽어야 하는데도 아무렇지도 않게 넘어가는 일이야말로 진짜 이상하고 어처구니가 없는 일이기 때문이다.

신문기사고 무슨 글이고 쓰다가 말을 모르면 사전을 찾아보아야 할 것이고, 사전에 나오는 말이라도 나온다고 다 쓰지 말고 이상하다 싶으면 (우리 말이란 느낌이 들지 않으면) 그럴 만한 사람에게 물어봐야 한다.

또 어떤 사물을 가리키는 말이 없다면 모두가 느낌으로 알 수 있는 말을 찾아낼 수밖에 없다.

한글학회에서 만든 『우리말 큰사전』에는 다릿발에 걸쳐놓아서 차나 사람이 지나갈 수 있게 한 물체를 '다릿몸'〔橋體〕이란 말로 적어놓았다. 상판이란 말이 사전에는 세 가지 나와 있지만, 다리와는 관계가 없는 딴 말들이다.

설혹 다리를 설계하는 기술자들이 상판이란 엉뚱한 말을 썼다고 하더라도 일반 국민들이 모르는 말을 기자들이 그대로 받아써서는 될 일이 아니다. 물론 일반 사람들이 잘 알 수 없는 어떤 특수한 사물이라면 할 수 없지만, 모두가 알아야 하는 사물의 이름은 누구나 알 수 있는 말이 되어야 하는 것이다. 법정에서 법률 조문에 나오는 하자니 종용이니 하는 말을 그대로 신문에다 옮겨 써서 국민들이 일상으로 쓰는 말로 퍼뜨리는 것도 이래서 잘못하는 짓이다. 토목이든 법률이든 일제강점기부터 써온 말들을 그대로 신문에다 옮겨 쓰기 때문에 우리 말이 이렇게 오염이 되었다. 신문기자들은 이 점에 책임을 느껴야 한다. 잘못된 말을 깨끗한 우리 말로 바꿔서 쓰는 '거름장치' 노릇을 신문기자들이 해내어야 하는데, 그런 일을 조금도 하지 못하고 있다.

내 생각으로 '다릿몸'이란 말도 쓰게 되면 좋지만, '다리판'이라고 하는 것이 더 알기 쉽고 자연스런 말이다. 아무튼 상판이란 말은 이상한 느낌이 드는 '만든 말'이니 쓰지 말아야 한다.

성수대교 무너진 사건을 알리는 신문 보도에서 상판 다음으로 많이 나온 말이 붕괴, 추락, 하자, 교각, 교량, 차량, 균열, 부식 같은 말들이다. 이런 말들은 모두 '무너져' '떨어져' '흠' '다릿발'(다릿기둥) '다리' '차' '금 가' '삭아', 이렇게 쉬운 우리 말로 써야 할 것이다. 10월 28일 『ㅈ일보』에 났던 기사 제목이 다음과 같다.

    唐人橋도 붕괴 위험

교각 기울어 버팀쇠로 지탱
　　床板 밑부분 40cm 균열도
　　"당장 차량 통제……재시공해야"

이 기사 제목을 쉬운 말로 다시 써보자.

　　당인교도 무너질 위험
　　다릿발 기울어 버팀쇠로 지탱
　　다릿판 밑부분 40cm 갈라지기도
　　"당장 차 통제, 다시 공사해야"

　쉬운 우리 말을 내버리고 어려운 남의 나라 글자말을 쓰고 싶어하는 이 슬픈 버릇, 이것이 근본 문제다. 정직하지 못한 행동, 속은 텅 비워놓고 겉만 근사하게 얼렁뚱땅 꾸며 보이는 짓거리가 모두 이 더러운 버릇에서 나왔다. 이런 버릇으로 다리를 만드는데 어찌 그 다리가 제대로 서 있겠는가? 집이고 뭐고 다 그러하다.
　쉬운 말을 하자, 우리 말을 살리자고 하면 국수주의라고 하는 사람들이 있다. 그래서 영어를 배우고 한문을 써야 선진국에 따라갈 수 있다고 한다. 나는 다른 것은 모르지만 이것 한 가지만은 아주 환히 알고 있다. 그런 헛기세, 겉꾸밈과 속임수로써는 절대로 앞선 나라를 따라갈 수 없다는 것 말이다. 앞선 나라를 따라가기는 고사하고 뒤따르는 모든 나라에도 지고 말 것이고, 앞으로 온갖 모순이 터지고 재앙이 닥쳐올 것이다.
　우리가 가는 길이 '확대지향'의 우스개 광대놀음이나 노는 길이어서는 절대로 안 된다. 조그만 것이라도 제 것을 찾아 가지는 것, 제 것을 아끼고 키워가는 것, 밑바닥부터 정직하고 성실하게 다지고 쌓아가는 일, 이 일 없이 우리가 이 지구 위에서 살아남을 수 있는 길은 결단코 없을 것이다.

20. '엄마께서' '아빠께서'라는 말

요즘 아이들이 쓴 글을 읽으면서 가장 거슬리는 말이 -께서라는 말이다. 이 -께서는 남의 나라 말법을 따라서 쓰는 것이 아니고, 절대로 써서는 안 되는 말도 아니다. 임자자리토(주격조사)인 '가' '이'의 높임말로 본디부터 써온 말이다. 그러나 "세종대왕께서 한글을 창제하셨다"든지, "아버님께서 돌아가셨다"처럼 좀 특별한 경우에만 쓴다. 특별히 예의를 갖추려고 할 때만 쓰는 말이니까 날마다 하는 입말에는 거의 안 쓴다. 우리 말이 옛날부터 그렇게 되어 있다. -께서, -께옵서 따위 말은 옛날부터 한자말을 위주로 쓰는 글에서 썼다. 그래서 보통의 평민들이 날마다 하는 말에서는 아주 특별하게 예의를 차려서 말할 때가 아니고는 쓰지 않는 말을 이제 와서 아이들이 자꾸 쓰니까 부자연스럽게 느껴지고, 어설픈 말이 되는 것이다.

보기는 얼마든지 있어서 새삼 들 것도 없지만 한두 가지만 들어본다.

"주희야, 일어나거라. 아침이다." 어머니의 말씀에 나는 기지개를 켜며 일어났다. 우리 어머니께서는 미용실을 하신다. 그래서 매일 일찍 일어나신다.

지난 일요일이었다. 아침에 자고 일어나 보니 어머니께서는 일을 하고 계셨다.

내가 일어난 것을 본 어머니께서는 "주희야, 이불 개고 방청소 하고 상 차려라"고 말씀하시는 어머니께 나는 화를 내며 "어머니께서는 아침에 일어나자마자 일 시키는 게 어디 있어" 하고 말하며 소리를 질렀다.

어머니께서 실망하신 표정으로 "알았다, 주희야" 하고 말하시며 멈추었던 일을 계속하셨다.

• 야성초등학교 4학년 정주희, 「어머니」, 종합학예회 장원작품, 어

느 지방 신문, 1993. 10. 30.

우리 나라 사람 치고 이 글을 읽고 여기 거듭 나오는 −께서를 어설프게 느끼지 않는 사람이 있을까? 더구나 이 글에서는 "어머니께서는……" 하고 바로 입으로 이렇게 말한 것처럼 써놓았다.

'부모에게 공부 못한다는 소리 들어서 자살'
며칠 전 신문에 큼직하게 실린 기사 제목이었어요.
아빠께서는,
"어허 참, 이런 부모도 다 있나? 자식을 죽게 하다니……"
하시며 고개를 저으셨어요.
• 효돈초등학교 6학년 김명희,「지식보다 사랑을 먹고 자랄래요」, 『제민일보』, 1991. 5. 4.

6학년이나 된 아이가 아버지란 말을 할 줄은 모르고, 젖먹이 아기들이나 하는 아빠라는 혀짤배기 소리나 하면서 이렇게 −께서만은 알뜰히도 붙여 쓰고 있는 것도 흔히 볼 수 있다.
그러면 언제부터 아이들의 글이 이렇게 되었는가를 알아보기 위해서, 의무교육을 하게 되고부터 써온 아이들의 글을 대강 살펴보기로 하자. 다음은 6·25 이전에 쓴 글이다.

동생이 어느 날 나갔다 들어와서 하는 말이
"어머니, 나는 뱀을 봤어요" 하니까 어머니는,
"느림보 되려고 봤지" 그러신다.
"그러면 무엇을 보면 좋아요?" 하고 묻는다.
"날쌘 제비를 봐야지" 그러시니까 동생은,
"그럼 제비를 보고 올 테야" 하면서 바깥으로 나간다. 대문 바깥으로 나가려 할 때, 어디선지 제비 한 마리가 날아와 앞마당 빨랫줄에 가 앉는다.

"봤네!" 하고 동생은 소리치며 다시 방으로 들어왔다.

"어머니! 제비 봤어요. 인제 느림보 안 되지요?" 하니까,

"그래, 인제 괜찮다" 하신다.

동생은 좋아서

"인제 학교에 들어가면 내가 1등 할 테야" 하고 뽐낸다.

• 충북 청원 비상초등학교 2학년 변복진, 「제비」, 아협 글짓기 내기 입선 작품, 1949.

이 글을 보면 엄마도 아니고 '어머니'라고 말했고, '-께서'도 붙이지 않았다.

다음에는 50년대에 쓴 글을 보자.

내 동생은 재동학교 1학년입니다. 그런데 이윤자 선생님이 "혼자 온 사람은 손 들어봐요" 하시는데 동생이 언니하고 학교를 같이 갔는데도 혼자 왔다고 손을 들었습니다. 내 동생은 거짓말쟁이라고 우리 집에서 소문이 났습니다.

나도 가끔 동생에게 속습니다. 저기서 언니 동무가 부른다고 해서 뛰어나가 보면 동생은 뒤에서 손뼉을 치며 웃어댑니다. 거짓말 시켰다고 야단치려고 하면 도망을 가버립니다.

그래도 어머니는 동생 편입니다. 어머니는 동생 없을 때, 이다음 동생이 크면 소설 같은 것을 잘 쓰게 될지도 모른다고 기뻐하십니다.

• 서울 재동초등학교 3학년 김종희, 「내 동생」, 아협 글짓기 내기 입선 작품, 1956.

이 글에서도 "선생님이" "어머니는" 이렇게 썼지, 선생님께서, 어머니께서

라고 쓰지는 않았다. 물론 -께서로 썼다면 어색하고 재미없는 글이 되었을 것이다.

이번에는 시골 아이들의 글을 보자.

①
　나는 어머니가 외갓집에 가서 안 오시까봐 걱정이 많습니다. 어머니는 또 동생이 오줌도 못 누고 오줌 매루면 나한테 와서 나를 깨꿉니다. 그럼 내가 딜고 한데 나가서 눕니다. 할머니도 암마딴고 잠만 쿨쿨 잡니다. 오줌 매룰 때 어떤 적에는 막 울었습니다.
　• 상주 공검초등학교 2학년 이경숙, 「동생」, 『우리도 크면 농부가 되겠지』, 1958.

②
　오늘 신작로에서 고무줄을 했습니다. 나는 고순이하고 하는데 우리 할아버지가 들에 가다가 신 떨어진다고 하지 마라 합니다. 그래도 나는 했습니다. 우리 할아버지가 또 돌아보고 막 머라 합니다.
　• 상주 공검초등학교 2학년 임분순, 「할아버지와 신」, 『우리도 크면 농부가 되겠지』, 1958.)

이 두 편을 보면 "어머니" "할머니" "할아버지" 어느 말에도 -께서를 붙이지 않았다. 입으로 하는 말을 그대로 쓰니까 -께서가 들어갈 리 없는 것이다.

그런데 -께서가 아주 안 나오는 것도 아니다.

　오늘은 눈이 오는데 어머니 말씀이 나무하러 가신다고 하십니다. 그래서 내가 "눈이 오는데 나무하로 가여?" 하니까 어머니께서 "해야지 때지" 하시는 말씀을 들으니까 기가 막힙니다. 그래 어머니는 나무를 하러 가시고 나는 한참 있다가 마루에 나가서 어머니 나무하시는 것을 바라보면 쳐다보니 어머니는 안 보이고 눈은 퍽퍽 내리고 멀리 있는 산들은 눈이 하얗게 쌓여 있습니다.
- 상주 공검초등학교 2학년 김정순,「어머니」,『우리도 크면 농부가 되겠지』, 1958.

이 글에는 "어머니"란 말이 다섯 번 나오는데, 그 가운데서 한 군데만 -께서를 썼다. 그래서 그다지 거슬리게 읽히지는 않는다. 이 아이는 2학년인데도 "말씀"이란 말을 썼고, '가신다고 하십니다'라고 해서 높임말을 쓰려고 한 흔적이 보인다.『국어』교과서의 영향을 받은 것이겠지만 이런 정도는 자연스럽게 읽힌다.

그다음 60년대부터 어떻게 썼는가 보기로 하자.

어두무리할 적에 저녁을 잡수시고 나신 할머니가 논에 물 넣로 가자 하신다. "아이, 인제사 우에 갈라고요?" 하니까 "모자리터에는 물이 한 빵울도 없이 해놓고 우에 안 갈라 하고, 할매는 모자리터에 물이 없어서 카는데 너는 우째만 안 갈라 하나?" 하시며 삽을 어깨에 미고 가자고 하신다. 나는 따라갔다. 새터 못 앞에 가서 손으로 할머니가 남의 논둑을 가만히 파서 우리 논으로 물을 대신다. 물이 짤짤 흐른다. 또 앞으로 나오다가 또 태아놓는다. 양쪽에서 물이 졸졸 내리온다. 우리 논에는 자꾸 물이 많아지면 밑의 논으로 내려간다. 나와 할머니는 산 밑에서 앉아 있었다. 졸졸 물이 잘 흐른다. 장을 보고 오는 사람도 보지도 않고 지나가신다. 할머니와 나는 물을 대면서 달만 올라오기를 바라고 있었다. 할머니가 "여기 있어. 할매 저쪽 물기(물꼬)를 좀더 태아놓고 오께. 여기 앉아서 저쪽 물기를 폭 파놓고 오께. 여기 있어" 하시며 삽을 들고 저쪽 논두럼으로 가신다. 가시더니 논둑에 앉더니 손으로 물 니러가는 데를 폭 파놓니까 물이 졸졸 내려온다. 두 군데서 물이 내려오니까 논에 물이 빨리 대진다. 할머니가 물기를 다 막고 집으로 가자고 하신다.
　　• 상주 청리초등학교 4학년 김성환, 1964. 5. 28.

할머니와 둘이서 살아가는 아이가 쓴 일기다. 할머니와 같이 밥을 먹고, 같이 일을 한다. 이런 글에 할머니께서란 말이 나올 수가 없는 것은 그때나 지금이나 같다.

　오늘 어머니께서는 보리밭 김 매러 가셨다. 어머니는 나에게 저녁을 하라고 하셨다. 나는 놀다보니 해가 조금밖에 안 남았다. 나는 집에 가서 콩을 가지고 가서 동생과 같이 죽을 갈았다. 햇빛이 쨍쨍 내리쬐서 나의 이마에는 구슬땀이 흐르기 시작했다. 오빠가 와서 죽을 다 갈아주었다. 나는 집에 와서 죽을 끓였다. 그런데 죽이 밥같이 됐다. 그래서 죽은 조금씩밖엔 못 먹었다.
　　• 상주 청리초등학교 5학년 김희옥, 1964. 3. 29.

같은 해 봄에 쓴 일기인데, 이 글에는 두 번 나오는 "어머니"란 말에서 처음 한 번만 –께서를 썼다. 처음에는 예의를 차린다고 높임말을 쓰다가 차츰 자유스럽게 자기 말을 쓰게 됨에 따라 –께서 같은 글말은 안 쓰게 된 것인데, 이런 경우는 흔히 있다.

　학교에서 돌아와 닭 우리에 가보았더니 여전히 그대로 있었다. 나는 하도 이상해서 어머니께 "엄마, 어째서 싹이 이때까지 안 올라와여?" 하고 여쭈었더니 어머니께서는 "물 좀 줘라"고 하셨다. 나는 얼른 양동이에 물을 담아 부어주었다.
　　• 상주 청리초등학교 5학년 김정숙, 「콩싹일기」, 1964. 5. 21.

이 아이 일기에는 날마다 어머니께라고 했다. 이 글에는 "여쭈었더니"란 말까지 나온다. 담임선생님한테서 "글을 말하는 것같이 써라"는 지도를 받지 않으면 교과서의 글을 따라 이렇게 쓰게 되는 것이 30년 전이나 지금이나 같은 사정이다.

나는 어제 어머니와 동생과 집식골에 고구마 캐로 갔습니다. 고구마를 캐 담아놓고, 또 조를 따서 자루에 옇고, 그리고 어머니는 용필이를 업고 조를 이고, 나는 고구마를 지고 집으로 왔습니다.
• 안동 대곡분교 3학년 이용욱, 「고구마 캐기와 조 이삭 따기」, 1969.

온 식구가 밭에 가서 일한 것을 쓴 글이다. 일한 이야기를 쓴 글이니 일을 할 때 하는 말로 쓰는 것은 당연하다.

밀기 놀이를 하는데 이쪽 편에 셋이 저쪽 편에 셋이씩 하기로 하였다. 그래서 밀기가 시작되었다. 나는 밀기 시작하였다. 나는 밀기를 하다가 이런 생각을 하였다. 오늘 아침에 어머니께서 학교 하루만 가지 마라고 했다. 나는 학교 가야 된다고 하였다. 나는 아침밥을 먹고 엄마 몰래 왔다. 나는 이런 생각을 하다 보니 밀기 놀이는 우리 편이 졌다. 나는 다시 힘차게 밀었다. 그래다 보니까 땡땡 하고 종을 쳤다.
• 문경 김룡초등학교 4학년 황영란, 「쉬는 시간」, 1972.

여기서는 -께서를 썼다. 쓰지 말아야 하는데, 교과서에서 읽은 글의 영향에서 벗어나도록 하는 지도가 없었기 때문이다.

우리 아버지께서는 연탄공장에 다니신다. 벌써 마흔 살이 되신 아버지께서는 저녁에 집에 오시면 피곤한 듯 허리를 두드리고 저녁을 잡수시면 곧 잠들어버리신다. 이럴 때마다 나는 걱정이다.

재작년 일이다. 어느 날 선생님께서 미술 준비할 것을 말씀해주셨는데 돈이 좀 많이 들어야 했다. 나는 아버지께서 들어오시면 돈을 얻어서 미술 준비를 하리라 생각하고 있다니까 아버지께서 돌아오셔서 끙끙 앓으셨다. 미술 준비보다 아버지에 대한 걱정이 앞섰다.
• 문경 중앙초등학교 6학년 서영숙, 「아버지가 하시는 일」, 1968.

좀 긴 글의 첫머리다. 이 글에서는 죄다 -께서를 붙였다. 역시 입으로 하는 말을 쓰도록 하는 지도를 받지 못한 아이라 볼 수밖에 없다.

우리 아버지께서는 매일 나만 공부를 열심히 하라고 하신다. 그래서 나는 울면서 공부방에 들어가 공부를 한다. 아버지가 없으면 놀러 갈 텐데, 하고 생각하기도 한다. 내가 책을 읽다가 문을 사르시 열어보고 아버지가 없으면 놀러 간다. 아버지께서 집에 들르시면 문을 열어보시고 내가 없으면 또 나를 불러 공부를 시킨다.
어떤 때에는 일을 시킨다. 나는 일을 하기가 싫어서 아버지가 없으면 놀다가 와서 시르시 많이 했는 것처럼 일을 한다. 그러면 아버지가 보시고 이제 그만 해라 하시며 공부하러 가라고 하신다. 나는 또 공부를 하기 싫어서 방에 들어가서 혼자서 앉아 논다.
아버지가 어디 먼 데 가시면 좋겠다. 나는 놀고 싶은데 아버지께서는 먼 데 조미(좀처럼) 안 가신다. 어떤 때에는 아버지가 먼 데 가신다. 그래서 나는 나가서 재미있게 논다.
• 안동 길산초등학교 4학년 박주진, 「아버지」, 1978. 7.

이 글에는 "아버지"란 말이 9번 나오는데, 그중 3번은 -께서를 썼고, 6번은 안 썼다. 말을 어떻게 해야 하는가를 잘 모르고, 자기 말에 대한 자신이 없다고 볼 수도 있고, 정서가 안정되어 있지 않다고 볼 수도 있다. -께서뿐 아니고 다른 존대말도 쓰다가 안 쓰다가 했다.

며칠 전 할아버지께서 돌아가셨다는 소식을 듣고 아버지 어머니께서 개곡에 가셨다. 가고 나니 기분이 좀 언짢았다. 밤에 잘 때도 그랬다. 작은할아버지께서 돌아가셨다니…… 어제까지만 해도 멀쩡하던 할아버지께서 돌아가셨다니 믿어지지 않았다. 가천 후생당약국에 빠짐없이 지게를 내려두고 약을 사고 계시는 할아버지가 눈앞에 아른거린다. 작은할아버지, 여기 있는 우정이는 할아버지께서 천국에 가시기를 하느님께 기도 드릴게요. 할아버지!
　"사람은 올 때 빈 손으로 오고, 저승에 갈 때도 빈 손으로 간다"는 할아버지의 말씀이 아른거립니다. 할아버지, 고이 잠드세요.
　• 성주 대서초등학교 6학년 박우정, 「작은할아버지의 죽음」, 1984.

이 글에는 –께서를 알뜰히 붙였다. 80년대에 들어오면 아이들의 글도 교과서의 영향을 더욱 많이 받게 된다.

　오늘 아버지께서, 우리 바둑이가 낳은 강아지가 부엌 속으로 들어가서 방구들 밑으로 가서 강아지가 나오나 보러 가셨다. 그러나 강아지는 나오지 않았다. 아버지는 강아지가 왜 이렇게 안 나오나 보러 가셨다. 그런데 방구들 밑에서 강아지의 울음 소리가 들렸다. 그래서 아버지께서는 우리 집 바둑이를 방구들 밑으로 들어가라고 바둑이가 들어가도록 바둑이의 엉덩이를 밀었다. 바둑이는 방구들 밑으로 들어갔다. 그렇지만 강아지를 데리고 나오지 않았다. 아버지는 방구들 밑으로 들어가는 곳을 보셨다. 강아지는 바로 그 앞에 앉아 있었다. 아버지께서는 강아지를 손으로 꺼내셨다. 강아지는 새까맣게 되어 있었다. 우리는 웃었다.
　• 성주 대서초등학교 2학년 여동기, 「강아지」, 1985.

–께서를 쓰려고 애썼다. –께서를 써야 칭찬받는 글이 된다고 알았겠

지. 그러나 이 글도 -께서 때문에 싱싱한 말맛이 반은 줄어버렸다.

　할머니께서 심부름을 시켰습니다. 송아지가 아팠습니다. 아빠도 심부름을 하였습니다. 나도 걱정이 되었습니다.
　　• 성주 대서초등학교 1학년 최경헌, 「소」, 1985.

이렇게 1학년부터 -께서를 쓰고 있다. 그러나 모두가 다 이렇게 쓰는 것은 아니다. 더구나 저학년 아이들은 -께서를 안 쓰는 아이가 더 많다.

　할머니가 죽었습니다. 울었습니다. 사람들이 많이 왔습니다. 엄마 아빠도 울었습니다.
　　• 성주 대서초등학교 1학년 이종원, 「할머니」, 1985.

1학년이고 6학년이고 진정에서 우러나는 말을 쓰는 글에서 -께서가 나올 수 없겠지.

　엄마가 대구에 가서 잠바를 사왔다. 나는 기분이 좋았지만 내가 입으면 다른 사람이 숭볼까 파이었다. 학교에 갈 때도 부끄러워서 못 갔다.
　　• 성주 대서초등학교 3학년 류영희, 「새 옷」, 1985.

예의 바른 듯 꾸며놓은 말은 머리로, 꾀로, 계산으로 쓰는 것이다. 그러나 순박한 말은 순박한 삶과 마음에서만 나오는 것이다.

　우리 어머니는 우리가 텔레비전을 보는 것을 싫어하신다. 일도 안 하고 공부도 안 한다고 우리가 텔레비전을 보면 화를 내신다.
　그래도 우리는 텔레비전을 하루도 빠뜨리지 않고 계속 본다. 어머니는 만날 우리가 텔레비전을 볼 때마다 텔레비전이 원수다 하고 말씀하시곤 한다.
그래서 나는 텔레비전을 안 보도록 노력해야겠다.
• 성주 대서초등학교 6학년 성은주, 「텔레비전」, 1985.

이렇게 6학년 아이들도 -께서를 안 쓰는 아이들이 있다. 그러나 아무래도 -께서를 쓰는 아이들이 안 쓰는 아이들보다 많다는 것은 말할 나위가 없다. 그리고 쓰다가 안 쓰고, 안 쓰다가 쓰고 한 글도 흔히 나온다.

우리 아버지는 살이 많이 찌셨다. 그러나 요즘에는 걱정이 많으시다. 지난번에 바람이 세게 불 때, 밤 열한 시가 되어서 집으로 돌아왔다. 아버지도 지쳤고 어머니도 지친 모습을 보니 농사라는 것이 이렇게 어렵구나 하는 것을 절실히 느꼈다. 그리고 다음날은 비닐이 까진 곳은 새로 덮고 줄로 이리저리 감았다. 아버지께서는 모판을 나르셨다. 어머니께서는 "내일은 참외를 따야 할 텐데" 하셨다.
아침이 되었다. 나는 학교로 가고 아버지와 어머니께서는 논으로 가셨다. 내가 학교 갔다오니까 언제 참외를 따서 박스에 담아놓으셨다. 나는 어머니께서 하신 말씀이 생각났다. "공부 열심히 해라" 하셨다. 나는 크면 농사는 짓지 않을 것이다.
• 성주 대서초등학교 6학년 여윤동, 「아버지와 어머니」, 1984.

이 글은 처음에는 -께서를 안 쓰다가 뒤에 가서 썼다. 좀 드문 보기다. 이 글에 나타난 것 같은 글쓴이의 마음가짐이 이렇게 나타난 것 아닌가 하는 생각이 든다.
이렇게 해서 90년대가 되면 거의 모든 아이들이 -께서를 쓴다.

어머니께서 교통사고를 당하셨다. 얼마 전에 생긴 일이다.
어머니께서 교통사고를 당하신 까닭은 용달차가 중앙선을 침범해

아버지 차와 부딪치려고 하는 찰라 아버지께서는 피하려고 다른 차와 부딪쳐버렸다.

- 창원 북면초등학교 4학년 배재익, 「교통사고」, 어느 어린이신문, 1994. 2.

2월에 할아버지께서 돌아가셨다.

아빠, 엄마, 할머니, 고모, 나 여러 식구들이 슬프게 울었다. 그런데 동생 나영이는 웃고 있었다. 나는 나영이가 왜 웃고 있는지 알 수가 없었다. 할아버지께서 우리를 사랑하시고 좋아하셨는데……

나는 나영이를 때리고 싶지만 할아버지께서 보고 계실까봐 못 때렸다.
"나영아, 너는 왜 웃고 있니?"
라고 말하고 싶었다.

할머니께서 오래도록 울음을 그치지 못하셨다. 할머니께서는 우리 집에서 며칠 계시다가 가셨다. 다음 크리스마스 때 또 오신다고 하셨다. 할아버지께서 다시 태어나셨으면 좋겠다.

- 오금초등학교 2학년 이복건, 「할아버지」, 어느 어린이신문, 1994. 2.

이와 같이 거의 모든 아이들이 -께서를 써야 글이 되는 줄 알게 되었다.

지금까지 보기로 든 아이들의 글에서 -께서를 쓴 경향을 대강 정리하면 다음과 같다.

1. -께서를 쓰게 되는 것이 해가 지날수록 더해졌다.
    ㄱ. 50년대, 60년대까지는 거의 쓰지 않았다.
    ㄴ. 70년대부터 쓰게 되어 80년대에는 널리 쓰게 되었다.
2. 저학년보다 고학년에서 더 알뜰히 쓴다.
3. 농촌 아이들보다 도시 아이들이 더 알뜰히 쓴다.

4. 시험 공부를 잘 하고, 교과서의 글을 잘 익히고 따라서 쓰는 아이가 더 알뜰히 쓴다.
5. 글을 말하는 대로 쓰게 하면서 삶을 가꾸는 교육을 하는 학급에서는 잘 안 쓰거나 덜 쓴다.

그러면 이 -께서를 왜 쓰게 되는가 살펴보자. 앞에서도 말했지만 이 -께서는 입말에서 쓰지 않는 글말이다. 이런 글말을 아이들이 자꾸 쓰게 되는 까닭은 위에서 들어놓은 것과 같이 교과서 때문이고, 학교의 국어 교육의 강압으로 이 말을 쓰게 하는 것이다. 더구나 자기 말로 자기 삶을 표현해야 할 글쓰기에서 이와 같이 자기 말이 아닌 말을 써야 하고, 어른들이나 쓰는 글말의 질서를 강요당하고 있다. 이는 아이들을 정직하고 순박하게 키워가는 참된 사람교육이 아니라 겉모양 꾸며 체면 세우고 머리와 논리로 재고 계산하는, 고약하게 약은 사람을 만드는 잘못된 교육이라고 하지 않을 수 없다.

그러면 교과서에서 -께서를 어떻게 쓰고 있는지 알아보자.

- 선생님께서 들려주시는 동시를 잘 들어봅시다. 그리고 그 장면을 생각해봅시다.

이것은 교육부가 지어서 1992년에 발행한 초등학교 국어책 『말하기·듣기』에 나오는 말이다.

- 아버지께서는 매일 아침 골목 청소를 하신다. 오늘은 나도 나가 보았다.
  휴지, 낙엽, 지푸라기 들이 널려 있어서 골목이 지저분했다. 내가 버린 과자 봉지도 있었다. 아버지께서 보실까 봐 얼른 과자봉지를 주웠다.

이것은 같은 국어책 『읽기』에 나오는 글이다. 이와 같이 초등학생들이 공부하는 책은 1학년 것부터 "선생님" "아버지" "어머니" 다음에 반드시 -께서를 붙여놓았다. 이러니까 아이들이 쓰는 글이 말과는 달리 씌어지지 않을 수 없다. 더구나 이런 교과서로 시험 문제를 내니까 우리 말이 교과서의 글을 그대로 따라가게 되는 것이다.

국어책 『읽기』에는 「어머니」란 제목으로 시가 나오는데, 그 전문이 이렇다.

어머니
그때
어머니께선
웃고 계셨어요.

내 사진첩 속
그 사진을 보시곤
빙그레 웃고 계셨어요.
그때
어머니께선
울고 계셨어요.
내가
입원실 침대 위에
누워 있을 때,
남몰래
울고 계셨어요.

어머니의 눈물로,
어머니의 웃음으로

나는 자라났어요.

　이렇게 시에서까지 -께서를 쓰고 있다. 아이들에게 존대말을 가르친다고 시 작품에까지 -께서를 썼으니 어이가 없다. 시는 가장 살아 있는 말을 쓰는 글이다. 살아 있는 말이란 바로 입으로 하는 말이다. 글에서나 나오는 말, 아이들이 하지 않는 말을 아이들이 말한 것처럼 쓴 글이 무슨 시가 되는가? 그것은 죽은 말이요, 죽은 시다.
　교과서의 글은 얼마든지 들 수 있지만 이쯤 해둔다. 아무튼 교과서는 아이들에게 -께서를 아주 기계같이 쓰도록 가르치고 있고, 그래서 아름다운 우리 말을 꼴사납게 만드는 노릇을 하고 있다. 그래도 아이들에게 높임말을 알뜰히 쓰도록 하는 것은 예의를 다하고 교양을 갖추고 품위를 지키도록 하는 교육이 되지 않겠나 하고 생각하는 사람이 있을는지 모르겠다. 이런 사람을 위해 이번에는 우리 문학작품에 이 말이 어떻게 나오는가 알아보자.

　　나는 사십이 넘은 지금도 어머니가 옆에 계시면 좋고, 어머니가 손으로 내 머리를 슬슬 만져주시면 말할 수 없는 행복을 느낀다.

　이 글은 요즘 버릇없이 자라난 사람이 쓴 글이 아니다. 지금부터 약 60년 전에, 목사이자 소설가였던 전영택이란 분이 쓴 「어머니」란 수필에 나오는 한 구절이다. 이런 어른들도 어머니께서라 하지 않고 "어머니가"라고 했다. 그런데 우리는 이 글을 읽고 이분이 어머니께 높임말을 쓸 줄 모르는 아주 무식하고 버릇없는 사람이구나 하는 느낌은 조금도 안 든다. 도리어 이분이 얼마나 어머니를 진정으로 생각하면서 잊지 못해 하는가 하는 느낌이 든다. 만약에 이 글에 어머니께서라 썼다고 해보라. 어머니에 대한 친밀한 정이 훨씬 덜해지고, 그저 머리로 만들어 쓴 글이란 느낌조차 들 것이다. 어른이 하는 말이 이러한데, 하물며 아이들 말이야 말할 나위가 없다.
누구나 잘 알고 있는 노랫말을 하나 들어본다.

아버지는 나귀 타고 장에 가시고
할머니는 건너 마을 아저씨 댁에
고추 먹고 맴맴
달래 먹고 맴맴.

할머니가 돌떡 받아 머리에 이고
꼬불꼬불 산골길로 오실 때까지
고추 먹고 맴맴
달래 먹고 맴맴.

아버지가 옷감 떠서 나귀에 싣고
딸랑딸랑 고개 넘어 오실 때까지
고추 먹고 맴맴
달래 먹고 맴맴

윤석중 선생이 지은 이 동요가 나온 지도 벌써 60년이 더 지났다. 이 동요에서도 '아버지께서' '할머니께서'라 하지 않고 "아버지는" "할머니는"이라고 했다. 만약 이 노랫말이 아버지께서, 할머니께서라고 되어 있다면 얼마나 어색하게 남의 말같이, 남의 노래같이 느껴지겠는가?
이번에는 이원수 선생의 동시「밤중에」를 보기로 하자. 이것은 약 50년 전에 쓴 것이다.

달달달달……

어머니가 돌리는
미싱 소리 들으며
저는 먼저 잡니다,
책 덮어 놓고.
어머니도 어서
주무세요, 네?

자다가 깨어 보면
달달달 그 소리.
어머니는 혼자서
밤이 깊도록
잠 안 자고 삯바느질
하고 계셔요.

돌리시던 미싱을
멈추시고
"왜 잠 깼니?
어서 자거라."
어머니가 덮어 주는
이불 속에서
고마우신 그 말씀
생각하면서
잠들면 꿈 속에도
들려 옵니다.

"왜 잠 깼니?
어서 자거라.

어서 자거라······"

이 시에서도 만약 "어머니가"를 어머니께서로, "어머니도"를 어머니께서 도로, "어머니는"을 어머니께서는으로 고쳐놓는다면 어찌 될까? 어머니를 생각하는 그토록 애틋한 정은 그만 간곳없이 사라지고, 예의를 차리기 위해 머리로 말을 만들어 썼다는 느낌조차 들어, 시의 맛이 영 나지 않을 것이다. -께서는 살아 있는 말이 아니기 때문이다.

그런데 -께서를 써놓은 교과서의 동시는 어찌 된 것일까? 그런 시가 어떻게 씌어졌을까? 그것은 아마도 교과서에 싣기 위해 일부러 그런 작품을 갑자기 주문해서 썼을 것 같다. 아니면 이미 발표된 어느 작품을, -께서를 넣어 고쳤을 것이다.

우리 말을 살려야 한다는 것은 살아 있는 말을 써야 한다는 것이다. 더구나 아이들에게는 살아 있는 말을 가르쳐야 한다. 따라서 -께서가 든 교과서의 글은 반드시 고쳐야 한다. -께서를 억지로 쓰게 하는 것은 어려운 한자말을 가르치는 것보다 더 큰 해독을 아이들에게 준다. 그것은 자연스럽게 나오는 말을 주저하게 하고, 눈치보는 태도를 기르고, 진정이 아닌 말, 입에 발라놓고 하는 말을 하도록 한다. 잘못 가르치는 말 하나가 우리 겨레의 정신을 흐리게 하고 성격을 비뚤어지게 한다는 사실을 예사로 보지 말아야 할 것이다.

21. 겨레말을 없애자는 어이없는 망언
― 박성래 씨의 「언어의 적자생존시대」를 읽고

되살아나는 민족반역자

윤치호라면 세상이 다 아는 친일파의 우두머리다. 이동치호(伊東致昊)가 왜정 때 어떤 짓을 했는지를 아직도 모르거나 좀더 분명히 알고 싶은 사람은, 친일 무리들의 이야기를 적어놓은 책이 요즘은 몇 권 나와 있으니 잠시 책방에 가서 찾아보면 될 것이다. 그래 여기서는 다만 내가 처음으로 '이동치호'란 이름을 신문에서 읽었던 이야기나 적어놓고 싶다.

그때가 1945년 가을이었다고 생각하는데, 그러니까 왜놈들이 이 땅에서 쫓겨 나간 바로 뒤였다. 시골에 있던 내가 하루는 어쩌다가 들어온 신문을 읽게 되었다. 그 신문이 무슨 신문이었던가도 분명하게 기억이 나지 않지만 아무튼 어느 날 신문에 「伊東致昊 문패 옆에 '이똥치오'」란 제목으로 다음과 같은 내용의 기사가 실려 있었다.

××동 골목에 있는 尹致昊란 사람 집 대문에는 아직도 '伊東致昊'란 문패가 버젓하게 붙어 있다. 그런데 얼마 전 누가 그랬는지 그 문패에다가 똥을 잔뜩 발라서 철갑을 해놓고, 그 옆에 커다랗게 '이똥치오'란 글자를 쓴 종이를 붙여놓았는데, 여러 날이 지난 아직도 그 똥을 치우지 않고 있다.

나는 그때 이 기사를 보고 비로소 윤치호란 사람이 친일파였다는 사실을 알았고, 왜놈들한테 빌붙어서 온갖 못된 짓을 하면서 우리 백성들을 괴롭히던 반민족의 무리들이, 이제는 그 백성들에게 놀림감이 되어 있는 것을 얼마나 시원스럽게 여겼는지 모른다.

그런데 그 "이똥치호"가 반세기가 지난 오늘에 와서 웬일로 당당한 근대화의 선구자로 이 땅의 신문에 살아 나왔다면 누가 믿겠는가? 더구나 그것도 진보를 소리 높이 외치는 신문에서 말이다.

지난 11월 24일치『한겨레』는, 외국어대학교 인문대학장이고 과학사를 전공하는 박성래 씨가 쓴「언어의 적자생존시대」란 글을 실었다. 그 글 첫머리에는 우리 나라에서 처음으로 서양말을 배워서 미국 공사의 통역을 한 사람으로, 그래서 우리 나라의 근대화를 늦게나마 재촉한 선각자로 윤치호를 소개해놓은 것이다.

박씨가 쓴 그 글의 결론은, 우리 국민 모두가 영어를 할 줄 알아야 살아남을 수 있으니 우리는 영어를 제1외국어로 할 것이 아니라 제2국어로 해야 된다는 것이다. 요새는 참 별의별 일들이 다 일어나는 세상이기는 하지만 영어를 우리 말로 해야 된다니, 이건 너무나 어이가 없어 말문이 막힐 지경이다. 그렇잖아도 중고등학교에서 국어 시간보다 영어 시간이 더 많고, 우리 말이 자꾸 영어를 따라가서 겨레말이 아주 괴상한 꼴로 되어가고 있는 판인데, 영어를 또 하나 국어로 삼는다면 그 결과가 어떻게 되겠는가? 결과가 어떻게 되리라는 것은 박 씨가 누구보다도 잘 알고 있을 것이다. 그러기에 "언어의 적자생존"을 주장했고, "적자"라고 본 영어를 국어로 하자고 한 것이지. 두말할 것도 없이 영어를 국어로 하자고 하는 말은, 우리 배달말을 버리고 영어를 우리 말로 정하자는 말이다.

이는 우리 겨레의 말과, 그 말로서만 이어갈 수 있는 역사와 문화와 전통을 다 버리고 아주 미국의 식민지로 되는 것이 좋다고 하는 말이다. 어쩌다가 우리가 이 지경이 되었는가? 행정은 말할 것도 없이 입법이고 사법이고 재벌이고 군벌이고 언론이고 언제나 그 잘난것들(적자들)에게 속히고 당하기만 하여 도무지 믿고 기댈 곳이라고는 없던 우리 백성들이, 그래도 희망은 버릴 수가 없어 어떻게 해서든지 민주와 통일을 이룩해야 한다고 한 푼 두 푼 그야말로 피와 눈물로 모아 겨레의 신문이라고 만들었던 까닭이 그런 반민족의 논리를 싣자고 그랬던 것인가?

그렇게 엄청난 소리를 해놓았는데도 아직은 박 씨의 주장을 비판하는 글을 그 누가 썼다는 말을 못 들었다. 어떤 사람이 그 겨레의 운명을 좌우하는 중대한 말을 했는데도 아무도 그 말에 대꾸하는 사람이 없다면 이런 형편을 어떻게 봐야 할까?

세 가지로 풀 수 있을 것 같다. 첫째는 그 겨레가 모두 바보나 귀머거리일 경우이고, 둘째는 모두가 그 말에 공감하고 찬성하는 경우이고, 셋째는 하도 말이 말 같지 않아서 묵살하는 경우다. 이번 일은 그 어느 쪽일까? 설마 대학의 학장이란 높은 어른이 한 말이어서 감히 그 앞에서 말이 안 나오는 꼴은 아니겠지. 그런데 내 느낌은 불길하다. 세상 돌아가는 판이 좋게 보이지 않는다. 우리 칠천만 겨레가 앞으로 어찌 될까? 우리는 이제 아주 얼이 다 빠진 겨레가 되고 말았는가? 울 안에 갇혀 있는 비참한 동물같이 그저 무엇이고 던져주는 것이나 오감해서 넙죽넙죽 받아 먹기만 하면 되고, 그것이 행복이라고 태산같이 믿게 되었는가?

윤치호가 지금 살아 있다면 박성래 씨의 글을 보고 얼마나 기뻐할 것인가? "그러면 그렇지! 내가 얼마나 '선견지명'이 있었는가를 이제야 이 어리석은 백성들이 모두 깨달을 때가 왔다"고 할 것이다.

그리고는 아마도 『한겨레』에다 날마다, 요즘 어느 신문같이 신이 나서 영어 조기교육론과 제2국어론을 연재할 것이다. 그리고 '우리 나라를 아주 미국 코리아주로 만들어야 한다'고 큰소리로 외치면서 그 옛날같이 애국강연을 하러 부지런히 다닐 것이 틀림없다.

영어 국민 돼야 잘산다?

박 씨는 윤치호 다음에 일본사람 후쿠자와 유기치를 일본 근대화의 선구자로 들었다. 후쿠자와는 윤치호보다 더 앞서 서양말을 배웠는데, 윤치호가 영어 통역을 하던 때보다 20년도 더 앞서 영국에 갔단다. 그 무렵 일본에서는 서양말을 하는 사람이 백 명도 더 되었지만, 중국에서는 겨우 11명이 있었고, 한국에는 한 사람도 없었다. 이와 같이 영어를 하는 사람의 수에 따라 동양 세 나라의 과학능력과 근대화의 차례가 결정되고 말았다는 것이다. 이렇게 해서 제1차 국제화의 차례가 서양말 하는 사람의 숫자 정도로 결정되었지만, 지금 우리가 겪어야 하는 제2차 국제화의 차례는 국민 전체가 영어를 어느 정도로 자유롭게 말하고 쓰는가에 따라서 결정된다고 하면서 영어를 제2국어로 하자고 했다.

이런 논리는 아주 그럴듯해 보이고, 어떤 옆면에서 보면 분명히 그렇게 보이기도 한다. 그러나 이런 관점은 어디까지나 한쪽만을 본 것이고, 다른 더 중요한 쪽과 근본이 되는 면을 보지 못한, 애꾸눈에다가 근시안이라고 할밖에 없는 관측이다.

우선 "온 국민이 영어를 잘할 수 있어야 과학의 나라가 되고 근대화로 앞선 나라가 된다"는 말이 옳은가 생각해보자. 바로 우리 옆에 있는 일본은 과학이고 근대화의 잣대로 보면 앞선 나라라고 말하지 않을 사람이 없을 것이다. 그런데 일본 국민들은 일본말을 하면서 살지 영어를 지껄이며 살지는 않는다. 필리핀은 영어가 나라말로 되어 있지만 앞으로도 일본에 앞서리라고는 생각할 수 없다. 일본사람들이 쓴 글을 보면 서양말이 많고 한문글자도 많이 섞여 있다. 그것은 일본글자와 일본말에 결함이 있어서 그렇다. 일본사람들은 결함이 많은 말과 글자를 가졌지만 자기 것을 아끼고 소중히 여긴다. 그래서 한문글자를 빌려 쓰기는 하여도 많은 경우에 자기들 말로 그것을 읽는다.

또 영어를 비롯한 서양말도 조금씩 고쳐서 자기 나라 말과 잘 어울리게 해서 쓰고, 그러면서 글을 쓸 때는 서양말과 자기들 말이 잘 구별되도록, 서양말은 가타가나 글자로만 쓴다. 내가 보기로 일본의 힘은 결코 서양말 하는 국민이 많아서 생겨난 것이 아니다. 제 것을 잃지 않고 소중히 가꾸고 그것을 살려놓은 바탕 위에 서양 것을 가져와 제 것으로 삼았기 때문이다. 물론 일본도 서양을 너무 많이 받아들여 그 해독이 이만저만 아니다.

영어를 국어로 하고 있는 나라는 영국과 미국뿐 아니다. 아프리카에도 몇 나라가 있고, 남북 아메리카와 아시아에 다 있지만, 그 나라들이 모두 앞선 나라가 되어 국민들이 잘살지는 않는다. 잘사는 사람들도 있고 못사는 사람들도 있다. 미국의 흑인들은 잘산다고 할 수 있는가? 아무튼 영어를 잘해도 제 것을 갖지 못하면 남의 종살이 신세를 벗어날 수 없다.

남에 앞서 잘산다는 것은 어떻게 사는 것인가? 온 국민이 영어를 해서 과학이고 근대화고 가장 앞선 나라가 미국이다. 그 미국에 살고 있는 흑인이나 인디언들은 박 씨 같은 사람의 눈으로 보면 사람으로 안 보일 테니까 제쳐놓자. 그럼 백인들은 어떻게 살고 있는가? 미국의 백인들 가운데는 억만장자도 있지만, 한편 끼니를 잇지 못하고 잠잘 집도 없이 한데서 밤을 새우는 사람들이 얼마나 많은가! 걸핏하면 사람을 총으로 쏘아 죽이고, 국회의원이고 장관이고 하는 사람들까지 마약에 중독된 이들이 수두룩한 나라, 이런 나라가 지금 이 지구 위에서 가장 잘사는 나라로, 과학화 근대화로 죽자 살자 따라가고 싶어하는 모든 나라들이 쳐다보고 이상으로 삼아야 하는 나라라면 이것은 잘못되어도 한참 잘못된 일임이 분명하다. 더구나 이 미국은 지금 온 세계의 정치와 경제를 한 손에 잡고 스스로 국제경찰 노릇을 하면서, 한편으로는 사람을 죽이는 온갖 무기를 만들어 세계 각국에 팔아먹고 있다. 우리가 가야 할 길이 이런 나라로 가는 길인가? 이런 나라여야 할까?

여기서 내가 한 말이 믿기지 않는 사람도 있을 것 같아 신문에 보도된 통계자료 몇 가지를 적어놓는다. 이 자료만으로도 미국의 참 모습을 짐작할 수 있을 것이다.

① 미국인 10% 식생활 자선단체 의존

미국 인구의 10명 중 1명은 먹을 것이 없어 식생활을 자선단체의 구호급식에 의존하는 것으로 한 조사에서 드러났다. 미국 최대의 기아구제단체인 세컨드 하비스트가 주관한 이 조사에 따르면 이들 자선단체의 식품 구호를 필요로 하는 인구는 미국 전체 인구의 10%에 이르는 2천 5백 90만 명. 더구나 이 가운데 약 43%가 어린이들이어서 문제의 심각성이 지적됐다. 「서울신문」, 1994. 3. 4.

② 미국 인구 3천만 명 굶주려

세계에서 가장 부유한 나라로 부러움의 대상이 되고 있는 미국에서 초·중·고교생의 상당수가 제대로 끼니를 때우지 못하고 있는 것으로 『로스앤젤레스(LA) 타임스』 신문이 24일 보도, 충격을 주고 있다.

이 신문이 이날 실은 특집 '가난과의 전쟁'에 따르면 미국 인구 3천만 명이 굶주리고 있고, 그중 1천 2백만 명은 어린이며, 캘리포니아 주가 더욱 심하다는 것이다.

　미국 전체로도 직장을 가진 5명 중 1명은 빈곤선 이하의 보수를 받고, 초·중·고생의 4분의 1은 아침을 거르고 있으며, 저소득층 학생 4분의 1은 영양실조와 가난에 따른 빈혈 현상을 보이고 있다고 『LA 타임스』는 전하고 있다.

　LA 인근 중산층 지역인 웨스트 코비나 지역의 경우는 전체 인구의 연간 평균 수입이 5만 1천 달러인데 비해, 남편 없는 여자 가장의 가정 중 4가구당 1가구는 1만 4천 8백 달러 이하로 생계를 유지하고 있다.
『문화일보』, 1994. 11. 25.

③ 미국 '살빼기' 비용 한 해 3백 30억 달러
　　의학연구소 "비만증 어린이까지 확산" 경고

　비만증이 미국 어른 남자들은 물론, 어린이들에게도 전염병처럼 크게 번지고 있으며, 해마다 3백 30억 달러의 엄청난 돈이 다이어트 따위 체중조절에 쓰이나 별 효과도 거두지 못하고 있다고 미국 의학연구소가 지난 5일 경고. 이 연구소의 조사에 따르면 미국 여성의 35%, 남성의 31%가 비만이며, 살 빼기 운동 따위로 한때 체중 감소 효과를 보더라도 이들 중 대다수가 5년 내에 다시 본래의 체중으로 되돌아갔다는 것. 『동아일보』, 1994. 12. 8.

④ 세계 도시의 범죄 발생 건수
　　(산업기술정보원 정보자료실 자료제공)

　인구 1백만 이상의 세계 대도시 가운데 연간 범죄 발생 건수가 가장 많은 도시는 뉴욕으로 나타났다. 뉴욕은 우범지대인 할렘 가를 중심으로 마약·총기에 따른 범죄가 빈발해 하루 발생 건수가 2천 건에 이른다. 안개와 가랑비와 신사의 도시 런던도 범죄 발생에서는 뉴욕에 못지않다. 서울의 범죄 발생 건수(1991년 기준)는 하루 약 8백 50건으로 이들 두 도시의 절반 미만이며, 시카고·LA·상파울루와 비슷한 수준이다. (※ 세계의 도시에서 한 해 동안에 일어나는 범죄 건수를 그림표로 그려놓았는데, 여기서는 숫자만 적겠다.)

뉴욕	718,483
런던	713,945
필라델피아	368,570
시카고	314,179
서울	310,362
상파울루	305,589
LA	304,101
파리	298,287
서베를린	294,143
함부르크	275,027

『서울신문』, 1994. 3. 10.

⑤ 각국의 1인당 연간 쓰레기 배출량

세계에서 쓰레기를 가장 많이 버리는 국민은 미국인으로 1년에 720kg, 하루 평균 2kg씩 버리는 것으로 나타났다. 그다음 지역별로 유럽에서는 핀란드인이, 아시아에서는 한국인이 가장 많이 버리는 것으로 나타났다. 선진국이 쓰레기가 많은 까닭은 1회용품의 발달 따위로 분석됐다. 그러나 한국인이 일본인보다 훨씬 많은 쓰레기를 버리는 까닭은 무엇일까? (※ 각국의 1인당 쓰레기 버리는 양을 도표로 그려놓았는데, 여기서는 숫자만 적는다. 1993년. 단위는 kg.)

미국	720	일본	410
핀란드	620	영국	350
한국	560	독일	340

네덜란드	490	프랑스	320
노르웨이	460	체코	240
헝가리	450		

『서울신문』, 1994. 2. 26.

⑥ "백악관 보좌관 25% 마약복용"
깅그리치 의원 주장

다음 미국 하원의장에 내정된 뉴트 깅그리치 의원(공화당)은 4일 백악관 보좌관들의 4분의 1 가량이 현 직책에 임명되기 전 4, 5년간 마약을 복용한 일이 있다고 주장. 그는 이날 NBC-TV에 출연, 사법당국의 한 고위관리가 백악관의 보좌관 가운데 많게는 4분의 1 가량이 현직에 임명되기 전 4~5년간 마약을 사용한 일이 있는 것으로 판단된다고 자신에게 말했다고 전했다. 『동아일보』, 1994. 12. 6.

윤치호와 후쿠자와 유키치

여기서 윤치호와 후쿠자와 유키치를 견주어 볼 필요를 느낀다. 다 같이 영어를 남 먼저 배운 '선각자'인데, 한국의 윤치호는 민족을 등진 반역자가 되었고, 후쿠자와는 교육자요 사상가요 언론인으로 일본 국민이 높이 우러러보는 사람이 되었다. 왜 이렇게 다른가?

그 까닭은 이렇다. 국제사회에서 우리 나라와 일본은 그 처지가 서로 달라서 아주 반대가 되고 맞서는 자리에 있었다. 그래서 다 같이 영어를 배워서 근대화·과학화의 길을 가야 했지만, 우리는 제국주의 나라들에게 당하는 처지여서 어떻게 해서라도 침략을 받지 않고 주권을 지키려고 하자니 서양의 과학을 알 필요가 있었고 일본은 제 나라 힘을 길러 이웃 나라를 침략하기 위해 서양말이 필요했고 과학이 필요했던 것이다. 여기서 한국의 윤치호는 이런 우리의 처지와 사명을 제대로 알지 못했고, 알았다고 하더라도 끝까지 그 일을 해내지 못하고 변절해버렸지만, 일본의 후쿠자와는 그 일을 잘 해냈다. 후쿠자와는 군국주의나 제국주의자는 아니었다. 그는 의회 민주주의를 실현하고 싶어했던 사람이다. 그러나 그의 교육과 사상이 일본의 군벌과 제국주의가 뿌리를 내리지 못하게 하는 데는 아무런 노릇도 하지 못한 것이 아니라, 하지 않았다고 본다. 그것은 한국을 '정벌'하자고 주장했던 사이고 다카모리에 동정을 했다는 사실만으로도 잘 짐작할 수 있다.

대개 남 먼저 서양말을 배워서 서양 것을 받아들이고 싶어하는 사람들의 목표는 나라와 사람을 따라 세 가지로 나눌 수 있다. 그 첫째는 서양의 여러 나라들과 같이 자기들도 돈을 벌고 무기를 만들어 그런 제국주의 나라가 되고 싶은 경우이고, 둘째는 자주와 독립을 싸워서 얻거나 그것을 지키는 수단을 얻으려고 하는 것이고, 셋째는 자기들의 문화가 보잘것없는 것이라 느껴서 아주 서양문화 속에 녹아들어가 살고 싶어하는 경우다. 여기에서 일본의 후쿠자와는 첫째 갈래에 들어가고, 한국의 윤치호는 셋째에 들어간다. 그런데 둘째 갈래의 길을 걸어간 사람이 가장 훌륭한 사람이란 것은 말할 나위가 없다.

서양말이고 일본말이고 중국말이고 무슨 말이든지 남의 나라 말을 공부하려고 하는 사람은 자기 나라 말 공부부터 먼저 해야 하고, 자기 나라 말을 사랑하는 정신이 있어야 한다. 제 나라 말은 잘 모르면서, 제 나라 글은 쓰지 못하면서 남의 나라 말을 배우게 되면 외국을 숭배하게 되어 반민족의 길을 걸어가게 마련이다.

윤치호가 우리 나라를 문명개화시키려고 배워야 했던 남의 나라 말이 처음에는 영어였지만 그다음에는 일본말이었다. 그 결과는 그만 친일 반역의 길로 달려가고 말았다. 문명개화라면 영어고 일본어고 할 것이 아니라 무엇보다도 우리 한글을 모든 사람들이 읽고 쓸 수 있도록 하는 일을 해야 할 것 아닌가. 그래야 정치도 바로잡히고, 산업도 일어나고, 외국의 문물도 제대로 잘 받아들일 수 있고, 민주주의 나라가 될 것이다. 국민들이 제 나라 글자도 모르고 있고, 그러면서 어려운 한문이나 읽고 싶어하는데, 몇 사람만 서양말 배운다고 무슨 일이 되겠는가. 무슨 일이 된다면 나라 팔아먹는 일이나 되는 것이지.

윤치호가 일본말을 자랑스럽게 하면서 돌아다녔을 때는, 그 당시로 보아서 영국이나 미국보다 일본의 힘이 더 세다고 느꼈고, 그래서 조선말은 버리고 일본말을 우리 말로 하는 것이 우리 백성이 잘 사는 길이라고 보았기 때문이다. 생각해보라. 1941년 일본이 태평양전쟁을 일으킨 다음 한창 신명나게 남쪽으로 처나가서 필리핀, 인도차이나, 싱가포르까지 점령했다고 미친 듯 떠들어댈 때, 이 헐벗은 식민지 강산에서도 고무신 짚신 끌고 다니던 국민학생들까지 방방곡곡 일본깃대 흔들고 축하행진을 했고 대일본제국 만세를 불렀다. 그런 때에 외국말 배워 나라를 개화해야 한다고 주장한 사람들이 일본말이야말로 우리 겨레를 살리는 우리 말이 되어야 한다고 어떻게 생각하지 않았겠는가.

남의 것 부러워하는 병든 심리

"일본말을 '상용'해야 한다"고 떠벌리고 다니던 모든 친일파 무리들은, 우리 말 우리 글은 못난 백성들이나 쓰는 보잘것없고 부끄러운 말과 글이니 하루빨리 버리는 것이 슬기롭다고 생각했다. 마찬가지로 일본이 이 땅에 올라오기 전에는, 우리가 아라사 쪽에 붙어야 하나 일본에 붙어야 하나, 미국이나 불란서에 의지해야 하나, 하고 그 어느 기댈 나라만을 찾던 무리들은 저마다 그런 나라를 찾아 그 나라 말을 익히고 싶어했다. 윤치호의 선견지명은 이래서 영어를 가리키게 되었는데, 그 뒤에 정세가 달라졌고 이러다가는 안 되겠다 싶어 일본 쪽으로 돌아선 것이다. 만약에 박성래 씨 같은 분이 좀 일찍 태어나서 일제강점기에 교육자나 학자가 되어 있었다면 틀림없이 일본말을 우리 국어로 하자고 용감하게 주장했을 것이다. 이럴 경우 나는 박씨가 지난날 우리 나라에서 귀신 같은 재주를 가졌다는 최남선이나 이광수 같은 사람보다 더 환히 역사의 앞날을 꿰뚫어볼 줄 아는 슬기를 지닌 사람이었으리라고는 생각할 수 없다.

그리고 박 씨뿐 아니라 오늘날 이 땅에서 어린 아기들에게 영어를 가르치고 싶어하고, 모든 국민이 영어를 잘해야 우리가 앞선 나라로 된다고 하는 사람은 어떤 사람이든지 모두 우리 얼이 다 빠지고 서양 사람이 된 사람이다. 이 얼마나 무서운 일인가? 다리가 무너지고 비행기가 떨어지고 집이 쓰러지고 배가 불타는 일도 무서운 일이지만, 이것은 그런 일보다 백 배 천 배 더 무서운 비극이다.

말이 나온 김에 한문 얘기도 해두자. 윤치호는 일본말 배우기 전에 영어를 배웠고, 영어를 배우기 전에 한문을 배웠을 것이다. 한문을 배웠지만 그 글이 별 볼일 없다고 생각했거나 그보다 더 필요하다고 본 것이 서양말이었기에 영어를 배웠을 것이고, 다시 영어보다 일본어가 더 이롭다 싶으니 일본어를 배웠겠다. 한문에서 영어로, 다시 일본어로—이것은 윤치호의 경우지만, 일제강점기 학교 교육을 받은 거의 모든 우리 나라 사람들이 외국의 말과 글을 만나고 익히게 된 차례가 한문→일본어→영어, 이렇게 되어 있다.

아무튼 이래서 아주 옛날부터 우리 말은 무식한 사람이나 하는 말이고 우리 글은 기껏해야 아이들과 여자들이나 쓰는 글이 되고, 적어도 남의 나라 글 한 가지는 읽을 줄 알아야 유식한 축에 들어가고, 남의 나라 말을 한 가지쯤 지껄일 수 있어야 사람 대접을 받게 되었다. 오늘날 우리 말이 엉망진창이 되고, 엉망진창으로 되어 있어도 그 사실을 깨닫지 못하고, 깨달아도 고치려 하지 않던 까닭, 다만 소중한 것은 한문이고 한문 글자말이고, 괴상한 일본말법이고, 서양말과 서양말법이라고 모두가 여기게 된 역사가 이렇다.

내가 알기로는 학교 교육 받았다는 사람 치고 우리 말을 바로 쓰는 사람이 거의 없다. 이 뿌리 깊은 남의 것 숭배의 근원이 한문이다. 한문과 한문글자는 우리 역사의 암이요 벽이다. 한문은 우리 겨레의 얼을 빼놓았다. 세상에 제 것을 부정하고 깔아뭉개고 싶어하는 사람이 무슨 수로 사람답게 살아가겠는가? 오늘날 우리 사회의 모든 불의와 부정과 소름끼치는 끔찍한 사건들이 다 이 무서운 암 세포가 번져 나가서 겉으로 나타난 증세다.

그러니까 우리로서는 한문이 일본글이고, 일본글이 한문이다. 그리고 그것이 또 영어다. 지금 왜 영어조기교육을 외치는 소리가 한문교육을 부르짖는 소리와 함께 들려오는가 하는 까닭도 이래서 그 본색을 알게 된다. 결국 암의 뿌리를 뽑아내는 일, 한문글자를 몰아내지 않고서는 우리 겨레가 해방될 수 없고, 민주주의를 이뤄낼 수 없다는 사실이 분명해진다.

'적자생존'과 깡패 논리

박성래 씨가 주장한 논리를 두어 가지 더 따져본다. "국적에 관계없이 사람은 영어를 모르고는 사회 어느 곳에서도 중요한 몫을 하기 어려워질 것이다." 이 말이 옳은가?

박 씨가 한 말대로라면 앞으로 우리 사회에서 먹을거리를 만들어내는 농사일을 비롯해서 온갖 물건을 만들어내는 공장과 집을 짓고 다리를 놓고 하는 건설 현장에서 몸을 움직여 땀 흘리며 일하는 사람들이 하는 일은 중요하지 않는 것, 곧 하잘것없는 일이 된다. 차를 운전하는 사람이나 쓰레기를 치우는 사람은 말할 것도 없다. 만약 땀 흘려 일하는 모든 노동자들의 일이 사회에서 중요한 몫으로 인정받으려면 노동자들이 영어를 할 줄 알아야 된다. 과연 그럴까? 또 그렇지도 않다면, 앞으로 모든 사람이 영어를 지껄이게 되면 노동자가 없어도 사회가 잘 되어나간다고 보는 것이다. 과연 그렇게 될까? 그렇게 되는 것이 과학의 사회라고 박 씨는 믿는지 모르지만, 내가 보기로 그런 생각은 과학일 수가 없고 한갓 몽상이고 환상이고 기상(별난 생각)이다.

사람이 몸으로 일한다는 것은 그 목숨을 이어가는 데에 절대로 필요한 조건이다. 사람의 건강은 일을 해야 유지되고, 사람의 사회는 땀으로 이뤄지고 발전된다.

박 씨는 장래의 일로 말했지만, 이것은 바로 오늘의 사회에서 사람들이 하는 일의 가치를 보고 판단하는 태도라 할 수밖에 없다. 어떻게 이런 가치관이 생겨났을까?

　노동뿐 아니다. 내가 알기로 어느 나라든지 문학과 예술 분야에서 일하는 사람들은 자기 나라 말만 할 줄 알면 된다고 본다. 남의 나라 말을 알아 두는 것이 해로울 것은 없지만 반드시 알아야 하는 것이 결코 아니다. 그런데 박 씨의 주장은 어느 나라 사람이고 영어를 알아야 문학이고 예술을 제대로 창조할 수 있다는 말인가? 아니면 영어로 표현한 작품이 아니면 가치가 없다는 것인가? 그것도 아니라면 처음부터 문학이나 예술 따위는 사람에게 중요하지 않다고 본 것인가? "국적에 관계 없이 사람은 영어를 모르고는……" 하는 말은 상식으로 이해할 수 없는 말이다.

　또 박 씨는 말했다. "소수 민족의 언어는 자꾸 사라져간다. 마치 지구상의 생물이 자꾸 멸종해가는 과정과도 상통하는 자연적 현상이다" 하고.

　나는 이런 말도 긍정할 수 없다. 어떤 민족의 말이 어느 시기에 없어지는 수가 더러 있겠지. 그러나 그런 경우는 그 민족 자체가 이 지구 위에 살아남을 만한 얼을 가지고 있지 못했기 때문이다. 자기들의 말과 그 말을 알맹이로 한 모든 문화전통을 소중히 여겨서 그것을 자랑으로 생각하는 겨레가 어떻게 이 지구 위에서 그 자신들이 목숨같이 여기는 말을 버리고 남의 나라 종 노릇을 하겠는가? 더구나 우리는 비록 땅이 좁기는 하지만 인구가 7천만이 되는 겨레다. 우리는 오랜 역사와 빛나는 문화를 가졌고, 우리가 쓰고 있는 한글은 온 세계 사람들이 입을 모아 훌륭한 과학성을 지녔다고 찬탄하고 있다. 이런 문화민족이 가지고 있는 말과 글이 '적자'가 아니고 '부적자'라고 어떻게 생각할 수 있겠는가? 그래서 서양말을 우리 말로 삼아야 살아간다고 할 수 있는가?

　여기서 박 씨가 주장한 대로 우리 말이 약소민족의 말이어서 머지않아 사라질 운명에 놓여 있다고 해보자. 그래서 우리 말이 일본어나 영어에 잡아먹히게 되어 있다고 생각하면 어떨까? 하지만 이런 논리는 의심할 여지가 없이 파시즘의 논리요, 깡패들이나 주장하는 막된 이론이다.

박 씨의 말을 따른다면 우리 겨레가 36년 동안 일본제국의 종노릇을 한 것은 당연하다. 강자가 약자를 삼키는 것은 당연하니까. 총칼로 정권을 빼앗아가지고, 죄없는 백성들을 죽이는 짓도 나무랄 수 없다. 총칼이 제일이고 '적자'이니까.

이렇게 되면 교육자가 되어 있는 박 씨한테 물어보지 않을 수 없다. 만약에 학교 교실에서 한 학생이 깡패 노릇을 해서 그 학급사회를 움직이고 있다면 어떻게 해야 할까? 한 깡패학생이 여러 학생을 거느리고 언제나 폭력으로 다른 학생들을 억압하여 인권을 짓밟고 있다면, 그 학생들을 맡아 가르치는 교육자로서 어떻게 해야 하는가, 하는 문제 말이다. 사실 이렇게 주먹으로 움직이는 교실이나 학교는 내 경험으로도 아주 흔했다. 이럴 때 박 씨가 말한 '적자생존'이란 논리대로 한다면 깡패를 없앨 필요가 없다. 다만 영어 공부만 열심히 해서 점수를 많이 따도록 하기만 하면 교육자가 할 일을 다 하는 것으로 된다.

적자생존의 논리에는 정의고 양심이고 도덕이고 윤리고 사람다움이고 다 쓸데없다. 오직 강한 사람, 힘을 가진 사람만 살아남는 것이니 힘을 길러야 하는 것이 다시 더없는 교육의 목표가 되고 삶의 표적이 된다. 참으로 무서운 논리고 무서운 과학이다. 그러나 이것은 나같이 무식한 사람이 보아도 스스로 망할 수밖에 없는 길을 달려가도록 하는 말이다.

맺는 말

영어를 국어로 해놓고 우리 배달말이 살아남을 도리는 없다. 이것은 토끼가 사는 우리 안에 늑대를 넣어서 함께 살게 하자는 수작이다. 금붕어나 버들치가 들어 있는 어항에 메기나 가물치를 넣어 함께 기르자는 속셈이다. 이는 우리 말을 아주 말살하자는 것이다. 언어의 적자생존시대가 왔다고 하는 과학자가 배달말과 영어를 같은 우리 말로 해서 공존할 수 있다고 믿을 턱이 없다.

그러나 서양 문물에 눈이 멀어 겨레의 피요 염통이요 목숨인 말을 없애자고 하는, 이 물질과 돈과 권력을 숭배하는 반역의 논리에 분노하는 젊은이들이 아직은 이 땅에 숱하게 있다는 것을 나는 믿는다. 이 젊은이들이 살아 있는 다음에는 결단코 이 땅을 서양이고 일본이고 남의 식민지로 넘겨주지 않을 것임을 나는 태산같이 믿는다.

제2장 말과 글, 어떻게 살릴까요

1. 우리 말 살리기, 무엇을 합니까

회보 『우리 말 우리 글』 제1호에 글을 쓰신 채안기 선생님이 다음과 같은 편지를 보내 왔습니다.

이오덕 선생님께

늘 수고가 많으십니다. 보내주신 『우리 말 우리 글』은 잘 보았습니다. 제1호의 내용 중 동의하기 어려운 점을 다음과 같이 알려드립니다.
(가) 틀렸다고 생각되는 곳
  • 1쪽 19줄 소귀에 경 읽기 (→쇠귀에 경 읽기)}
  • 11쪽 8줄 대학교수님도 (→대학교수도)}
(나) 많은 사람이 쓰고 있어, 우리 말로 굳어진 말이나 적당한 우리 말이 없는 말로서, 이상하지 않은 말은 그냥 쓰는 것도 나쁘지 않으리라고 생각됩니다. 보기를 들면,
  ② ⓛ고객, 박차, 미소 ⓒ미래, 특히, 그럼에도 불구하고 ⓔ불린다 ⓜ접해서 ⓗ입구, 역할, 수속, 취급, 보다(어찌씨) ⓢ조깅, 레크리에이션, 캠핑
  ③ ㉠접한다, 불린다 ⓛ산문, 생명, 인간, 파괴

④ 접한다. 불린다.

함께 고생은 못 하면서, 이런 글이나 보내서 참말로 송구합니다.

1993년 7월 20일

채안기

〈회답〉

채 선생님께

　좋은 글을 써주시고, 또 회보에 대해 깊은 관심을 가져주셔서 고맙게 생각합니다. 그런데 채 선생님 의견을 따르면 우리 말 살리는 일을 할 필요가 없게 됩니다. 편지에서 쓰신 내용에 대해 대답해봅니다.

(가) ㉠"소귀에 경 읽기"를 "쇠귀에……"로 써야 한다고 하셨는데, 그렇게 주장하는 근거가 어디 있는지요? 표준말이 '쇠귀'라면 표준말 자체가 잘못되었습니다. 우리 말은 '소귀' '소똥'이지 '쇠귀' '쇠똥'이 아닙니다.(『우리 글 바로 쓰기 1』, 350쪽〔제2판 327쪽〕보실 것.)

㉡"대학교수님"이라고 쓰면 어째서 틀리는 말이 되는지 도로 묻고 싶습니다.

(나) 여기에서는 우리 말 바로 쓰기 기준 전반에 대해 생각을 달리하시는 듯합니다. 그런데 ①많은 사람이 써서 우리 말로 굳어졌고, ②적당한 우리 말이 없고, ③이상하지 않은 말이라 하셨는데, 제가 보기로는 ①지식인들이 쓰는 글말에서는 굳어졌을 테지만, 일반 백성들의 말에서는 아직도 굳어지지 않은 것이 더 많습니다. ②적당한 말이 없다니 무슨 그런 당치도 않은 말을 하시는지요? ③고객, 박차, 미소…… 이런 말들이 이상하지 않다는 것은 글 속에 빠져 있는 사람들의 느낌인 줄 압니다.

이 (나)에 대해서는 뒷날 다른 자리가 있으면 더 자세히 쓰고 싶습니다. 아무튼 회보 제1호에서 밝혀놓은 기준을 찬성하지 않으시면 '우리 말 살리는 모임'에 참여할 필요가 없습니다. 모두가 다 그렇게 쓰는데, 모두가 그렇게 사는데…… 이래서는 우리가 할 일이 아무것도 없는 줄 압니다. 부디 다시 잘 생각해보시기 바랍니다.

1993년 8월

2. 단조로운 서울 말이 우리 말 발전 막아

선생님, 어제 책 받았습니다. 책을 받고 선생님이 무리하시는 게 아닐까 걱정이 되었습니다. 오늘 낮 동안 1·2·5권을 읽었습니다.

지난번 『우리 글 바로 쓰기』를 아랫마을 규창이네 아버지가 굉장한 책이라고 감탄하면서도 한 가지 한자말을 우리 말로 고친 부분에 대해 아쉽다고 했습니다. 예를 들어 '참신하다'를 선생님께서 '새롭다' '새로운'으로 하셨는데, 규창이네 아버지는 우리 말 '새뜻하다'를 말하더군요. 저도 규창이네 아버지 말에 공감이 갔습니다.

이번 글쓰기 교실 맨 첫째권 『신나는 글쓰기』를 내면서'에 나온 글을 읽으면서 다시 생각해 보았습니다. 저의 의견을 몇 가지 적어보겠습니다. 선생님께서도 그렇겠구나 싶은 부분이 있을 것입니다.

- 구체적으로 (→뚜렷하게)

보통 이런 말을 쓸 때 "낱낱이 들어" "하나하나 들어" 이렇게 쓰고 있는데, 선생님 생각은 어떠신지요?

- 근본적인 (→근본이 되는)

"바탕이 되는" "밑자리가 되는" 이외에도 '뿌리가 되는' '씨가 되는' 같은 말도 쓰이리라 생각됩니다.

- 서사문 (→겪은 일을 쓴 글)

"겪은 일"보다는 '살아온 이야기' '지내온 이야기' 하는 것이 더 낫지 않을까요? "지낸다"는 그냥 '지난다'와는 다른 뜻이며 많은 사연을 담은 말인 줄 압니다.

- 설명문 (→밝힘글)

경상도 사투리일지는 몰라도 '일러준다'가 맞지 않을까 싶습니다. 갱처 일러준다(되풀이 일러준다, 되풀이 설명해준다), 매나케 일렀는데도(알아듣게 단단히 설명했는데도)…… 이렇게 쓰고 있는 '갱친다' '매나케'가 깨끗한 우리 말인지는 저도 잘 모르겠습니다.
　이밖에도 요즘 '시모음' '글모음' 같은 것이 있는데, 잘못 쓰고 있는 게 아닐까요?
　'비빔밥'을 '밥비빔'이라 하지 않듯이 '시모음'은 '모둠시', '글모음'은 '모둠글'이라 해야 하지 않겠습니까? '디딤돌'도 '돌디딤'이라고는 하지 않거든요. '밥비빔' '돌디딤'이라 하면, 지금 밥을 비빈다, 돌을 디딘다가 되어 움직씨로 써야 하니까요. '모둠밥' '모둠손' '모둠쌀' 참 고운 말이지 않습니까.
　해방 직후에 표준말을 정할 때 누군가가 이곳 경상도 상주지방 말이 가장 깨끗한 우리 말이라 해서 표준말로 삼자고 했다는 말이 생각납니다.
　제 생각에도 상주는 반상(양반 상민)의 계급이 그다지 심하지 않아 좋은 우리 말이 잘 전해오고 있겠다 싶었습니다. 어느 곳이나 지금은 모두 흐트러지고, 깨끗한 우리 말은 없겠지요.

한자말이 너무 많아져, 그것 때문에 우리 말이 잊혀진 것이 안타깝기 그지없습니다. 더욱이 서울 말씨는 아주 단조로워 우리 말 발전에 큰 장애가 됩니다.

제가 건강하다면 이런 것 깊이 공부해보고 싶지만 엄두도 나지 않습니다.

보내주신 책 다시 고맙고, 부디 선생님 건강하셔서, 제 생각 같아서는 고향에 가서서 그곳 친지분들께 많이 대화를 해보시면 뜻밖에 좋은 우리 말을 다시 살릴 수 있지 않겠나 싶습니다.

이만 줄입니다.

1993년 8월 20일

권정생 올림

〈의견〉

권정생 선생님의 글—우리 말 바로 쓰기에 대한 몇 가지 지적에서, 저의 소견을 적어보겠습니다.

- 참신하다 (→새롭다)

『우리 글 바로 쓰기』에서 '참신하다'를 "새롭다" "새로운" 이렇게 한 것을 규창이 아버지가 "새뜻하다"로 쓰는 것이 낫겠다고 했다는데, 좋은 의견이었습니다. 그런데 이런 말은 쓰는 경우에 따라서 '새롭다' '새뜻하다'뿐 아니고 '산뜻하다' '깨끗하다' '시원하다' '말끔하다' 이렇게 여러 가지로 알맞게 말을 골라 쓸 수 있고, 그렇게 하는 것이 좋겠지요. 그래서 가령 "참신한 인물이 나오기를 바란다"고 할 때는 '새로운 사람이……' 하고 바꿔 말하면 될 것입니다. 『우리 글 바로 쓰기』 책 어디에 이 말이 나와 있는지 찾지 못해 이 이상 말할 수 없네요. 아무튼 규창이 아버지가 좋은 의견을 말해주셨습니다.

• 구체적으로 (→뚜렷하게)

『글쓰기 교실』첫째권『신나는 글쓰기』에서 '구체적으로'를 "뚜렷하게"로 고쳐서 썼던 것을 선생님은 "낱낱이 들어" "하나하나 들어" 하는 것이 좋겠다고 하셨습니다. 참으로 좋은 의견입니다. 우리 말은 이와 같이 우리 생각을 자세하고 분명하게 나타낼 수 있도록 되어 있고, 얼마든지 넉넉하게 쓰이는 말이 있지요. 그런데 걸핏하면 "우리 말로 쓸라니 알맞은 말이 없어" 합니다. 그래서 어렵고 뜻조차 막연한 남의 나라 글자말을 쓰지요.

다만 '구체적으로'를 "뚜렷하게"라고 쓸 경우도 흔히 있기는 합니다. "그저 막연하게 느낄 뿐이고 도무지 구체적으로 잡히는 것이 없다"고 썼을 때는 '구체적으로'를 "뚜렷하게"로 바꿔 써도 될 것입니다. 또 "구체적으로 말해주시오"라 하지 않고 "언제 어디서 무엇을 보았는지 말해주시오"라고 할 수도 있겠지요. 그러나 대체로 말하면 권 선생님 말씀같이 "낱낱이 들어" "하나하나 들어"를 가장 많이 쓰는 것이 좋겠다는 생각이 듭니다.

• 근본적인 (→근본이 되는)

'근본이 되는' 말고도 "밑자리가 되는" "뿌리가 되는" "씨가 되는"이란 말도 쓰이리라는 의견이었는데, 좋은 말씀입니다.

• 서사문 (→겪은 일을 쓴 글)

'겪은 일'보다는 "살아온 이야기" "지내온 이야기"라고 하는 것이 낫지 않겠나 하셨는데, '살아온 이야기'나 '지낸 이야기'는 서사문, 곧 '겪은 일을 쓴 글'의 한 가지로 보는 것이 좋겠습니다. 가령 아침에 막 교실에 들어온 아이들에게

"자, 이제부터 오늘 아침에 학교에 오면서 보고 들었던 일, 겪었던 일을 글로 써봅시다."

이와 같이 겪었던 일을 쓰자고 해야지, 살아온 이야기를 쓰자고 할 수는 없지요. 또 점심 시간이 지난 다음이라면, "아까 점심을 먹었던 이야기를 써보자"고 말해야 하겠는데, 이것도 점심 시간에 겪었던 이야기가 되는 것이지, 점심 시간에 살았던 이야기는 아니지요.

그러니까 살아온 이야기나 지내온 이야기는 좀더 많은 날들이 지나간 지난날의 이야기, 그것도 많은 날들의 이야기가 될 것입니다. 그런 것도 모두 겪은 일이지만, 아이들은 오늘 아침의 일, 방금 쉬는 시간에 있었던 일, 아니면 어제 있었던 일을 더 많이 쓰고, 또 마땅히 그렇게 해야 합니다.

- 설명문 (→밝힘글)

"일러준다"는 말은 널리 쓴 줄 압니다. 그런데 설명문을 "일러주는 글"이라고 하면 아이들이 그 뜻을 잘못 알게 되어 결국 설명문 지도에 지장이 있을 것 같습니다. '일러준다'는 말은 글이 그다지 없이 말만으로 살아가던 시대에 많이 쓴 말인데, 말 대신에 글을 쓰고 글을 읽게 된 오늘날에는 '밝힌다'는 말을 쓸 수밖에 없지 않을까 싶습니다. '밝힘글'이 어색하면, 그만 그대로 '설명하는 글'이라고 하든지요.

'갱처' '매나케'란 어찌씨는 영남에서만 쓰는 말인 줄 압니다.

- '시모음' '글모음'에 대하여

'비빔밥'과 같이 "모둠시" "모둠글"이라 해야 옳지 않겠나 하셨는데, 정말 그렇습니다. 그래도 '시모음' '글모음'이 아주 틀렸다고 잘라서 말할 수 있을지는 모르겠네요. 저도 그렇게 써왔습니다. 본디 우리 말에 있는 말법을 그대로 따랐다면 '모둠시' '모둠글'이라 해야 되었는데, 그걸 몰랐지요. 하다못해 '시모둠' '글모둠'쯤이라도 할 것이 아니었나 싶어요. 권 선생님은 "'비빔밥'이라 하지 '밥비빔'이라고는 안 한다"고 하시지만, '시모둠' '글모둠'이라고 하니 아주 자연스럽게 느껴집니다. 자연스럽게 받아들여지면 된 것이지요. '시모음' '글모음'도 우리 말을 제대로 모르고 글만 읽고 쓰다보니 쓰게 된 말이지만 이제는 제법 널리 쓰이고 있습니다.

지금이라도 '시모둠' '글모둠'이라 하든지, '모둠시' '모둠글'이라 하든지, 어느 쪽으로 정해서 쓰게 되면 모두 따라서 쓸 수도 있을 것 같습니다. 그다지 큰 문제는 아니지만, 낱말 하나 제대로 잘 살려 쓰는 일도 마음을 써야 할 것입니다.

1993년 9월 11일

3. '씌어진다'에 대하여

선생님, 안녕하십니까.

『우리 글 바로 쓰기 1』 개정판 3쇄를 읽고, 다음에 적은 글을 바로잡아 주었으면 하는 마음에서 이 편지를 드립니다.

① 264쪽 위에서 여덟째 줄〔제2판 243쪽 밑에서 일곱째 줄〕
   거기 씌어진 말들이 (→거기 쓰인〔거기에 쓴〕)
② 288쪽 밑에서 일곱째 줄〔제2판 268쪽 밑에서 다섯째 줄〕
   길이 들여진 버릇, 길이 들여진 말과 (→길이 든〔길든〕 버릇, 길이 든〔길든〕 말과)
③ 424쪽 위에서 열째 줄〔제2판 400쪽 여섯째 줄〕

아이들의 글이 제대로 씌어질 수 없다. (→아이들이 글을 제대로 쓸 수 없다.)

④ 426쪽 밑에서 아홉째 줄〔제2판 402쪽 아홉째 줄〕
농민들의 말이 글로 씌어질 수 있도록 한다. (→농민들의 말을 글로 쓰도록 한다.)

1993년 9월 16일

김병년 올림

〈회답〉

김병년 님께

저의 책을 읽어주시고, 편지까지 보내주셔서 너무나 고맙습니다. 지적하신 네 가지 중 세 가지가 모두 "씌어진다"는 말에 대한 것이었습니다. 이 '씌어진다'는 『우리말 사전』에 그대로는 안 나오지만 실제로는 널리 쓰는 말입니다. '문법'으로 따지면 '쓰인다'→'쓰이어(씌어)+진다'로 되어 입음꼴(피동형)이 겹으로 됩니다. 그러나 우리가 말을 할 때 '글이 잘 쓰인다'든지 '글이 잘 써다'고 하지는 않고 "글이 잘 써진다"가 아니면 "글이 잘 씌어진다"고 합니다. 왜 이렇게 쓰는가 생각해보면 '쓰인다' '쓴다'는 '쓴다'로 들리기 쉽기 때문에 저절로 '진다'를 붙여 쓰고 싶어하는, 사람들의 자연스런 심리에서 오는 것이 아닌가 봅니다. 저는 문법보다는 이런 자연스런 말의 현상을 더 소중히 여깁니다. 사실 문법이고 말법이란 것은 실제 쓰는 말을 따라서 정리하는 것이고, 그렇게 해야 되는 것이지요.

『우리말 큰사전』(한글학회)에서 보면 '쓰이다'란 말의 실제 보기를 들어 "오늘은 글이 잘 쓰여진다"고 해놓았습니다. 이것도 실제로 쓰는 말이기에 이렇게 들어놓은 것이지요. 그런데 '쓰여진다'보다는 '씌어진다'가 훨씬 더 많이 입에서 나오는 말로 되어 있을 것입니다.

이것은 '튼다'(사전에는 '트다')란 말을 보기로 들어도 같은 말을 할 수 있습니다. '트인다' '틘다'보다는 '틔어진다'를 더 많이 쓰는 것과 같습니다.

이제, 들어놓은 보기를 살피기로 합니다.

① '거기 씌어진'을 '거기 쓰인'이나 '거기에 쓴'이라고 하는 것이 옳다고 하셨는데, 제 생각으로는 어느 쪽을 써도 된다고 봅니다.

② 이것은 '길들인다'는 말의 경우입니다. '길든다' '길들인다' 이렇게 두 가지로 씁니다.

　　* 길든다, 길들고, 길들어……(제움직씨 · 자동사)

　　* 길들인다(남움직씨 · 타동사)

제가 쓴 글은 남움직씨인 '길들인다'의 입음꼴(피동형)로 쓴 것이고, 그렇게 쓰고 싶었습니다.

다른 말의 경우를 하나 들어보겠습니다.

　　* 물든다(물들고, 물들게, 물들지……)〔제움직씨〕

　　* 물들인다(남움직씨)→물들여진다

③ 첫머리에서 한 말과 같습니다.

④ '씌어질 수 있도록' 하는 것과 '쓰도록' 하는 것은 그 뜻이 조금 다릅니다. 그러나 내가 쓴 글에서는 그 어느 쪽을 써도 되겠다는 생각이 듭니다.

좋은 의견을 주셨는데, 회답이 이렇게 늦어서 미안합니다.

1993년 11월 13일

4. '먹거리'란 말을 써도 되는지요

안녕하십니까? 저는 한국교원대학교 국어교육과 2학년에 다니는 학생입니다. 선생님이 지으신 『우리 글 바로 쓰기 1 · 2』를 읽어보았습니다. 보통 때 그냥 흘려 쓰던 말들이 우리 말본에 맞지 않는 말이 엄청 많은 것을 보고 놀랐습니다. 그리고 '아, 그렇구나!' 생각하고, 평소에 제가 생각하던 것들과 같은 것도 있었고요.

그런데 그 가운데에 '먹거리'란 말이 우리 말본에 맞지 않는 말이라고 하셨지요. 저는 그 말을 언제 처음 들었는지 기억이 안 나지만, 좋은 말인 것 같아서 때때로 쓰곤 했거든요. 그래 선생님의 책을 읽고서 '우리 말본에 맞지 않는가……' 하는 생각을 하곤 했습니다. 그런데 며칠 전에 우연히 책 한 권을 보게 됐는데 거기 '먹거리'란 말이 나오더군요. 그리고 우리 말본에 틀리지 않다는 얘기도요. 제가 그 책에 있는 내용을 요약해서 들려드리기에는 너무 버거워서 그 말이 나온 부분을 함께 부쳐드립니다. 읽어보시고 도움이 되었으면 좋겠네요. 이런 얘기를 많은 사람들과 함께할 수 있으면 참 좋을 텐데요.

교육자가 되기 위해서 이 학교를 다니는 제가 선배 교사인 선생님의 책에서 참 많은 걸 생각하게 되었습니다.(교육에 관한 책 말입니다.) 고맙게 생각하고요, 선생님의 생각이 많은 사람들과 공감되어 '참 교육'이 하루빨리 이루어지면 좋겠습니다.

선생님, 가을로 가는 길목에서 항상 건강하시고 좋은 말씀 많이 해주시길 바랍니다. 안녕히 계십시오.

단기 4326년 8월 26일

배희자 드림

〈회답〉

참된 교육자의 길을 가려고 하시는 배희자 님의 편지를 받고 너무나 반가웠습니다. 더구나 우리 말에 관심을 가져서 내 책까지 읽으시고, 참고 자료까지 보내주시니 고맙기 말할 수 없습니다.

그런데 먹거리란 말에 대해서는 내가 여러 차례 그런 말을 써서는 안 된다고 글을 쓴 바가 있어서, 이제 여기서 또 무어라 쓰고 싶은 마음이 도무지 나지 않습니다. 보내주신 자료도 그런 것은 다 내가 가지고 있고, 새삼 읽을 생각도 없고 읽을 틈도 없습니다.

아주 요약해서 말하면 먹거리란 말은 우리 말에 없었습니다. 지식인이 만들어낸 말이지요. 우리 말은 '먹을거리'이고, '먹을거리'라면 다 됩니다.

왜 우리 말이 있는데 그것을 안 쓰고 별난 말을 만들어내어서 자꾸 퍼뜨리고 싶어하는가 하면, 누구나 잘 아는 말, 시골의 농사꾼도 잘 아는 말을 써서는 지식인들의 권위가 안 서기 때문입니다. 곧 지식 장사가 안 되기 때문입니다. 적어도 지식인들, 먹거리란 말을 만들어내고, 그것을 쓰고 싶어하는 사람들은 그렇게 생각합니다. 이것이 우리 나라 많은 지식인들이 가지고 있는 고질로 된 병통입니다.

우리 말을 책에서 배우려 하지 말고, 지식인들이 써놓은 글에서 배우려 하지 마십시오. 그러다가는 우리 말을 다 놓치게 되고, 우리 말을 스스로 짓밟게도 됩니다. 우리 말의 알맹이는 책을 읽지 않는 시골의 '무식한 사람들'이 하는 말에서 배우는 것이 가장 좋은 길이라는 것을 잊지 말아야 합니다.

주신 편지에 -었었다란 서양말법을 쓰지 않아 참 반가웠습니다. 부디 앞으로 우리 말을 잘 살려 써서 우리 아이들도 살리고 우리 겨레도 살리는 큰일을 해주시기 바랍니다.

1993년 11월 13일

5. 우리 말 공부를 하면서

이오덕 선생님께

저는 두 주 전쯤에 전화 드려서 상기된 목소리로 선생님의 글을 읽은 사람이라고 소개했던 일이 있습니다. 과천 9단지에 산다고 말씀드렸고, 난데없이 선생님의 종교생활까지 여쭈었습니다. 전화 예절이 없던 저의 거칠은 말과 태도를 용서하시기 바랍니다. 사실은 이 편지가 선생님께 쓴 세 번째 것입니다. 글을 선생님께서 가르치신 대로 쓰려니까 참 어렵더군요. 저도 어설픈 유식병 환자 노릇을 퍽 오래 한 편이고 해서 이런 일이 일어나나 봅니다.

제 이름은 민영기라고 합니다. 1986년에 대학을 마치고 미국에서 4년 반 정도 신학을 공부했습니다. 1987년에 결혼을 해서 아내와 같이 공부했습니다. 지금은 딸아이가 하나 있고, 새해에 또 한 아이가 태어날 것입니다.

저는 아직 목사는 아닙니다. 사랑의 교회라는 곳에서 대학생들 백여 명을 가르치고 있습니다.

고등학교 다닐 때부터 저는 국어 시간보다는 영어 시간을 좋아했습니다. 막연한 서양에 대한 호기심과 서양문물이 우월하다는 생각 따위에 사로잡혀서 지냈습니다. 마침 영어밖에 모르는 친구 한 사람을 사귈 기회도 있었습니다. 대학교 다닐 때 영어책을 더욱 가까이하게 되었는데, 그 까닭은 한국말로 써 있는 책들의 대부분이 미국책이나 유럽책들을 번역해놓은 것들이었기 때문입니다. 그 글을 읽으면서 씨름하느니, 차라리 원래 영어책을 보는 편이 훨씬 나았습니다. 이러고 나서 유학을 간 저는 한국말을 까마득히 잊고 지내는 지경에까지 이르게 되었습니다.

어느 날 우연히 선생님 책을 보게 되었습니다. 우선 지은이에 대해 소개한 글이 마음에 들었습니다. 무슨 박사니 뭐니 잔뜩 늘어놓고 그 안에 자신의 생각은 아무것도 없는 글에 너무 식상해 있던 터라 선생님에 대한 소개문은 참 좋았습니다. 선생님의 글을 읽으니까 초등학교 시절도 생각이 나고, 거기에서 친구들과 재잘거리던 기억까지 되살아났습니다.

위에서도 말씀드렸지만 저는 한국말로 어떤 사물을 정확하게 설명할 수 있다는 것에 대하여 상당히 의심을 품었습니다. 영어로 하면 아주 쉬운 말도 한국말로 하면 뜻이 묽어지기 쉽고, 어떤 경우에는 뜻도 비뚤어지게 되는 것을 보았습니다.

예를 들어서 신학에서 'redemptive history'라는 말이 있는데, 이것을 누군지는 모르지만 '구속사'라고 번역해놓은 것을 보았습니다. 'redemptive'는 'redemption'이란 이름씨에서 온 것인데, "사람을 죄에서 구해낸다"는 뜻입니다. 'history'는 역사니까 그것을 줄여서 '구속사'라 한 것입니다.

하지만 선생님 글을 읽으면서 "아, 이렇게 하면 되지" 하고 제 스스로 말하게 되었습니다. '구속사'라는 말도 '하느님께서 죄인을 구원하신 것을 볼 때'라고 하면 되지, 하고 생각해보았습니다.

그리고 선생님께서 보여주신 글과 삶 사이에 짜임새를 알려주셨을 때 저는 다시금 저 자신을 돌아보게 되었습니다.

그동안 설교말을 그럴듯한 말로 꾸미려던 저는 선생님 글 앞에서 너무나 부끄러웠습니다. 제대로 살면 비록 더듬거리더라도 제대로 말을 할 수 있다는 것을 이제야 깨달은 것입니다. 새벽녘까지 선생님 책을 붙잡고 웃기도 하고 (선생님께서 괴상한 잡지 이름이 왜 그 모양이냐고 물으신 것을 읽으면서요), 호되게 야단도 맞았습니다. 세 권을 다 읽고 나서 이제 저는 예전과는 조금은 다른 사람이 되어 있었습니다. 일요일날 선생님이 가르쳐주신 대로 더듬거리며 제가 선생님의 글을 읽고 느낀 것을 이야기해주었습니다. 추상된 말들로 눈부셨던 제 설교에서 이제는 쉬운 말로 제 사는 이야기도 곁들여서 했습니다. 아이들 앞에서 정직할 수 있었고 제 말이 끝났을 때 속이 후련했습니다. 아이들 앞에서 선생님 책을 내보이면서 이분이 나에게 이런 깨달음을 주셨다는 이야기도 했습니다. 꼭 읽어야 하는 책으로 정하고 아이들에게 권하고 있습니다.

이 편지는 제가 직접 선생님 댁 우편함에다가 꽂아두려고 합니다. 다시 읽어보면 말이 안 되거나 부자연스런 데가 너무 많아서 여러 번 더 쓸 것 같고, 또 그렇게 하면 저의 처참한 모습을 조잡하게 치장하는 결과만 가져올 것 같아서 그렇게 하기로 한 것입니다.

저는 앞으로 약 5년 동안은 우리 말 공부를 할 생각입니다. 선생님 책을 읽고 나서 다짐한 것입니다. 적어도 2·3년 동안은 읽고 쓰고 바르게 살고 해야 말다운 말, 글다운 글을 쓸 수 있을 것 같습니다. 저는 선생님께서 2·3년 뒤에 편지 받아보시고 "이 사람 무던히도 노력했구만"이란 소리를 듣고 싶습니다.

마지막으로 선생님께 여쭈고 싶은 것이 있습니다. 다른 여러 책을 읽다보니 뜻을 모르는 말들이 나와서 사전을 하나 사려고 합니다. 선생님 글에서 사전의 잘못된 점들을 지적하셨기에 선생님께 여쭈면 바른 사전을 추천해주실 것이라는 생각을 합니다. 어떤 사전이 좋은지 말씀해주십시오.

오늘 새벽에도 매봉산에 올랐습니다. 흐린 하늘에서 금방이라도 비가 내리칠 것 같았지만, 언제나 그 산은 저를 반겨주었습니다. 바삭거리는 소리를 내며 깊숙이 산속으로 들어가면 또 하나의 깨달음이 있습니다. 여지껏 우리를 배반하지 않은 것은 이 산뿐이라고요.

그동안 책 속에서(그것도 남의 나라 사상에 푹 젖어서) 지내온 긴 시간을 정리하고 구슬땀을 흘리며 찾아간 산은 저에게 많은 것을 가르쳐 줍니다. 내 손으로 일해보지도 않고 잘 차려진 상을 대한 지 30년이 넘은 저는 이제 삶이란 것을 도대체 어디에서 찾아야 할지도 모르고 지내온 것 같습니다. 어떻게 살면 잘 사는 것일까? 어떻게 하면 더 진실하게 살까? 사람을 사랑한다는 게 뭐냐? — 이런 따위의 질문을 책에서 찾지 않고 평범한 삶에서 찾고 그것을 쉬운 말(곧 제가 경험한 말)로 써보려니까 무척 괴롭습니다. 공중에 붕 떠서 지내는 것만 같습니다.

열 살도 다 못 채우고 죽어가는 자식을 둔 부모에게 '하느님의 뜻'이란 말을 들먹거릴 때마다 저는 '삶'을 배반하고 '글'을 배반하는 것 같아서 슬퍼집니다. 분명히 하느님이 계신 것은 믿는데, 그분이 삶에서 안 느껴져서 허우적대기도 합니다.

선생님! 저는 선생님을 존경하고 사랑합니다. 애쓰며 살겠습니다. 가끔 가다 정리 안 된 제 글도 보여드리겠습니다. 늘 건강하십시오.

민영기 드림

편지 끝에다가 붙여 씁니다. 민영기 님의 편지는 책 속에 빠져서 우리 말을 보잘것없는 것으로 여기고, 그래서 아주 잊어버리고, 우리 것을 부끄럽다고 생각해온 분이, 어떻게 다시 우리 말 우리 마음을 찾아 가질 수 있게 되었는가를 잘 보여줍니다. 민영기 님은 내 책을 읽은 때문이라고 했습니다만, 사실 내가 쓴 책은 너무나 모자라는 점이 많고, 잘못된 말이나 좀더 잘 써야 할 말이 많습니다. 글자가 잘못 찍혀 나온 것도 있고요. 여기서 생각되는 것은, 사람이 무엇을 깨닫고 배우게 되는 것은 반드시 훌륭한 책이나 스승을 만나야만 되는 것이 아니란 사실입니다. 보잘것없는 것을 만나도 우리는 얼마든지 배울 수가 있습니다. 다만 그 사람의 마음바탕이 착하고, 마음이 창조하는 몸가짐으로 열려 있을 때 그렇게 되는 것이 아닌가 싶습니다.

우리는 누구나 온전하지 못합니다. 서로 충고하고 서로 배우면서 살아가는 길밖에 없고, 더구나 우리 말 공부에서 그렇다고 봅니다.

민영기 선생! 편지 회답은 바로 이웃에 있으니 머지않아 만나서 많은 이야기로 하도록 하겠습니다.

1993년 11월 14일

6. 우리 말 어떻게 씁니까1)

1

이오덕 선생님께

아침저녁 제법 쌀쌀한, 운동하기 좋은 가을 날씨입니다. 평안하신지요? 책을 보다가 공부할 문제를 이 선생님께 알아보려고 전화를 했으나 통화하지 못해 글로 보냅니다. 『신동아』 10월호에 「국회를 개혁해야 한다」는 제목의 숙명여대 교수의 글이 있는데, 자세히 읽어보니 국회 개혁에 대한 방법은 좋은데, 8쪽 글에 '-적'이 자그마치 77번, '-화'가 24번 있고, 그중엔 "기본적 수구적"이란 어색한 표현이 있는가 하면 "기술화 전문화 다양화 복잡화" 네 번 연이어 나오는 곳도 있는데, 알고 싶고 이상하게 생각되는 점은 '-화'를 어느 때는 쓰고 어느 곳에서는 쓰지 말아야 하는지 알고 싶습니다.

『우리 글 바로 쓰기 1』 제4장 말의 민주화(1), 제5장 말의 민주화(2)에 '민주화'가 두 번 나오는데, 『우리 글 바로 쓰기 2』 113쪽〔제2판 124쪽〕에는 "'가시화'를 쓰지 말자"고 했고, 그다음 '온난화' '일원화' '형성화' '희화화'를 쉬운 말로 고쳐놓았습니다만, 이것이 '민주화'와는 어떻게 구별되는지요?

제가 『새누리신문』에 우리 말을 살려 쓰자고 투고한 뒤('투고'를 어떻게 써야 할까요?) 『새누리신문』을 보아도 글 쓰는 이들이 제 글은 읽지도 않았는지 하나도 나아진 흔적을 볼 수 없어요. 그래서 제가 아는 교수들에게 편지로 지적하고 좋은 반응을 보았으니, 학생들을 가르치는 교수들이나 학교 선생님들 글을 보고 기회 있을 때마다 편지를 보내려 해요. 국회 개혁 글을 쓴 숙대 교수는 모르는 사람이지만 글을 보내고 답을 기다려봅니다.

그런데 '-화'를 쓰는데 이해가 잘 안 되어 달마다 모이는 연구소에 가 공부하려 했지만 10월 모임에도 못 갈 것 같아요. 함선생기념사업회 모임이 그 무렵이어서요.

김조년 교수가 내는 『표주박통신』 1부 보냅니다. 거기 제가 하는 운동 순서가 나와 있는데, 운동하시는 데 참고될 곳이 있을지 모르겠어요.

그리고 김 교수 글에서 "적·화·성·에서의……"를 볼 수 없고 우리 말을 살리려 애를 썼는데, 더 쉬운 우리 말로 써야 할 곳이 있으면 밑줄을 쳐주시고 어떻게 고쳐야 할지 제가 연구소에 갈 때 알려주시면 공부하는 데 큰 도움이 되겠습니다.

제가 하는 운동 순서에(21번째) '냉수마찰'이 있는데 '찬물로 문지르기'라고 쓸 걸 잘못 썼어요. 그밖에 고쳐야 할 곳을 가르쳐주세요.

이 선생님 건강하시고 좋은 글 많이 써주세요.
1993년 10월 8일
노명환 드림

〈회답〉

노명환 선생님께

　진작 답장을 못 드리고 이런 자리에 몇 줄 적게 된 것을 용서해주십시오. 무엇보다도 선생님께서 우리 말을 살리려고 그처럼 애쓰시는 데에는 놀라지 않을 수 없고, 고맙고 기쁜 마음 가득하게 듭니다. 편지에 적으신 몇 가지 문제에 대해 제 의견을 다음에 대강 말해봅니다.

　① 무슨 -적이란 말은 아주 잘못된 일본말입니다. 그런데 이 말은 일제 때부터 글쟁이들이 워낙 많이 써와서 이제는 바로잡기가 아주 힘듭니다. 그러나 안 쓰겠다는 마음만 먹으면 다 됩니다. 하신 말씀같이 -적이란 말을 아주 어설프게 몇 낱이나 잇달아 쓰면서도 그것이 잘못되었는 줄 모르는 것은 참으로 한심합니다. 그런 괴상한 글을 쓰는 사람들이 이름난 문필가가 되어 있고, 그런 글이 명문으로 칭찬받고 있는 우리 글 문화가 서글프기 말할 수 없습니다. 그리고 그것이 잘못되었다고 말하면 이치에 맞지도 않는 온갖 변명을 합니다. 지금까지 써놓은 글, 지어놓은 책을 모두 고치기가 귀찮고, 그런 손해볼 짓은 못 하겠다는 것이지요. 이런 가운데 김조년 교수님이 노 선생님의 충고를 고맙게 받아들여 지금까지 써온 -적이란 말을 모두 고쳐 쓰셨다는 지난번 편지를 읽고 이런 분도 있구나 싶어 얼마나 반가웠는지 모릅니다. 이 사실 한 가지만으로도 김 교수님의 인품을 알겠고, 참으로 학자다운 훌륭한 분이라고 생각합니다.

　이 -적은 스스로 안 쓰겠다는 다짐을 하는 것이 중요합니다. 이 말을 안 쓰게 되면 우리 말의 정서와 질서를 저절로 익히게 됩니다. 물론 -적과 함께 및이라든가 등등이라든가 그럼에도 불구하고 따위도 안 써야겠지요. 그런데 -적만 안 쓰면 다른 및, 등, 그럼에도 불구하고, 었었다 따위도 아주 쉽게 물리칠 수 있습니다. -적이 정말 우리의 적입니다. 그러니 이 -적을 쓰는 사람이 있으면 누구든지 노 선생님처럼 이것이 우리 말을 아주 꼴사납게 만드는 일본말이라고 깨우쳐주면 좋겠습니다. 하지만 그렇게 말한다고 해서 모두 따라오지는 않을 것입니다. 안 따라오더라도 그런 사람들 자꾸 걱정할 것 없고 우리만 바로 쓰면 됩니다. 열 사람 가운데 한 사람만, 아니 백 사람 가운데 한 사람만 깨끗한 말을 쓰면 나머지 아흔아홉 사람이 병든 말을 쓴다는 것이 언제나 나타나게 되니까 어느 땐가는 바로잡힐 것입니다.

② 다음은, 제가 쓴 책에서 "민주화'란 말은 그대로 쓰면서 가시화는 우리 말로 고쳤으니 어찌 된 것인가" 하는 질문이었습니다. "말의 민주화"에서 "민주화"의 화를 없앤다고 하면 '말을 민주답게'라든지 '말을 민주로' 이렇게 해야 합니다. 이렇게 쓰면 도리어 읽는 사람들이 낯설게 느낄 것 같아서 그만 그대로 '민주화'라고 쓴 것입니다. '민주'란 말을 아주 안 쓰고 '말을 백성의 말로'라고 한다면 모르지만 모두 잘 알고 있어서 그대로 쓸 수밖에 없고, 그대로 쓴다면 여기에 화를 붙이는 것을 용납할 수밖에 없지 않겠나, 먼 훗날은 모르지만 아직은 이 정도로 써야 되지 않겠나 하는 것이 저의 생각입니다.

그런데 가시화는 다르지요. 우선 가시란 말은 보통사람들이 입으로 하는 말이 아닙니다. 글에서도 이런 중국글자말은 안 써야 합니다. 그리고 아주 다른 말로 잘못 알기 쉽고, 또 본다든지 보인다고 하는 쉬운 우리 말이 있으니까 마땅히 우리 말로 써야 합니다. 지금까지 말한 것을 아주 요약해서 달리 말하면 '민주화'는 우리 말이 될 수 있지만 가시화는 우리 말이 될 수가 없고 되어서도 안 됩니다. 노 선생님은 -화가 붙은 말을 모조리 다 바꿔 써야 되지 않겠나 하고 보신 것 같은데, 이 -화는 -적과는 좀 달리 보아야 합니다. 그래서 같은 '민주'를 쓰더라도 '민주화'는 되지만 '민주적'은 쓰지 않는 것이 좋겠습니다. "민주적이다"라 하지 말고 '민주답다'고 하고, "민주적 사회"라 하지 말고 '민주사회'라고 해야 되겠습니다.

물론 -화도 될 수 있는 대로 안 써야 합니다. 제가 알기로 -화를 붙여서 써도 괜찮겠다 싶은 것이 '민주화' 말고 또 있는지 잘 생각나지 않습니다. 우선 '-화' 앞에 쓰는 말이 모두 우리 말로 다듬어 써야 할 중국글자말로 되어 있으니까요. 그래서 '일원화' '형상화' '희화화' 따위를 모두 쉬운 말로 고쳐 써야 한다고 해놓은 것입니다.

③ "투고"란 말은 경우에 따라 써도 괜찮다고 봅니다만, 이 말도 될 수 있는 대로 우리 말로 풀어서 '원고를 보낸다'고 쓰는 것이 좋겠습니다. 선생님이 쓰신 글도 "우리 말을 살려 쓰자고 투고한 뒤"라고 쓰지 말고 '우리 말을 살려 쓰자는 글을 보낸 뒤'라고 하면 더 낫겠습니다.

④ "냉수 마찰"은 제가 써도 그대로 썼을 것입니다. 그런데 '찬물로 문지르기'라고 하니 더 낫군요. 역시 우리 말이 좋습니다.

⑤ 김 교수님 글에서 우리 말로 살려 써야 할 말을 물으셨는데『표주박 통신』을 몇 차례 받아놓고 아직 죄다 읽지 못했습니다. 참 좋은 말씀들이라 함부로 겉스쳐 읽지 못하고 두고두고 새겨 읽으려 합니다. 정말 적, 화, 에서의, 었었다 따위 말이 없어서 놀랍습니다. 그러나 일본사람들이 쓰는 중국글자말이나 일본말투가 가끔 보입니다. 지금 제 손에 있는 『표주박 통신』제34호 첫머리에 나오는 글「사랑하는 벗들에게」가운데서 쓰지 않았으면 좋겠다 싶은 말 몇 가지를 들어보겠습니다.

- 경제생활의 핵심의 <u>역할</u>을 하지만

이 대문에서 "역할"이란 말이 고약한 일본말입니다. 신문기사에 자주 나오더라도 쓰지 말아야 합니다. '노릇'이나 '구실'이나 '할일' 같은 우리

말이 많으니 우리 말로 써야 합니다. 저 같으면 핵심도 '중심'이란 말을 써서,
 '경제생활의 중심 노릇을 하지만'
이렇게 쓰겠습니다. 이렇게 우리 말로 쓰면 어설프게 잇달아 나오던 의토도 하나가 줄어집니다.

• 일정수는 <u>차출</u>하여

이렇게 나오는 "**차출**"이란 말이 일본말입니다. '일정수'는 '일정한 수'라고 쓰는 것이 좋겠고, 그래서 위의 말은,
 '일정한 수는 뽑아내어'
이렇게 했으면 하고 생각합니다.

• 늦게 참석하여 끝까지 함께한 분들 <u>등등</u> 들쭉날쭉이었습니다.

여기 나오는 "**등등**"이 일본말투입니다. 이 '등등' 대신에 '이렇게'란 말을 써도 될 것입니다. 또 앞에 적어놓은 말을 좀 바꾸어서 쓰면,
 '일찍 왔다가 먼저 돌아간 분<u>도</u> <u>있고</u> 늦게 참석하여 끝까지 함께한 분<u>도</u> <u>있고</u> <u>하여</u> 들쭉날쭉이었습니다.'
이렇게 되어도 좋지 않을까 생각합니다. 이 '등'은 한 자만 쓰는 것도 일본말 일본글을 따라 쓰는 꼴이 됩니다.

• 수동의 <u>입장</u>에서 능동의 자리로……

늘 말썽을 부리는 "**입장**"이란 말을 썼습니다. 아무리 널리 쓰더라도 일본말이 분명하니 안 써야 됩니다. 여기서는 '처지'라고 하면 되겠지요. 만약에 "쌀 개방 정책을 보는 우리의 입장"이란 말을 누가 썼다면, 이럴 때

는 입장을 '태도'나 '주장'이라고 고쳐야겠지요.

수동과 같은 말도 더 쉬운 말로 다듬어 쓸 수 있습니다. 그래서 위의 대문을,

'받아들이는 처지에서 스스로 나아가 일하는 자리로'

이렇게 다듬어 쓰면 어떨까, 이렇게 쓸 수도 있지 않을까 생각합니다. 이와 같이 쉬운 우리 말로 쓰면 여기서도 두 번이나 나온 의 토가 다 없어집니다. 우리 말은 이렇게 의 토를 잘 안 쓰는 것이 특징입니다.

• 특수작물이라고 <u>이름하는</u>

여기 나온 "이름하는"이란 말이 일본말꼴입니다. "작물"은 '농작물'이나 '곡식'으로 쓰는 것이 낫겠고, "특수"란 말도 『쉬운말 사전』에는 '특별'을 쓰도록 해놓았습니다. 그러나 "특수작물"은 그대로 두더라도 이름하는만을 꼭 바로잡아야 됩니다. 그래서 위의 구절은,

'특수작물이라고 하는'

하든지

'특별농작물(특별곡식)이라고 하는'

이렇게 써야 되겠지요.

이밖에 쓰는 김에 몇 가지 더 적어봅니다.

- 농사인력이 부족하니 (→농사꾼이 모자라니)
- 적절한 방법이 모색되어야 (→알맞은 방법을 찾아야)
- 아시아나 항공에 속한 항공기가 전남 해남군 화원의 산에서 추락하였고 (→아시아나 항공에 딸린 비행기가 전남 해남군 화원의 산에 떨어졌고)

또 한 가지, 글끝에 "소쩍새 소리가 들리고, 들국화 향기 퍼지기 시작

하고, 아침저녁으로 소슬바람 이는 계절에"라고 썼는데, 소쩍새가 가을에도 우는지 모르겠습니다. 가을에 소쩍새 소리를 들은 적이 없어서요.

몇 줄 쓴다는 것이 길어졌습니다. 말이 말을 낳는다는 것은 이런 것을 두고 하는 말이겠지요. 사실은 저도 이렇게 못 쓰면서 남의 글을 비판하기만 했습니다. 그저 우리 회원들 공부거리라도 될까 싶어서 적은 것이니 부디 용서해주시기 바랍니다. 그리고 제가 적은 말에서 잘못된 것이 있으면 꼭 알려주십시오.

1994년 1월 15일

2

존경하는 이 선생님께

고르지 못한 첫 겨울 날씨에 선생님께서 더욱 건강하시길 비오며, 먼 나라 캐나다에서 인사드립니다. 저는 몇 해째 받아보는 『주간조선』에서 선생님을 알고 나서 조선일보사에 물어 전화번호를 알아내 서울에 갈 적마다 뵙고자 전화를 걸곤 했습니다만, 마침 바쁘실 때만 전화를 드려서 못 뵙고 왔습니다. 이제는 선생님께서 알려주신 대로 『우리 글 바로 쓰기』 1·2권과 『우리 문장 쓰기』를 읽으며 나이 50 뒷반을 넘은 이제 와서야 제대로 우리 말 우리 글을 새로 공부하고 있습니다. 요새는 제대로 깨우치지도 못했으면서 말할 때마다 제대로 하는지 망설여지고, 무엇이든 적을 적마다 '이럴 때는?' 하며 꼭 고쳐보는 버릇이 생겼고요, 선생님께서 우리 나라를 뜨겁게 사랑하시듯—저도 세상살이에 찌들 대로 찌들었고 몸은 비록 다른 나라에 와 있지만—나라 사랑하는 마음을 늘 지니고자 애쓰고 있습니다. 그래서 선생님 책을 자주 읽으며 배우고 또 다짐하곤 합니다.

그리고 한 가지 알려드릴 일이 있습니다. 이곳에 살고 계시는 정대위 박사님께서, 아버님 정재면 목사님께서 만주땅 용정에서 독립운동하시던 이야기를 담아 펴낼 책 원고를 쉬운 말로 고치는 일을 제가 거들게 되었습니다. 정 목사님과 같이 빛도 없이 이름도 없이 독립운동에 몸바친 훌륭한 분에 대한 책이니 이오덕 선생님 같은 어른께 고치는 일을 맡기시는 게 어떠시겠느냐고 말씀드렸더니 정 박사께서 대학총장으로 계실 때 그 대학에 강연 연사로 오셨던 선생님을 뵌 적이 있다고 하시면서 참 훌륭한 어른이신데 어떻게 아느냐고 물으시더군요. 그 어른이 쓰신 책으로 한글 공부 하고 있습니다, 라고 대답했습니다. 선생님께서 손수 고쳐주시면 얼마나 좋겠습니까만 너무 멀리 계시니 어려운 일이라 이제 배우고 있는 저보고 해주었으면 하셔서 선생님께서 책에서 가르쳐주신 것을 바탕으로, 또 밝히신 뜻을 할 수 있는 데까지 살려가며 고치는 일을 맡아 해볼까 합니다.

그리고 선생님께 그동안 여쭙고 싶었던 말씀은 1·2권으로 된 『우리글 바로 쓰기』를 한 권으로 합치고, 아니면 겹치는 것을 고르거나, 차례도 가·나·다 순으로 엮으시는 게 어떨까 하는 생각과, 글도 좀더 고쳤으면 하는 마음이 듭니다. 아래에 드는 예는 선생님께서 책을 통해 가르쳐주신 것을 바탕으로 하여 의문 나는 것을 적은 것이오니 살펴봐주시기 바랍니다.

1. 선생님 소개
    1944년 <u>이후</u> 국민학교 근무
    <u>제정한</u>   <u>수상했다</u>
    우리 <u>문장</u> 쓰기
    <u>지금은</u>
    ※ '문장' '지금'은 1·2권에 자주 나옴.
2. 제1권 「머리말」
    토해, 부모, 일상의 대부분을
    전체 천년, 지금은, 홍수, 잡탕

번역체, 절벽, 직역, 당연

　　　포기, 해독, 분명, 급속, 오염

　　　신자, 식사, 소감, 통일

　　　수난, 민족, 변질, 영원히, 참조

　　　무능, 소견

　　　'본래'도 자주 나오고요.(1·2권)

　　　'오염' '분명'도 자주 나옴.

　3. 제2권「머리말」

　　　2년 남짓, 역시, 반박한, 관련된 형태, 증세, 진단, 책임, 전체, 압도, 지배, 우선, 반성, 대체로, 범죄행위, 당시, 이상, 졸렬, 방방곡곡, 대강 짐작, 당장, 절대로, 단지, 역시, 하필……

　물음표가 안 붙은 말은 우리 글로 옮길 수 있는 것이 아닌가 생각합니다. 제가 감히 선생님 글 속에서 흠을 찾고자 하겠습니까? 선생님 글이 곧『우리 말 바른 사전』이길 바라는 제 욕심에서 드리는 말씀이오니 너그럽게 받아주시기 바랍니다. 처음 글을 올리며 버릇없는 일인 줄 아오나 선생님께서 꾸짖으시더라도 달게 받겠습니다.

　일본 총독부 건물로 쓴 것보다 우리 나라 중앙청으로 더 오래 쓴 건물을 헐겠다는 사람들이 새 나라 새 한국이 아닌 신한국이란 게 더 좋은 외침으로, 한글도 한자도 모르는 손님에게 '大道無門'이란 붓글씨를 써주는 앞뒤가 안 맞는 사람이 판치는 곳에 선생님 같은 어른께서 홀로 우리 말을 지키시려니 얼마나 힘드십니까? 제 외사촌형 되는 분이 경남고부터 서울대에 이르기까지 그분과 동기동창이라 이 문제를 말씀드리고, 이 선생님 이름과 전화번호를 알려드리며 우리 얼을 찾고 바로 세우고자 한다면 이 선생님을 뵙고 말 한마디부터 제대로 배우고 백성을 깨우치라고 부탁했는데 신권위(新權威)가 싹터오는데 전하기나 했는지 모르겠습니다. 그럴 때는 유문(有門)일 터이니 말입니다.

아무쪼록 선생님 건강하시고요, 태평양 건너 캐나다 땅에도 배우고자 하는 제자가 있음을 기억해주시기 바랍니다.

한글학회에서 1984년에 펴낸 『쉬운말 사전』만 갖고는 더 많은 공부가 안 되겠고 더 좋은 사전이 없는지요? 다음에 갈 때는 꼭 찾아뵙고자 하오니 그럴 수 있도록 마음 써주시기 바랍니다. 바쁘신데 답장은 바라지 않습니다. 곧 새해가 오는데 복 많이 받으시고 더욱 건강하시길 빌겠습니다. 고맙습니다.

1993년 11월 16일

토론토

김경보 올림

〈회답〉

김경보 선생님께

편지를 받은 지가 두 달이나 지났는데 이제사 답장을 씁니다. 참 죄송합니다. 먼 남의 나라에서 얼마나 힘들게 살아가시는지요? 저는 아직 우리 나라 밖으로 나가 본 적이 없습니다. 아주 어렸을 때 생전 처음으로 몇 해 동안 집을 떠나 200리쯤 떨어진 낯선 마을에 가 있었던 적이 있습니다. 그때 고향 집과 마을과 산천이 그리워 눈물이 났습니다. 그런데 몇만 리 지구 저편에 있는 남의 나라에 가 있다면 그 마음이 어떨까 저는 도무지 상상도 못 하겠습니다.

오늘 아침에는 신문마다 한쪽 구석에 어떤 개 이야기가 사진과 함께 조그만 기사로 나왔는데, 그 내용이 이렇습니다. 전남 진도군 의신면 돈지리에 사는 농사꾼 이아무씨(『동아일보』는 이기서 씨로, 『중앙일보』는 이병수 씨로 되어 있습니다.)는 지난해 3월에 다섯 살 먹은 진돗개 '백구'를 대전에 사는 어느 분에게 팔았는데, 일곱 달이 지난 10월 중순 어느 날 한밤중에 뼈와 가죽만 남은 앙상한 모습으로 대전에서 300킬로

미터도 더 떨어진 이 씨 집으로 다시 돌아왔다고 합니다. 이 사실은 이 씨가 그동안 남들에게 알리지 않아서 바로 이웃 사람들밖에는 모르고 있다가 이제야 이야기거리로 널리 퍼졌다는 것입니다. 그 마을 사람들은 "예전에도 외지로 팔려나간 진돗개들 중에는 5~6개월 지난 뒤에도 주인집을 찾아 되돌아온 적이 있으나 최근 들어서는 처음 있는 일"(『중앙일보』)이라고 했고, 또 "진도대교가 놓이기 전에도 진돗개가 팔려 나간 뒤 얼마 후에 거센 울돌목을 헤엄쳐 옛집으로 돌아온 일이 종종 있었지만 이 같은 경우는 이번이 처음"(『동아일보』)이라고 했습니다.

저는 이 신문기사를 읽고 20년쯤 전에 진돗개 한 마리를 죽이게 되었던 일이 생각났습니다. 서울에 있던 맏아이가 진돗개 한 마리를 사 보냈는데 며칠이 지나도 아무것도 먹지 않았습니다. 그래 애가 타서 매어둔 끈을 풀어놓았더니 어느새 대문 밖을 나가 어디로 사라졌습니다. 여기저기 찾다가 마을사람들에게 물어보니 뒷산으로 올라가더라 했습니다. 그래 산에 가서 여러 시간 만에 개를 찾아 겨우 데리고 집에 오기는 했지만, 개는 여전히 아무것도 먹지 않았습니다. 보름 동안을 그렇게 굶은 끝에 개는 죽고 말았습니다. 진돗개는 자라나서 주인이 바뀌면 절대로 먹지 않는다고 합니다. 그걸 몰랐던 것이지요.

서울에서 대구까지 기차를 타고 온 그 개는 다시 서울까지 옛집을 찾아갈 수가 없어 마지막으로 나무와 풀이 있는 산에라도 가서 죽고 싶었는지도 모릅니다. 산비탈을 힘이 다 빠진 걸음으로 가만가만 걸어가던 그 개를 지금도 눈앞에 보는 듯합니다.

이번에 신문에 난 그 개는 대전에서 진도까지 되돌아갔다고 하니 다만 놀랄밖에 없습니다. 일곱 달 동안 거의 아무것도 먹지 않았던 것 같습니다. 사람이 에베레스트 산꼭대기에 올라갔다든지, 북극이나 남극에 갔다든지 한 것은 아무것도 아닌 것같이 여겨집니다.

신령하기까지 하여 사람의 머리로서는 도무지 상상도 할 수 없는 온갖 덕성과 힘으로 개는 옛집을 찾아갔는데, 그 집주인은 또 그 개를 어느 누구에게 팔아먹지는 않을는지 자꾸 걱정이 됩니다. 설마 그렇지야 않겠지 하고 믿어봅니다만.

이 진돗개 이야기는 참 많은 문제를 생각하게 합니다. 짐승이고 사람이고 자기가 나서 자라난 집과 땅에 대해서는 끊으려야 끊을 수 없는 애착심을 갖는다는 것도 그 하나입니다. 우리는 모두 그것이 아무리 초라하여 보잘것없어도 자기가 자라난 옛집을 잊지 못합니다. 고향 사람들과 고향의 사투리를 그리워하고, 우리 겨레의 말을 사랑하는 것도 이래서 사람 목숨의 가장 본바탕에서 우러나온 깨끗한 감정일 수밖에 없습니다. 자유고 민주고 평등이고, 그밖에 어떤 관념도 덕성도 사람의 본성에서 우러난 이 깨끗하고 강렬한 고향사랑, 겨레사랑, 우리 것 사랑의 감정을 밑뿌리로 해서 싹트고 자라나야 비로소 그것이 진짜가 된다고 봅니다. 세상에 제 겨레를 업신여기고 제 겨레말을 부끄러워한다면 그것은 동물보다 훨씬 못한 비참한 괴물이 되겠지요.

신문기사 이야기가 너무 수다스럽게 되었습니다. 선생님께서 그토록 우리 것을 사랑하셔서 우리 말 바로 쓰기에 남다른 관심을 보여주시니 반갑고 고맙기가 말로 다 할 수 없고, 저로서는 아주 큰 힘이 됩니다. 이런 분이 계신다는 것을 온 나라에 알리고 싶기도 합니다. 선생님은 편지 글도 너무 깨끗하게 쓰셔서, 저 같은 사람이 따라갈 수 없습니다. 중국 글자말을 거의 쓰지 않았는데도 억지스럽게 만든 말도 없이 자연스러운 말로 읽히니 놀랍습니다. 정대위 박사님은 언젠가 인사드린 적이 있습니다. 그 아버님 되시는 정재면 목사님의 이야기를 담은 원고를 쉬운 우리 말로 다듬는 일은 저보다도 김 선생님이 훨씬 더 잘하시겠습니다. 자신을 가지고 해주십시오. 그 책이 나오기를 기다립니다. 깨끗한 우리 말로 된 어느 어른의 독립운동 이야기가 책이 되어 나온다는 것은 생각만 해도 기쁩니다. 쉬운 우리 말로 써놓으면 젊은이들은 말할 것도 없고, 읽을거리가 없는 어린이들에게도 좋은 선물이 되겠지요. 그런 책이 되도록 부디 많은 수고를 해주시기 바랍니다.

『우리 글 바로 쓰기』를 읽으시고 낱말 하나하나를 들어서 의견을 말씀해주신 점 너무나 고맙습니다. 선생님이 쓰신 우리 말과 글의 질서로 볼 때 제가 쓴 그런 말들은 더 깨끗한 우리 말로 바꿔 써야 하는 것이 당연합니다. 그런데 제가 그렇게 쓰지 못한 것은 저의 능력 문제도 있었겠지만, 한편 저는 제 글을 읽어주는 일반 사람들의 수준도 생각했습니다. 그래서 제가 보통 입으로 하는 말, 농사꾼이든지 노동자든지 길거리의 장사꾼이든지, 웬만한 사람이면 자연스럽게 그 입에서 나오고 또 쉽게 알아들을 수 있는 말은 아주 일본말이나 일본말법, 서양말법이 아니라면 그대로 써야 되겠다고 해서 썼던 것입니다. 그러자니 낱말 하나하나를 내 표준으로만 따지더라도 어떤 것은 쉬운 말로 다듬었더라면 하는 것이 발견되고, 그런 것이 또 읽는 이들한테 지적당하기도 했습니다. 그런가 하면 어떤 사람은 중국글자말이면 모조리 문제 삼아 왜 이런 말을 쓰느냐고 했습니다. 그래서 이 기회에 제가 쓴 글의 원칙 ― 낱말을 가리고 다듬고 한 원칙을 사람들이 잘 알아들을 수 있도록 요약해서 다음에 적어보아야 하겠습니다. 만약에 이 원칙이 잘못되어 있다고 보시면 선생님께서도 지적해주시기 바랍니다.

① 내가 어렸을 때 집에서나 마을에서 입으로 하던 말은 조금도 주저하지 않고 다 썼습니다. 선생님께서 지적하신 말에서 이런 말을 찾으면 토해, 부모, 천년, 지금, 잡탕, 당연, 분명, 감당, 소견, 본래 따위입니다. 그러니까 중국글자말이라도 시골 사람들까지 오래전부터 널리 써온 말은 그대로 쓰는 것이 옳겠다는 생각입니다.
② 시골 사람들이 잘 안 쓰는 말이라도 잘 알 수 있고, 또 그 말을 대신할 우리 말이 없는 경우에는 중국글자말을 그대로 쓰기로 했습니다. '영원' '오염' '반박' 같은 말입니다.
③ 워낙 오래 써서 모두가 잘 알고 있는 중국글자말은 따로 우리 말이 있더라도 경우에 따라 썼습니다. 민족, 문장, 이후, 창조 같은 말입니다.

④ 아이들까지 널리 쓰고 있는 중국글자말이라도 그것이 글—더구나 일본글에서 온 것이 분명하고, 그래서 아직은 살아 있는 우리 말이 쫓겨날 염려가 있는 것은 우리 말로 쓰도록 했습니다. 특히(→더구나), 매일(→날마다), 전혀(→아주)……와 같은 말들입니다.

⑤ 우리 말이라고 하더라도 실제 입으로 하는 말에는 쓰이지 않고, 또 그것이 일본글을 따라서 쓰는 것으로 되어 있는 글말이 있는데, 이런 말은 쓰지 않는 것이 좋겠습니다. '및'이란 말이 이런 말입니다.

⑥ 생활 속에서 저절로 생겨난 말이 아니고 학자들의 머리에서 나온 만든 말은 안 쓰려고 합니다. '언어 생활'이란 말을 깨끗한 우리 말로 쓴다고 '말글살이'라고 하는 분들이 더러 있습니다. '말글살이가 잘못되었다'고 할 것이 아니라 '말과 글이 잘못되었다'라든지 '말과 글을 잘못 쓴다'고 해야 할 것입니다. '먹을거리'라고 하면 될 것을 '먹거리'라 쓰는 것도 잘못되었습니다.

⑦ 제가 우리 말을 살리기 위한 글 바로 쓰기에서 가장 힘을 들이고 있는 것은 일본말과 일본글을 따라서 써온 중국글자말과 괴상한 일본말법으로 된 말입니다. 우리 말을 죽이고 우리 말의 질서를 아주 어지럽히고 망가뜨리는 이런 말을 몰아내지 않고는 우리 말을 살릴 수 없습니다. 그런데 신문이고 잡지고 낱권책이고 할 것 없이 온통 이런 말이 쏟아져 나오고 있는 것이 일제강점기와 거의 다르지 않습니다.

⑧ 그리고 영문법을 흉내내서 쓰는 이중과거형 '-었었다'도 우리 말을 병들게 하는 고약한 말입니다.

대강 이렇습니다. 이러고 보니 김 선생님이 지적하신 낱말들은 거의 모두 제가 일부러 쓴 것이 되었습니다. 그러나 그 가운데는 다듬어 써도 될 말도 있고, 또 좀더 자세히 설명해야 할 말도 있는 것 같습니다. 그래서 다음에 하나씩 들어 살펴보기로 하겠습니다.

• 이후

책 표지 안쪽에 내 약력을 소개하면서 "1944년 이후"라고 했는데, 이것은 '-부터'라는 우리 말 토를 써야 할 것입니다. 이 약력은 내가 이렇게 써주지는 않았습니다. 출판사에서 이렇게 한 것을 바로잡아주지 않았던 것이 잘못입니다. 그런데 같은 '이후'라도 '해방 이후' 할 때는 저도 그대로 씁니다.

• 국민학교

이 국민학교란 이름은 일제 마지막 무렵에 황국신민교육을 하기 위해 지어놓았던 이름입니다. 그걸 고치지 않고 지금도 그대로 쓰고 있습니다. 요즘 이 부끄러운 학교 이름을 고치자는 소리가 여론으로 많이 나오고 있습니다. 그러나 아무리 좋지 않은 이름이라도 어찌합니까? 국민학교 교사를 소학교 교사라 할 수도 없고, 어린이학교 교사라 말할 수도 없지요. 이름을 바꾸기 전까지는 그대로 쓰는 수밖에 없습니다.

• 제정한

이런 말은 그대로 써야 하겠지요. '정한'이라고 고쳐봐야 역시 중국글자말입니다. '만든' 하면 느낌이 좀 달라지니, '만든'도 쓰고 '제정한'도 썼으면 해요.

• 수상했다

무슨 상을 받았다고 써야 할 것을 무슨 상을 '수상했다'고 흔히 쓰는데, 잘못 쓰는 말입니다. 이것도 내가 써준 것이 아닙니다.

• 우리 문장 쓰기

　제가 쓴 책 이름이고, 책에서 쓴 글에도 문장이란 말이 자주 나옵니다. 글이란 우리 말이 있지만 문장은 워낙 많이 써서 모두가 잘 알고 있고, 또 '문장론'이라고 쓰기도 해야 하니, 이 말까지 없앨 필요는 없다고 봅니다. 글도 쓰고 문장도 쓰고 했으면 좋겠습니다. 사실『우리 문장 쓰기』란 책 이름을 지을 때 많이 생각했습니다. 다른 데서는 모르지만 이 책 이름만은 '우리 글 쓰기'라 하고 싶었습니다. 그런데 먼저 나와 있는 책 이름이 『우리 글 바로 쓰기』로 되어 있으니 비슷한 이름으로 되지요. 그래서 어쩔 수 없이 '우리 문장 쓰기'로 한 것입니다. 아무튼 글의 흐름에서 꼭 문장이란 말을 써야 할 경우가 아니라면 글이라고 하는 것이 좋다는 것은 말할 것도 없습니다. 더구나 초등학생들에게는 문장이란 말을 안 쓰는 것이 옳다고 봅니다.

• 지금은

　이 '지금'이란 말까지 '한자말'이라 해서 피할 필요는 없다고 생각합니다. 아주 우리 말이 되었다고 보아야 하지요.

• 토해

　'게운다'는 말이 있지만 '토한다'는 말을 쓴 지가 오래되어서 그대로 쓸 수밖에 없습니다. "말을 마음대로 마구 토해내는 사람" 이렇게 제가 썼는데, 여기서 '토해'를 '게워'로 바꿀 수는 없습니다. 또 다른 말인 '뱉어'로 한다고 해도 느낌이 좀 달라지니 될 수 없고요.

• 부모

제가 쓴 자리는 '아버지 어머니'라 해도 되었습니다. 그러나 '부모'란 말을 아주 없앨 것까지는 없습니다.

• 일상의

'일상의 말'이라면 '늘 하는 말'로 쓰면 되겠지요. 그런데 "평생을 쓰게 되는 일상의 말"이라면 '일상'을 쓰는 것이 좋겠는데요.

• 대부분을

이것도 앞에서 든 말에 이어지는 말인데, "평생을 쓰게 되는 일상의 말 대부분을"로 되어 있습니다. '거의 모두를' 하면 되겠지요. 그러나 '대부분'이란 말은 워낙 많이 쓰는 말이어서 그런지 자연스럽게 쓰게 되네요. 버릇이 든 모양이지요.

• 전체

'모두'가 낫겠습니다.

• 천년

이것을 어떻게 고치자는 것인지 모르겠습니다.

• 홍수

"서양말 홍수가 졌다"고 하지 않고 '서양말 큰물이 졌다'고 쓰고 싶었는데, '큰물'이란 말 하나 살리는 것보다 제가 하고 싶어하는 말뜻을 알리는 일이 더 크다 싶어서 이렇게 써버렸습니다. 지금 생각하니 잘못한 것 같기도 합니다. 말 하나라도 살려야 하는데 그랬지요.

• 잡탕

보통 쓰고 있고, 써야 하는 말 아닙니까? '잡풀'도 있지요.

• 번역체

이 말도 달리 무슨 말을 써야 하는지 모르겠습니다. 그대로 써야겠지요.

• 절벽

숫자로 가리킨 쪽과 줄을 찾아봐도 없는데 어디서 썼는지 모르겠습니다. '낭떠러지'라고 쓰면 되겠습니다.

• 직역

꼭 맞는 말이 없다면 써도 된다고 봅니다.

• 당연

『쉬운말 사전』에는 '당연하다'를 '마땅하다'나 '옳다'로, '당연히'를 '마땅히'로 쓰도록 해놓았습니다. "사람은 당연히 사람의 도리를 지켜야 한다"는 '사람은 마땅히 사람의 도리를 지켜야 한다'고 하면 됩니다. 그런데 "두 쪽으로 갈라진 겨레가 하나로 통일되기를 바라는 것은 당연하다"고 할 때, 이 '당연하다'를 '마땅하다'로 바꾸면 어찌 될까요. 틀리는 말은 아니지만 영 뜻이 약해져서 싱거운 말이 됩니다. 그러니 '당연'이란 말도 써야 하겠습니다.

이 말도 어느 자리에서 썼는지, 선생님이 적으신 쪽수와 줄수를 따라서 찾아봐도 없습니다. 판을 바꿔 찍으면서 쪽수를 새로 적은 책이 되었는가 싶습니다.

• 포기

어떤 글에서 어떻게 썼는지 모르지만 '포기한다'는 '버린다' '그만둔다'로 쓰는 것이 좋을 것입니다.

• 해독

이 '해독'은 '독을 푼다'는 뜻으로 쓰는 말과 '해독을 끼친다'고 할 때 쓰는 말 두 가지가 있는데, 앞의 것은 '독을 푼다'고 써야 하지만, 뒤의 것은 '해독' 그대로 써야 한다고 봅니다.

• 분명(하다)

'틀림없다' '뚜렷하다' '환하다' 따위로 쓸 수 있고 그렇게 쓰는데, 워낙 쉬운 말이고 모두가 쓰는 말이기 때문에 이런 말까지 쓰지 말아야겠다는 생각을 해본 적이 없습니다.

• 급속

『쉬운말 사전』에는 '빨리' '급히'를 쓰도록 해놓았습니다. 어떤 글에서 썼는지 모르지만 '빨리'나 '급히'를 써도 되지 않았겠나 생각합니다.

• 오염

많이 쓰고 있는 말이라 굳이 안 쓰려고 할 것 없다고 봅니다.

• 신자

경우에 따라 쓰는 것이 좋겠습니다.

• 식사

『쉬운말 사전』에는 '밥' '진지' '끼니'로 되어 있습니다. 그런데 '진지'는 '밥'의 높임말이고, '끼니'는 '끼니를 때운다'든지 '끼니를 거른다'고 할 때 씁니다. 또 '밥'은 옛날같이 밥이나 죽만을 먹을 때는 괜찮은데, 빵을 먹으면서 밥을 먹는다고는 할 수 없을 것 같습니다. 그러니까 '식사'란 말도 있어야 할 것으로 압니다.

• 소감

어디서 어떻게 썼는지 모르겠습니다. '느낌'이란 말을 쓰면 되겠지요.

• 통일

아이들도 다 알고 있고 쓰고 있는 말인데, 달리 어떻게 쓰라는 뜻인지 모르겠습니다.

• 수난

'재난당함' '곤란받음'(『쉬운말 사전』)이라고 되어 있지만 경우에 따라 써도 좋겠습니다.

- 민족

'겨레'도 쓰고 '민족'도 썼으면 합니다.

- 변질

그대로 쓰고 싶습니다.

- 영원히

써야 된다고 봅니다.

- 창조

이 말도 저는 가끔 쓰고 있습니다.

- 무능

그대로 쓰고 싶습니다.

- 감당

이런 말은 우리 것으로 되었다고 봅니다.

- 소견

시골 사람들도 오랫동안 써온 말이니 굳이 피할 까닭이 없습니다.

- 본래

이것을 일본말이라 할 수 없습니다. 오랫동안 써온 말이니 그대로 쓰는 것이 좋겠습니다. 물론 '본디'를 써도 좋겠지요.

- 2년

'두 해'라고 쓰는 것이 좋겠다는 뜻이겠지요? 같은 말이지만 '2년' '3년'도 쓰고 '한 해' '두 해'도 쓰는 게 나쁠 것 없습니다.

- 역시

옛날부터 써온 말이라 아무 거리낌도 없이 썼습니다. 쓰는 자리에 따라 '또한'이나 '아무래도'를 쓸 수 있겠습니다.

- 반박한

어디서 어떻게 썼는지 찾지 못하겠습니다만, '되친다'든지 '반대로 해친다'(『쉬운말 사전』)보다는 '반박한다'를 써야 할 것 같습니다.

- 관련된

그대로 쓰는 것이 좋겠습니다.

• 형태

더러 써도 된다고 생각합니다.

• 증세

그대로 써야 할 말입니다.

• 진단

그대로 써야 합니다.

• 책임

써야 합니다.

• 전체 • 압도

"우리 삶 전체를 압도해서" 이렇게 썼는데, '우리 모든 삶을 꽉 눌러서'라고 하니 더 낫습니다.

• 우선

이것은 우리 말이 되었다고 봅니다.

• 반성

『쉬운말 사전』에 '자기살핌' '저 살핌' '뉘우침'이라고 되어 있는데, '뉘우침'은 뜻이 좀 다른 말이고, '자기를 살핀다'든지 '스스로 살펴본다'고 쓸 수도 있겠지만, '반성한다'는 말도 쓰는 것이 좋겠습니다.

- 대체로

이것도 우리 말이 되었습니다.

- 범죄행위

어떻게 썼는지 찾지 못했습니다만, 가령 '일본말법으로 우리 말을 쓰는 짓은 우리 겨레말을 죽이는 커다란 범죄행위다'라고 쓸 수 있다 생각합니다. 이럴 때 '죄를 짓는 짓이다'라고 하기보다는 아무래도 '범죄행위'란 말을 쓰고 싶습니다.

- 당시

입말로 널리 쓰는 말입니다만 '그때' 하면 더 낫겠습니다.

- 이상 • 졸렬

"그 이상 더 졸렬할 수 없을 만큼 졸렬하게 했다" 이렇게 되어 있습니다. 여기서 '그 이상'은 '그보다' 하면 아주 알맞고 좋은 말이 되겠습니다. 그런데 '졸렬할' '졸렬하게'는 어떻게 할까요? '서툴고 좀스럽게' 하면 너무 길어지니 '서툴' '서툴게'로 써야 하겠는데, 그러자니 마음에 좀 덜 차는 말이 되는 것 같습니다. '졸렬'은 그만 그대로 쓰는 것이 어떨까요?

• 방방곡곡

널리 써온 말이 되어 그대로 썼습니다.

• 대강 • 짐작

"대강 짐작하는 사람도" 이렇게 쓴 것입니다. 이 '대강'도 '짐작'도 우리 말이 되었다고 봅니다.

• 당장

우리 말이 되었습니다.

• 절대로

우리 말이 되었습니다.

• 단지

아주 널리 쓰는 보통의 말인데,『쉬운말 사전』에는 '겨우' '다만' '오직' 이란 말이 적혀 있군요.

• 하필

'구태여'란 말보다는 '하필'이란 말을 더 많이 쓰고 있다고 보는데, 이 럴 때 말밑을 따져서 '구태여'를 써야 할지, 모두 많이 쓰고 있는 '하필'을 써야 할지 얼른 판단이 안 섭니다. 두 가지를 다 쓰다가 보면 어느 쪽 하나가 없어지든지, 아니면 두 가지를 다 쓰게 되든지 하겠지요.

　김 선생님께서 지적하신 말들은 저의 책에서 겨우 몇 쪽에 들어 있는 말들밖에 안 됩니다. 이렇게 하여 책 전체를 다 살펴서 따지다가는 끝을 내기가 어려울 것이고, 또 그렇게까지 할 필요도 없겠습니다. 지금까지 제가 적어놓은 의견만으로도 다른 글들을 어떻게 썼는가 대강 짐작할 수 있을 테니까요.

　저의 의견이나 주장이 선생님 마음에 들지 않는 것도 있을 것입니다. 저는 또 김 선생님이 꼭 제가 쓰는 대로 쓰시도록 바라지 않습니다. 저보다 더 알뜰하게 우리 말을 찾아 쓰시고 싶으면 그렇게 하시기 바랍니다. 좀 앞서가는 사람도 있고, 뒤에서 가는 사람도 있어야 합니다. 그러나 너무 앞서가는 것이나 너무 뒤떨어져 가는 것은 문제가 된다고 봐야 합니다. 이것을 좀더 분명하게 말하면, 우리 말에 대한 너무 지나친 결벽성 같은 것을 고집해서 무엇이든지 '한자말'이면 다 안 된다고 한다든지, 일본말법이고 서양말법이고 함부로 쓰면서 모두가 쓰는데 할 수 없다는 태도를 가지는 것 말입니다. 이런 사람들이 너무 앞서가거나 너무 뒤떨어져가는 이들이라 하겠는데, 사실은 이 경우에 너무 앞서간다는 것은 남들에게 앞서 가는 척해 보이는 것이고, 너무 뒤떨어져 가는 경우는 가지 않으려고 하고, 앞으로 가는 사람을 못 가도록 하는 훼방꾼에 지나지 않습니다.

　좋은 사전이 없는가 물으셨는데, 지금 나와 있는 사전들은 그 어느 것도 다 온전한 것이 못 됩니다. 다만 어느 사전이든지 참고로 할 수밖에 없습니다.

　또 『우리 글 바로 쓰기』 두 권을 한 권으로 정리해서 낱말도 'ㄱ ㄴ ㄷ' 차례로 엮는 것이 좋겠다고 하신 말씀 참 좋은 의견입니다. 사실은 전부터 여러 사람들이 그런 의견을 말해왔는데 바빠서 손을 못 대었습니다. 올해는 어떻게 해서라도 이 일을 해야겠구나 하고 김 선생님 말씀에서 단단히 작정을 하게 되었습니다. 여러 가지 좋은 가르침과 충고를 주셔서 고맙기 그지없습니다. 다음 오시면 꼭 전화주셔서 만나게 되기를 바랍니다. 안녕히 계십시오.

1994년 1월 16일

3

이오덕 선생님께
선생님, 안녕하세요.
한 달에 두 번씩 찾아오는 이동도서관에서 빌려 본 『우리 글 바로 쓰기』를 읽고 나서부터 선생님의 말씀에 깊은 감명을 받았습니다. 몇 해 전부터 선생님의 이름은 알고 있었고 또 선생님께서 쓰신 동화책도 몇 권 사서 조카들에게 주었지만, 저는 그저 전교조 활동으로 해직된 선생님으로만 알고 있었지요.
왜 진작에 이 책을 보지 못했을까 하는 아쉬움이 들었답니다. 선생님의 글을 읽고 난 뒤부터 우리 말을 찾아 쓰려고 무척 노력하고 있습니다. 택시 운전을 하는 터라 차를 타는 많은 사람들과도 우리 말과 글에 대해서 얘기를 나누려고 애쓴답니다.
선생님, 늑대 눈썹이라는 옛날이야기를 아시는지요. 어려서 들은 희미한 기억입니다. 옛날에 아주 착한 사람이 살았는데, 너무 착해서 이웃 사람들에게 맨날 당하고만 살았답니다. 어느 날 착한 늑대가 그 사람에게 자기 눈썹을 떼주면서 그 눈썹을 붙이고 세상을 보라고 하더랍니다. 그래서 그 눈썹을 붙이고 세상을 보니 그렇게 앙칼스럽던 못된 마누라는 암탉이 변한 것이고, 또 누구는 너구리가 변한 것이고…… 이런 얘기 말입니다.
저는 선생님의 글들이 이 이야기 속에 나오는 늑대 눈썹 같다는 생각이 듭니다. 아무렇지도 않게 보이던 세상이 선생님의 눈썹을 붙이고 보게 되니 어쩌면 이렇게 틀려 먹을 수가 있을까요?

얼마 전 MBC 라디오 '여성시대'라는 방송에 편지를 보내 뽑혔습니다. 우리 글을 아끼고 가꾸자는 내용으로 베이커리나 빠더세리라는 남의 말을 쓰지 말고 빵집이나 과자점으로 쓰자는 말과 입장이라는 일본말을 쓰지 말자는 얘기였습니다.

전파를 탄 덕택에 도서상품권 열 장을 선물로 받아 여기저기 선물을 하며 자랑을 했답니다. 선생님께도 어린애같이 자랑하고 싶은 마음입니다. (한 장 보냅니다.)

헌데 지금도 그 방송에서는 입장을 여전히 쓰고 있고, 태도나 처지가 들어갈 자리 말고도 의견이나 생각이 들어갈 자리에도 입장이란 놈이 들어가고 있더군요.

"핵 문제에 대한 우리측 대응책을 보는 × 선생님의 입장은 어떻습니까?"(어떤 토론회에서 사회자의 말)

선생님, 저는 올해 서른한 살로 택시 운전을 하고 있습니다. 해서 차와 운전에 관계되는 말부터 우리 말을 찾아 쓰고 싶습니다. 또 그런 모임도 만들어볼 생각입니다. 칠팔 년 노동조합 활동을 한 경험과 모임을 바탕으로 말입니다. 헌데 아직 제가 가진 지식이 너무 얕아 선생님의 도움을 받았으면 합니다. 제가 우리 말에 대해 좀더 배우고 함께할 수 있는 모임이 있으면 소개해주시면 고맙겠습니다. 안녕히 계십시오.

1993년 12월 1일

빛고을에서

이만희 올림

〈회답〉

이만희 님께

편지를 보내놓고 답장을 얼마나 기다렸습니까. 더구나 귀한 상으로 받은 도서상품권까지 보내주셨는데도 지금까지 아무 소식 없이 지냈으니 참 사람 노릇 못 하고 있습니다. 너무 부끄럽고 미안합니다. 오늘 다시 편지를 읽으니, 처음 받아보았을 때 가졌던 기쁨과 놀라움이 새로 살아나, 이렇게 신이 나서 회답을 씁니다. 우선 그 상품권 이야기인데, 그런 상을 받았다면 자녀들에게 책이라도 사서 선물할 것을 나 같은 사람이 받았으니, 이것은 내가 내 책의 독자들한테서 받은 최고의 상이고 선물이 되었습니다. 지금까지 남한테서 무엇을 받고 이렇게 기뻐한 적이 별로 없었다는 생각이 듭니다.

늑대 눈썹 이야기, 정말 재미있습니다. 내가 진짜 늑대 눈썹을 세상 사람들에게 나눠주고 있구나 하고 깨닫습니다. 정말 이거야말로 늑대 눈썹이지요. 그런데 사람들 가운데는 그 눈썹을 붙이고도 세상의 진실을 보지 못하는 사람들이 있습니다. 지식이라는 것, 학문이라는 것, 글이라는 것이 온통 머리속에 꽉 차 있어서 그것을 팔아먹고 사는 사람들이지요. 참 불쌍한 사람들입니다. 그러나 글의 해독을 덜 입은 사람들, 착한 마음으로 일하면서 살아가는 사람들은 누구든지 늑대 눈썹으로 세상을 환히 내다보게 됩니다.

우리 말을 바로 쓰는 모임을 만들고 싶다니 너무너무 고맙고 반갑습니다. 부디 잘 해보십시오. 나도 그 일을 어떻게 해야 하는가를 좀 생각해 보겠고, 힘 있는 대로 돕겠습니다. 그런데 지식이 얕다고요? 지식은 차라리 없는 것이 더 낫습니다. 지식 때문에, 지식으로 읽은 남의 나라 글 때문에, 지식으로 쓰는 남의 나라 말 흉내·글 흉내 때문에 우리 말과 우리 글이 이 지경으로 되었습니다. 그러니 그 지식 가지고는 우리 말을 살리지 못합니다.

내가 지금까지 받은 편지 가운데서 이만희 씨 편지만큼 재미있고 깨끗하게 쓴 편지를 받은 적은 썩 드물었습니다. 부디 자신을 가지십시오.

여기 『우리 말 우리 글』 회보를 보냅니다. 우선 회원이 되십시오. 회비는 지난번 보내신 상품권 오천 원이면 다섯 달 것으로 됩니다. 앞으로 달마다 회보를 보내드리겠습니다.

　우리 말 살리는 운동을 하는 택시 기사들! 이런 분들이 있다는 것은 얼마나 신나는 일입니까? 저에게 용기를 주셔서 너무나 고맙습니다. 부디 건강하십시오.

　1994년 1월 16일

4

　이오덕 선생님께

　선생님께서 보내주신 회보 잘 받아 보았습니다. 칠십 고령이신데도 달마다 모든 글을 손수 쓰시는 정열에 고개가 절로 수그러집니다.

　저는 부산의 끝자락 화명동에 사는 이정순입니다. 『우리 문장 쓰기』나 『거꾸로 사는 재미』를 통해 선생님을 조금은 알고 있었지만 이런 편지글을 드릴 생각은 못 했습니다.

　이번에 부산 만덕동에 있는 민들레 문화원 백영현 선생님 소개로 『우리 말 우리 글』을 받아 보게 되었습니다. 저는 매일 쓰는 말 중에 많은 말을 일본말로 하고, 또 그 말이 일본말인지도 모르고 쓸 때도 있습니다. 알고 쓰는 것은 더 나쁘겠지만, 알고 쓸 때도 많이 있습니다.

　보내주신 회보 제1·2·3·4호를 읽고는 큰 부끄러움을 느꼈습니다.

　며칠 전 저의 아들 경수(초등학교 4학년)가 그러더군요.

　"엄마, 우리 선생님이 그러셨는데, '바께쓰'는 일본말이라고 쓰면 안 되고 '양동이'라고 해야 되고, '입빠이'도 쓰지 말고 '가득'이라고 써야 된다고 하셨어"고 했을 때 저의 얼굴이 화끈 달아올랐습니다. 맨날 아이들에게 한다는 말이 "바께쓰 가져와라" "입빠이 담아라" 했으니까요.

　정말 우리 말과 글이 훨씬 아름답고 듣기 좋고 쓰기 좋군요. '바께쓰→양동이', '입빠이→가득', '마또메→마무리', '도메→끝맺음'…… 제가 집에서 많이 쓰던 말들인데 우리 말이 맞는지 모르겠군요.

얼마나 아름답고 넉넉한 말들인지요.

선생님, 고맙습니다. 선생님께서 보내주신 회보를 읽어본 덕택에 이런 생각을 갖게 되고, 저를 다시 되돌아보게 된 것입니다. 그렇지 않았다면 저의 아이가 제게 그런 말을 했더라도 그냥 무심히 넘어가고 또 쓰고 있겠지요.

그리고 지난달 어머니 글쓰기 모임에서 발표하기 위해 쓴 저의 글 주인공을 '그녀'로 썼습니다. '그녀'라는 말은 절대로 쓰지 말아야 할 일본 글체라는 선생님의 말씀에, 모르고 쓴 글이지만 얼마나 창피하고 부끄러웠는지 모릅니다. 다시는 일본말을 쓰지 않게끔 노력하고 고운 말 우리말을 열심히 배우렵니다.

선생님, 혹 일본말이나 중국글자말을 함께 써야 한다는 주장이 나오더라도 부드러운 타이름과 좋은 가르침을 주시면 좋겠습니다.

선생님의 많은 가르침을 부탁드리며, 항상 건강하십시오.

1993년 10월 25일

부산에서

이정순 올림

〈회답〉

이정순 님께

편지 잘 받았습니다. 그런데 석 달이나 다 되어가는 이제야 회답을 쓴다고 다시 편지를 읽으니 너무 미안해서 무슨 말로 사과를 해야 할지 모르겠습니다. 부디 용서하시기 바랍니다.

무엇보다도 경수 어머니께서 우리 말에 관심을 남달리 가지셔서 그토록 바른 말 깨끗한 말을 쓰려고 애써주셔서 반갑고 고맙습니다. 우리 말을 살리는 일은 이와 같이 가정에서부터 시작해야 제대로 된다고 봅니다. 그리고 참 착하고 똑똑한 아드님을 두셨군요. 우리 어른들은 아이들 앞에서 본을 보여주면서 가르치기도 해야 하겠지만, 한편 아이들한테서 배워야 한다는 것을 언제나 잊지 말아야 된다고 생각합니다.

일본말 몇 가지를 우리 말로 바꿔 써놓은 것 모두 잘 되었습니다. 『쉬운말 사전』에는 바께쓰를 양동이나 들통으로 말하도록 해놓았습니다. 나도 지난날 학교에서 양동이라고 가르쳐주었는데, 이 말이 잘 안 쓰이고 아직도 어른들이 일본말을 그대로 쓰는 까닭은, 물론 우리 말에 대한 깨달음이 없는 탓도 있겠지만, 양동이란 말에도 문제가 있는 것 아닌가 하는 생각이 이제야 듭니다. '동이'란 말은 사전에도 적혀 있는대로 "배가 부르고 아가리가 넓으며 키가 작고 양 옆에 손잡이가 달린, 질그릇의 한 가지"입니다. 곧 질그릇이요, 옹기그릇입니다. 그래서 양동이라고 하면 아주 묵직한 그릇이란 느낌이 들고, 그런 그릇이 되어야 하는데, 이 바께쓰는 우선 그 무게부터 아주 가벼워서 '동이'란 말이 맞지 않습니다. 그래서 이 말이 잘 쓰이지 않는 것 아닌가 싶어요. 이 말은 한글 쓰기를 주장하는 학자들이 만들어낸 말이라고 봅니다. 학자들이 머리로 만든 말은 이래서 문제가 있습니다. 내 생각으로는 들통이라고 하는 것이 좋겠습니다. 이 들통이란 말은 일하는 사람들 속에서 자연스럽게 생겨난 말이라 느껴집니다.

도메란 말을 쓴다는 것은 나도 몰랐는데, 매듭, 끝이란 말로 인쇄소에서 쓰는 모양입니다. 그러니 매듭이라든지 끝이라고 하면 그만이지요. 끝맺음도 좋고요.

요즘도 가정에서 가장 많이 쓰는 일본말은 아마도 '다라이'일 것입니다. 학교 선생님들도 종종 다라이를 우리 말로 무엇이라 합니까, 하고 묻습니다. 그러면 나도 우리 말을 잊어버리고 대답을 곧 해주지 못하는 때가 있습니다. 그런 그릇을 내가 안 쓰니까 이름도 잊는 게지요. 『쉬운말 사전』에는 다라이를 함지나 큰 대야라 해놓았습니다. 우리 말이 없는 것은 아닌데, 안 쓰고 천대하니까 자꾸 밀려나가고 파묻혀 사라지고 합니다. 애국애족을 천 번 만 번 외치는 것보다 우리 말 한 가지라도 자랑스럽게 쓰면서 살아가는 것이 진짜 나라사랑·겨레사랑이 될 것입니다.

그리고 경수 어머니께서 편지 마지막에 하신 말씀이 저로서는 아주 큰 가르침을 받는 것 같습니다.

"혹 일본말이나 중국말을 함께 써야 한다는 주장이 나오더라도 부드러운 타이름과 좋은 가르침을 주시면 좋겠습니다."

정신을 번쩍 차리고 꿇어앉아 생각해봅니다.

'내가 지금까지 너무 가혹하게 비판하고 채찍질하여 온 것을 그래서는 안 된다고 충고해주는 고마운 말씀이다. 그렇다. 나도 이제부터 부드럽게 말하고 좋은 말로 가르쳐주어야지…….'

그런데 여기 문제가 있습니다. 모르는 것을 가르치는 것은 얼마든지 듣기 좋게 부드러운 말로 할 수 있고 해야 합니다. 하지만 알고 있는 것, 빤히 알고 있는 것을 행하지 않을 때는 가르칠 필요가 없고 다만 채찍질밖에 할 것이 없습니다. 우리 말이 죽어가는 근본 까닭도 모르는 사람에게 있는 것이 아니라 아는 사람에게 있는 것입니다.

신문이든지 잡지든지 또 그밖에 무슨 책이든지 거기 글을 쓰는 사람들이, 할일이란 우리 말을 몰라서 역할이란 일본말을 쓰는 것은 아닙니다. 올린다, 내린다는 말을 몰라서 인상, 인하를 쓰는 게 아닙니다. 다룬다는 말을 몰라서 취급이란 일본말을 쓰는 게 아닙니다. 입장이고 가시화고 다 그렇습니다. 승부, 승부사는 노름판에서 쓰는 일본말이다, −었었다는 서양말법이라고 아무리 가르쳐봐야 소용이 없습니다. 그들은 다 알고 있으니까요. 그들은 겉으로는 말하지 않지만 속으로는 '일본말 좀 쓰면 어떤가? 그게 무엇이 잘못인가?' 하고 생각합니다.

그래서 하는 말은 "말이란 어느 나라고 서로 주고받고 해야 발전한다"든지, "우리 동양에서는 한자말을 써야 된다"든지 해서 자기를 변호합니다. 내가 보기로는 의심할 여지가 없이 겨레말을 학살하면서 살아가는, '먹물'이 든 사람들이 너무도 많습니다. 이들에게 내가 무엇을 가르친다고 부드럽고 친절한 말로 이런저런 이야기를 유식하게 늘어놓기만 하는 것은 얼마나 마음 편한 노릇입니까? 그러나 그렇게 되면 나 또한 그들 속에 끼어들어 말과 글을 팔아먹는 한갓 장사꾼밖에 아무것도 되지 못할 것입니다.

저는 지금 바께쓰나 다라이란 일본말을 가지고 하는 말이 아닙니다. 사실 서민들이 입으로 하는 그런 말에 대해서는 제가 지금까지 한 번도 글을 쓴 기억이 안 납니다. 쓰지 않은 까닭은, 그런 말은 바로잡으려고 하는 사람들이 적지 않아서 신문의 독자란 같은 데서도 가끔 볼 수 있기 때문입니다. 그리고 그런 말은 가장 나쁜 결과가 되어 설혹 아주 우리 말이 되어버린다고 하더라도 그다지 문제될 것이 없습니다. 그런 말 때문에 우리 말 전체의 질서가 흔들린다든가 우리 말의 뼈대가 망가질 수는 없기 때문입니다. 그런데 먹물 든 사람들이 퍼뜨리는 온갖 중국글자말이나 일본말법, 서양말법은 우리 말의 밑뿌리를 아주 뽑아버립니다. 그러니 내가 어떻게 그들에게 아무 보람도 없는 가르침을 준다고 점잖은 글이나 쓰고 앉아 있을 수 있습니까?

그러나 몰라서 우리 말을 안 쓰는 사람도 많이 있습니다. 이런 사람들에게는 좋은 가르침을 줄 수 있도록 해야지요. 우리 모임에서 해야 할 일은 모르는 사람을 깨우쳐주고, 모르는 사람끼리 모여서 공부하는 일이 중심이 되어야 하겠다는 생각이 듭니다. 모르는 사람들이야말로 마음이 깨끗한 사람들이고 우리 겨레의 희망입니다. 아는 사람들, 안다고 하여 우리 것을 업신여기고 짓밟고 하는 사람들, 이런 사람들을 비판하고 채찍질하는 것도 그들이 착한 사람으로 돌아올 것을 기대하기보다 모르는 사람들이 그런 사람들에게 속아 넘어가지 않도록 하기 위해 비판하고 매질한다는 것을 알아주시면 좋겠습니다.

아무튼 좋은 삶을 보여주시고, 좋은 충고를 해주시고, 그래서 좋은 생각을 하게 하는 실마리를 찾게 해주셔서 고맙습니다. 앞으로도 우리 것 살리기 위해 귀한 일 많이 해주시기 바랍니다.

1994년 1월 17일

7. 우리 말 어떻게 씁니까2)

1

이오덕 선생님께

저는 산업디자인을 공부한, 만으로 서른두 살 먹은 대학강사입니다. 지난 겨울방학 동안 제 자신과 디자인 분야에서 쓰는 말과 글이 너무 나쁘게 변하고 있다는 생각이 들어 선생님이 한길사를 통해 펴내신 『우리 문장 쓰기』와 『우리 글 바로 쓰기 1』을 읽었습니다. 지금은 『우리 글 바로 쓰기 2』와 선생님이 엮은 다른 책들을 보고 있습니다. 그래서 이번 학기 수업시간에는 글을 쉽게 쓰는 이야기도 하고 책에 실린 어린이 시도 소개하고 학생들에게서 숙제로 받는 글에는 아는 대로 직접 고쳐주기도 합니다. 어쨌건 별로 한 일이 없이 보낸 방학이지만 선생님의 책을 읽은 것 하나로도 보람을 느낄 수는 있었습니다.

아래 써보내는 내용은 선생님의 책을 읽는 가운데 이렇게 바꾸면 어떨까 하는 것으로, 순전히 제 생각입니다만, 봐두었다가 다음번에 글을 고쳐잡을 때 도움이 되었으면 합니다. 그리고 제가 틀린 것이라면 알려주시기 바랍니다.

『우리 글 바로 쓰기 1』

〈곳〉	〈지금 글〉	〈고친다면〉
* 243쪽 3째 줄	권력다툼 →	힘 겨루기
* 243쪽	협찬위원 →	통신원
* 267쪽 11~14째 줄	보고하시기 →	알리시기
* 291쪽 16째 줄	점차 →	점점, 조금씩
* 336쪽 8째 줄	'비로서'와 '비로소'는 다 쓸 수 있는 것으로 알고 있음.	

* 337쪽 6째 줄   몇 패 전   →   몇 해 전
* 350쪽 3째 줄   식사햐셨~   →   식사하셨~

『우리 글 바로 쓰기 2』(제1판 제5쇄, 1993. 1. 25.)
* 16쪽 밑에서 3째 줄   날품노동자   →   날품팔이꾼, 날품일꾼

『우리 문장 쓰기』(제1판 제3쇄, 1992. 6. 8.)
* 32쪽 14~15째 줄   밥을 먹을래면   →   밥을 먹으려면
* 49쪽 3째 줄   지키는 생활을 합시다   →   지키며 삽시다
* 212쪽 2째 줄   바꿔 타는 역   →   갈아타는 역(이 말이 더 많이 쓰이는 것 같습니다.)
* 212쪽 밑에서 4째 줄   적자   →   손해

  아직 『우리 글 바로 쓰기 2』는 다 읽지 못했습니다. 또 의견이 있으면 알려드리겠습니다.
  선생님의 글은 거의 초등학교 선생님들 이야기이지만 가르치고 배우는 같은 일을 하는 대학교 선생들도 처지는 비슷하다고 보며, 특히 저 같은 시간강사는 우리 사회에서 지식의 날품팔이꾼 정도로 여겨지며 또 그렇게 대우받고 있습니다. 같은 일을 하는 사람들끼리 많이 알고 도왔으면 하는 바람입니다. 안녕히 계십시오.
  1993년 4월 23일
  채승진 올림

〈회답〉

채승진 선생님께
  이번에 몇 해 동안 모아둔 편지를 살펴보다가 채 선생님의 편지를 읽

고 이거 또 큰 실수를 했구나 하고 뉘우쳤습니다. 참으로 죄송합니다. 그처럼 정성 들여 저의 책을 읽어주시고 의견까지 적어 보내셨는데 제가 답장을 한 기억이 아주 없으니 얼마나 기다리고 또 실망하셨겠습니까. 생각할수록 몸둘 바를 모르겠습니다. 사람이 이 세상에서 큰 죄를 짓게 되는 것이 이렇게 되는가 봅니다. 처음에는 아주 조그만—죄라고 할 것까지도 없는 조그만 실수를 하다가 그것이 자꾸 되풀이되고 쌓여가게 되면 좀더 큰 잘못을 저질러도 그만 감각이 둔해져서 예사로 넘기게 되고, 이래서 자꾸 그 정도가 커져서 나중에는 엄청나게 큰 죄악까지 저지르는 것이겠지요. 저도 이러다가 나중에 어떤 사람이 될는지 모르겠다는 생각이 듭니다.

그런데 편지를 보내주신 분의 허락도 받지 않고 이런 자리에 또 공개를 해서 회답을 하게 되니 죄가 몇 배나 불어나게 되었습니다. 다만 주신 의견이 저의 책에 씌어 있는 말과 글에 관한 문제이고, 이것은 채 선생님뿐 아니라 많은 독자들이 비슷한 의견을 가진 듯해서 이렇게 주신 편지와 저의 답장을 공개하여 모든 사람이 함께 생각하고 판단하는 자리가 되도록 하는 것이 이롭겠다 싶어서 하는 것이니 부디 용서해주시기 바랍니다.

가리키신 낱말을 그대로 들어 저의 의견을 적어보겠습니다.

- 권력다툼

이것은 「새마을 本部와 파워게임」이란 신문제목에서 "파워게임"을 '권력다툼'이라고 한 것이지요. 아무래도 그대로 두어야 할 것 같습니다. '권력'이란 말은 쓰지 않을 수 없습니다.

- 협찬위원

이것은 "모니터를 모집합니다"란 광고문에서 "모니터"를 이렇게 고친 것이지요. '모니터'란 말은 '통신원'보다는 아무래도 '협찬위원'이 더 맞는 말인 줄 압니다.

• 보고하시기

이것을 '알리시기'라고 하는 것이 좋겠다고 하셨는데, 267쪽[제2판 246쪽]에서 제가 쓴 것은 관공서의 공문서에서 쓰는 말이 그렇게 되어 있다는 것이고, "보고하시기 바랍니다"라는 말까지 다른 말로 고쳐야 한다는 주장은 아니었습니다. 그런데 "보고하시기"를 '알리시기'라고 쓰는 것이 좋겠다고 하셨는데, 상급관청에서 "20일까지 보고하시기 바랍니다"라고 쓰던 것을 '20일까지 알리시기 바랍니다'고 쓰게 되면, 그 내용을 상급관청에 알리는 것이 아니라 다른 어떤 사람들에게 알리라는 뜻으로 잘못 알게 될 수도 있습니다. 그러니까 '알린다'는 말도 써야 하지만 '보고한다'는 말도 쓰는 것이 좋겠습니다.

• 점차

이 말을 점점, 조금씩이라 쓰는 것이 좋겠다고 하셨는데 옳은 의견입니다. 그 책에도 차츰, 차차, 점점이라고 써놓았습니다. 조금씩이란 말을 잘 찾아내었군요.

• '비로서'와 '비로소'

이것은 잘못 알고 계십니다. '비로서'란 말은 없습니다.

• 몇 패 전

'몇 해 전'을 이렇게 썼다면 분명히 잘못된 것이고, 교정을 잘못 본 것입니다.

• 식사하셨

잘못되었습니다. 바로잡도록 하겠습니다.

• 날품노동자

일용노동자를 날품노동자라고 해야 한다는 의견을 말한 것은 날품팔이꾼이라든가 날품일꾼이라는 말이 생각나지 않아서 그렇게 한 것이 아닙니다. 날품이란 말조차 안 쓰는데 날품팔이꾼이나 날품일꾼이란 말을 쓰겠습니까? 그리고 또 이제는 노동자란 말을 안 쓸 수 없습니다. 현실을 무시하고 너무 지나치게 순 우리 말만을 쓰자고 하는 것은 우리 말을 살리는 일에 도움이 안 되는 줄 압니다.

• 밥을 먹을래면

제가 쓴 글을 잘못 읽으신 것 같습니다. 저는 입말과 글말이 다르다는 사실을 말했을 뿐이지, 글을 쓸 때 '밥을 먹을래면'이라 써야 한다고 말한 것은 아니었습니다.

• 지키는 생활을 합시다.

"언제나 차례를 지키는 생활을 합시다"보다는 '언제나 차례를 지키며 삽니다'로 쓰는 것이 더 낫겠다고 하셨는데, 정말 그렇습니다. 잘 보셨습니다.

• 바꿔 타는 역

'갈아타는 역'이란 말을 더 많이 쓴다면 그렇게 쓰면 되겠지요. 몰랐습니다.

• 적자 (→손해)

그 책에 이렇게 고쳐 쓰도록 되어 있는데 어째서 또 이렇게 들어놓았는지 모르겠습니다.
　이러고 보니 제가 잘못 쓴 것도 있고 선생님이 잘못 보신 것도 있습니다. 무슨 책이고 글이고 이렇게 쓴 사람과 읽는 사람이 서로 생각을 주고받아서 잘못된 곳을 바로잡고 모자란 데를 채워야 좋은 책이 되고 글이 되어 말이 살아나겠지요. 가령 어느 독자가 잘못된 의견을 말해준다고 하더라도 그런 의견은 글을 쓴 사람으로서 어떤 뜻으로든지 도움이 되는 줄 압니다.
　귀한 편지를 받아놓고 열 달이나 지난 이제야 회답을 이런 모양으로 쓰게 되어 다시 한 번 사과를 드립니다. 안녕히 계십시오.
　1994년 2월 8일

2

이오덕 선생님
　선생님이 쓰신 『우리 문장 쓰기』를 보기 삼아 우리 문장 쓰기를 공부하고 있는 재미 교포입니다.
　먼저 이렇게 좋은 책을 써내어주심이 고맙습니다.
　책을 보며 공부하다가 다음과 같은 알지 못함이 일어나 이렇게 선생님께 글을 띠웁니다. 44쪽에서 선생님께서 '의'라는 토씨 쓰임이 일본글에서 나온 것이며 우리 글에는 맞지 않는다고 말씀하시고는 다음 쪽에서 "남의 나라"라는 짧은 글을 여러 번 쓰시고 있습니다. 선생님 말씀을 따르면 토씨 '의'가 쓰여지는 게 옳지 않는데 어찌 생각하시는지요. '다른 나라'라는 짧은 글로 때우는 것은 어떨까요.

아직 선생님의 책을 다 읽지 못하고 이렇게 글을 띄우는 게 서두르는 듯도 합니다만 시간이 지나면 이 편지를 쓸 수 있는 짬이 없을 듯하여 이렇게 글을 쓰니 어여삐 봐주시길 바랍니다.

안녕히 계십시오.

단기 4326년 3월 3일

임종범 드림

〈회답〉

임종범 선생님께

편지를 받은 지가 1년 가까이 된 이제야 답장을 씁니다. 하는 일도 없이 바쁘게 지내다보니 그만 잊어버리고 있었지요. 부디 용서해주시기 바랍니다.

낯설은 남의 나라 땅에서 얼마나 수고가 많으십니까?

무엇보다도 저의 보잘것없는 책을 읽어주셔서 고맙습니다. 그리고 책에 나온 말에 대해 귀한 의견까지 써주시니 무슨 말로 인사를 드려야 할지 모르겠습니다.

물으신 말씀에 대해 대답을 적어봅니다.

지금 우리 나라 사람들이 글에서 쓰는 의라는 토는 많은 경우에 일본말·일본글을 따라서 쓰는 잘못된 일본말법입니다. 그러나 의가 모조리 일본말법이어서 쓰지 말아야 하는 것은 아닙니다. 본래 우리 말에는 아주 드물게 어쩌다가 쓰였습니다. '남의 나라'라고 할 때가 바로 그런 경우이지요. '사람의 자식' '남의 집'도 그렇고요.

바로 이 편지에도 저는 '남의 나라'를 썼습니다. 이것을 '다른 나라'라고 고쳐 쓰고 싶지 않습니다. '다른 나라'와 '남의 나라'는 그 말느낌이 많이 다릅니다.

그러니까 의는 꼭 써야 할 경우에만 써야 우리 말이 됩니다. 제가 쓴 책에도 그렇게 말해놓은 줄 압니다.

끝으로, 임 선생님의 편지글에서 꼭 고쳐주셨으면 하는 말 한 가지가 있습니다.

- 좋은 책을 <u>써내어 주심이</u> 고맙습니다.
- <u>다음과 같은 알지 못함이 일어나</u>……

이런 말은 우리 말이 될 수가 없습니다. 이것은 마땅히 다음과 같이 써야 합니다.

* 좋은 책을 써 내어주셔서 고맙습니다.
* 다음과 같이 모르는 것이 나와서……
  (다음과 같이 알지 못하는 것이 있어서……)
  (다음과 같은, 알지 못하는 것이 나와서……)

이렇게 써야 우리 말이 되는 까닭은, 우리가 실제로 이렇게 말을 하기 때문입니다. '남의 나라'도 실제로 이렇게 말하니까 말하는 대로 쓰는 것입니다.

저에게 주는 어떤 말도 저는 고맙게 받고 그 말에서 배웁니다. 제가 드리는 글 또한 그렇게 받아주시면 다행이겠습니다. 늘 건강하셔서 우리 말 우리 얼을 빛내어주십시오.

1994년 2월 8일

3

이오덕 선생님께

회보 제8호 받아 공부 많이 했습니다.

선생님 글 「쌀 개방과 말 개방」 둘째 줄에 "'숙지근해졌다'를 '숙지조……'"로 읽고 너무 어려운 말이라 『국어사전』을 보니 '숙지조'는 없고 "숙지다: 어떤 현상이나 기세 따위가 차차 줄어지다"가 있고, 자세히 보니 "숙지근-하다: 불꽃같이 맹렬하던 형세가 줄어져간다"도 있어요. '숙지근'이 우리 말이긴 하나 저는 처음 보는 어려운 단어이고 이걸 아는 사람이 얼마나 될까 생각했고요.

『표주박 통신』을 쉬운 우리 말로 풀어주셔서 고맙습니다. 김 교수님과는 의논하지 않고 보냈으나 그분 인품으로 보아 이해해주리라 믿어요. 『표주박 통신』에 계속 비판되는 글을 보내달라 했으니까요.

그리고 선생님께서 소쩍새가 가을에도 우는가 모르겠다고 하셨는데, 저도 늦봄부터 여름 동안 우는 걸로 알고 사전을 보니 "소쩍-새: 두견이" "두견이: 뻐꾸기와 비슷한 새. 5월에 건너와서 8~9월에 건너가는데……. 여름에 밤낮으로 처량하게 운다" 했어요. 5월에 와서 8~9월에 간다고 해놓고 여름에 운다고 했으니 사계절을 봄 3~5월, 여름 6~8월, 가을 9~11월, 겨울 12~2월로 보면 여름에만 우는 새가 아니고 늦봄부터 초가을까지 울다 간다고 보아야 되겠지요.

회보 제5호와 제7호 회비 받은 곳을 보니 김조년 교수님과 김남식 선생님 이름이 보여 얼마나 반가웠는지 모르겠어요. 두 분 다 제가 회보를 드렸고, 우리 말 살리는 모임 소개를 했으니까요. 글 쓰는 다른 분들에게도 '우리 말 연구소' 주소를 꼭 보냅니다.

『동아일보』 독자란에 다음과 같은 글을 쓴 분이 있었어요. 「K-TV, 외국어 자막' 못마땅」이란 제목으로.

'그린(녹색) 정신'……. 우리의 고운 말을 어디에 두고 외국말을 앞세울까. 어째서 모두가 알 수 있고 그 느낌까지 선명한 녹색이란 낱말은 괄호 속으로 들어가게 했을까……. 7년을 그렇게 지내고 다 자란 아이들을 데리고 귀국했을 때 나는 내 나라의 모습에 또다시 당혹스럽고 또 다른 상처를 받았다. 외국에서 힘들게 우리 말을 익힌 아이들이 "엄마, 우리 나라 사람들은 우리 말을 좋아하지 않나봐요. 왜 거리의 많은 간판들과 상품들이 온통 영어와 불어예요?"라고 물었을 때 어떻게 대답할지 몰랐다.

이 글을 읽고 너무 고마워 글 중 몇 곳을 지적해서 편지했더니 답장을 주어 우리 말 살리는 모임 회원이 된 걸 보람으로 생각했어요.
이 선생님, 『시사저널』 제223호를 보셨는지요? 거기 보면 서울대와 포항공대(수석합격)를 동시 합격한 이승준 군과 기자가 묻고 대답한 곳이 있어요.

문 : 지금까지 읽은 책 중에서 이 군이 가장 큰 충격으로 받아들인 책 한 권을 들라면 무슨 책을 들겠습니까?
답 : 이오덕 선생님이 쓰신 『우리 글 바로 쓰기』입니다. 중학교 때부터 지금까지 읽고 있어요. 저는 이 책을 읽고 많은 걸 배웠고 많은 걸 생각했습니다. 우리 말 속에 얼마나 많은 일본어, 일본어식 표현, 일본어식 구문이 들어와 있는지 알고 깜짝 놀랐어요. 전혀 그러리라고는 짐작도 못 했지요. 그런데 학교에서 배우는 글과 이오덕 선생님이 좋다고 하시는 글이 너무나 달라서 혼란스러웠습니다.
문 : 이오덕 선생님은 한자 쓰는 걸 싫어하시는데, 이 군은 우리가 좀 고생스럽더라도 한문을 배워두는 게 여러 모로 좋을 것이라고 생각하지 않습니까?
답 : 저는 그렇게 생각하지 않아요. 한문보다 국어를 열심히 공부하

는 게 옳다고 생각해요. 우리가 영어를 잘하려면 세상을 바라보는 관찰법이나 거기에 관해 생각하는 방법까지 영어식으로 전환해야 하는데, 한문 공부를 하다보면 역시 한문식으로 생각하게 돼서 우리들의 머리속 자체가 한문식으로 바뀔 거예요. 저는 우리 말식으로 세상을 바라보고 생각하는 태도가 옳다고 생각합니다.

공부만 잘 하는 학생이 아니라 생각도 어른보다 더 깨끗해서 옮겨본 것입니다.
선생님, 입춘이 지났으나 기온 변화가 심해요. 건강하셔서 좋은 글 많이 써주세요.
1994년 2월 7일
노명환 드림

〈회답〉

노명환 선생님께
우리 말을 살리기 위해 그처럼 많은 애를 써주셔서 늘 고맙게 생각하고 있습니다. 이번에 주신 편지에는 우리 말에 관한 여러 가지 문제가 들어 있기에 또 이런 자리에 적어서 함께 생각하기로 했으니 부디 용서해 주시기 바랍니다.
먼저, '숙지근하다'는 말을 어려운 말이라고 하셨는데, 저는 어렸을 때 듣고 쓰던 말이어서 예사로 썼습니다. 경북뿐 아니고 다른 지방에서도 이 말을 많이 써온 줄 압니다. "이걸 아는 사람이 얼마나 될까 생각했어요" 하셨는데, 혹시 이런 어려운 말은 안 쓰는 것이 좋겠다고 보신 것은 아닌지요?
다음은 소쩍새 이야기입니다. 소쩍새가 언제 우리 나라에 왔다가 언제 가는지, 책을 찾아보면 적혀 있겠지만, 우리가 소쩍새를 아는 것은 그 울음소리를 듣고 아는 것입니다. 제가 아는 소쩍새는 늦은 봄부터가 아니라 참꽃(진달래꽃)이 피고 살구꽃이 필 때면 밤마다 어김없이 울었습니다. 그런데 여름 밤에 소쩍새 울음소리를 들었던 기억은 안 납니다. 그래서 가을 밤에 소쩍새 소리를 들었다는 것이 좀 이상했던 것입니다. 저는 그 소리를 실제로 들었는가 안 들었는가 하는 것을 말한 것이고 책에 적혀 있는 소쩍새의 생태를 말한 것은 아닙니다. 지금 사전을 찾아보니 사전마다 조금씩 다르게 적혀 있군요. 그리고 소쩍새는 두견새와 다르다는 것이 미승우 씨의 주장 이후 널리 알려진 줄 압니다. 선생님이 책으로 알아보신 것만 가지고도 소쩍새 울음소리를 가을 밤에 들을 수 있을까 하는 의심은 더욱 더해지는 것을 어찌할 수 없습니다.

『동아일보』 독자란에 나왔던 그 글은 저도 읽었습니다. 그분이 우리 회원이 된 줄은 몰랐네요. 외국에 나가서 살던 동포들이 돌아오면 우리나라 사람들이 얼마나 외국말·외국글을 좋아하는 병에 걸려 있는가 하는 것을 잘 알게 되는 모양입니다. 그 순진한 어린이 눈에 비친 조국과 겨레의 모습을, 우리가 거울 속에 들여다보는 추악한 우리 자신의 모습으로 깨닫지 못한다면 무슨 희망이 있겠습니까.

한 가지, 그 글에 나온 녹색이란 말에 대해서 적고 싶습니다. 그린을 녹색이라고 할 것이 아니라 푸른, 푸른빛이라고 해야 합니다. '그린'을 쓰고 싶어하는 사람이 녹색을 비판하지 못한 것은 당연하겠지요. 녹색운동은 푸른빛운동이나 풀빛운동으로, 녹색혁명은 푸른혁명이나 푸른빛혁명 또는 풀빛혁명으로 하면 좋겠습니다. 말이 우리 것으로 살아 있어야 하는 일도 제대로 뿌리가 내려 잘 될 것입니다.

끝으로 이승준 군의 말은, 누가 알려주어서 그 책에서 읽었습니다. 아주 믿음직한 젊은이들이 이렇게 자라나고 있다는 것을 생각하니 절망하고 있던 저 자신이 부끄러웠습니다. 우리가 옳은 일을 열심히 하기만 하면, 반드시 그 일이 바르게 살아가려는 많은 사람들의 가슴으로 전파되어, 비뚤어진 역사를 바른 길에 올려놓을 수 있다는 것을 태산같이 믿게 합니다.

영어를 배우면 영어란 틀로 세상을 보고 생각하게 되고, 한문을 배우면 한문이란 틀에서 또 그렇게 보고 생각하게 되어 우리의 생각 자체가 한문식으로 바뀔 것이란 말은 얼마나 슬기로운 말입니까? 지난날의 역사를 돌아보면 우리가 한문식으로 생각했고, 일본글식으로 생각했고, 미국글식으로 생각했기 때문에 온갖 비극이 일어나고, 나라가 찢겨지고, 외국 세력에 짓밟혔던 것이 너무나 환합니다. 영어 공부와 한문 공부로 나라 발전시키자는 말은, 역사도 사회도 모르고, 그래서 한 치 앞도 내다보지 못하는 얼마나 어리석고 답답한 말입니까? 이런 사람들이 경제든 교육이든 멋대로 이끌어갈 때, 우리가 살아날 길은 없습니다.

이제는 그 영어 공부고 한문 공부고 일본말 공부를 새로 별나게 하지 않더라도 벌써 우리들 생각과 감정은 영어꼴로 일본말꼴로 한문꼴로 되어 있습니다. 우리 말과 글이 그렇게 병들어 있는 것이지요. 말과 글을 살피는 일을 목숨을 걸고서라도 해야 하는 까닭이 이러합니다.

책을 많이 보면 책 속에 빠져 그 생각이 이상하게 된다고 걱정했는데, 반드시 그렇지도 않다는 것을 이승준 군의 경우로 알게 되었습니다. 그리고 제가 쓴 책이 우리가 보는 모든 글과 책에서 입게 되는 독을 풀어주는 노릇을 한다 싶으니 힘이 솟아납니다. 다만 제가 해야 할 일을 제대로 못하고 있어서 모든 독자들과 회원들께 미안할 뿐입니다.

선생님은 우리 말 살리는 일을 그 어느 분보다도 더 열심히 앞장서서 해주십시오. 너무 너무 고맙습니다. 기회를 만들어 한 번 만나뵙고 싶습니다. 언제까지나 건강하시기 바랍니다.

1994년 2월 10일

8. 『우리 글 바로 쓰기』에 대한 의견

사학을 전공하고 있는 학생입니다.

아르바이트(일본어 번역)를 계기로 선생님께서 지으신 『우리 글 바로 쓰기 1』(한길사, 1990, 제7판)를 읽게 되었습니다. 제가 그동안 몰랐던 많은 사실들을 알게 되었고, 번역을 하는 데도 커다란 도움이 되었습니다. 감사드립니다.

 책을 읽으면서 제 나름대로 생각해본 몇 부분을 적어봅니다. 선생님께서는 어떻게 생각하십니까? 선생님께서 책을 통해 강조하신 모든 부분에 저도 같은 생각입니다. 앞으로 번역을 하면서도 우리 글을 올바로 쓰도록 애쓰겠습니다.

 선생님 건강하세요.

1. 17쪽 12행〔제2판 27쪽 5행〕. '만악(萬惡)→만가지 악'
   이보다는 '모든 악'이 더 낫지 않을까 생각합니다.
2. 31쪽 24행〔제2판 42쪽 18행〕. '갈등(葛藤)→뒤얽힘'
   갈등 그대로가 더 바람직?
3. 33쪽 3행〔제2판 43쪽 22행〕. '극적인 해후를 하는→연극같이 만나는'
   극적으로 만나는
4. 40쪽 20행〔제2판 51쪽 4행〕. '효시→시초'
   두 단어의 차이점은 무엇입니까?(둘 다 한자어)
5. 44쪽 17행〔제2판 54쪽 15행〕. '비조→시조, 첫 사람'
   비조(鼻祖)와 시조(始祖)의 다른 점은 무엇입니까?(둘 다 한자어)
6. 44쪽 5행·9행〔제2판 54쪽 2행·6행〕. '공히→함께'
   대부분 (문맥상 '대부분'이 바람직.)
7. 45쪽 28행〔제2판 56쪽 1행〕. '매사에→일마다'
   모든 일에
8. 47쪽 16행〔제2판 57쪽 10행〕. '수차례→몇 차례'
   여러 차례
9. 51쪽 23행〔제2판 60쪽 16행〕. '-에 접하면서→-을 대하면서'
   '接'과 '對'의 차이는? 둘 다 한자어이지 않습니까?

10. 54쪽 21행〔제2판 63쪽 14행〕. '극적인→연극 같은'

'극적인' 그대로가 바람직.

11. 63쪽 17행〔제2판 73쪽 7행〕. '신인(新人)→새사람'

'신인' 그대로가 바람직.

12. 64쪽 19행〔제2판 74쪽 12행〕. '탈출구를→빠져나갈 구멍을'

탈(脫)+출구(出口)입니까?

탈출(脫出)+구(口)가 아닐까요?

13. 74쪽 13행〔제2판 85쪽 9행〕. '외적으로→밖으로'

겉으로

14. 83쪽 5행〔제2판 95쪽 4행〕. その頭を めちゃくちゃにして→めちゃくちゃ

15. 138쪽 18행～24행〔제2판 151쪽 26행～152쪽 5행〕.

(번역)

돈 많은 젊은이와 가난한 젊은이, 돈 많은 늙은이와 가난한 늙은이

(원문)

貧しい若者か, 金を持っに若者か, 貧しい老人か, 金を持った老人か.

일본어에 익숙하지 않은 사람들이 위의 관계를 제대로 알 수 있을지 걱정입니다. 원문의 해석을 뒤바꾼 특별한 이유가 있습니까?

16. 193쪽 14행〔제2판 210쪽 5행〕. '가옥주→집임자'

'집주인'이 바람직?

이제까지 지적한 부분 가운데 제가 잘못 생각한 것도 많으리라 생각합니다. 선생님께서는 어떻게 생각하시는지 알고 싶습니다.

연세대학교 교육대학원 역사교육전공

송창범

〈회답〉

송창범 님께

저의 책을 읽어주시고, 자세한 의견까지 쓰셔서 물으셨는데, 지금까지 답장을 드리지 못했으니 여간 미안한 마음이 아닙니다. 주신 편지에 날짜가 적혀 있지 않아서 언제 받아놓은 것인지 모르지만, 아마도 92년쯤, 그러니까 지지난해가 아닌가 싶습니다. 두 해나 묵혀둔 편지를 이제사 꺼내어 이런 자리에서 답장을 쓰게 되니 더욱 죄송합니다. 오랫동안 진 빚을 갚는 마음으로 물어주신 열여섯 가지 문제에 대한 저의 의견을 차례로 적어보겠습니다.

1. 만약 (→만가지 악)

우리 말로 '많은 수'를 말할 때 '천 가지 만 가지' 또는 '천만 가지'라고 합니다. 그러니 '만 가지 악'이라고 하는 것은 꼭 1만이란 수효를 말하는 것이 아닙니다. '모든 악'이라고 해도 되겠지요.

2. 갈등 (→뒤얽힘)

될 수 있는 대로 어려운 한자말을 안 쓰고, 책을 읽지 않는 시골 사람들도 알 수 있는 말을 쓰는 것이 좋겠습니다. 그 글에서 '뒤얽힘'이라 해도 괜찮다고 보는데, 꼭 맞지 않는 말이라면 또 다른 말로 바꿀 수도 있겠지요.

3. 극적인 해후를 하는 (→연극같이 만나는)

무슨 -적이라고 하는 이 일본말을 안 쓰려고 했습니다. 대관절 '극적'이란 말이 무슨 뜻입니까? '연극처럼'이나 '연극같이'란 말이니까 그렇게 말하면 되는 것이지 어째서 꼭 일본말 따라 극적인을 써야 할까요? 만약에 '연극같이'가 그 글에서 맞지 않는 말이라면 극적인도 맞지 않는 말이라야 합니다. 그런데 '연극같이'는 이상하게 느껴지고 극적이란 말은 알 맞은 말로 느껴지는 사실이 바로 '극적'이란 말이 안고 있는 문제점입니다. 하필 이 '극적'뿐 아니고 다른 모든 -적이란 말이 이렇게 해서 그 뜻이 분명하지 않는 말로 그저 적당히 얼버무리기도 하는 말로 쓰이고 있다는 것을 알아야 합니다.

그런데 사실은 그 대문에서 극적인이란 말을 쓸 필요조차 없습니다. 다시 그 글을 들어보겠습니다.

"……남북 적십자사의 주선으로 극소수나마 남북 이산가족이 극적인 해후를 하는 경사가 온 국민의 마음을 설레게 했었다."

이 글을 보면, 뒤에 가서 "온 국민의 마음을 설레게" 했다는 말이 나오니까 그 앞에 있는 극적인이란 말은 없어도 되는 것이지요. 그래서,

'……남북 적십자의 주선으로 매우 적은 수나마 남북 이산가족이 만나게 되는 기쁜 일이 온 국민의 마음을 설레게 했다.'

이렇게 하면 한결 읽기 좋은 우리 말이 됩니다.

또 극적인이란 자리에 꼭 무슨 말을 넣고 싶다면 '역사에 남을 만나는 자리를 갖게 되는 기쁜 일이……' 이렇게 할 수도 있을 것입니다.

4. 효시 (→시초)

5. 비조 (→시조, 첫사람)

같은 경우니까 두 가지를 함께 대답하지요. 제가 한자말이면 무슨 말이든지 다 쓰지 말아야 한다고는 어디에도 말한 적이 없습니다. 우리 말이 되어버린 한자말이 많습니다. 다만 어려운 한자말을 쓰지 말자는 것이고, 우리 말에 어울릴 수 없는 이상한 소리로 된 한자말을 쓰지 말자는 것이고, 일본사람들이 자기들이 편리하도록 만들어서 쓰는 한자말을 쓰지 말자는 것이고, 쉬운 한자말이라도 같은 뜻으로 널리 쓰고 있는 우리 말이 있으면 그 우리 말을 살려서 써야 한다는 것이지요.

그래서 '시초'나 '시조'는 시골의 할머니들도 잘 아는 말이니까 쓰는 것이고, '효시'나 '비조' 같은 말은 써서 안 된다는 겁니다.

6. 공히 (→함께)

이 '공히'를 '대부분'이라고 고칠 수는 없습니다.

7. 매사에 (→일마다)

'모든 일에'라고 해도 되겠지요. '일마다'도 틀린 말이 아닙니다.

8. 수차례 (→몇 차례)

'여러 차례'라고 해도 되겠지요. 그러나 '수차례'라고 한 것은 '몇 차례'가 더 맞는 말인 것 같습니다. '몇 차례'와 '여러 차례', 이 두 가지 말의 느낌이 다른 것은, '몇 차례'는 두세 번이나 서너 번을 말하는 것이고, '여러 차례'는 대여섯 번이나 예닐곱 번, 일고여덟 번을 말하는 듯 느껴집니다. 그러니 '수차례' 라는 것은 두세 차례나 서너 차례를 말하는 것이니까 '몇 차례'가 더 알맞지요.

9. -에 접하면서 (→-을 대하면서)

'접한다'는 말과 '대한다'는 말이 다 같은 한자말인데 어째서 '접한다'란 말을 써서는 안 되는가 하는 질문인데, 우리 말을 어떻게 써야 할지, 그 기준을 잡지 못하신 것 같아 딱합니다. 이 물음에 대한 대답은 앞에서 든 '4'와 '5'에서 잘 말해두었습니다.

10. 극적인 (→연극 같은)

이 물음에 대한 대답도 '3'에서 다 해놓았습니다.

11. 신인 (→새사람)

운동선수든지 작가든지 '신인이 나왔다'고 하는 것보다 '새사람이 나왔다'고 하는 것이 우리 말답고 좋습니다. 국회의원이라면 더 말할 것도 없지요. 그 63쪽에 '신도로'(새 도로, 새 길) '신작품'(새 작품) '신생활'(새 생활) '신년'(새해) '신품'(새것, 새 물건) '신어'(새 말)…… 이렇게 많은 낱말을 들어놓은 가운데 오직 사람을 가리키는 말만은 '새-'를 쓰지 말아야 한다고 하신 까닭이 어디에 있는지, 생각해보시기 바랍니다.

12. 탈출구를 (→빠져나갈 구멍을)
거기서 제가 들어놓은 보기는 "탈출구를(빠져나갈 구멍을) 찾아서"였습니다. 이것이 잘못되었다는 것입니까? '탈출+구'가 되면 뜻이 달라진다는 말입니까? 질문한 까닭을 모르겠습니다.

13. 외적으로 (→밖으로)
'겉으로'라고 해도 되겠습니다.

14. 일본 가나글자 'や'를 작은 글자로 쳐야 하는데, 교정도 잘 보지 못했습니다.

15. 이것은 저에게 물을 말이 아닙니다. 제가 번역한 것이 아니고, 그렇게 번역해놓은 글이 우리 말법으로 되어 있지 않다는 것을 그 부분만 밑줄을 그어 지적했을 따름입니다. 그리고 번역한 분이 그렇게 앞뒤를 바꿔놓은 까닭이 어디 있는지 모르지만, 그런 것이 우리 말을 살리는 얘기를 하는 자리에서는 문제가 안 된다고 봅니다.

16. 가옥주 (→집임자)
'집주인'이라 해도 되겠지요. 그러나 '임자'도 좋은 우리 말입니다.

제가 그 책에서 다듬어 써야 할 말을 보기로 들어놓은 것은 꼭 그 말만 써야 한다는 것이 아니었습니다. 그리고 지금 생각해보니 그동안 회답을 못 드린 까닭이 바쁘기도 했지만, 물어주신 문제들이 거의 모두 그다지 절실한 내용들이 아니어서 그만 뒤로 미루고 있는 동안에 잊어버린 것이었구나 하고 깨달아집니다. 그러나 어떤 것을 물어주셨다고 하더라도 저에게는 도움이 되고 귀한 것을 생각하게 되는 기회가 되었다고 봅니다. 아무튼 고맙습니다. 늘 건강하셔서 우리 말 살리는 일을 꾸준히 해주시기 바랍니다.

1994년 3월 8일

덧붙여 한 가지만 적어둘 것이 있습니다. 쓰신 글에서 12행, 24행…… 이렇게 '행'이란 말을 쓰셨는데, 우리 말로 '줄'이라고 쓰는 것이 좋겠습니다.

9. 어떻게 하면 좋은 글을 쓸 수 있습니까

선생님, 세월은 참 잘도 갑니다.
눈 깜짝깜짝 할 사이에 일주일이 가고 한 달이 가더니 벌써 이해도 석 달밖에 남지 않았습니다. 편지가 늦었습니다. 좀 남아 있던 책 다 읽고 추석 앞에 편지 드린다는 게 어머니가 갑자기 손목을 많이 다쳐 여기에 마음을 쓰다보니 이렇게 늦었습니다. 밥 때와 밤이면 집에 있을까, 밭으로 논으로 홍길동처럼 바쁘게 날아다니시던 어머니가 그것도 오른쪽 손목을 다쳐 손을 못 쓰게 되니까 얼마나 갑갑해하시는지, 옆에서 지켜보는 제가 더 갑갑하답니다. 내일 병원에 가서 깁스를 뗀다고 하시는데, 깁스를 떼고 나면 쉴 생각은 하지 않고 일할 생각만 하고 계셔서 걱정이랍니다.
선생님, 엊그제 추석 때 댁으로 전화 못 드리고 사무실로 전화 드렸을 때 제가 잘못한 게 있었는지 모르겠습니다. 그때 전화 상태가 또 나빠졌는지 말씀이 잘 안 들렸습니다.

요즘 일어나고 있는 끔찍하고 어두운 세상 얘기는 하지 않겠습니다.

선생님 보내주신 책 다 잘 읽었습니다. 선생님 책을 읽으니까 시가 무엇인지 조금 알겠습니다. 그리고 저도 모르게 뭔가 흐려져가던 것이 깨끗이 맑아진 느낌입니다.

작년 9월 말, 쌀쌀한 날씨 때문에 우연히 라디오에서 선생님을 알게 된 것도 행운이지만, 좀더 일찍 선생님의 책을 구해보지 못한 게 무척 아쉽습니다. 왜 하필 공부하려고 할 때 조카를 봐주게 됐는지도 아쉽고예.

선생님, 우리 말과 글이 오염되어도 너무 많이 오염되어 있고, 우리 생활 속에 남의 말과 글이 뿌리가 깊어도 너무 깊습니다.

무지한 제가 보고 들어도 글이란 글은 다 오염이 되어 있으며, 배운 사람이든 못 배운 사람이든 거의가 일본말에 물이 들어 있습니다. 어쩌다가 우리 말과 글이 이 지경이 됐으며, 이 지경이 되도록 우리 나라 국어학자들은 다 뭘 했는지……. 우리 말과 일본말을 가려서 밝혀놓은 제대로 된 국어사전이 한 권만 있었더라도 이렇게 심하진 않았을 텐데……. 생각하면 자꾸 화가 납니다. 신문과 방송이 바로잡지 않고 여전히 무책임하게 쓰는 것은 더 화가 납니다. 어떻게든 오염된 말과 글을 다 바로잡고 싶은데, 제가 너무 모르기 때문에 생각처럼 잘 될지 모르겠습니다.

선생님, 이렇게 쓰다가는 또 편지가 길어지겠습니다. 이제 선생님께 여쭙고 싶었던 말씀 드리겠습니다. 지금 말씀드리려고 하는 것도 『우리 문장 쓰기』이 책 속에 정답이 들어 있는 데도 제가 글에 대해 너무 무지하기 때문에 답을 찾지 못하고 선생님께 말씀을 드리는지도 모르겠습니다.

선생님, 저는 초등교육도 받지 못했습니다. 책도 거의 안 읽었습니다. 이렇기 때문에 저는 아는 게 없습니다. 이런데도 우연히 듣게 되는 텔레비전이나 라디오에서 하는 강연이나 토론 같은 데서 저와 똑같은 생각이

나 비슷한 생각을 가진 사람을 여럿 만나게 됩니다. 그래서 제가 무슨 생각을 하느냐 하면예 '만약에 내가 글을 쓴다면 적어도 저 사람보다 나아야 똑같은 글이나 비슷한 글을 쓰지 않을 거'라는 생각을 합니다. 그런데 그 사람들을 가만히 보면 무슨 박사, 무슨 원장, 이렇게 모두 공부를 많이 한 사람들입니다. 제가 평생 공부를 한다고 해도 그 사람들이 가지고 있는 지식을 다 가지기는 어려울 겁니다.

또 올 지난 4월 말이었습니다. 누가 읽으라고 하면서 좀 알려진 어느 스님이 쓴 명상집을 한 권 갖다주었습니다. 명상집이 어떤 책인가 하는 마음으로 별 생각 없이 책을 펴보았습니다. 그런데 '표절'이라는 낱말이 떠올라 얼마 안 읽고 책을 덮었습니다. 그리고 제가 쓸 것은 바닥이 다 났다는 생각을 했습니다.

만약에 제가 명상집을 썼다면 낱말만 좀 다를 뿐 제가 담았을 그런 뜻이 담겨 있었으며, 긴 글을 썼다면 제 글의 밑바탕이 될 그런 책이었습니다.

또 있습니다. 선생님께서 보내주신 선생님의 책도 낯설지가 않습니다. 마치 제가 오래전부터 선생님을 알고 있었던 듯한 느낌이 들 정도로 대하게 됩니다.

선생님이 알고 계신 그 지식도 저는 모릅니다. 선생님, 저는 아직도 우리 한글도 정확하게 제대로 다 모릅니다. 읽었던 얼마 안 되는 책도 거의 한글 배울 때 읽었습니다. 누구와 마음을 터놓고 생각을 나눈 적도 거의 없습니다. 그러니까 저는 책과 사람과 담을 쌓고 살았다고도 말할 수 있습니다.

이런데도 똑같은 생각이나 비슷한 생각을 가진 사람과 책을 만나고 읽게 됩니다. 선생님 보시기에는 어떻습니까?

제 생각에는 이렇게 되면 이미 누가 써놓은 똑같은 글이나 비슷한 글밖에 못 쓸 것 같습니다. 저의 좁은 세계와 무지로 좋은 시를 쓸 수 있을지 모르겠습니다. 만약 시를 쓸 수 있게 된다면 수필 같은 긴 글 쪽으로 넓혀갈 생각입니다.

이미 누가 써놓은 똑같은 글이나 비슷한 글, 그리고 흔한 글을 쓰고 싶지 않습니다.

선생님, 어떻게 하면 이런 글을 쓰지 않고 깊이가 있는 좋은 글을 쓸 수가 있겠습니까? 선생님, 여기에 대해 자세히 말씀 좀 해주십시오.

선생님, 선생님께서 쓰신 책 『우리 문장 쓰기』 편지 부분 466쪽에 보면 웃어른께 '하세요'를 쓰지 말아야 한다는 말씀을 하셨습니다. 제가 선생님께 드린 편지에 '요' 자가 들어가는 '주세요'를 쓴 때가 있습니다. 이 '주세요'를 선생님께 드리는 편지에 쓰는 것은 바른 글이 아닌 것 같아서, 다른 글을 찾다가 찾지 못하고 썼습니다. '하세요' '주세요'가 들어가는 자리에 어떤 글을 써야 바른 글이 됩니까?

선생님 한 가지 더 말씀드리겠습니다. 전에 선생님께서 회장으로 계셨던 '글쓰기회 모임' 있지예? 그 글쓰기회 회원들은 어떤 직업을 가지고 있는 사람들이며, 지금 선생님께서 하시는 남의 글 몰아내는 '우리 글 바로 쓰기'도 '글쓰기회 모임'에서 하고 있는지 알고 싶습니다.

선생님, 시 공부하는 데 도움이 될 만한 좋은 시집과 수필집, 그리고 선생님이 쓰신 책도 제가 읽을 만한 책이 더 있으시면 다 가르쳐주십시오.

제가 글을 너무 못 쓰기 때문에 선생님께 무엇을 여쭙는지 이해를 하실지 모르겠습니다. 저번에 드린 편지는 안 그래도 부끄러운데 말을 빠뜨리고 낱말을 제대로 쓰지를 못해 아주 주제넘은 편지가 되어버리는 바람에 얼마나 부끄러웠는지 모릅니다.

선생님, 편지를 짧게 쓴다는 게 또 길어졌습니다. 겨울이 문 밖에 다가왔는지 날씨가 제법 춥습니다. 감기 조심하시고 안녕히 계세요.

1994년 10월 5일

장끝순 올림

〈회답〉

장끝순 님,

편지 잘 읽었습니다. 지난번 받은 편지도 회답을 못 하고 있었는데, 다시 또 받게 되어 너무 미안합니다. 그래서 이번에는 오늘 받은 즉시 다른 일 제쳐 두고 몇 줄 쓰려고 펜을 들었습니다.

끝순 님은 학교 교육을 아주 안 받았다고 하셨는데, 편지글을 놀랄 만큼 잘 썼습니다. 맞춤법이고 띄어쓰기고 틀린 데가 거의 없습니다. 대학에서 국문학과를 졸업한 사람이라도 우리 말을 이 정도로 깨끗하게 쓰는 사람은 드물겠다는 생각이 듭니다. 아니, 학교 교육을 받지 않았기에 이렇게 깨끗한 글을 쓰게 되었을 것입니다. 학교 공부를 하지 못한 것은 큰 다행입니다.

그러면 물으신 것에 대답해보겠습니다. 가장 중요한 물음은 "어떻게 하면 벌써 다른 사람이 써놓은 것과 같은 생각이나 비슷한 생각을 쓰지 않고, 깊이가 있는 좋은 글을 쓸 수 있는가?" 하는 것이었지요. 이렇게 물은 까닭은 텔레비전이나 라디오에서 하는 강연이나 토론 같은 것을 들으면 참 그렇지, 나도 그런 생각을 했지 하고 느끼는데, "만약 내가 글을 쓴다면 저 사람들보다 나아야 비슷한 글을 쓰지 않을 터인데, 그 사람들은 모두 공부도 많이 한 사람들이니 아무것도 배운 것이 없는 내가 어떻게 저 사람들보다 낫기를 바라겠는가" 하는 것이었습니다. 또 어느 스님이 쓴 명상집을 읽고서도, 내가 쓸 것을 이렇게 남들이 다 써버렸는데 이제 또 무엇을 쓰겠는가, 하는 생각을 했다지요? 내 책을 읽고서도 비슷한 생각을 하신 것 같습니다.

내 의견은 이렇습니다. 남의 말을 듣거나 글을 읽고서 깊이 공감하게 되는 것은 참 좋은 일이지요. 그럴 때는 자기가 가진 느낌이나 생각이 그 사람 것과 비슷하다는 것을 뜻합니다. 이 세상에서 생각을 같이하는 사람이 있다는 것은 얼마나 다행한 일입니까? 이럴 때 자기가 글을 쓰면 그와 비슷하게 되니 쓸 필요가 없다고 말할 수도 있습니다. 그러나 좋은 생각이라면 그런 생각을 하는 사람이 많을수록 반가운 일이지요. 우리는 남의 글을 읽고 그 글이 아주 잘못되었다는 사실을 알게 되었을 때만 글을 쓰게 되고 그런 경우라야 가치가 있는 글이 씌어지는 것이 아닙니다. 잘된 글을 읽고 자기도 그와 비슷한 생각을 쓸 경우에 가치가 없는 글이 나온다면, 잘못된 글을 읽고 쓰는 글은 또 누구든지 그렇게 잘못되었다고 보는 것이니까 아예 쓸 필요가 없다고 할 수도 있지요. 글쓰기를 그렇게 생각해서는 안 됩니다.

　글이란 그 사람만이 갖는 개성이 나타나 있어야 좋은 글이라 할 수 있습니다. 그런데 그 개성은 생각이 반드시 달라야 나타나는 것이 아닙니다. 생각이 같거나 비슷하더라도 그런 생각을 얻게 된 내력, 체험이 아주 다르다면 글도 달라지는 것이고, 따라서 개성이 살아 있는 글을 쓰게 되지요. 석가모니가 불행한 중생을 구하려고 한 사실을 예수가 알고는, 이제 세상 사람을 구원하는 일은 벌써 남이 먼저 해버렸으니 내가 할 가치가 없다고 생각했다면 어찌 되었을까요? 예수는 나타나지 않았을 것입니다.

　이 문제에서 한 가지 더 할 말이 있습니다. 끝순 님은 시를 쓰든지 수필을 쓰든지, 자꾸 뭔가 **생각**이란 것을 쓰려고 하는 것 같아요. 더구나 그 생각이란 것을 책읽기나 명상이나 상상 같은 것으로 얻으려고 하는 것 같습니다. 내가 꼭 하고 싶은 말은 부디 그런 생각을 쓰려고 하지 말라는 것입니다. 그런 생각을 쓰려고 하니까 남의 것과 같아지고, 비슷해지는 수밖에 없습니다. 재미없는 글이 되지요.

　생각을 안 쓰면 무엇을 쓸까요?

　눈으로 보고 귀로 듣고 몸으로 무엇을 한 사실을 써보세요. 그러면 다른 어떤 사람이 쓴 것과도 같거나 비슷할 수가 없습니다. 온 세계를 두루 다니면서 온갖 것을 다 본 사람도, 무슨 박사학위를 다섯 개고 여섯 개고 딴 사람도 도무지 쓸 수 없는 것은, 끝순 님이 오늘 아침에 어린 조카하고 마당에서 주고받은 말이라든가, 낮에 대추나무에 앉아 울던 무슨 새 소리라든가, 방금 담 밑에서 본 지렁이라든가, 이런 체험의 세계입니다. 그것은 끝순 님이 아니면 이 세상의 그 어떤 사람도 쓸 수 없는 것이지요. 생각을 쓴다고 하더라도 그런 자기만의 삶에서 우러나온 생각이라야 가치가 있습니다. 무슨 굉장한 생각을 쓰려니까 책에서 써놓은 것과 비슷한 것을 흉내내게 됩니다. 조그마한 것, 아주 보잘것없는 것, 모두가 예사로 보아 넘겨서 놓치고 있는 지극히 조그마한 것부터 살펴보는 슬기와 애정을 가진다면 얼마나 좋을까요.

시를 쓰는 공부를 하는 데 도움이 되는 시집을 알려달라고 하셨는데, 그럴 만한 책을 찾아내기도 힘들지만, 잘못 권했다가 도리어 시를 쓰는 데 방해가 될 것 같아 추천하지 않겠습니다. 지금 우리가 배워야 할 것은 책보다도 현실이고 자연입니다. 나날의 삶에서 시를 얻지 못하면 시를 쓸 수는 없는 것입니다. 한 가지, 지난번에 나간 우리 회보에 좋은 시조를 19편 실었지요. 시 쓰는 공부를 하는 사람들에게 그만한 좋은 시를 또 보여주기가 어렵습니다. 요즘 시를 쓰는 사람들은 거의 모두 말장난만 하고 있습니다. 물론 시조를 쓰라는 것은 아닙니다.

수필도 마찬가지입니다.

내가 지금까지 말한 글쓰기에 대한 생각은 『우리 문장 쓰기』에도 여기저기서 거듭 강조해놓았던 것으로 아는데, 그것을 읽어내지 못한 듯하니, 여기서 다시 아이들이 쓴 시를 몇 편 들어서 말해보겠습니다. 나는 이런 아이들의 시를, 숱하게 쏟아져 나오는 어른 시인들의 시보다 훨씬 더 윗자리에 올려놓고 싶습니다.

아이 업기 이후분(문경 김룡초등학교 6학년)
아기를 업고
골목을 다니고 있다니까
아기가 잠이 들었다.

아기가 잠이 들고는
내 등때기에 엎드렸다.
그래서 나는 아기를
방에 재워 놓고 나니까
등때기가 없는 것 같다.
- 1972. 5.

이 시에 무슨 생각이 있다고 보시는지요? 생각이 아주 없을 수는 없지요. 그러나 생각을 쓰려고 한 것은 아닙니다. 느낌입니다. 몸으로 느낀 것입니다. 아기를 업고 있는데 그 아기가 잠이 들었을 때 "내 등때기에 엎드렸다"는 느낌, 그리고 아기를 내려 방에 재워놓고 일어나니까 '등때기가 없는 것 같다'는 느낌, 이런 느낌의 말은 그 어느 시인도 쓰지 못했던 살아 있는 말입니다. 이런 살아 있는 말이라야 시가 되는 것이지요. 이런 말은 책을 읽어서 공부를 해서 쓸 수 있는 말이 아니고, 머리로 상상을 해서 쓸 수 있는 말이 아닙니다. 다만 그런 일을 겪어야, 그런 느낌을 몸으로 느껴야 쓸 수 있는 것이지요.

아버지의 병환 김규필(안동 대곡분교 3학년)
우리 아버지가
어제 풀 지로 갔다.
풀을 묶을 때 벌벌 떨렸다고 한다.
풀을 다 묶고 나서
지고 오다가
성춘네 집 언덕 위에 쉬다가
일어서는데
뒤에 있는 독멩이에 받혀서
그 높은 곳에서 떨어질 때

풀하고 구불어 내려와서 도랑 바닥에 떨어졌다.
짐도 등따리에 지고 있었다.
웬 사람이 뛰어와서
아버지를 일받았다.
앉아서 헐떡헐떡하며
숨도 오래 있다 쉬고 했다 한다.
내가 거기 가서
그 높은 곳을 쳐다보고 울었다.
• 1969. 6.

  이 시는 이 아이가 들은 일, 행동한 것을 그대로 썼습니다. 생각이고 느낌을 나타낸 말은 한마디도 없습니다. 그런데도 훌륭한 시가 되었습니다. 생각과 느낌을 바로 나타낸 말을 쓰지 않았다고 해서 생각이고 느낌이 없는 시라고 할 수 있습니까? 듣고 보고 한 것을 쓴 말 속에 얼마나 짙은 감정이 꽉 차 있는지 생각해보세요.

  아기 김은정(울진 온정초등학교 3학년)
아기가 남자가 아니라고 집안 식구들은
매일 욕을 한다.
그때마다 어머니께서 수건을 들고
우는 모습을 본다.
"어머니 왜 우셔요?"
하고 물으면
"아무것도 아니다. 걱정 말아라."
할머니께서는 아기 얼굴마저도
돌아보시지 않는다.
여자 놓든 남자 놓든

엄마 마음대로 놔,

나는 속으로 이렇게 중얼거린다.

차라리 태어나지나 말지,

설움만 받고 크는 아기.

어째서라도 나는

아기를 키우고 말겠다.

• 1985. 4.(이호철 선생 지도)

 이 시에는 자기의 생각이 아주 강하게 나타나 있습니다. 이 생각은 책에서 읽은 것도 아니고 누가 가르쳐준 것도 아닙니다. 배우는 것이 뭡니까. 이 아이의 둘레에는 이 아이의 느낌이나 생각과는 아주 반대가 되는, 비뚤어진 생각과 삶을 강요하는 완고한 풍습의 틀로 꽉 짜여 있습니다. 가정이고 학교고 마을이고 다 그렇지요. 그런데 이 아이는 놀랍게도 그 틀 속에 갇혀 있지 않고 자유롭게 뛰쳐 나왔습니다. 제 목소리로 하고 싶은 말을 부르짖고 있습니다. 이래서 우리는 아이들만이 희망이라고 말하지요. 책만 읽어서 외우고 쓰고 하는 틀 속에 갇혀 있는 아이들이 아니라, 삶 속에서 자라나는 아이들만이 우리의 희망입니다.

 여성운동이 있지요. 여성운동을 하는 사람들은 거의 모두 이 아이와 같은 생각을 할 것입니다. 그래서 이 아이의 생각이 여성운동을 하는 사람들의 것과 같다고 해서 이 시가 가치가 없다고 할 사람은 아무도 없을 것입니다. 거듭하는 말이 됩니다만 생각을 쓰더라도 자기만의 삶이 있고 그 삶에서 어쩔 수 없이 가지게 되는 생각이라면 훌륭한 시가 됩니다.

 다음 두 번째 물음은, 어른들에게 편지를 쓸 때 "하세요"라 쓰지 않는 것이 좋겠다고 쓴 내 글에 대한 것이었지요. '하세요' 대신에 써야 할 말이 무엇인가를 모르시면, 실제로 어른들 앞에서 어떤 말을 하는가 하고 생각하면 됩니다. '해주시기 바랍니다'든지 '해주십시오'든지 '하십시오'라고 쓰면 되겠지요. 옛날에는 '하소서' '하옵소서' 따위를 썼는데, 이제 그런 글말은 쓸 필요가 없습니다.

　세 번째 물음은 '글쓰기회'에 대한 것이었지요. 글쓰기회는 아이들에게 글쓰기를 어떻게 하면 올바르게 가르칠 수 있는가를 연구하는 사람들이 모인 단체입니다. 회원은 주로 학교 선생님들이고, 학부모들도 더러 있습니다. 글쓰기회는 '우리 글 바로 쓰기'를 목표로 해서 만든 모임은 아닙니다. 그러나 많은 회원들이 말과 글을 바로잡는 일에 깊은 관심을 가지고 있습니다. 앞으로 우리 말을 바로 쓰게 하는 일이 글쓰기 지도의 알맹이가 되어야 한다고 봅니다.

　묻는 말에 제대로 대답을 했는지 모르겠습니다. 이해가 안 되는 점이 있으면 또 물어주십시오. 그리고 이렇게 주고받는 편지를 회보에 실어 공개하는 것을 부디 용서하시기 바랍니다. 이 내용을 우리 회원 모두가 읽었으면 좋겠다는 생각이 들었던 것입니다.

　하루하루가 귀한 가을날이 되시기 빕니다.

1994년 10월 9일

10. 지금부터라도 하나씩 고쳐서

이오덕 선생님께

　안녕하세요? 저는 대전에 사는 이기영입니다. 저는 가정주부이며, 일곱 살 된 아들이 하나 있습니다. 작년에 YMCA에서 선생님 강연을 들었습니다. 선생님 강연과 『우리 말 우리 글』 회보를 본 다음 마음이 어지러웠습니다. 저는 서울에서 태어났고 줄곧 서울서 자라다가 결혼 후 남편의 직장 따라 대전으로 이사를 온 것이 올해로 5년째입니다. 그리고 해외여행조차도 한 번 해본 적이 없이 오로지 우리 나라에서 우리 말만 쓰며 살았습니다. 그런 제가 쓰는 말의 상당수가 우리 말이나 우리 말법이 아니었다니요? 그동안 우리 말이 영어나 일어 따위의 외국어에 밀려 없어지거나 이상한 말이 되어가고 있다는 얘기를 들어도 '그렇지' 정도로 넘어가버리고 말았는데, 선생님 강연을 들은 후 뉴스나 신문을 보니 너무 심합니다. 우리가 우리 말을 쓰면서도 "이게 맞는 말인가? 아닌가? 그럼 뭐지?" 하니 한심하기 짝이 없습니다. 그래도 대학 공부까지 마쳤다는 제가 이 글을 쓰면서도 이게 맞는 건가 의심스러우니 선생님 말씀대로 학교 공부 안 한 사람이 더 바르게 우리 말, 우리 글을 쓰는 것입니다.

돌이켜보면 고등학교 때까지는 그래도 잘 몰랐는데 대학을 다니면서부터 한자어와 영어를 쓰는 것이 지식의 척도인 양 앞다투어 썼던 것 같습니다. 잘 쓰던 말도 일부러 한자어로 바꾸어 썼던 기억이 납니다. 그때가 벌써 십삼사 년 전의 일이니 그동안 생각과 말이 그렇게 굳어버렸습니다. 부끄러움도 모르고 오히려 당당하고 자랑스럽게 떠들어댄 것이 창피하기만 합니다.

선생님! 남편과 저는 지금부터라도 하나씩 고쳐서 바른 우리 말을 쓰기로 했습니다. 일곱 살밖에 안 된 아이가 국적 없는 이상한 말을 하며 놀고 있는 것을 보면 마음이 급해집니다. 그런데 한심하게도 무엇이 틀린 것인지 잘 모르기도 하고, 뭔가 잘못된 것 같아도 바른 것이 무엇인지를 잘 모르는 것이 많습니다. 어제는 『이오덕 글 이야기』 책을 보았는데 참 좋았습니다. 많이 배웠습니다. 혹시 『국어사전』 말고 『우리말 사전』이 있는지 모르겠습니다. 아니면 도움이 될 만한 책을 알고 싶습니다.

『우리 말 우리 글』 회보를 보면 손으로 쓴 것이 우리 말의 따뜻함을 전해주는 것 같아 좋습니다. 그런데 저는 이렇게 인쇄글을 써서 죄송합니다. 그리고 제19호 『우리 말 우리 글』 회보에서 제목 밑에 '겨레가 삽니다'가 "겨레가 삽다다"로 잘못되었습니다.

새해 복 많이 받으시고, 건강하세요.
1995년 1월 4일
이기영 올림

〈회답〉

이기영 님께

편지 고맙습니다. 우리 말이 외국말에 쫓겨나고 죽어가는 사실을 깨닫고 걱정하시는 분을 또 한 분 만나게 되니 여간 반갑지 않습니다. 쓰신 편지글을 여기 한 자도 고치지 않고 그대로 옮겨놓았는데, 아주 깨끗한 말이 되었습니다. 부디 앞으로 우리 말 살리는 일에 앞장서주시기 바랍니다. 모든 사람들이 잘못된 남의 말을 자랑스럽게 쓰고 싶어한다고 해도, 어쩌다가 있는 이기영 님 같은 분들 때문에 우리 말은 살아남아, 어둔 밤을 비춰주는 불빛이 되어 겨레를 지켜줄 것입니다. 그리고 지금 우리 나라에서는 그 아무도 온전한 우리 말을 하고 깨끗한 우리 말로 글을 쓰는 사람이 없습니다. 자신을 가지고 한 가지씩 잘못된 말을 찾아내어 바로잡아나가시기 바랍니다.

『우리말 사전』을 물으셨는데, 한글학회에서 만든 『우리말 큰사전』(어문각)이 세 권으로 나온 것이 있습니다. 이 사전도 일본말법으로 풀이해 놓은 데가 많습니다만, 그래도 다른 사전보다 나은 점이 많습니다. 또 한글학회에서 엮은 『쉬운말 사전』이 있으니 참고하시면 좋겠습니다. 우리 말 공부에 도움이 될 책은, 제가 쓴 책을 말해서 안됐습니다만 『우리 글 바로 쓰기 1·2』(한길사)가 있습니다.

지난 회보에서 '겨례'라고 잘못 쓴 것을 알려주셔서 참 고맙습니다. 늘 그 자리에 쓰는 글자를 왜 그렇게 썼는지, 회원 여러분께 죄송합니다. 저는 언제나 말을 살리자고 하는 터이라 '겨레'나 '겨례'나 말소리는 다름이 없어 그만 그렇게 써버린 것 같기도 합니다.

지난번 회보에서는, 며칠 전 또 한 분이 글자 잘못 쓴 것을 전화로 알려준 것이 있습니다. "겨레말을 없애자는 어이없는 망언"이란 글 어디에 '사라진다'(없어진다)는 말을 '살아진다'고 써놓았답니다. 이것도 아주 큰 실수를 한 것이지요. 뻔히 알고 있는 말도 이렇게 잘못 쓰게 되는 사실을 두고, 모든 행동을 반성하는 기회로 삼아야 되겠습니다. 그런데 오늘 그 글을 다시 읽어보았지만 그 말이 어디에 있는지 눈에 안 띄었습니다. 어딘가 있겠지요.

아무튼 우리 말 우리 글에 이토록 애정을 가져주셔서 너무너무 반갑고 고맙습니다.

11. 소쩍새 이야기

이 회보를 처음부터 받아보시는 회원들은 지난 1월에 나온 제8호에서 제가 소쩍새 이야기를 써놓은 대문을 기억하실지 모르겠습니다. 그것은 노명환 선생님께 드리는 편지 형식으로 된 글에 서너 줄 나오는데, 노 선생님 부탁으로 김조년 교수님 글을 다듬는 말을 쓰다가 적어둔 것입니다. 이 소쩍새 이야기는 그다음 제9호에 쓴 노 선생님의 의견과 저의 회답에서 또 조금 나옵니다. 그런데 얼마 전에 신정숙 씨가, 김조년 교수님이 보내신 엽서 한 장을 내게 주면서 "아침에 청소하다가 긴 의자 밑에 있는 것을 꺼냈습니다"라고 했습니다. 보니 그 엽서는 지난 5월 2일에 쓰신 것으로, 몇 달 동안 의자 밑에 들어가 있었다는 것을 알고 놀랐습니다. 우리 사무실은 안에 사람이 있어도 문을 잠가둡니다. 온갖 장사꾼들과 동냥꾼들이 귀찮아서 그렇지요. 그래도 밖에서 문을 두드리면서 누구라고 말하면 열어주는데, 우체국에서 온 집배원은 아예 문을 두드리지도 않고 우편물을 나들문 밑으로 밀어 넣어버리고 갑니다. 그러면 그중 어떤 것은 긴 의자 밑에까지 들어가 있게 된다는 것을 오랫동안 우리가 모르고 있었던 것이지요.

이래서 여러 날 뒤에 뜯어보는 편지가 가끔 있었는데, 김 교수님 엽서는 그런 편지 가운데 맨 처음 것이었습니다. 바로 이 엽서에 소쩍새 사연이 적혀 있기에 전문을 다음에 옮겨봅니다.

『우리 말 우리 글』제9호에 소쩍새가 가을에 우느냐 안 우느냐는 말이 있어서 무슨 영문인지 몰랐습니다. 이번 제8호를 받고, 제가 쓴『표주박 통신』제34호에 썼기 때문이라는 것을 알았습니다. 그것을 쓴 때가 9월 18일로 되어 있습니다. 저는 저녁 늦게까지 연구실에 있다가 집으로 갑니다. 그 글을 쓸 때는 소쩍새 소리를 듣고 썼을 것입니다. 할 수만 있다면, 그 글은 적힌 날짜의 느낌을 사실과 맞추려고 노력합니다. 올해 9월에도 다시 들어보겠습니다. 곳에 따라 다를 것입니다. 올해에도 3월 하순쯤 진달래가 필 때(피기 시작할 때) 첫소리를 들었습니다.

제가 일하는 대학에 나무들이 좀 있습니다. 귀한 소리들을 들을 수 있는 것은 매우 다행한 일입니다. 안녕히 계십시오.

5월 2일

김조년 올림

김 교수님, 부디 올가을에 그 소쩍새 소리를 들으시고 한 번 더 소식 주시기 바랍니다. 그런데 가을에 소쩍새가 운다면 곳에 따라 달라서 그런 것은 아닐 것입니다. 충청도와 경상도가 그렇게 멀리 떨어져 있다고는 생각되지 않습니다. 제 생각으로는 새고 곤충이고 짐승이고 요즘은 생태가 많이 달라졌기 때문이 아닌가 싶어요. 참새·까치·제비·고양이·개…… 모조리 생태가 달라졌습니다. 매미 울음소리와 그것이 우는 때가 달라졌다는 사실도 저는 증명할 수 있습니다. 그러니 소쩍새가 가을에 울 수도 있는 것 아닌가 싶어요. 대수롭잖은 일로 마음 쓰시게 해서 미안합니다.

1994년 8월

알립니다

9월 3일 저녁, 홍성군 홍동면에서 염소목장을 하시는 곽종두 선생님 댁 호두나무 밑에 앉아서 소쩍새 소리를 들었습니다. 9월에도 소쩍새가 운다는 것을 알았습니다. 그러니 『우리 말 우리 글』 제8호에서 "가을에도 소쩍새가 우는지 모르겠습니다"고 쓴 말을 고쳐야 되겠습니다. 올해는 9월에 들어서도 덥기는 했지만 9월 3일이면 아무래도 초가을이지요.

1994년 9월

12. 미국에서 온 소식

이오덕 선생님께
　선생님, 안녕하셨습니까.
　높고 푸른 하늘, 나즈막한 산, 선들선들 부는 바람, 휘영청 밝은 달에 풀숲에서 가을을 부르는 귀뚜라미 소리까지 너무나 내가 살던 땅과 똑같아 오히려 신기할 지경입니다.
　남들도 다 하는 별로 대수롭지 못한 일이라 선생님께 인사를 드리지 못했습니다. 죄송합니다.
　지난 주에는 이곳에서 살고 있는 형제들과 함께 국립공원 몇 군데를 다녀왔습니다.
　어디든지 사람 사는 모습은 비슷비슷할 텐데 이곳에서 본 산과 바위, 나무 한 그루, 골짜기를 흐르는 물은 어쩌면 그렇게 깨끗한지요. 마치 태초의 모습을 그대로 간직하고 있는 것 같아 부러웠습니다. 누가 나서서 자연보호를 외치지 않아도 스스로 질서를 지키며 있는 그대로의 모습으로 깨끗하게 가꾸어져 있음은 꼭 보고 배워야 할 일이었습니다.
　꽤 시간이 지났는데도 여태껏 시간 차이를 이겨내지 못해 한낮인 데도 정신이 멍합니다. 모두가 바쁘게 움직여야만 먹고 사는 이곳에서 다행히 동생들이 시간을 내줘 이곳저곳 다니며 잘 지내고 있습니다. 마음대로 다니는 것조차 쉽지 않지만 많은 것을 보고 배우려 합니다.
　선생님, 또 소식 드리겠습니다.

건강하십시오.

1993년 8월 18일

이동진 올림

추신: 저는 일본이고 미국이고 유럽이고 또 어디고, 별로 가보고 싶다고 생각한 적이 없습니다. 누가 공짜로 여행을 시켜준다고 해도 시간이 아까워 못 갈 것 같습니다. 그런데 어떨 때는 가까운 이웃 나라라도 한번 가봤으면 하는 생각이 들 때도 있습니다. 그것은 그곳 사람들이 어떻게 살고 있는가, 도시가 어떤가 하는 것이 알고 싶어서가 아닙니다. 다만 산과 들에 어떤 나무가 있는가, 어떤 풀이 나 있는가, 여기서 우는 쓰르라미가 거기서도 우는가, 하는 것이 궁금하기 때문입니다. 그런데 외국에 여행한 어떤 사람도 이런 걸 알려주는 사람이 없고, 그런 얘기를 글로 쓴 것을 보지 못했습니다. 이 짧은 편지 글은 이래서 저에게 많은 선물을 준 것이 되었습니다.

13. '국민학교' 이름 고치자면서
일본말 버릇은 고치려 안 하니

이오덕 선생님께 드립니다.

안녕하세요?

『글쓰기』 창간호를 읽고 느낌을 글로 전해야 될지 이 선생님께 전화로 말씀드렸더니 선생님께서도 지적하는 글을 보냈다고 보내는 것이 좋다고 하셔서 보냈으나 제3호에도 아무런 답이 없어 그때 보낸 글 복사한 것을 선생님께 보냅니다. 제 글 가운데 예의에 벗어난 곳이나 잘못된 말법이 있으면 지적해주세요. 크게 반성하고 고쳐 쓰겠습니다.

그리고 『동아일보』에서 읽은 글 가운데 하도 어이없고 무슨 뜻인지 알 수 없는 글이 있어 써봅니다. 어떻게 풀어 써야 할지 가르쳐주세요.

지난 5월 7일 '아침을 열며' 난에 「역사와 이상」이란 제목으로 포항공대 교수가 쓴 글로 "<u>모더니스트적</u> 역사관이 <u>거시적</u>이며 <u>총체적</u>이고 <u>형이상학적</u>이며 <u>이상주의적</u>이라면 <u>포스트모더니스트적</u> 역사관은 <u>미시적</u>이며 <u>단편적</u>이고 <u>실증주의적</u>이며 <u>현실주의적</u>이다.(밑줄은 제가 그었습니다.)

이 짧은 문장 가운데 '-적'이 10번이나 나왔고 글 전체로는 53번 나왔어요. 포항공대 주소를 알면 우리 말법이 아니고 일본에서 즐겨 쓰는 말법이라고 지적해 편지를 보내고 싶은데 체면 때문에 답장은 안 보내겠지요.

그날 신문 '특별 기고'에 법정 스님 글 「세상의 어머니들에게」는 더 긴 글인데도 "정상적" 한 번만 나오고 산사람답게 아주 산뜻한 글이었어요.

광복 50주년을 맞이하는데 글마다 말마다 무슨 '적' '적' 하는 표현을 쓰지 말자고 『동아일보』 '발언대' 난에 선생님께서 글을 쓰시지요. 저는 원체 글이 짧아 자신이 없어요.

또 드릴 말씀이 있는데 딴 장에 따로 쓰겠습니다.

* * *

이 선생님, 김남식 선생님 아시지요. 『씨올교육』 책을 내시고(여섯째 호까지 나옴) 제가 소개해서 '우리 말 살리는 모임' 회원도 되셨지요.

이 선생님은 제가 『우리 말 우리 글』을 보면서 알았고 김 선생님은 함석헌 선생님 모임을 가질 때 오래전부터 아는 분이지요. 저는 두 분 다 존경합니다. 이 선생님은 우리 나라에서 어느 누구보다 '우리 말 우리 글'을 살리는 데 앞장서셨고 이 운동을 민족을 살리는 운동으로 하시며, 김 선생님은 모임에 오셔도 도무지 말이 없으시고 그렇게 겸손할 수가 없으며 쉬는 시간에는 언제나 쓰레기를 줍고 다녔어요. 일본시대에 지은 죄를 씻는 회개라고요. 두 분 선생님은 개인 명예나 부를 위해 일하신다고는 상상도 할 수 없습니다. 제가 이렇게 말씀드리는 것은 '국민학교 이름 고치는 운동'을 하면서 두 분이 언짢은 일이 있는 것 같아서입니다.
　『씨울교육』잡지 여섯째 호에 씨울교육모임 이름으로「죽 쒀서 개에게 준 이야기」에 박창희 교수가 보여준 한심한 작태들을 썼고「당신 이오덕 씨는 정말 보고 싶지 않다」에는
　"어이가 없었다. 우리가 언제 서명운동을 하지 말라고 했던가? 같이하자고 했을 때 불가능하다고 외면하던 그였다. 그런데 이제 와서 엉뚱하게 따로 하겠다면서 속보이는 말을 하고 있었다. 하나씩 따져서 대답은 해주었으나 정말 그가 측은하다는 생각조차 들었다."
　「우리를 실망시킨 서영훈 씨」에는 경실련과 함께 비판했고 심지어 이런 대목도 있어요. "그들이 세속의 명예 때문에 자신의 사회적 명망을 팔았다면 그 명분이 아무리 좋은 것이라고 해도 일개 저명인사(猪名人士)에 불과할 뿐이다."
　끝말 쪽에서는 "더구나 '죽'은 이미 먹기 좋게 식어 있었다. 따라서 그 '식은 죽'을 뒤늦게 알아차린 '시대의 개'들이 서로 먹겠다고 달려든 것이 '국민학교 명칭 개정 전국협의회' 인사들이라면, 그들이 차려놓은 '공청회'란 그 개들이 약간의 폼을 잡고 짖어대는 소리일 것이다"라고 했어요.
　그다음 글에는 더 심한 말로 했어요.
　제가 이런 글을 알려드리는 건 책에 공개된 글이고 여러 사람이 읽었고 왜 이렇게까지 되었는지 도저히 믿어지지 않기 때문입니다.
　다음은 좀 다른 이야기로 제가 『씨울교육』 책을 받아 보며 거기도 '-적' 표현이 너무 많아 씨울교육이라면 참교육을 말하는데 일본말법을 쓰면 되겠느냐고 몇 번 지적한 글을 보냈지만 편지나 잡지에 답을 주지 않다가 다섯째 호 편집실 소식에서 "노명환 선생은 본지의 글 가운데 일제의 용어인 '-적'(的) 자가 너무 많다고 지적하셨다" 해놓고서도 여섯째 호를 보면 '-적' 투성이로 고쳐 쓸 마음자리가 안 선 것 같아요.
　'국민학교 이름 고치는 운동'에 대면 '-적'을 쓰는 것은 별일이 아닌 것

으로 생각하는 것 같아요. 저는 반대로 생각해요. 딴 모임도 아니고 일제 잔재인 국민학교 이름을 우리 말로 고치려는 모임에서 일본말법인 '-적' 따위를 그대로 쓰는 것은 앞뒤 안 맞는 모순이라 생각합니다.

편집실에서는 고집스럽게 쓰고 있어도 거기 글을 쓴 함석헌기념사업회 교수 몇 분은 제가 지적한 글을 읽고 깨끗이 고쳐 쓰는 분도 있어요.

이 선생님, 제 글 읽으시고 마음 상하시지 안 했는지요. 『씨올교육』을 꾸미는 젊은 선생님들이 왜 그리 울분을 터뜨렸을까요?

아무리 좋은 일과 옳은 일을 해도 겸손하지 못하면 동지라 할 수 없지요. 선생님 좋은 글 기다려집니다.

1995년 5월 14일

노명환 드림

* * *

창간호를 받아 보고 노명환

기다리던 『우리 말과 삶을 가꾸는 글쓰기』 창간호를 받아 반가웠다. 『우리 말 우리 글』과 『참 삶을 가꾸는 글쓰기 교육』이 하나로 통합되어 나오는 창간호이니 그 기대가 클 수밖에 없다. 편집이나 내용이 얼마나 달라졌을까 자세히 보니 우선 표지부터 산뜻함을 느낄 수 있고 『우리 말 우리 글』이 16쪽인데 비해 창간호는 60쪽으로 잡지 모양을 갖추어 보기 좋았다.

흐뭇한 기분으로 읽어가다가 12쪽 「고등학생 글쓰기 지도: 1.글쓰기에 들어가며」에서 "관념적이고 상투적인 글쓰기 버릇이 들어서 살아 있는 글이 잘 안 나오기 때문이다." 관념적·상투적 '적'이 두 번 나오는데, 왜 글쓰기 회원이 '-적'과 같은 일본말법을 썼을까 이상하게 생각했지만 몇 번을 읽어도 인용문이 아니었다. 55쪽 「아이들 글 합평」에서도 우선 '합평'이란 용어가 딱딱하고 다른 표현은 없을까 생각했지만 「의견 1」에 상투적이 한 번, 「의견 3」에 충격적, 교과서적, 사실적, 구체적이 네 번, 「의견 4」에 구체적이 두 번, 서평 「첫 아이 학교 보내기」에 주관적, 효과적이 두 번, 담임과의도 한 번 나와, 내가 우리 말 공부를 다시 해야 할지 어지러움을 느꼈다.

나는 『우리 글 바로 쓰기』 책을 보고 공부하면서 -적 표현이 우리 말법이 아닌 것을 알고 신문·잡지·회보에 글을 쓴 여러 교수들께 우선 -적 표현이나 -에서의·과의·로서의와 같은 표현이 우리 말법이 아니고 일본말법이라고 지적한 편지를 보내 여러분들이 잘못을 인정하고 고쳐 쓰기도 했다. 그중에서 내가 새로 배운 건 이름난 글로 「독립선언문」에도 -적 표현은 한 군데도 없다는 사실이다. 수많은 -적 표현을 쓰다가 다시 고쳐 쓴 글이 훨씬 읽기도 좋고 글이 살아난 걸 보고 -적 표현은 안 써도 될 걸 습관으로 쓰거나 몰라서 아니면 글 모양새를 높이려고 쓰는 게 아닌가 생각된다.

나도 이제 걸음마를 배우는 글쓰기 회원이지만 글쓰기 교육이 더욱 발전되길 바라는 마음으로 창간호를 보고 지적하는 글을 보냈으니 내 지적이 잘못되었으면 바로잡는 글을 다음 호에 실어주었으면 좋겠다.

〈회답〉

노명환 선생님께

편지 받고 회답을 이제야 쓰게 되니 미안하기 말할 수 없습니다. 신문과 우리 회보에 실린 글에 대한 좋은 의견과 그밖에 귀한 말씀 주셔서 너무나 반갑고 고마웠습니다. 여기 저의 생각을 대강 적어보겠습니다.

『글쓰기』 창간호를 읽고 보내신 글이 실리지 않았다고 하셨는데, 아마 편집부에서 제가 보낸 글과 겹친다 싶어, 자리도 모자라고 해서 싣지 않았던 것 같습니다. 그때 제가 그런 말을 한 것은, 비슷한 내용이라도 사람마다 하는 말은 다를 것이고, 또 회원들의 의견이 어떤 문제에 많이 모여 나오는가를 알게 할 필요도 있으니까 웬만하면 싣는 것이 좋겠다 싶어서 그랬던 것입니다.

　다음은 무슨 –적 하는 말버릇 글버릇 문제인데, 그『동아일보』에 나왔다는 어느 교수님의 글은 참 가관이네요. 하지만 우리가 살펴보면 그와 같이 웃음거리가 될 정도로 –적을 연거푸 쓰고, 엉뚱한 말로 마구잡이로 쓰는 보기는 얼마든지 찾아볼 수 있을 것입니다. 그런데도 글을 쓰는 사람들은 이런 병든 말을 고칠 생각은 하지 않으니 그들이 하는 일이 어찌 제대로 되겠습니까? 병든 말이 곧 병든 마음이고, 병든 정신이 병든 말로 되어 나옵니다. 병든 말로서는 무엇을 말하고 무엇을 부르짖든 다 헛되고 거짓스러운 것이 될 수밖에 없다고 생각합니다.

　세상 사람들이 모두 다 그렇게 말하고 그렇게 쓰는데 — 핑계가 이것이지요. 그러나 이 핑계는 '세상 사람들이 다 죄 짓고 사는데' 하는 말과 똑같습니다. 그래도 노 선생님 같은 분이 그렇게 부지런히 지적해주셔서 차츰 깨닫고 바로잡으려는 사람이 불어나, 희망이 보입니다. 참 귀한 일을 하십니다. 저는 그저 일반 사람들 상대로 깨우치는 글을 쓸 뿐이지, 어느 특정한 사람에게 도움을 주는 일은 거의 하지 못하고 있습니다. 사실은 한 사람이라도 제대로 깨우쳐나가야 일이 되지 않겠나 싶습니다.

　신문에 나왔다는 그 글은 다듬어 보이고 싶지 않습니다. 병도 어지간해야 고쳐볼 마음이 나는 것이지, 그 지경이 되면 아주 생각부터 새롭게 해서 새로 써야 하겠지요.

　다음은 『씨ᄋᆞᆯ교육』이란 책을 읽으시고 걱정하신 말씀에 대한 것입니다. 박창희 교수를 중심으로 하고 있던 국민학교 이름 고치는 일과 관련해서, 그 책에서(누가 썼는지는 모르지만) 괴상한 말로 저를 비난했다는 얘기는 벌써 여러 날 전에 어느 분한테서 들었습니다. 전화로 그 사실을 저에게 알려준 분은 "웬만하면 항의를 하든지 해야 옳은데, 너무 어이가 없고 말도 안 되는 글이라 그만 아주 묵살해버리기로 했습니다"라고 말했습니다. 그래서 김남식 선생을 받들고 무엇을 한다고 하는 그 젊은이들 가운데 한 사람이 어떤 사람인가를 어느 정도 알고 있는 터라 그렇게 듣고 흘려버렸지요. 세상에는 참 별의별 사람이 다 있어 별의별 짓을 다 하고 있다는 것을 저도 한두 번 겪은 것이 아닙니다. 그러나 이제 노 선생님이 또 편지로 그 일을 물어오셨으니 대강 얘기해드리기로 합니다.

그 "국민학교 이름 고치는 운동'을 하면서 두 분이 언짢은 일이 있는 것 같아서"라고 하셨는데, 그렇지 않습니다. 김남식 선생님하고 저 사이에는 지금까지 언짢은 일이 조금도 없었고, 지금도 그렇습니다. 또 저는 '국민학교 이름 고치는 운동'이란 것을 거의 한 것이 없습니다. '거의'라고 한 까닭은, 처음에 그 일을 하자고 하는 사람들이 있어서 자꾸 나와달라고 하기에 좋은 일이다 싶어 몇 번 나갔다가 그만두었지요. 그만둔 까닭은 몇 가지 있습니다만, 가장 큰 이유는 제가 나가지 않아도 그 일은 잘 될 것같이 보였고, 또 저는 저대로 그것보다 더 크다고 생각하는 일을 해야 했기 때문입니다.

다시 이야기를 시작합니다.(정확한 날짜와 제가 겪은 좀더 자세한 일들을 어디에 적어놓았으니 찾아내어 밝힐 수 있지만, 그런 것 번거롭고 여기서는 필요하지도 않기에 대강 씁니다.) 언젠가 누가 국민학교 이름 고치는 일을 하는 모임을 시작하는데 좀 와달라고 하기에 가보았더니 (어느 다방이었다고 기억합니다.) 뜻밖에 앞에서 말한, 제가 전부터 그다지 미덥게 생각하지 않던 젊은이가 그 일을 하고 있었습니다. 그때 국회에 청원서를 낸다던가 하는 일을 하는데, 몇 안 되는 사람들의 이름을 받아내어놓았다는 얘기며, 그 사실을 알리기 위해 신문기자들을 불러놓았다는 말도 들었습니다. 그래서 저는 '내가 이상한 자리에 불려와 있구나' 싶었습니다. 하지만 당장 나가버릴 수도 없어서, 이런 일은 이래가지고는 안 된다, 국민학교 이름을 고치려고 하면 국회나 정부를 움직여서 법을 고쳐야 하는데, 그렇게 하려면 온 국민을 상대로 계몽하고 홍보하는 운동을 해야 한다고 말했습니다. 학교 선생님들도 국민학교 이름을 왜 고쳐야 하는지 모르는 사람이 대부분이었기 때문입니다.

 그날은 젊은이들이 기다리던 신문기자가 한 사람도 안 왔고, 일을 새로 하기 위해 자리를 옮겨 가서 (민족문제연구소였던가) 대강 의논해서 임원을 뽑아 모임의 틀을 만들었던 기억이 납니다.(저는 그 임원 뽑는 의논에서는 거의 말을 하지 않았습니다. 앞으로 이런 일까지 내가 할 수는 없다고 생각했던 것이지요. 그리고 그때 누가 모임의 대표가 되었는지 생각나지 않습니다.)

 그런데 선생님 편지를 보니, 내가 "서명운동이 불가능하다고 외면"했다고 헐뜯어놓은 모양인데, 참 기가 막힙니다. 그런 일을 하는 데는 서명운동이 가장 좋은 방법이란 것은 그때나 지금이나 내 생각이 다르지 않습니다. 다만 겨우 몇 사람 이름 받아 국회에 보내놓고 신문기자 불러 이름이나 내고 싶어해서는 안 되겠다 싶어서, 이 일은 온 국민을 상대로 벌여 나가야 하는 운동이 되어야 성공할 수 있다고 한 것이지요. 내가 할 수 없는 일이지만 모처럼 나온 자리니까 생각한 것을 말하기는 해야겠다고 말한 것입니다. 그런데 "불가능하다고 외면"했다니, 참 무서운 사람들입니다. 내 기억으로 많은 사람들 서명 받는 일은 필요가 없다고 말한 것은 바로 그들이었습니다.

 지금 이 편지를 쓰다가 김남식 선생께 전화를 걸었습니다.『씨올교육』에 나온 글 이야기를 하고, 바로 여기 써놓은 첫 모임에서 제가 했던 말이 이랬지요 했더니, 김 선생님은 "63년인가 교원복직 문제(노조 문제로 해직되었던 교원들이겠지요)를 해결하려고 얼마 안 되는 사람의 이름으로 국회 청원을 한 적이 있습니다"고 말했습니다. 그래서 아하, 김남식 선생님이 그때 나와는 의견을 달리했구나 하고 비로소 깨달았습니다.

 그 첫 모임이 있고 난 뒤로는 박창희 교수가 중심이 되어서 하고 있는 모임에 하도 박 교수님이 와달라고 해서 두어 번 나가고는 그만 나가지 않았고, 그 일을 어떻게 하고 있는지 신문기사와 우편물로 대강 짐작만 했을 뿐입니다. 제가 듣기로 김남식 선생 이름으로 그 밑에서 일하는 젊은이들이 "우리가 먼저 이 일을 시작했는데, 박 교수가 자기가 모든 일을 한 것처럼 하고 있다"고 해서 일을 따로 하면서 박창희 교수 중심의 모임을 비판했다고 합니다. 제가 얻어놓은 자료를 보면 박창희 교수도 여러 해 전부터 국민학교 이름 고치는 문제를 두고 연구도 하고 발표도 한 것으로 되어 있습니다.

그런데 나로서 도무지 이해할 수 없는 일은, 어떤 좋은 일을 이루기 위해 여기서도 하고 저기서도 하고, 될 수 있는 대로 여러 곳에서 많은 사람들이 저마다 다른 개성과 역량과 방법으로 노력하면 참 좋을 것이고, 서로 반가워해야 할 터인데, 어째서 좋은 일이라면서 그것을 저 혼자만 해야 된다고 하는가, 하는 것입니다. 우리 나라 사람들이 하는 일이 참으로 문제가 많다는 생각이 들고, 답답한 마음을 어찌할 수가 없습니다.

얼마 전 교육부에서도 국민학교란 이름을 고칠 필요를 느껴서, 이 운동을 했던 사람들을 불러서 모두 한 모임으로 만들어 일을 추진해달라는 요청을 했답니다. 그래서 그렇게 하기로 했는데, 또 앞에서 말한 것처럼 누가 중심이 되나 하는 문제로 의견이 안 맞아 결국 하나로 되지 못했고, 심지어 부산에서 하던 사람들도 저희들끼리 따로 갈라져버렸다고 하니 그저 한숨만 나올 뿐입니다.

저는 처음부터 이 일이 쉽게 되지는 않겠다 싶었지만 이렇게까지 될 줄을 몰랐습니다. 이런 과정에서 제 이름이나 내고 싶어하는 사람들이 나까지 처음 잠시 끼어들었다고 해서 싸잡아 욕한 것이지요.

대강 기억한 것을 바탕으로 적었습니다. 이 문제에 대해서는 기회가 있으면 기록한 것을 보고 더 정확하게 적어두고 싶습니다.

이 세상에는 말재주, 글재주를 즐기는 사람들이 많습니다. 앞으로 우리 나라에는 이런 사람이 아주 엄청나게 불어날 것 같습니다. 교육을 그렇게 해왔고, 사회가 그렇게 되어 있습니다. 그래서 우리가 가장 힘들여야 할 일은, 글을 쉬운 말로 정직하게 쓰는 일입니다. '글짓기'로 한갓 말재주를 가르치게 되면 그 아이들은 모두 거짓말을 즐기는 어른이 되어 우리 사회가 지옥으로 떨어질 것입니다.

정직하게 쓰려면 쉬운 우리 말로 써야 하지요. 겉과 속이 다르게, 겉을 근사하게 꾸미려고 하니까, 권위가 있는 것처럼 하려니까 어려운 한자말이 나오고, 외국말법이 나옵니다. 아부아첨을 하려니까 유식해 보이는 말을 씁니다. 이래서 −적을 자랑스럽게 씁니다. 이따위 정신으로 어떻게 '국민학교' 이름을 고칩니까? 고친들 뭘 합니까? 하는 짓이 왜정 때와 똑같은데 학교 이름 고친다고 교육이 제대로 됩니까?

끝으로 합평이란 용어가 딱딱하다고 하셨는데, 우리 회원들은 이 말을 보통으로 쓰고 있습니다. 창작, 비평, 합평, 평가 이런 말은 그대로 쓰는 수밖에 없고, 쓰는 것이 좋습니다. 아이들 글 합평을 아이들 글 함께 평하기라든가 아이들 글 함께 얘기하기라고 쓸 수도 있겠지만, 평하기나 합평이나 다 그렇고, 얘기하기는 좀더 길어져서, 굳이 그렇게 말하지 않아도 되지 않겠나 싶습니다. 너무 지나치게 앞서가도 좋지 않다고 생각하는데, 만약에 합평 대신에 더 좋은 말이 있으면 알려주시기 바랍니다.

"잘못된 말법이 있으면 지적해주세요" 하셨는데, 노 선생님 글에서 딱 한 자만 고쳤습니다. "국민학교 이름 고치는 운동에 대하면"이란 말에서 대하면을 대면이라 고쳤는데, 잘못 고쳤으면 말씀해주시기 바랍니다. 그리고 아주 쉬운 말로 모두가 예사로 쓰고 있지만, 우리 말로 바꿔야 할 말이 있습니다. 바로 용어란 말인데, 노 선생님도 이 말을 쓰셨구나 하고 좀 놀랐습니다.

좋은 의견과 충고를 주셔서 고맙습니다. 앞으로도 가끔 잘못된 글을 지적해주시기 바랍니다. 바로 우리 말과 글을 논의한 글은 이곳 서울에 있는 '우리말 연구소'로 보내주시면 좋겠습니다. 다른 회원들에게도 이 점을 알리고 싶습니다.

1995년 6월 4일

※ 따온 글에서 묶음표 안에 들어 있는 '猪' 자는 '著' 자를 잘못 쓴 것인데, 일부러 그대로 두었습니다. 한문글자를 쓰고 싶어하는 유식병에 걸린 사람들이 쓴 글에서 흔히 잘못 쓴 한문글자를 볼 수 있습니다. 그러면서도 그들은 한문글자 쓰기를 자랑삼습니다.

제 4 부 방송말, 농사말 바로 쓰기

제1장 방송말 바로잡기

1. 말을 병들게 하는 글

여기 어떤 광고문을 하나 들어 우리 말의 오염 문제를 살펴보는 실마리를 삼으려 한다. 우리가 말을 잘못하는 것은, 말을 말로 하지 않고 글을 따라 말을 하기 때문이다. 글 따라 잘못하는 말은 다시 글로 씌어져서 그 자리를 굳힌다. 그래서 글이 곧 말이요, 말이 곧 글이 되어 있는데, 그 잘못된 근원은 글이다. 글을 문제 삼는 까닭이 이러하다.

그럼 왜 글을 잘못 쓰게 되었는가? 그것은 무엇보다도 글을 쓰는 사람들의 삶과 마음가짐이 잘못되었기 때문이다. 무엇이든지 우리 것은 보잘 것없다 여기고 남의 것만 쳐다보면서 흉내내고 싶어하는 마음가짐과 태도가 잘못된 글쓰기 풍조로 나타난 것이다.

다음 글은 국제연합아동기금(유니세프)에서 보내는 인쇄물을 넣은 봉투 뒤쪽에 적힌 광고글이다. '유니세프'란 데는 온 세계 어린이를 위해 좋은 일을 하려고 하는 데인 줄 안다. 그러나 아무리 귀한 일을 하는 데 함께한다고 해도 우리 나라 사람이 우리 것을 잊어버리고 우리 말을 오염하는 일을 한다면 그것은 용납할 수 없다. 유니세프뿐 아니고 어떤 단체도 어떤 모임도 그렇다. 여기 지적한 몇 가지 잘못 쓰고 있는 말은 남의 나라 말과 글에 빠져서 쓰게 된 말로서, 오늘날 온갖 책과 인쇄물과 광고문들에, 그리고 방송말에 그대로 쓰이고 있는 병든 말이 되어 있는 것이다.

- 매년 1억 장 이상의 유니세프 카드가 전세계적으로 사용되어지고 있습니다.
- 이는 수백만 어린이들을 돕는 1억 개 이상의 사랑의 메시지를 의미합니다.
- 모든 카드 디자인은 한국을 포함한 세계 각국 예술가들로부터 기증되어진 것입니다.
- 보내시는 메시지에 품위를 더해줄 유니세프 카드를 각종 행사에 사용하십시오.
- 연말연시나 성 바렌타인날에 보내는 카드로
- 약혼, 결혼, 탄생, 생일, 결혼 기념일을 알릴 때
- 주소이전, 새 건물 개장을 알릴 때
- 신상품, 새로운 서어비스, 혹은 인사이동을 알릴 때
- 음악회, 의상쇼, 공연, 개회들의 프로그램 안내서로
- 식사 메뉴로
- 초청장, 감사 카드로
- 회사 홍보를 위한 선물로는 유니세프 카드 팩이 좋습니다. 이외에도 여러 가지 목적을 위해 연중 사용하실 수 있습니다.
- 유니세프 카드를 사용함으로 전 세계 불우아동들을 돕는 데 전념하고 있는 유일한 국제연합의 산하기관인 유니세프와 힘을 합하지 않으시렵니까? (띄어쓰기와 맞춤법은 바로잡아놓았음.)

위의 글에서 밑줄을 그어놓은 낱말이 문제가 된다. 이 말들을 다음에 차례로 바로잡아본다.

* 매년 (→해마다)
* 유니세프 (→국제아동기금〔유니세프〕)

이 광고문에서 "유니세프"란 말이 다섯 번 나오는데, 죄다는 아니더라도 첫머리 한 군데는 '국제아동기금'(유니세프)이라고 써야 할 것이다.

* 전세계적으로 사용되어지고 (→온 세계에 쓰이고)

"사용되어지고"는 아주 좋지 못한 남의 나라 말법이다. 이런 말을 글이든지 말이든지 함부로 쓰는 짓은 우리 말을 병들게 하는 죄를 짓는 짓이라고 알아야 한다.

* 1억 개 이상의 사랑의 메시지를 의미합니다. (→1억 개가 넘는 사랑의 소식을 뜻합니다.)

"이상의"를 '……가 넘는'이라고 쓰면, 우리 말에 그다지 쓰이지 않는 토 '의'도 저절로 없어진다. "메시지"란 말을 왜 그렇게 쓰기를 좋아할까? 여기서는 소식이라면 아주 알맞는 말이 된다. "의미"란 말도 뜻이라고 하면 어떤 경우에도 알맞게 된다.

* 디자인 (→도안, 그림)
* 각국 예술가들로부터 기증되어진 (→각〔여러〕 나라 예술가들이 기증한)

"기증되어진" 이것도 앞에서 들어 말한 '사용되어진'과 같은 얼빠진 번역말투다. '기증'+'되어'+'진'. 이와 같이 아무 소용없이 입음법(피동법)을 겹으로 써서 괴상한 말을 만들어놓았다. 여기서는 입음법을 한 번도 쓸 필요가 없다. 그냥 '기증한' '보내준'이라면 된다.

* 메시지 (→소식, 사연)
* 각종 (→여러 가지)
* 사용하십시오 (→쓰십시오)
* 성 바레타인날

이것을 우리 말로 고쳐야 한다는 것이 아니다. 우리 나라 사람들이 즐기고 축하해야 할 명절이 많은데, 그런 날은 안 들고 어째서 하필 서양 사람들 풍속에나 나오는 날을 들어서 서양 풍속을 따르도록 장려하는지 참 어이가 없다. '국제아동'을 돕는다면서 하는 일이 이 땅을 서양문화의 식민지로 만드는 결과가 되게 하는 것이라면, 그런 국제아동돕기는 안 하는 것이 좋지 않겠나 싶다.

* 탄생, 생일(→생일)

"탄생"과 "생일"을 잇달아 써놓았다. 두 말을 어떻게 구분해서 썼는가? 여기서는 '생일'만 쓰면 될 것이다.

* 주소 이전 (→주소 옮길 때)
* 새 건물 개장을 알릴 때 (→새 건물을 열 때)
* 신상품 (→새 상품)
* 메뉴 (→차림표)

'차림표'란 말은 대중식당 같은 데서도 쓰고 있다.

* 감사 카드로 (→감사 인사장으로)
* 팩 (→한 벌)
* 이외에도 (→이밖에도)

* 연중 사용하실 (→일 년 내 쓰실)
* 사용함으로 (→써서)

'사용한다'는 말은 입으로도 아주 많이 쓰는데, '쓴다'는 우리 말이 있으니까 될 수 있는 대로 안 쓰는 것이 좋다. 그리고 여기서 '사용함으로'는 '사용하기 때문에' 곧 '쓰기 때문에'란 뜻으로 읽기 쉽고, 그래서 뒤에 오는 말과 맞지 않는다. '씀으로써'보다는 그냥 '써서'가 좋다. 무슨 글이든지 우리가 보통 입으로 말하는 대로 쓰면 가장 쉽고 바르고 분명한 글이 된다. 제 나라 말을 믿지 못하는 사람만이 남의 나라 글자말이나 남의 나라 말법을 쓰고 싶어하고, 그래서 말을 틀리게 쓰는 줄도 깨닫지 못한다.

* 전세계 (→온 세계)
* 유일한 (→단 하나)
* 산하기관인 (→딸린 기관인)
* 합하지 (→모으지)

이 광고문 전체에서 볼 때 가장 크게 잘못되어 있는 것이 "사용되어지고" "기증되어지고"와 같은 말이다. 방송에서도 이런 말을 흔히 듣게 되니 우선 이 말 한 가지라도 바로잡도록 애썼으면 좋겠다. 그다음은 "씁니다"(사용합니다), 해마다(매년), 날마다(매일), 그런 뜻으로'(그런 의미로)와 같은 깨끗한 우리 말을 쓸 줄 모른다는 것이고, 세 번째는 안 써도 될 서양말을 쓰는 버릇이라 하겠다.

2. 방송말에 대한 소견1)

다음은 9월 30일부터 가끔 들은 라디오 방송에서 잘못되었다고 생각한 말을 적어본 것이다. 여기서 잘못되었다든지, 달리 말했으면 좋겠다고 본 것은 다음 아홉 가지다.

① 쉬운 우리 말이 있는데도 공연히 어려운 말을 쓴 경우
② 널리 알고 있는 말을 썼더라도 그 말이 글에서 온 말이어서 더 깨끗한 우리 말이 있는 경우
③ 일본말(중국글자로 쓴 일본말)
④ 안 써도 되는 서양말
⑤ 일본말법이나 서양말법이 된 것
⑥ 공문서 따위에서 쓰는 글말
⑦ 발음을 잘못한 경우
⑧ 유행을 따라서 쓴 말
⑨ 틀린 말

보기로 든 말마다 이 아홉 가지에서 어느 것인가를 제가끔 위에 적은 대로 번호를 밝혀두었다. 많은 사람들이 예사로 쓰는 오염된 말을 안 쓰고 어쩌다가 깨끗한 우리 말을 썼다고 생각되는 경우를 한두 가지 들기도 했는데, 그런 때는 물론 번호가 없다. 이렇게 깨끗한 말을 쓴 보기는 많이 있을 것이지만 여기서는 더 들지 못했다.
말을 잘하는 사람도 누구든지 실수는 있다. 그래서 어쩌다가 실수를 했다고 생각되는 경우는 들지 않았다. 여기 든 잘못된 말들은 많은 사람들이 버릇이 되어 예사로 하는 말이다. 이런 말들은 거의 모두 말한 사람이 스스로 잘못되었다고 깨닫지 못하거나, 문제가 있는 말이라고 알고 있더라도 고치기가 힘들다고 아주 단념하거나 고칠 필요가 없다고 보는 듯한 말이다. 따라서 방송한 곳이나 때, 방송한 사람을 낱낱이 밝히지 않았고, 밝힐 필요도 없었다.

• 우선 소오재면에서도 그렇고: ⑦

이 '소재'(거리, 자료라는 말)를 '소오재'라고 말했다. 하기는 이 소재란 말도 될 수 있는 대로 쓰지 말고 거리나 자료 또는 재료란 말을 썼으면 좋겠다.

• 사냥꾼들에 의해서: ⑤

'사냥꾼들이'나 '사냥꾼들 때문에'라고 하면 된다.

• 나무꾼의 역할이라고 보면 되겠지요: ③
• 나무꾼이란 역할 자체가: ③

'역할'은 '노릇' '할일' '구실' 따위로 써야 한다.

• 달빛을 타고 내려오는: ⑦

'달빛'을 이렇게 잘못 말했다.

• 이 작품을 만났을 때

이런 경우 흔히 '접했을 때'라고 하는데, 잘못된 말을 안 써서 반가웠다.

• 일제 식량 차출을 위해서: ③ ⑨

이것은 일본말이고, 또 잘못 쓴 말이기도 하다. '공출'이라 해야 맞다.

• 은행자금을 <u>불뻡</u> <u>인출했다고</u>: ⑦ ③

"불뻡"은 '불법'이고 "인출했다고"는 '찾아냈다고' 하면 된다.

• <u>전적으로</u> 사건을 <u>담당했다고</u>: ③ ②

"전적으로"는 '아주'나 '죄다'로 쓰고, "담당했다고"는 '맡았다고' 하면 된다. 위의 말 전체를 '사건을 도맡았다고' 해도 된다.

• <u>화제를 만드는</u> 라디오를: ②

'이야기거리'라고 하는 것이 좋겠다.

• 그리고 <u>참고사항으로</u> 말씀드리면: ⑥

'참고로' 하면 된다.

• 저희는 <u>의류사업</u>을 하고 있는데: ①

"의류사업"이라니 언뜻 들어서는 알 수 없었다. '옷가지 만드는 일'이라든지, '헌 옷 모으는 일'이라든지 해야 할 것이다.

• 학생들의 <u>내면적인</u> 여러 가지 <u>자질들을</u>: ③ ①

-적이란 말을 많이 쓰지만 일본식 말이니 될 수 있는 대로 안 쓰도록 애써야 한다. '내면적인'은 '내면의'라고 하면 된다. 그런데 앞에 '의'가 있으니, 이 말 전체를 '학생들의 여러 가지 내면 바탕들을'이라고 하면 되겠다.

• 현재 구체적으로 어느 회사에 간다는 것은 결정 못 하고: ③

이 "구체적"이란 말은 아주 많이 쓰지만, 이런 말도 우리 것을 찾아 쓸 수 있다. 여기서는 '뚜렷하게'라든가 '바로'와 같은 말을 쓰면 된다.

• 예전의 의식을 가지고 있기 때문에: ①

'생각'이라 해야 한다.

• 어떤 심적인 압박감 때문에: ③ ②

'심적인' '시간적으로' 같은 일본사람들이 잘못 만들어놓은 −적이란 말을 이렇게까지 우리가 마구잡이로 쓰고 있는 꼴을 부끄러워해야 한다. '심적인 압박감'은 '마음이 짓눌리는 느낌'이라 하면 된다.

• 섬유업계 분야에 있어서 말씀드리겠습니다: ⑤

'분야에서'나 '분야에 대해서'라고 해야 우리 말이 된다.

• 그러한 우려를 하는 분이 있다면: ②

'걱정'이라고 하는 것이 좋다.

• 구직을 하려는 분은: ①

'직업을 구하려는'이나 '일자리를 찾으려는'이라 말해야 한다.

• <u>구인</u>을 하려는 업체는: ①

'사람을 구하려는'이라 말해야 한다.

• <u>대기</u> 오염이라든가: ①

"대기"도 '공기' 하면 된다. 방송하는 분들이 한번 이 말을 바꿔볼 수는 없을까?

• 매주 토요일은 <u>휴무를 실시하고</u> 있습니다: ② ①

"매주"는 주마다라고 하는 것이 좋다. 그런데 "매주 토요일" 했으니 이것은 '토요일마다' 하면 그만이다. "휴무를 실시하고"는 '쉬고'라고 하면 얼마나 좋은가.

• 저희 <u>자체적으로</u> 근로복지 제도를: ③

'자체로' 또는 '스스로' 하면 된다.

• 아직도 <u>토지 매입</u>은 하지 않은 상태입니다: ①

'땅 사들이기'다. "토지 매입은 하지 않은"이라 했으니 이것은 '땅은 사들이지 않은' 하면 된다.

• 질서는 문화인의 <u>긍지</u>: ②

"긍지"는 자랑이라 하면 된다.

• 제에반 부문에서: ㉠ ①

'제반'이라 할 것을 "제에반"이라 말했다. 그러나 '제반'이란 말보다는 모든이 좋다.

• 전달보다는: ②

'지난달'이 좋다. '내달'도 신문에 많이 나오지만 '다음달'이라 쓰는 것이 옳다.

• 정상적인 운영으로 될 것이라: ③

'-적인'을 아주 빼어버리고 '정상'만 써도 된다.

• 실생활에서의 언어사용 문제를: ⑤ ②

이것은 '-에서 말을 하는'이라면 우리 말이 된다.

• 가능한 한 피하고: ②

될 수 있는 대로다.

• 유우치원의 경우는: ㉠

'유치원'을 이렇게 말했다.

• 구우민 여러분께서: ㉠

'구민'(동대문 구민)을 이렇게 말했다.

- 삼사학년의 학점이 중요하다고 <u>보아집니다</u>: ⑤

'봅니다'고 해야 할 말이다.

- 충북도민의 <u>큰잔치인</u>

신문에 나오는 상품광고에는 흔히 '대잔치'로 되어 있다. '큰잔치' 했으니 옳게 쓴 말이다.

3. 방송말에 대한 소견2)

지난번에 이어서 라디오 또는 텔레비전 방송을 틈틈이 들은 대로 적어본다. 보기로 든 말 끝에 적어놓은 숫자도 지난번에 들어놓은 원칙을 따랐다.

- <u>가능하면 백프로 협의해서</u>: ②

이것은 '될 수 있으면 죄다(완전하게) 의논해서'라고 말하는 것이 좋다.

- <u>부지 매입</u>이 되지 않은 상태에서: ③

'부지'도 '매입'도 다 일본말을 따라서 쓴 말이다. "부지 매입이 되지 않은"은 '집터를 사들이지 않은'이라고 해야 우리 말이 된다.

- <u>대화를 통해서 합의를 이뤄가야</u>: ② ①

이런 말도 대체로 모두 알고 있지만, 잘 살펴보면 제대로 하는 우리 말이 아니다. '마주 이야기를 해서 뜻을 맞춰가야'라고 하는 것이 좋다.

- 화제를 모았었던 일이: ② ⑤

"화제"는 이야기거리라고 하면 되고, "모았었던"은 서양말법 따라서 쓰는 말이니 '모았던'이라 해야 한다.

- 공지사항이라든가: ⑥

이것은 어느 마을에서 내는 소식지의 내용을 알리는 가운데서 나온 말이다. '널리 알릴 일'이라면 된다.

- 조기청소를 열심히 해주셔요: ③

'아침청소'나 '새벽청소'라고 해야 한다.

- 가사 내용이 참 좋은 것 같아요: ②

'노래말'이다.

- 그런 소망을 구체적으로 실현하게 되기를: ③

글을 배운 사람이면 누구나 쓰는 말이다. 그러나 이런 말도 될 수 있으면 쓰지 않는 것이 좋다. 여기서는 뚜렷하게나 실제로 하면 된다. '실제로'라고 하면 그다음에는 '실현하게'를 쓰지 말고 '이루게'라고 해야 되겠지.

• 사용되고 나면: ②

'쓰고'라고 해야 한다.

• MBC 좋은 환경 만들기 캠페인: ④

'운동'이라고 할 수 없을까?

• 교육은 다른 분야에서의 혁신과 다르게 나타난다고: ⑤

일본말법이니 반드시 바로잡아야 한다. '분야의' 하면 될 것을 왜 이렇게 말할까?

• 교육은 태도에서의 변화가 나타난다고: ⑤

여기서는 '의' 토를 쓸데없이 붙였다. '태도에서' 해야 우리 말이 된다.

• 혁신이 시도되지 않고: ① ⑧

"혁신이 시도되지 않고"는 '혁신을 하지 않고'나 '혁신하지 않고'라 말하는 것이 좋다. "시도"란 말을 대개의 경우 공연히 덧붙여 쓰는 것이 한자말 문장체를 쓰는 버릇이다. 이런 글버릇이 입말까지 되어 이렇게 나온다.

• 그것이 외적으로 나타난다고: ③

'밖으로' 하면 그만이다.

• 다른 분야보다 <u>교육에 있어서의</u> 진단을 어렵게 한다고: ⑤

괴상한 일본말법이다. '교육에서' 하면 된다.

• 하지만 <u>교육에 있어서의</u> 실험대상은 아이들이기 때문에: ⑤

이것은 '교육에서'나 '교육의'라고 해야 한다. 일본글을 그대로 옮겨 놓는 글버릇을 이렇게 입말까지 해서 퍼뜨리니 예삿일이 아니다.

• <u>과도하게 중앙집권화가</u> 되어 있어서: ①

"과도하게"는 지나치게 하면 된다. "중앙집권화가"는 중앙집권으로라고 말해야 한다. 중국글자말을 자꾸 쓰다 보면 이렇게 '……화가 되어'라고 하여 같은 뜻의 말을 되풀이하는 괴상한 말을 예사로 쓰게 된다.

• 그것을 <u>일방적으로</u> 전하려 할 때: ③

'한쪽에서만' 하면 된다.

• <u>소집단</u> 학습을 할 때: ②

'작은 모임'이라 할 수 없을까? 안 되면 '소'만이라도 우리 말을 써서 '작은 집단'이라고 해야지. 그러나 요즘은 '동아리'란 말을 널리 쓰는데, 이런 말을 그대로 살려서 쓰면 더욱 좋을 것이다.

• <u>보다</u> <u>진일보된</u> 방법이라고 생각합니다: ⑤ ①

"보다"는 더라 해야 되고, "진일보된"은 "한 걸음 나아간"이라 해야 한다. 그래서 '보다 진일보된'이라면 '한 걸음 더 나아간'이라 해야 우리 말이 되지.

• 훨씬 적다고 <u>간주가 됩니다</u>: ①

'봅니다' 하면 그만이다.

• 그것이 가진 충분한 <u>교육적</u> <u>가치에도 불구하고</u>: ③ ②

"교육적"은 교육의라면 되고, "가치에도 불구하고"는 가치를 가졌지만 해야 된다. 그래서 이 말은 그 앞의 말과 함께 아주 짜임을 바꾸어야 한다. 위에서 따온 말 전체를 '그것이 충분한 교육의 가치를 가졌지만' 이렇게 말이다.

• <u>다양한</u> 문제에 대해서: ②

많이 쓰는 말인데 '여러 가지' 하면 된다.

• 이 <u>주관적 평가</u>의 <u>의의</u>를 깨닫기만 하면: ③ ①

"주관적 평가"는 '주관 평가'면 된다. "의의"란 말은 소리내기나 듣기로나, 글자로 읽어서 뜻을 알아차리는 데서나 죄다 불편하고 거북해 도무지 우리 말이 될 수 없다. 그런데도 이런 말을 예사로 쓰고 있으니 한심하다. '뜻'이라 하면 얼마나 좋은가. '의의를'이면 '뜻을'이 된다.

• 그 당시 교장선생님이 여기 <u>참여했었는데</u>: ⑤

'참여했는데'라고 말해야 한다.

- 중심적인 역할을 하는 분은 역시 교장선생님이 아닌가 <u>생각되어집니다</u>: ③ ⑤

모두 일본말 따라 쓰는 말이요, 말법이다. "중심적인 역할"은 '중심 노릇'이라 해야 되고, "생각되어집니다"는 '생각됩니다'나 '생각합니다'라고 해야 한다.

- 그것이 선생님들에게 <u>수용되어질</u> 수 있도록: ① ⑤

꼭 "수용"이란 말을 쓰고 싶으면 '수용될' 해야 한다. 그러나 '수용'이란 말을 안 쓰면 더 좋다. '받아들여질' 하면 된다. 또 위의 말 전체의 짜임을 바꾸어서 '그것을 선생님들이 받아들일 수 있도록' 하면 더더욱 좋다.

- <u>보다</u> 더 <u>긍정적인</u> 학교와 가정의 관계를 이뤄내려면: ⑤ ③

"보다"는 '더욱'이라 말해야 되고, "긍정적인"은 '긍정할 수 있는'이라고 해야 한다.
교육을 이야기하는 학자들의 말에서 유달리 오염된 말이 많이 나오는 문제를 어떻게 보아야 할까?

4. 글말을 하지 말고 입말을 해야

글에서만 쓰는 말이 있다. "내일은 토요일이므로 낮 12시에 마감<u>하오니</u>……." 이것은 글말이다. 입으로 하는 말이라면 "내일은 토요일<u>이니까</u> 낮 12시에 마감<u>하니</u>……." 이렇게 된다. '서서히' 하면 글말이고 '천천히'

하면 입말이다. '평이한 언어' 하면 글말이고 '쉬운 말' 하면 입말이다. 글을 쓸 때도 입으로 하는 말로 쓰는 것이 좋은데, 더구나 입으로 말할 때야 살아 있는 입말을 써야 한다는 것은 말할 나위가 없다.

잘못된 방송말의 99퍼센트는 글말을 하기 때문이다.

• 그리고 서서히 우리 지구는 식으면서

'천천히'라고 말해야 한다.

• 북미대륙이 한때는 적도상에 있었을 가능성이 아주 높습니다.

이것은 '아마도 적도 위에 있었던 것 같습니다'라고 말해야 제대로 된 우리 말이 될 것이다. 가능성이 '있다'(없다, 높다, 낮다)는 말을 많이 쓰는데, 이것이 글을 따라 쓰게 된 말이다. '당선될 듯하다'를 '당선될 가능성이 높다'고 말한다 해서 말을 더 정확하게 쓰는 것도 아니고 유식한 것은 더구나 아니다.

• 당나귀를 타고 가는 사람들이 개미 정도로 보여집니다.

이것은 남의 나라 글을 따라 쓰는 데서 온 말이다. '보입니다'라고 해야 우리 말이 된다.

• 그런 과정 속에서

앞에 "과정"이란 말이 있는데 또 "속에서" 할 필요가 없다. 과정에서 하면 된다. '과정'이란 말부터 우리 말로 고쳐서 그런 과정 속에서를 그렇게 지나는 동안이라고 하면 더 좋겠지.

- 침전물이 형성됐습니다.

이것은 '앙금이 생겨났습니다'고 해야 할 말이다. '앙금'이란 좋은 말이 있어도 우리 말은 무식한 사람들이나 쓴다고 생각하니까 '침전물'이란 어려운 남의 나라 글자말을 쓰게 된다.

- 높은 지대를 침식했습니다.

'깎아내렸습니다'고 말하면 된다.

- 침식된 산맥으로부터

'깎인 산맥에서'나 '깎인 산줄기에서'라고 하면 된다.

- 이미 중생대 말기에 포유류 동물이 존재했었다는 설이 있지만

"말기"는 '마지막'이나 '마지막 시기'라 하는 것이 더 좋겠고, "포유류 동물"은 '젖빨이 동물'이라면 더 알아듣기가 낫고, "존재했었다는"은 '살았다는'이라 말해야 하고, "설"은 '말'이라고 하든지, 아니면 '학설'이라고 하는 것이 낫겠다.

- 자기를 기만하지 말고

'속이지'라 해야 한다.

- 외로움을 음미하고

'되새기고' 하는 것이 좋겠다.

- 그런 데서 오는 <u>소외감</u>이 있잖겠습니까?

'따돌림받은 느낌이'라고 말하면 될 것이다. '소외'란 말을 안 썼으면 좋겠다.

- <u>전통적으로</u> 있어야 한다는 굉장히 <u>고루한</u> 생각이에요.

"전통적으로"는 적을 없애고 전통으로 해도 되지만, 그보다도 옛날부터 내림으로 하면 더욱 좋겠고, "고루한"은 낡은이나 때묻은 하면 그만이다.

- 나도 잘못한 게 <u>많았었지</u> 하고

'많았지'다.

- 죽음 앞에서 인간이 얼마나 <u>왜소한가</u> 하는 것을

'작고 초라한가' 하는 것이 좋다. '인간'이란 말도 될 수 있으면 '사람'이라 하는 것이 좋다.

- 저는 저, 뜰이 좀 넓거든요.

이 "뜰"이라는 말인데, 방송에서 이런 말을 듣게 되는 것이 참 신기하고, 너무너무 반갑다. 요즘은 뜰이 있더라도 모두 유식한 글말로 정원이라 한다. 이 정원이란 말은 어떻게 해서라도 몰아내어야 할 '들어온 말'이다.

- 말을 마음에 삭여 두고 좀 조심성 있게 말했으면……
- 요즘은 잇속이 있는 곳에만 사람들이 모이는 것 같습니다.

앞의 '뜰'도 그렇지만, 이런 말들은 모두 깨끗한 우리 말이어서 아주 신선하게 들렸다. 나이 많은 분이어서 이런 살아 있는 말을 하는구나 싶었다. 그러나 요즘은 나이 많은 사람도 거의 모두 글말 쓰기를 좋아한다.

- <u>외국인 투자자들이 매입을 활발히 하고</u> 있습니까?

"외국인 투자자들이"는 '투자하는 외국사람들이' 하면 되고, '매입을 활발히 하고'는 '활발히 사들이고'나 '열심히 사들이고' 하면 된다.

- 자칫 잘못하여 이런 <u>우를 범할</u> 수가 있습니다.

"우를 범할"은 '어리석은 짓을 할'이라고 말해야 된다.

- <u>정치적 상황이 하락하면 매수하는</u> 것이 좋고요.

이것은 '정치(하는) 형편이 내림세가 되면 사들이는'이라고 하는 것이 좋겠다.

- 아직은 그런 <u>우려가</u> 없고

'걱정이' 하면 된다.

- 15프로를 약간 <u>상회하고</u>

'웃돌고' 해야 된다.

- 각종 산업폐기물에 의한

이것은 '여러 가지 산업쓰레기 때문에'나 '여러 가지 산업쓰레기로 생겨난'이라고 하면 될 것이다.

- 여러 가지 질병을 유발할 수 있겠습니다.

"유발할"은 '일으킬'이다.

- 어떤 관련 법규 내지 지침이 만들어져야

'법규나 지침을 만들어야'라고 해야 우리 말이 된다.

- 사후관리를 철저히 하고 있는지

'뒷 관리를 알뜰히' 하면 된다.

- 감시 관리가 필수적이어야 합니다.

이것은 '……를 반드시 해야'로 말하면 될 것이다.

- 수입 농산물의 검역관리를 보다 철저히 하기 위해서는

'더 알뜰히'나 '더욱 잘' 하면 된다.

- 단지 돈을 버는 수단으로 전락하지 않고

'떨어지지'가 좋다.

- 긍정적이고 공존적인 마음으로

'긍정하고 공존하는'이라면 된다. '옳다고 보고 함께 산다는'이라고 말하면 더 낫겠지.

- 설악산에 들어가면 계곡이 있고

우리 말로 '골짜기가'라고 해야 한다.

- 신행주대교 붕괴 사고도

'무너진'이라 해야 한다.

- 더욱이 이번 서울시 문화개발에는

'특히'란 말을 안 쓰고 이렇게 '더욱이'라고 한 것이 반가웠다.

- 섬유제품에 있어서 작년에 비해

"섬유제품에 있어서"는 '섬유제품에서'라고 말해야 되고, "비해"는 '견주어'라고 쓰는 것이 옳다. 또 '섬유'란 말을 '섬류'라고 소리내었다.

5. 대통령 후보들의 연설1)

12월에는 대통령 후보들의 TV연설을 들었다. 내가 들은 사람은 김대중·이병호·정주영·김영삼·백기완·박찬종(들은 차례대로), 이 여섯 분이다. 이종찬·김옥선 두 분의 연설은 어쩌다보니 못 들었다. 이 여섯 분이 말을 어떻게 했는가를 낱말의 선택을 비롯해서 말씨·말법·발음 따위에 이르기까지 대강 살펴보겠다.

한 가지 미리 말해둘 것은, 본래 말이란 혼자 지껄이는 것이 아니라 서로 주고받는 것이다. 한 사람이 잇달아 자기 생각만을 자꾸 늘어놓기만 하면 그런 말이 살아 있는 말로 되기는 어렵다. 연설이란 것이 그래서 문제다. 따라서 대통령 후보들의 말도 한 사람씩 따로 말하는 연설로 들을 것이 아니라, 몇 사람씩 한 자리에 앉아 서로 주고받는 말로 들어야 비로소 진짜 말을 들을 수 있는 것이다. 그런 진짜 말과 목소리를 들을 수 있는 기회를 만들어주지 못한 것부터 우리 국민들은 진 것이다. 더구나 이 연설이란 것이 대개는 미리 글로 써서 그것을 보고 읽어가는 것으로 되었던 모양인데, 그러자니까 아무리 글재주 있는 참모들이 말하듯이 근사하게 써놓았더라도 그것이 말이 아니고 흔히 글이 되어 있기가 예사라는 사실은 처음부터 충분히 짐작할 수 있다.

먼저 김대중 씨의 연설인데, 1일과 6일, 두 번 들었다. 1일 밤의 연설에서는 지금까지 여러 가지 어려운 일을 당하면서 살아온 이야기를 했는데, 놀랍게도 그 말 가운데 한자말이라든가 글말이 되어서 문제라고 여겨지는 말이 단 한 군데도 없었다. 다만 마지막에 가서 자신의 책을 소개할 때 다음과 같은 말이 나왔을 뿐이다.

- <u>현재</u>까지 미국 여러 대학에서 교재로 <u>사용하고</u> 있는데,
- 모두 한국의 <u>미래</u>에 대한……

이 말 가운데서 "현재"는 이제나 지금으로, "사용하고"는 쓰고로, "미래"는 앞날로 쓰는 것이 좋다. 그러나, 깨끗한 말을 하려고 남다르게 애쓰는 사람이면 모르지만, 정치를 하는 사람에게 이런 말까지 고쳐달라고 한다면 억지스런 일이라고 모두가 여길 것이다.

6일 저녁의 연설에서는 경제 이론, 경제 정책을 말했지만 귀에 아주 거슬리는 말이나 잘못된 일본말투가 거의 없었다. 다만 '-에 있어서'가 한 번 나왔다. 우리 말을 찾아 써야 하는 원칙에서 적어놓은 것을 옮기면 다음과 같다.

- 한 사람 당 80만 원의 빚을 지고 있는 셈입니다. (→앞)
- 확고한 리더십을 갖지 못했기 때문입니다. (→지도력)
- 중소기업을 최우선적으로 육성해야 (→최우선으로, 가장 먼저 | →길러내야)
- 이럴 가능성은 충분히 있습니다. (→수는)
- 수출에 있어서도 (→수출에서도)
- 경제가 회생하려면 (→살아나려면)
- 실업문제 등 (→같은 것, 따위)
- 소형주택 위주의 주택 정책과 (→-을 중심으로 하는)
- 타당에 비해서 (→견주어서)

이 가운데서 가장 문제가 되는 말은 역시 에 있어서다. 겨우 한 번 나왔지만, 책을 많이 읽은 사람은 역시 글의 굴레에서 아주 벗어날 수 없구나 하는 느낌이 들었다. 그런데 김대중 씨의 연설은 원고를 보면서 하는 말이라고는 조금도 느낄 수 없을 만큼 능숙했고, 자연스러운 말이 되어 있었다.

다음은 같은 날 밤에 한 이병호 씨의 연설이다. 이분의 말은 말끝이 언제나 쑥 들어가버려서 안 들렸다. 평생 말을 파는 직업으로 살아온 사람이 어째서 이렇게 두드러지게 나타나는 말버릇을 고치지 못했을까 하는 생각이 무엇보다도 먼저 들었다. 그다음은 었었다고 하는 이중과거형이 자주 나왔고, 으며라는 글말도 자꾸 나오고, 에서의라는 일본말법까지 나와서 아주 말이 많이 오염되어 있었다. 적어놓은 것을 대강 보면 다음과 같다.

- 판사가 되었을 때는 정의로운 판결을 <u>하였으며</u> (→했고)
- <u>특히 우리는 일찍이</u> (→더구나)
- 세계 마약퇴치 운동을 <u>하였으며</u> (→했고)
- 천안문 사건이 <u>그랬으며</u> (→그랬고)
- ……다한 것이라고 <u>생각했었습니다.</u> (→생각했습니다.)
- 가슴에 한이 <u>맺혔었습니다.</u> (→맺혔습니다.)
- 무료법률상담을 <u>해드렸었습니다.</u> (→해드렸습니다.)
- 안락하게 살라고 <u>했었습니다.</u> (→했습니다.)
- 일본을 <u>능가하는</u> (→앞서는)
- <u>민주국가에서의</u> 정책이라는 것은 (→민주국가의, 민주국가에서)
- 이 돈은 연방이 <u>붕괴했으니까</u> 어디서 받아오겠습니까 (→무너졌으니까)
- 나는 법이 지배하는 훌륭한 나라를 <u>세우고자</u> 합니다. (→세우려고, 세우려)
- 그런 대통령을 <u>뽑고자</u> 합니다. (→뽑으려고, 뽑으려, 뽑을라)
- <u>미래를 예측할 수 있는 능력이</u> 있지 않으면 (→앞날을)
- 하늘의 정신을 모르는 <u>사람이며</u> (→사람이고)
- 제가 <u>하고자</u> 하는 것이 바로 이것입니다. (→하려고, 하려, 할라)
- 인간으로서 존엄성을 갖고 <u>있으며</u> (→있고)

이래서 이병호 씨의 말은 말이라기보다 글이 되어 있었고, 그 글말도 어떤 가락까지 들어 있어서 좀 이상하게 들렸다. 만약에 몇 사람이 한 자리에 앉아 말을 주고받고 하거나 토론을 하게 된다면 이런 노래 같은 말이 어떻게 될까 하는 생각을 해보았다.

다음은 편집 사정으로 차례를 좀 바꾸어서 17일에 있었던 박찬종 씨의 연설에 언급해본다.

박찬종 씨는 말을 꾸미지 않고 자연스럽게 했다. 원고를 써서 그 원고를 보면서 말을 했는지 모르지만, 그렇게 한다는 느낌은 조금도 들지 않았다. 적어둔 몇 가지가 다음과 같다.

- 새사람에 의한 새 시대가 오고 (→사람 따라)
- 골고루 많은 지지를 받고 있음을 확인했습니다. (→있는 것을, 있는 사실을)
- 특히 20대 30대 여러분께 말씀드리고자 합니다. (→더구나 | → 말씀드리려, 말씀드릴라, 말하려)
- 도전하는 신세대의 이 박찬종과 함께 일어설 것을 (→새 세대의, 새 세대가 되는)

이런 글말을 안 쓰기를 바라는 것이 지나친 욕심일까?

6. 대통령 후보들의 연설2)

이번에는 정주영·김영삼·백기완 세 분의 연설에 대해 말할 차례다. 먼저 정주영 씨인데, 12월 1일 밤의 것을 한 번만 들었다.

정 씨의 말은 글의 해독을 그다지 받지 않고 살아가는 사람들(이런 사람은 모두 나이가 적어도 60이 넘은 노인들이다. 물론 나이가 여든이 넘었다고 해도 글말을 예사로 쓰는 사람이 많지만)이 아직도 있다는 사실을 잘 알려주는 말이어서 좀 놀라웠다. 더구나 그가 지금까지 경제계에서 국내는 물론이고 세계를 무대로 해서 활동하던 사람이란 사실을 생각할 때, 이런 사람이 어렸을 때 익힌 시골말(바로 진짜 우리 말)을 버리지 않고 그대로 가지고 있다는 것이 희한하다는 생각을 아니 할 수 없었다. 그만큼 그가 소년 시절에는 농사일로 살았고, 청년 시절에는 막노동판에서 살았기에 우리 말이 아주 온몸에 배었구나 하는 생각을 하게 되지만, 한편 대단한 고집쟁이로구나 하는 느낌도 들었다.

아무튼 참으로 오랜만에 구수한 우리 노인네들의 말씨를, 그것도 한 대통령 후보의 연설에서 들을 수 있었던 것이 반가웠다. 하지만 이분의 말도 아주 깨끗한 우리 노인네들의 말은 아니었고, 불순한 글말이 가끔 섞여 있었다는 사실을 말하지 않을 수 없다.

적어놓은 것을 대강 들면서 살펴보겠다.

• 알려드리고자 합니다. (→드릴라고, 드리려고)

이 '드리고자'는 글에서 온 말이다. 여기서 정주영 씨가 자연스럽게 말했다면 틀림없이 '드릴라고' 했을 것이다.

• 국민학교 선생님이 되고 싶었었습니다. (→싶었습니다.)

이것은 남의 나라 말법인 이중과거가 되었다. 이런 말을 언제 어디서 익히게 되었을까? 책이나 신문에서도 이런 말을 읽었겠지만, 사교하는 자리에서 더 많이 익혔을 것이다. 어렸을 때부터 몸에 밴 시골말을 그대로 가지고 있고 싶어하는 분이, 한편으로는 교양을 쌓았다는 도시 사람들이 지껄이는 불순한 서양말법을 아주 무시하지 못하고 따라서 쓰려고 했다는 것은, 이분이 가지는 인생관의 허약성을 드러내는 것은 아닐까.

- 1등 농사꾼이었었는데 (→농사꾼이었는데)

여기도 '이중과거'가 나온다.

- 초근목피로 계량을 하고 (→양식을 잇고)

요즘은 '초근목피'니 '계량'이니 하는 말을 잘 안 쓰니 어려운 말로 되어 있지만, 일제강점기만 해도 가끔 들었던 말이다.

- 원산을 지나 고원에 갔었습니다. (→갔습니다.)
- 또 고향에 갔었습니다. (→갔습니다.)

농사꾼의 말, 노동자의 말을 하는 사람도 텔레비전에 나와 온 국민 앞에서 연설이라는 것을 하게 되니 이렇게 유식한 말씨(잘못된 글말)가 자꾸 끼어들게 된다.

- 조반을 굶어가지고 (→아침)

이게 옛날의 양반들 말이다. 이런 양반 말이 요즘은 지식인의 말로 되었다.

- 뇌동판에 뇌동도 다 했습니다. (→노동)
- 낙동강 하류에서 어떻게 풍랭이 심한지 (→풍랑이)
- 경제를 아는 사램이, 깨끗한 사램이 (→사람이)
- 새나라를 맨들 생각입니다. (→만들)
- 잘사는 대한민국을 맨들고자 (→만들고자, 만들려고, 만들라고)

여기 들어놓은 대로 '사람이'를 '사램이'라 말하고, '풍랑이'를 '풍랭이'라고 말하는 것은 비록 표준말로 되어 있지는 않지만 옛날부터 널리 이렇게 말해왔다. 이것을 '이 홀소리 닮음 현상'이라고 했지. 또 '만들'을 '맨들'로, '만들고자'를 '맨들고자'로 말하고, '노동'을 '뇌동'이라고 말한 것도 하나의 버릇소리로 이렇게 말하는 경향이 있는 것이다. 그래서 이런 말들이 교양이 없는 무식한 사람이 지껄이는 말로 들릴는지 모르지만, 그럴수록 구수한 우리 말로 친근감을 주는 것도 사실이다. 나는 이런 말이 바른 우리 말이니 이렇게 말하자고 주장하는 것이 아니다.

또 아무리 이런 말을 쓰자고 해보았자 사람들이 따라 쓸 리가 없다. 그러니 텔레비전에서 좀더 자주 이런 구수한 우리 말을 들려줄 수 있다면 얼마나 좋겠나 싶다. 그래야 우리 말에 담긴 우리 정서를 느끼게 되고 우리 말법을 이해하게 될 것 같다.

- 빚을 태산같이 져 그 빚을 10년이나 걸려 갚았습니다. (→빚을)

이것은 사투리다.

- 이 감격적인 순간까지 (→감격스런)

'-적'이란 일본식 한자말이 이렇게 입말에까지 예사로 쓰이게 되었다. 아무튼 '사램이' '풍랭이' 하고 말하는 사람이 '드리고자 합니다' '되고 싶었었습니다'란 말을 함께 쓴다는 것은, 그 마음속에 서로 어울릴 수 없는 어떤 두 세계를 함께 가지고 있는 듯 느껴졌다.

다음은 김영삼 씨의 연설인데, 12월 6일 밤에 들은 것이다.

- 저는 서울대학교 철학과에 입학하여 (→입학해서)

- 조국의 앞날을 <u>걱정하며</u> 피난을 했습니다. (→걱정하면서)
- 국회가 <u>해산되었으며</u> (→해산됐고)
- 저는 금시 <u>돌아왔으나</u> (→돌아왔지만)
- 도도히 흐르고 <u>있음</u>을 믿고 있습니다. (→있는 것을, 있다는 사실을)

이렇게 −하여, −하며, 되었으며, 돌아왔으나, 있음을 하는 말들은 글에서 쓰는 것이지 입으로 하는 말이 아니다.

- 정치역정 40여 년은 <u>가시밭길이었었습니다</u>. (→가시밭길이었습니다.)
- 저의 <u>부덕의 소치였었습니다</u>. (→제가 덕이 없었기 때문이었습니다.)
- 지새우기가 <u>일쑤였었습니다</u>. (→일쑤였습니다.)

이와 같이 서양말법인 '이중과거'를 자주 쓰고 있었다.
다음은 발음을 잘못하는 보기들이다.

- <u>헌정사상</u>…… (→헌정사상)
- 잠시 살기 <u>이해</u> (→위해)
- 커다란 <u>사해적</u>…… (→사회적)
- <u>강주</u> 민주화운동 (→광주)
- 6·25 선언을 <u>쟁치했습니다</u>. (→쟁취했습니다.)
- 대학가는 날마다 <u>시이로</u> (→시위로)
- 여의도 <u>강장은</u> (→광장은)
- <u>가반수</u> 의석을 (→과반수)
- <u>가연</u> 우리 나라는 (→과연)
- 노대통령<u>가의</u> (→과의)
- <u>가정이었었습니다</u>. (→과정이었습니다.)
- 많은 <u>성가를</u> 얻은 것도 (→성과를)

- 사해 전체가 (→사회)
- 진단을 정학히 하고 (→정확히)
- 해결하기 이해서는 (→위해서는)
- 직권 여당의 (→집권)
- 건력이 개입하는 (→권력이)
- 건력을 사려고 (→권력을)
- 저는 학신합니다. (→확신합니다.)
- 가반수 의석을 가진 (→과반수)
- 통일을 이한 준비가 언만히 (→위한 | →원만히)
- 다시 띠기 시작하면 (→뛰기)
- 항영근 선수는 (→황영근)

　이런 보기에 나타난 바와 같이 이분은 우리 말에서 'ㅟ·ㅘ·ㅚ·ㅝ'를 소리내지 못했다. 그래서 이런 소리를 죄다 홑홀소리로 해서 'ㅣ·ㅏ·ㅐ·ㅓ'로만 소리내었다. 이와 같이 우리 말 소리를 제대로 내지 못하는 것은 시골말이나 사투리도 아니고 버릇소리(습관음)도 아니다. 이것은 순전히 개인의 잘못된 말인데, 그 까닭이 이분의 경우 어디에 있는지 모르겠다. 이것 말고 또 하나 '헌정사상'을 '현정사상'이라 말한 것은 글자를 잘못 읽은 보기인데, 이것을 보면 발음기관이 잘못되어서 이렇게 말하는 것이 아니고 어렸을 때 우리 말과 글을 잘못 배운 때문이 아닌가 하는 생각이 든다.

　끝으로 백기완 씨 연설이다. 12월 10일과 12월 17일, 두 번 들었다. 이분의 연설에서는 잘못된 말을 거의 발견할 수 없었다. 살아 있는 말을 마구 토해내는, 그야말로 웅변이란 느낌이 들었다. 써놓은 글을 보고 읽는다든지, 원고를 외어서 하는 말이 아니라는 것은 가령 "만들겠다는 것입니다"라고 말하지 않고 "맨길겠다는 겁니다"고 하는 말들에서도 알 수 있

었다. 그런데 이렇게 말을 잘하는 사람도 몇 군데 글말이 나왔다. 보기를 들면

- 그런데도 불구하고 (→그렇지만, 그랬는데도)
- 그리하여 우리의 모든 (→그래서 우리)

이런 것인데, 아무래도 지식인은 할 수 없구나 하는 생각이 들었다.

7. 토론말에 판을 치는 일본말법

3월 2일 저녁과 3일 저녁, 이틀에 걸쳐서 KBS 제1라디오 「동서남북」과 「한민족대토론회」를 들었다. 둘 다 나라 안팎의 여러 가지 문제를 두고 생각한 것을 논리를 세워서 한 말들이었는데, 여기서 새삼 느끼게 된 것은 일본말법을 많이 쓴다는 것이다. 그 가운데서도 가장 많이 나온 것이 -적과 -에 있어서였다. 이제는 누구든지 사회 문제를 이야기할 때나 대학에서 강의를 할 때는 '객관적' '기본적'과 같은 '-적'이란 말과 '-에 있어서'란 말을 빼고서는 자기 의견을 말할 수가 없게 되었구나 하는 생각을 하지 않을 수 없었다. 이건 참 서글픈 일이다.

먼저, -적이란 말을 쓴 경우부터 들어본다. 이제 아이들의 입에서까지 나오게 되는 이 말을 일본말이라고 해서 자꾸 문제 삼는 것이 무슨 소용이 있는가 할는지 모른다. 그런데 이 말은 너무 자주, 아무 데나 마구 쓴다. 그리고 지식인들이 일본말 따라서 쓰는 것 쓰지 말라고 그렇게 말해도 어디 고쳐본 것 한 가지라도 있는가? 그러니까 고치든 안 고치든 부끄러운 남의 말이란 것을 지적하지 않을 수 없다. 제발 무슨 말이라도 좋으니 한 가지라도 고쳐달라. 한 가지를 고치는 데 성공하면 그다음에는 열 가지를 쉽게 고칠 수 있다.

-적

- 경제적인 어려움이고요. (→경제가)
- 감상적인 통일론은 (→감상에 젖은)
- 물론 국내적으로는 (→국내에서는, 나라 안에서는)
- 그건 기본적으로 (→기본에서, 기본부터)
- 주체적인 통일 역량을 (→주체로서, 주체가 되어)
- 법적으로, 인적 교류, 물적 교류…… (→법 | →사람 | →물건)

"교류"도 '주고받기'라고 하면 더욱 좋다.

- 군사적인 문제는 (→군사)
- 결과적으로 통일에 대해서는 (→결과로 볼 때)
- 희망적인 관점에서는 다를 바 없습니다. (→희망이 있다는)
- 일본의 군사적인 역할도 (→군사)

"역할"도 일본말이니 '구실' '노릇'으로 써야 한다.

- 민주주의적인 정치 발전을 (→민주다운, 민주)
- 범 국민적 범 국가적으로 (→온 국민 온 나라가)
- 정치적 역량을 과시하고 (→정치)

"과시하고"는 '자랑해 보이고'라 하면 된다.

- 우호적이고 협조적인 견지 아래서 (→친해서 도와준다는)

"견지 아래서"는 '처지에서'라고 말해야 한다.

- 계속적으로 연구하는 (→계속, 잇달아)

-에 있어서

'-에 있어서'는 아직 아이들의 입에서는 나오지 않는다. 어른들이 이렇게 많이 쓰니까 머지않아 아이들도 쓰게 되겠는데, 어떻게 해서라도 이 말은 쓰지 않도록 해야 할 것이다.

- 동독에 있어서 부동산 원상복귀 문제는 (→동독에서)
- 새로운 출발을 하는 데 있어 (→하는 데에)
- 어떤 의미에 있어서는 (→뜻에서는)
- 보관하는 데 있어서 여러 가지로 참여하고 있습니다. (→보관하는 데에, 보관하는 일에)
- 동양사회에 있어서 (→동양사회에서)
- 현재와 미래에 있어서 (→지금과 앞날에서)
- 21세기에 있어서 경제적 성장 변화라 하겠습니다. (→21세기에서)

"경제적"부터는 '경제가 성장 변화했다 하겠습니다'라고 써야 한다.

- 앞으로 유럽 사회에 있어서 문제가 될 수 있고 (→사회에서)
- 일본과의 관계에 있어서는 (→관계에서는)
- 미군의 감축 조치 등등에 있어서는 (→따위에서는, 들에서는)
- 대북 관계에 있어서는 (→관계에서는)
- 북한과 미국과의 관계에 있어서는 (→관계에서는)
- 보호무역 전략에 있어서는 (→전략에서는)
- 그런 의미에 있어서 (→뜻에서)
- 미래사회에 있어서 (→미래사회에서, 앞날에서)
- 우리 조선족사회에 있어서의 가장 큰 문제가 (→조선족사회에서)

- 민주주의로 <u>가는 데 있어서의</u> 관점이 (→가는 데서 보는 점이)
- <u>유럽에 있어서의</u> 우리 나라를 보는 (→유럽에서)
- 이와 같은 변화의 <u>시대에 있어서</u> (→시대에서)
- 독일식으로 <u>하는 데 있어서</u> (→하는 데서)
- <u>단계적으로 하는 데 있어서</u> (→단계를 따라하는 데서)

이밖에도 몇 가지 더 지적할 것이 있다.

- 한 나라의 통치자<u>로서의</u> 의로운 결단을 한 건데요.
- 민주주의의 정착화 차원<u>에서의</u>
- 우리<u>의</u> 항해술이

여기 나오는 "–로서의" "–에서의"는 아주 어설픈 일본말 직역투의 글말이다. –의를 없애고 로서, –에서만 써야 할 것이다. "우리의 항해술이" 이 경우에도 우리 말에서는 '–의'를 넣지 않고 말하는 것이 보통이다.

- 이제는 통일<u>에로</u> 가는 조건을 갖추어

이것도 일본말 따라가는 부끄러운 글말이다. '통일로'라고 해야 우리 말이 된다.

- 크나큰 <u>역할</u>과
- 군사적인 <u>역할</u>도

이 "역할"이란 일본말도 여러 사람이 썼는데, 더구나 발음도 거의 모두 '역활'이라 했다. '할일' '노릇'이란 우리 말을 써야 한다.

- 미 생산품을 수입하라든가 <u>등등</u>
- 미군의 감축조치 <u>등등에</u> 있어서는
- 의존 <u>등등에</u> 반대한다는 점에서는

일본식 글말 "등등"도 마구잡이로 쓰고 있다. 여기 나오는 말에서는 '하는 따위' '따위에서는'(같은 것에서는) '(의존하는) 따위에' 이렇게 쓰면 될 것이다.

- 이 <u>시점</u>에서
- <u>기존</u>의 정책을
- 5월부터 <u>점차</u> 드러나리라고
- 심상치 않은 <u>미래</u>를 생각하면서

이런 중국글자말도 쉬운 우리 말로 써야 나타내려고 하는 생각이 우리 것으로 된다. "이 시점에서"는 이때에로, "기존의"는 지금까지의로, "점차"는 차츰으로, "미래"는 앞날로 쓰면 얼마나 좋겠는가.

- 문화의 <u>의미</u>가 무엇인가
- 일본 이름을 <u>사용</u>하고 있는데

누구나 다 알고 있는 이런 말도 깨끗한 우리 말로 쓰려고 하는 마음가짐이 있어야 한다. "의미"는 '뜻'이 우리 말이고 "사용하고"는 '쓰고'가 우리 말이다.

- 순조롭게 잘 <u>되었으며</u>
- 정확한 자료는 <u>없으나</u>
- 공공연히 지침을 <u>통하여</u>

- 강제하고 있으므로

　이런 것은 모두 글에서나 쓰는 말이다. 말을 말로 해야지 글을 읽듯이 해서야 되겠는가.

- 우리 나라는 마 바깥에서 봐서도 그렇고
- 마 여러분께서

　말 사이에 가끔 나오는 이 '마' 소리가 참 듣기에 딱하다. 일본사람들은 이 '마' 소리를 감탄사와 부사로 많이 쓰는데, 이것은 의심할 여지가 없이 지난날 일본말의 찌꺼기다. 버릇이 들었더라도 이런 것쯤은 고쳐야 한다. 놀라운 것은 일본·미국·유럽 들 세계 각처에 나가 있는 우리 학자들의 말에서 이 '마' 소리가 자꾸 나왔다는 사실이다.

제2장 농사말 바로 쓰기

1. '작물'인가 '곡식'인가

우리 겨레말은 본래 농사를 짓는 사람들의 말이 중심으로 되어 발달해 오고 이어져왔다. 그런데 얼마 전부터 농촌이 자꾸 시들어 사라지고, 많은 농민들이 도시로 옮겨 가서, 거의 모든 사람들이 도시를 중심으로 살아감에 따라 시골에 남아 있는 농민들의 말도 많이 변질되었다. 우선 농사일 자체가 크게 달라지고, 살아가는 방식도 바뀌었으니 말이 달라지지 않을 수 없다. 지금까지 쓰던 깨끗한 우리 말이 쫓겨나고 도시에서 쓰고 책에서나 읽던 유식한 말, 밖에서 들어온 어설픈 말들이 자리 잡게 된 것이다.

농사일이 달라져서 새로운 말을 쓰는 것이야 어쩔 수 없지만, 그런 말이 거의 모두 농민들이 주체가 되어 쓰게 되는 것이 아니라 밖에서 들어온 남의 나라 말이거나, 행정관청에서 쓰는 말이거나, 지식인과 학자들이 글에서나 쓰던 말이 되어 있다는 데 문제가 있다. 무엇보다도 농민들이 들과 산에서 일하면서 주고받던 그 정감이 넘친 말과, 자연의 아름다움이나 움직임을 섬세하게 나타내던 말들이 거의 모두 사라지게 되었다는 것은 참으로 안타깝고 슬픈 일이라 아니 할 수 없다.

우리 말의 원 줄기였던 시골말, 농촌말이 변질한다는 것은 우리 겨레

말이 변질한다는 것이다. 도시말이 이전부터 아무리 문제가 많았다고 해도 시골말이 그대로 살아 있다면 우리 말은 지켜갈 수 있는데, 이제는 겨레말의 뿌리가 아주 뽑혀버릴 지경에 이르렀으니 이 일을 어찌하겠는가? 농민의 말을 살펴보고 걱정하는 일이 이렇듯 중요하고 급하다.

여기서는 우선 신문에서 농사에 관계되는 말을 어떻게 쓰고 있는가를 살펴보기로 한다.

신문기사 제목에서 가장 많이 눈에 띄는 말이 '작물'이란 말이다.

- 밭작물 枯死……섬지방선 食水도 모자라 『동아일보』, 1992. 6. 18.
- 제주농민 밭작물값 폭락에 '시름' 『한겨레』, 1992. 6. 19.
- 밭작물 폭락 생산비도 못 건져 『주간 홍성』, 1992. 6. 15.
- 모내기 차질 작물 枯死 『동아일보』, 1992. 6. 21.
- 마른 장마……목타는 農心
  여름 밭작물 파종등 타격 『제민일보』, 1992. 7. 2.

이와 같이 어느 신문이든 "작물"이라고만 썼지 곡식이란 우리 말을 쓴 것을 한 군데도 보지 못했다. 곡식이라면 벼나 보리와 같은 낟알로 된 것이고, '작물'이라 해야 논밭에서 심어 가꾸는 모든 식물을 말하는 것이니 '작물'이 옳다고 할는지 모르지만, 그렇지 않다. 본래 우리 말은 곡식이었고, 곡식이라면 벼·보리·수수·감자·고추고 다 들어가는 말이다. '작물'이란 말은 농민들의 입에서 나온 적이 없다. '작물'이란 말은 일제강점기부터 『농업』 교과서에나 나왔고, 면서기들이나 쓰던 말이다. 바로 일본말이었던 것이다. 책에 곡식이란 말이 나오지 않은 것은 곡식이란 말이 우리 말이기 때문이고 일본사람들은 쓰지 않았기 때문이다. 그런데 '작물' '농작물'이란 말은 교과서에 나오고 신문과 잡지에 나오니 8·15 이후에도 교수들과 학생들이 쓰게 되고 관청에서 쓰고 신문에서 쓰고 해서 그만 퍼져버린 것이다.

그러나 아직도 시골의 진짜 농민들은 "가물어서 밭곡식이 타들어간다"든지 "비가 와서 들판 곡식이 잘 자란다"고 하지, "작물이 잘 자란다"고는 결코 말하지 않는다. 책만 읽어서 공부란 것을 해온 신문기자들은 농민들의 말을 모른다. 그래서 앞에 든 것과 같은 기사를 쓰는 것이다.

그런데, 사전에서 '작물'과 곡식을 어떻게 다루어놓았나 한번 살펴볼 필요가 있다. 누구든지 말을 잘 모르면 사전을 찾아보고 사전을 따라 쓰기 때문이다.

먼저 『민중 국어사전』(이희승 감수, 민중서림)이다.

작물 ⇨ 농작물.
농작물 농사로 논이나 밭에 심어서 가꾸는 물건.
곡식 곡물.
곡물 사람의 상식(常食)이 되는 쌀·보리·콩·조·수수 따위의 총칭. 곡식.

이 사전에서 곡식이란 말은 풀이하지 않고 '곡물'과 같은 말이라 해 놓고 '곡물' 쪽에서 풀이해놓았다. 여기서 두 가지 잘못을 저질렀다. 그 하나는 곡식과 '곡물'을 같은 말로 본 것이고, 또 하나는 그렇게 같이 보고는 곡식이란 말을 제대로 대접하지 않고 '곡물'을 표준말같이 다룬 것이다.

곡식은 앞에서 말한 바와 같이 논밭에서 가꾸는 모든 식물이고, '곡물'은 낟알로 여물게 되는 곡식을 가리키는 말이다. 그런데 사전에서 말을 이렇게 혼동하는 것은, 이런 말들이 실제로 어떻게 쓰이는가 하는 사실은 모르고 그저 글자만 보고 '곡' 자가 같으니까 같은 뜻인 줄 알기 때문이다. 이것이 책만 가지고 말을 연구하는 사람들이 저지르기 쉬운 잘못이다. 또 곡식이란 말을 제대로 인정하지 않은 것은, 이 말이 일본사람들은 쓰지 않고, 『일본말 사전』에 없기 때문이고, '곡물'은 『일본말 사전』에 나오기 때문이다.

다음은 『새우리말 큰사전』(신기철·신용철 편저, 삼성출판사)을 보자.

　작물 ⇨ 농작물.
　농작물 논밭에 재배하는 식용작물과 공예작물을 통틀어 이르는 말.
　곡식 (사람의 상식[常食]이 되는) 쌀·보리·콩·기장·수수·밀·옥수수 따위를 통틀어 일컬음. 곡물.
　곡물 곡식.

여기서는 곡식 쪽에 풀이를 해놓았지만, '곡물'과 곡식을 같은 말로 보는 잘못을 저지르기는 마찬가지다.

다음은 『우리말 큰사전』(한글학회 지음, 어문각)을 보기로 한다.

　작물 농작물의 준말.
　농작물 농사로 논이나 밭에서 심어서 가꾸는 식물.
　곡식 벼·보리·밀·조·수수·기장·콩·옥수수 따위를 통틀어 일컫는 말. 곡물. 곡속. 알곡①. 알곡식①.
　곡물 곡식.

여기서도 곡식을 낟알로 여무는 '곡물'과 같은 말로 보는 잘못을 저질러놓았다.

이번에는 북한에서 나온 『현대조선말사전』을 보겠다.

　작물 (사람들이 먹고 입고 사는 데 필요한 농산물을 얻을 목적으로) 논이나 밭에서 심어가꾸는 식물.
　농작물 논밭에서 심어가꾸는 식물.
　곡식 '벼·강냉이·밀·보리·수수·조·콩 같은 것'을 통틀어 이르는 말.
　　곡식 가꾸기　논밭을 갈아 씨를 뿌리고 작물을 가꾸는 것.
　　곡물　알곡생산물.

　이 사전에서는 '작물'과 '농작물'을 다 풀이해놓았는데, 그 풀이가 남한의 여러 사전과 다름이 없다. 곡식이란 말의 풀이도 남한의 사전들과 비슷하다. 그런데 '곡식 가꾸기'란 말이 올려 있어서, 이 말 풀이를 보면 곡식이란 말을 낟알로 여무는 '곡물'과는 분명히 다른 말로 다루고 있다.(그런데 어째서 바로 앞에 나온 곡식이란 말의 풀이는 '곡물'과 같은 뜻으로 해놓았을까?)
　이 사전에서 곡식을 논밭에서 가꾸는 모든 농산물로 보고 있다는 것은 '곡물'을 '알곡생산물'이라고 구별해서 풀이해놓은 것을 보아도 알 수 있다.
　우리가 지금 쓰고 있는 여러 사전들이 곡식이란 말을 잘못 알아서 '곡물'과 같은 말로 다루고 있는 사실은 '알곡'이란 말을 풀이해놓은 것만 보아도 알 수 있다.

　　알곡　①쭉정이나 잡것이 섞이지 않은 곡식. 알곡식. ②깎지를 벗긴 콩이나 팥 등속.『민중 국어사전』
　　알곡　①곡식. ②쭉정이나 잡것이 섞이지 아니한 곡식. 알곡식. ③깍지를 벗긴 콩이나 팥 따위의 곡식.『우리말 큰사전』
　　알곡식　①곡식. ②알곡.『우리말 큰사전』

　이것을 보면『민중 국어사전』에서는 벼나 보리를 알곡이라 할 수 없게 되어 있고, 한글학회『우리말 큰사전』에서는 곡식과 '알곡'을 같은 말로 보고 있는 것이 분명하다.

알곡 ①낟알로 된 곡식. ②쭉정이나 잡것이 섞이지 아니한 곡식. 알곡식. ③깍지를 벗긴 곡식. 팥·녹두 따위.『새우리말 큰사전』

여기서는 "낟알로 된 곡식"이라고 하여 곡식이란 말을 제대로 쓴 듯하다. 낟알로 된 곡식이라 했으니, 낟알로 되지 아니한 곡식도 있다고 본 것일 터인데, 같은 사전에서 곡식이란 말의 풀이를 보면 그렇지 않으니 어찌 된 셈인가.

알곡 '벼·강냉이·밀·보리·수수·콩·메밀 같은 낟알로 된 곡식'을 통틀어 이르는 말.『현대조선말사전』

여기서 '알곡'과 곡식을 제대로 다루어놓았다. 그런데 같은 사전에서 곡식을 풀이한 말은 알곡만을 말한 것 같으니 딱하다.

지금까지 좀 지루할 만큼 사전의 풀이를 들어 보인 까닭은, 사람들이 모두 사전이라면 가장 권위가 있는 우리 말의 심판관이라 알고 있기 때문이다. 그러나 사전도 잘못되어 있을 수가 있다. 사전에 올려 있지 않은 말도 얼마든지 있고, 사전에서 없애야 할 남의 나라 말이 버젓하게 우리 말 대접을 받고 있는 것도 수없이 있다. 우리 나라의 사전들은 부끄럽게도 아직까지『일본말 사전』을 그대로 따르고 베껴놓은 상태에서 아주 벗어나지 못하고 있다. 사전보다 더 정확한 심판관은, 잘못된 글과 글말에 물들지 않고 깨끗한 우리 말을 하면서 살아가는 시골의 농민들이다. '작물'을 쓸 것인가 곡식을 쓸 것인가 하는 문제도 그 말이 사전에 어떻게 올려 있느냐로 결정할 것이 아니라, 지금까지 실제로 농사를 짓는 사람들이 말을 어떻게 써왔는가, 어느 것이 우리 말로 되어 있는가로 결정해야 한다고 본다. 그러니까 아무리 신문이고 책에서 '작물'만을 써왔다고 하더라도 우리 말을 살려서 이제부터는 곡식을 써야 한다. 다행하게도 한글학회에서 낸『쉬운말 사전』에서는 '작물'을 곡식으로 바꿔놓았다.

2. 작목·작부·식부·작황 따위 모두 농사꾼 말 아니다

농사꾼들이 어떤 말을 하는가 알려면 실제로 농촌에 가서 들어보면 되겠지만, 농사일과 농사꾼들의 이야기를 써놓은 글을 보면 신문이든지 잡지든지 교과서든지(낱권책은 없다. 책방에 그렇게 많은 책들이 쌓여 있어도 농사짓는 이야기를 써놓은 책은 찾아볼 수 없다.) 모두 농사꾼들이 쓰는 말이 아니고, '유식'한 사람들이 글에서나 쓰는 말로 되어 있다. 농사일과 농사꾼 이야기를 쓴 글에서 정작 농사꾼의 말은 없는 것이다. 농사꾼들의 말은 자꾸 산골로 쫓겨 들어가 숨어버리고, 죽어버리고, 어설픈 글말, 남의 나라에서 온 글자말이 가는 곳마다 자리를 차지해서 주인노릇을 하고 있으니 기가 찰 일이다.

지난번에는 '작물'이란 말을 두고 따져보았지만, '작목'이란 말이 신문에 나오고, '작부' '식부' '작황' 따위 말도 쓰이고 있다.

- 밭작물 栽培 집단화 활발
  忠南 "경쟁력 제고" ······작목 전환도 『한국일보』, 1992. 8. 11.

여기 씌어 있는 '작목'이란 말이 무슨 말일까? 사전에도 없다. 우리 말은 있어도 안 쓰지만, 남의 나라 글자말은 사전에도 없는 것을 잘도 만들어서 쓰고, 그렇게 만들어 쓰는 것을 또 받아들이니 이것이 학교교육을 받았다는 사람들이 하는 짓이다. 아마도 이 '작목'(作目)은 '작물의 품목'쯤 되는 말이라 짐작한다. 그렇다면 '작물'과 마찬가지로 '곡식' '심을 곡식'이라든지 '농사거리'라면 될 것 아닌가.

온통 중국글자말로만 되어 있는 위의 신문제목을 내가 쓴다면 다음과 같이 쓸 것이다.

* 밭곡식 어울러가꾸기 활발

충남 "경쟁력 높인다"……심을 곡식 바꾸기도

'작목'이란 말이 들어 있는 신문제목이나 기사를 몇 가지 더 들어본다.

- 農家 작목전환 "2중고"『제민일보』, 1992. 6. 25.
- 위탁판매 수수료 · 운송료 · 종자구입 등
  화훼재배 걸림돌
  거의 임차農 생산기반 취약
  대체작목 부상 시들『제민일보』, 1992. 6. 25.
- 농산물 수입개방 여파로 가격이 폭락하면서 도내 파인애플 · 바나나 농가들이 작목전환을 원하고는 있으나 마땅한 대체작목이 없는데다 작목전환자금 한도액 역시 빈약, 二重苦를 치르고 있다. 앞의 제목으로 쓴 기사 첫머리

내가 알기로『제민일보』는 우리 나라 일간신문 가운데서 농사에 관한 기사를 가장 많이 다루는 신문이다. 그런데 기사에서 쓰는 말은 다른 신문들과 다름이 없어, 농민들의 말과 너무 거리가 멀다. 위에서 든 세 가지 글을 농사꾼들이 잘 알 수 있는 말로 고쳐본다.

* 농가, 심을 곡식 바꾸기 겹고생
* 맡겨팔기 수고값 · 운송료 · 씨앗 사기 따위
  꽃 가꾸기 걸림돌
  거의 빌어짓는 농사, 생산터전 연약
  바꿔심을 곡식 안 떠올라
* 농산물 수입개방 영향으로 값이 뚝 떨어지면서 도내 파인애플 · 바나나 농가들이 농사거리를 바꾸고 싶어하지만 마땅한 곡식이 없는데다 농사거리 바꾸기 자금 한도액 또한 빈약해 어려움이 겹치

고 있다.

다음은 '식부'니 '작부'니 하는 따위 말이다.

• 道당국, 고구마 심기 독려기간 설정 식부 독려 『제민일보』, 1991. 6. 13.

여기 나오는 '식부'는 '植付'(우에쓰케)란 일본말을 따라서 쓴 괴상한 말이다. 보기글은 안 들었지만 '작부'도 '作付'(사쿠쓰케)란 일본말이다. 이런 말을 아직도 농촌에 가면 면서기들이 공문서에 흔히 쓰고 있는 줄 안다. 놀랄 일은 이런 '식부'니 '작부' 따위를 『우리말 사전』에다 버젓하게 올려놓고 있는 일이다.

위에서 들어놓은 제목에 나오는 '식부'는 '심기'나 '심도록' 하면 된다. 그런데, 농사꾼들이 고구마를 심는 것까지 행정하는 이들이 무슨 기간을 설정해서 심어라 심어라 독려해야 하는가? 그런 것이 행정일까? 하는 생각이 든다. 곡식 심고 거두는 일이야 누구보다도 그걸 가꾸는 농민들이 그때를 잘 알고 있을 터이다. 때가 되면 고구마고 감자고 벼고 심지 말라고 해도 심고, 거두지 말라고 해도 거둔다. 사람이 없어 못 심고 못 가꾸고 못 거둘 뿐이지. 행정관리들이 해야 할 일은 그런 필요도 없는 일이 아니고 아주 달리, 농사꾼들을 도와줄 일들이 따로 많이 있을 것이다. 나는 행정이라는 것을 자세히는 모르지만 그런 생각이 든다. 관리들이 농민들 앞에 나서서 이번에는 이 일을 해라, 저 일을 할 차례다, 이쪽으로 오너라 하고 농민들을 끌고 가려는 것은 백성들을 종으로 부려먹고 싶어하던 일제식민지 행정형태가 아니고 무엇인가.

그러니까 관리들이 농사꾼들의 말을 쓰지 않고 일본사람들이 쓰던 말을 그대로 따라 쓰는 것이다. 그다음은 신문을 만드는 사람들도 정신이 없어 관리들이 쓰는 말을 따라서 쓰고, 한글학자들까지 넋이 빠져 그런 말을 우리 말 호적에다 올려놓는다.

'작황'이란 말이 또 있다.

- 수해 등의 영향으로 농촌에선 중간상인들의 밭떼기가 극성, 김장 채소 작황은 예년보다 좋지만 가을철 또 한 차례 가격파동이 우려된다. 『중앙일보』, 1990. 10. 16.

여기 나오는 작황(作況)도 농사꾼들이 쓰지 않던 말이고, 책에서나 쓰던 말이다. 말소리도 '자쾅'이 되어 우리 말답지 않으니 안 썼으면 좋겠다. 농사형편이라 해도 될 것이고, 됨새라면 더 좋지 않겠나 싶다.
사전에서 이 말을 어떻게 다루고 있나 보자.

    작황 농작의 상황. 『민중 국어사전』
    작황 농작이 잘 되고 못 된 상황. 됨새. 『새우리말 큰사전』
    작황 됨새. 『우리말 큰사전』
    작황 농사가 된 상태. 『현대조선말사전』
    작황 농사형편. 농형. 됨새. 『쉬운말 사전』

이렇게 사전마다 작황이 올려 있지만, 됨새, 농사형편으로 얼마든지 쓸 수 있을 것이다. 꼭 중국글자말을 쓰고 싶으면 작황보다는 농황이 낫다.
『쉬운말 사전』에 농형이란 말이 있고, 사전마다 이 말이 올려 있기는 하지만, 이 '농형'은 '농사 형태'로 잘못 알기 쉽다.
또 『새우리말 큰사전』과 한글학회의 『우리말 큰사전』에는 작황예보, 작황지수란 말이 나와서, 두 사전이 똑같이 이 말들을 다음과 같이 풀이해 놓았다.

    작황예보 농작물의 수확고를 수확기 이전에 추정하여 공표하는 일.
    작황지수 농작물의 작황을 예상하여(한글학회, 『우리말 큰사전』에는 "예상하여"를 '미리 짐작하여'라고 써놓았다.) 평년에 비하여 어떠한 상태에 있나를 나타낸 지수.

이런 말 "작황예보"나 작황지수는 바로 수확이란 말을 써서 '수확예보' '수확지수'라고 하면 될 것이다. '소출 미리 알리기' '소출'이라 해도 되겠지.

사전에서 '작황예보'를 풀이한 글에는 농작물 '수확고' '수확기' 추정, 공표 따위 말을 쓰지 말고 '소출을 미리 짐작해서 널리 알리는 일'이라고 쓰는 것이 좋겠고, 작황지수도 소출을 미리 짐작하여 보통해에 견주어 어떠한 형편에 있나를 나타낸 숫자라고 쓰는 것이 좋겠다.

앞에서 들어놓은 『중앙일보』 사진 설명문을, '등' '가격' '우려' 따위 말도 고쳐서 다시 쓰면 다음과 같다.

* 수해 따위의 영향으로 농촌에서는 중간상인들의 밭떼기가 극성을 부려, 김장채소 됨새는 여느해보다 좋지만 가을철 또 한 차례 값 소동이 날 것 같아 걱정된다.

3. '파종'에서 '수매'까지

이번에는 농사꾼들이 봄에 씨를 뿌려서 가을에 거두어 팔거나 먹게 되기까지 널리 쓰이는 말을 자리가 있는 데까지 들어보겠다. 어느 지방 신문에 다음과 같은 기사 제목이 나와 있었다.

• 마늘 파종

'파종'이라는 말은 씨를 뿌린다는 말이다. 내가 자라났던 마을에서는 아이고 어른이고 "나락 씨 뿌린다" "배추 씨 뿌렸나?" 이렇게 말했지 결코 "나락 파종한다" "배추 파종했나?" 하고 말하지 않았다. 농촌이면 어느 곳이고 다 그랬을 것이고, 지금도 농민들은 "씨 뿌린다"고 말하지 "파종한다"고 말하는 사람은 거의 없을 것이다. '파종'이란 말은 일을 하지 않고 방안에 앉아 한문책만 들여다보는 양반들의 입에서나 나왔던 말이다. 그 말이 일제강점기 일본사람들이 쓰는 글과 교과서에 나오다보니 자꾸 퍼진 것이다. 누구나 다 아는 말이지만 '파종'이란 말을 쓸 까닭이 없다. 어디까지나 '씨 뿌리기'라 해야 한다. '마늘 파종'이면 '마늘 씨 뿌리기'가 되지.

그런데 마늘은 씨를 뿌리는 것이 아니다. 마늘 한 쪽 한 쪽을 손으로 놓는다. 그래서 '마늘 놓기'라고 한다. '감자 놓기'도 마찬가지다. '놓기'가 아니면 '심기'라고 말한다. '마늘 씨 뿌리기' '감자 씨 뿌리기'. 이런 말은 없다. 농사일을 해보지 않은 사람들이 농사에 관한 기사를 쓰자니 책에서만 읽고 배운 말로 이렇게 잘못 쓰고 있는 것이다.

여기서 우선 농사일에 많이 쓰이는 말에서 지식인이나 장사꾼들, 그리고 도시인들이 잘못 써서, 그 잘못된 말이 차츰 농촌 사람들까지 쓰게 되는 말들을 들어본다. → 표로 우리가 써야 할 말을 적어두었다.

- 종자 (→씨, 씨앗)

이 "종자"란 말도 농사꾼들은 쓰지 않았다. 어디까지나 '씨'(씨앗)라고 했지. 그런데, 농사꾼들의 말을 귀하게 여긴다고 하는 이북에서도 '씨'보다는 '종자'를 더 많이 쓰는 것 같다. 문학 이론에서도 '종자'란 말을 쓰고 있다. 아무래도 잘 쓰는 말이라고 볼 수 없다.

- 묘목 (→모종나무, 나무모, 모나무)
- 묘판 (→모판, 못자리)
- 묘포 (→모종밭)

- 접목 (→접붙임)
- 잡초 (→풀, 김, 잡풀)
- 제초 (→김매기, 풀뽑기, 밭매기, 논매기)
- 관수 (→물대기, 물푸기)
- 살수 (→물 뿌리기)
- 수로 (→물길, 도랑)
- 농로 (→농삿길)
- 재배 (→가꾸기)
- 호우 (→큰비)
- 홍수 (→큰물)
- 제방 (→둑)
- 건초 (→마른풀)
- 퇴비 (→두엄, 거름)
- 작업한다 (→일한다)
- 경작한다 (→부친다, 짓는다)
- 시비한다 (→거름준다)
- 윤작 (→돌려짓기)
- 이모작 (→두 그루짓기)
- 출수기 (→이삭 팰 때)
- 결실 (→열매 맺기)
- 추수 (→가을걷이)
- 수확 (→거두기, 거둠)
- 탈곡 (→타작)
- 판매, 매상 (→팔기)
- 수매 (→사들이기)
- 가격 (→값)
- 출하 (→〔물건을〕 냄, 실어냄)

- 직거래 (→바로 거래, 바로 사고 팔기)
- 임금 (→품삯)
- 적자 (→손해)
- 도정 (→찧기)
- 도정공장 (→방앗간)
- 백미 (→흰쌀)
- 대맥 (→보리)
- 소맥 (→밀)
- 소맥분 (→밀가루)
- 소두 (→팥)
- 적두 (→붉은팥)
- 대두 (→콩)
- 흑대두 (→검은콩)
- 흑두 (→검은팥)
- 백태 (→흰콩)
- 청태 (→청대콩, 파란콩)
- 대마 (→삼)
- 연근 (→연뿌리)

여기 적어놓은 경작·적자·도정·백미·대맥·소맥·소맥분·소두·적두…… 따위 모든 중국글자말은 결코 농사꾼들이 쓰던 말이 아니다. 도시에서 살아가는 사람들, 관리들, 글을 쓰는 사람들이 퍼뜨리는 말이다. 문제는 이런 말들이 글로 자꾸 퍼져서 온 나라 말이 병들어가고 있는 것이다.

- 간식 (→새참)

유치원 어린이들이 놀다가 11시쯤에 빵이나 우유를 먹는 것을 모두 '간식'이라 한다. 버젓한 우리 말이 있는데 우리 것은 버리고 일본사람들이 쓰는 말을 따라서 쓴다. 이래서 농사꾼들도 '새참'이 아니고 '간식'을 먹을 판이 되었다.

- 비닐 하우스 (→비닐집)

"비닐"은 어쩔 수 없다고 하더라도 "하우스"만은 '집'이라 하는 것이 좋겠다.

- 노지 (→한데)

이제 신문에 쓰인 글을 몇 가지 보기로 하자.

- 햇감자 본격출하……작년 반값 『동아일보』, 1992. 5. 31.

여기 나오는 "본격출하"가 안 된다. '한창 나와' 하면 그만이지. 농사꾼들이라면 말을 어떻게 했을까 생각하면 된다.

- 마른 장마가 길게 이어지면서 여름 작물의 발아·생육 저하 현상이 심화돼 농민들의 애를 태우고 있다. 『제민일보』, 1992. 7. 8.

이 글에서는 "작물의 발아·생육 저하 현상이 심화돼" 하는 말이 아주 좋지 않다. 이건 도무지 말이 아니다. '곡식이 제대로 싹트고 자라나지 않아' 이렇게 써야 우리 말이 되지.

- 농촌 도시 직거래 『새누리』, 1992. 5. 23.

앞에 적은 대로 "직거래"는 바로 거래나 바로 팔고 사기라 쓰는 것이 좋다.

- '여름 수박대잔치' 농수산물 직거래 운동이 활발히 전개되고 있는 가운데 충북 청원군 강외농협이 서울 송파구 잠실 롯데백화점 앞에서 '한여름 수박대잔치'를 열었다. 산지에서 직송한 수박을 시중가격의 10~20% 싼 가격으로 공급하는 이 행사는 3일부터 10일까지 열릴 예정이다. 어느 신문

어째서 '큰잔치'가 아니고 "대잔치"인가? 농민들도 도시에 가면 유식한 말을 쓰게 되기 쉽지만, 이것은 농협의 직원들이 쓴 말이다.
"직거래 운동이 활발히 전개되고 있는"은 '바로 팔고 사기 운동을 활발히 펼쳐가고 있는'이라고 쓰는 것이 좋겠다.
"산지에서 직송한 수박을 10~20% 싼 가격으로 공급하는"은 '생산지에서 바로 가져온 수박을 10~20% 싼 값으로 대주는(파는)'이라고 써야 한다.

- "보리농사 해봤자 赤字" 재배 기피
  소비 줄어 마늘 등 작물 代替 『동아일보』, 1991. 6. 22.

"赤字"는 일본말이다. '손해'로 쓰면 된다. "재배 기피"는 '안 지으려 해'라고 쓰는 것이 더 낫다.
"마늘 등 작물 代替"는 '마늘 따위로 농사 바꿔'라 쓰면 되겠다.

- "추곡수매 언제 하나" 『한겨레』, 1990. 10. 23.

이것은 '가을곡식 언제 사가나'라고 쓰는 것이 좋겠다.

• 담백한 맛 햇무 본격출하 『동아일보』, 1992. 4. 16.

"담백"이 아니고 담박이지만, 담백이고 담박이고 이런 말은 쓰지 않는 것이 좋다. 담박한 맛은 산뜻한 맛이라 써야 한다. '본격출하'는 앞에 나왔다.

• 노지재배 채소라야 제 영양가 『한겨레』, 1991. 5. 29.

"노지 재배"는 '한데 심은'이라 써야 하고, "영양가"는 '영양값'이라 써야 한다.

• 농경지 3만ha 물바다 『국민일보』, 1990. 9. 11.

"농경지"는 '농사땅'이다.

• 大豆粕 재고로 인수거부 『중앙일보』, 1990. 9. 24.

"大豆粕"은 '콩깻묵'이다. "인수"는 넘겨받기라 쓰는 것이 옳고, "재고"도 '창고에 남아'로 쓰면 된다.

• 소나무숲 조성 · 동물 放飼 『중앙일보』, 1990. 8. 17.

"조성"은 '만들고'로, "放飼"는 '놓아 길러'로 써야 한다.

• "한강둑 붕괴 농사 망쳤다" 50代 주부 自殺기도 『중앙일보』, 1990. 9. 14.

"붕괴"는 '무너져'로 써야 한다. 농사꾼이 '붕괴'란 말을 쓸 리 없다.

"自殺기도"는 '자살하려'라고 써야 한다.

- 농약살포 무인기 개발 『한겨레』, 1992. 9. 29.

"살포"는 '뿌리는'이라 써야 하고, "개발"은 '만들어'라 쓰는 것이 좋다. "무인기"는 '무인기계'라든지, 그냥 '기계'로만 써도 될 것이다.

- 추곡은 10% 인상 1천만 섬 수매해야 『주간 홍성』, 1992. 9. 28.

이것은 어느 농민이 쓴 글의 제목이다. 농민들도 말을 이렇게 하게 되었지만, 좀더 깨끗한 말로 '가을곡식은 10% 올려 1천만 섬 사들여야' 이와 같이 쓴다면 얼마나 좋겠나 싶다.

4. 농사말, 누가 망쳐놓는가

다음 글은 지방의 주간신문으로서 매우 알차게 내고 있다고 널리 알려져 있는 『주간 홍성』(1992. 10. 19.)에 실린 '농사정보' 기사다. 이 자료는 홍성군 농촌지도소가 내어준 것으로 되어 있다. 편리하게 한 항목씩 따라 나누어 들었는데, 전체 제목은 '마늘 재배 줄여야'이다. 밑줄을 친 말이 문제가 된다.

① 93년산 마늘 <u>적정면적</u> 재배의 필요성
　<u>정부재고</u> <u>건조</u>마늘이 국내 수요량의 2~3년분에 해당되어 민간 저장량도 햇마늘 <u>출하</u> 전까지 소비하기에는 많은 <u>물량</u>이므로 93년산 <u>난지형</u> 마늘 <u>재배면적</u>을 지난해보다 5~10% 줄여 심도록 한다.

밑줄 친 말들을 다음과 같이 다듬어보았다.

- 적정면적 (→알맞은 면적)
- 재배의 필요성 (→재배할 필요성→심을 필요성→심어야)

이래서 "93년산 마늘 적정면적 재배의 필요성"이란 제목 전체를 '다음 해 마늘 알맞은 면적에 심어야'로 쓰면 좋겠다.

- 정부재고 건조마늘이 (→정부가 갈무리한 마른 마늘이)
- 국내 수요량의 2~3년분에 해당되어 (→국내에 필요한 2~3년치가 되어)
- 햇마늘 출하 전까지 (→햇마늘이 나올 때까지)
- 물량 (→양)
- 난지형 마늘 (→따뜻한 지방에 심는 마늘)

"난지형"이라니, 이게 무슨 말인가 싶었더니 뒤에 가서 '한지형'이란 말이 나와 비로소 그 뜻을 알았다. 일본책에 나온 글을 옮겨 쓰니까 이렇게 된다.

- 재배면적 (→심는 면적)

"93년산 난지형 재배면적을", 이렇게 되어 있으니까 '다음해 따뜻한 지방에 심는 마늘 면적을' 해야 될 것이다.

②마늘은 이렇게 가꾸자.
씨마늘은 한 쪽의 무게가 5~8g 되는 큰 마늘쪽을 심는다.
마늘쪽 껍질에는 검은무늬병균, 선충 등이 붙어 있으므로 반드시 <u>소독 후 파종</u>.

- 등이 (→들이, 따위가)
- 소독 후 파종 (→소독한 다음에 심는다.)

마늘은 파종, 곧 씨를 뿌리는 것이 아니고 하나하나 땅에 놓아 심는다. "무게가 5~8g 되는 큰 마늘쪽"이라고 했는데, 마늘쪽을 이렇게 저울에 달아 보고 심는 사람은 없을 것이고, 그럴 필요도 없다. 그냥 '좀 큰 마늘쪽'이라고 하면 되지.

③마늘의 적기 파종
한지형 마늘은 10월 중~하순으로 얕게 심으면 통터짐이 발생하니 4~5cm 정도 깊게 심는다.
퇴비·닭똥은 반드시 잘 썩은 것을 주어 고자리파리 피해를 줄이고 질소질 거름은 너무 많이 주면 벌마늘 발생이 많아지므로 유의.

- 마늘의 적기 파종 (→마늘 제철에 심기)

"적기"는 제때, 제철, 알맞은 때로 써야 한다. 여기에도 '파종'이란 말이 나왔다.

- 한지형 마늘 (→추운 지방에 심는 마늘, 추운 땅 마늘)
- 중~하순으로 (→중~하순에 심는다.)

말이 잘 이어지지 않기에 이렇게 써서 글월을 맺는 것이 좋겠다.

- 통터짐이 발생하니 (→통이 터지니)
- 벌마늘 발생이 많아지므로 (→벌마늘이 많이 생겨나니)
- 유의 (→조심할 것, 조심해야 한다)

④비닐 피복으로 수량 및 상품성 증대

비닐 피복 재배시 한지형 18%, 난지형 40% 증수 가능.

피복 시기＝땅이 얼기 전이나 봄철 땅이 녹을 때.

걷는 시기＝4월 중~하순경 반드시 제거 또는 흙으로 복토 실시.

- 피복으로 (→덮개로, 덮기로)

"피복"이라니, 왜 이런 말을 쓸까.

- 수량 및 상품성 증대 (→수량과 상품성 많게 하기)

그런데 이렇게 고쳐놓아도 말이 어설프고 안 맞다. 수량을 많게 한다는 것은 말이 되는데, 상품성을 많게 한다는 것은 무엇일까? 상품의 수라면 앞에 나오니 거듭 말할 필요가 없고, 질(바탕)이라면 '증대'한다는 말이 안 맞다. '좋은 상품을 많이 생산하기' 이렇게 말하려고 한 것이 아니었나 싶다. 아무튼 유식해 보이는 말을 자꾸 쓰니까 엉뚱한 말이 된다.

- 비닐 피복 재배시 (→비닐 덮개로 가꿀 때, 비닐을 덮어서 가꾸면)
- 한지형 (→추운 땅 마늘)
- 난지형 (→따뜻한 땅 마늘)
- 증수 가능 (→증수할 수 있다, 더 거둘 수 있다)
- 피복 시기 (→덮는 때)
- 걷는 시기 (→걷는 때)
- 하순경 (→하순쯤, 하순 무렵, 하순께)
- 제거 (→걷고)
- 흙으로 복토 실시 (→흙으로 덮을 것)

"반드시 제거 또는 흙으로 복토 실시" 이렇게 썼는데, 이 말이 맞는가? '반드시 비닐을 걷어버리거나 흙으로(비닐을 걷지 않고 그 위에다) 덮어버릴 것'이란 말이니 이래서 되는가? 아무래도 잘못 쓴 것 같다. '또는'이 아니고 '제거한(걷어낸) 다음' 이렇게 써야 할 것이 아닌가 싶다.

역시 같은 신문 10월 26일자에 나온 '농사정보' 난을 살펴보기로 한다. 전체 제목은 '좋은 쌀 만들기'다.

①벼농사-품질 좋은 쌀 만들기
　콤바인·바인더·예취기 등을 최대한 활용하여 서둘러 벼베기 실시.
　현장 탈곡후 건조기의 적온(식용 60°C·종자용 45°C 이하) 벼 말리기 또는 망사 이용 벼 말리기.
　탈곡 직후 볏짚을 3~4등분 절단. 10a 당 4백~5백kg 시용 후 깊이갈이 실시.
　볏짚, 짚북더기를 불태우지 말고 논에 되돌려주기.

- 콤바인·바인더·예취기 등을 최대한 활용하여 (→복식수확기·베묶음차·풀깎개 들을 될 수 있는 대로 많이 써서.)

"콤바인" "바인더" 같은 농기구 이름도 우리 말로 지어야 하겠지만, 풀 깎는 기계를 우리 말로 하지 못하고 일본말 따라 "예취기"라고 하는 것은 부끄러운 노릇이다.

- 벼베기 실시 (→벼를 벤다, 벼를 벨 것)
- 현장 탈곡 후 (→논에서 타작한 다음)
- 건조기의 적온…… (→건조기[적당한 온도는 식용 섭씨 60도, 종자용 섭씨 45도 이하]로)
- 망사 이용 (→망사로)

- 탈곡 직후 (→타작 바로 뒤)
- 절단 (→잘라)
- 10a당 (→300평마다)

우리는 넓이 단위를 평으로 쓰지 아르(a)로는 쓰지 않는다.

- 시용 후 (→깐 다음)

"시용"이라니 이게 무슨 말인가?

- 깊이갈이 실시 (→깊이갈이를 한다, 깊이갈이할 것)

②밭농사-보리 및 사료작물 파종
만한기(10월 25일) 이내 파종 완료.
보리종자 소독으로 깜부기병 예방.
논보리 및 사료작물 파종 후 물 뺄 도랑 정비.

- 보리 및 사료작물 파종 (→보리와 사료곡식 씨앗 뿌리기)
- 만한기

이게 무슨 말인가? 평생 책만 들여다보면서 살아온 나 같은 사람도 처음 보는 말이지만 사전에는 있는가 싶어 찾아보니 역시 없다. 지식인들 밖에 모르는 말을 농사꾼들이 읽으라고 쓰는 것도 잘못이지만, 글만 읽는 사람도 알 수 없는 말을 이런 농사 이야기를 하는 글에다 써서 되겠는가. "만한기"를 굳이 한문글자로 맞추면 '늦추위 때'가 된다. 그런데 묶음표 안에는 "10월 25일"로 밝혀놓았다. 우리 나라에서 10월 25일이면 가을이 한창인 때다.

- 이내 파종 완료 (→전에 씨앗을 다 뿌린다, 전에 씨뿌리기를 마친다.)
- 보리종자 (→보리씨)
- 논보리 및 사료작물 파종 후 (→논보리와 사료곡식 씨를 뿌린 다음)
- 정비 (→손질할 것, 손질을 한다)

농촌에서 농사일을 지도하는 사람은 농사꾼들의 말을 알아야 한다. 만약 농민들이 잘못된 유식한 말이나 오염된 남의 나라 말을 쓰고 있다고 하더라도 그 말을 따라서 쓰지 말고 깨끗한 우리 말을 써 보이고 들려주어야 한다. 그렇게 해야 농사일도 바르게 지도할 수 있을 것이다.

5. 어느 농민이 쓴 글

농민이 쓴 글은 좀처럼 나오지 않는다. 더구나 나이가 많은 농민의 글은 보기 힘들다. 다음 글은 두어 달 전 『ㄷ일보』 독자란에 실렸던 것인데, 농민의 말이 어떻게 되어 있는가를 생각하게 하는 좋은 자료이기에 글 전체를 들어본다.

農政건의 '독자 편지' 冊子발간 반갑다

나이 80이 다 된 내가 하루종일 논에서 피를 뽑고 해가 저물어서 집에 돌아와 보니 농림수산부장관으로부터 두툼한 봉투가 우송되어 있었다. 『농어민의 소리에 귀를』이란 제목의 책자로서 농정을 건의한 신문 독자들의 투고에 대한 답변이 담긴 책이었다. 요즘 농촌의 상황이 하도 기가 막혀 지난달 『동아일보』 「독자의 편지」 난에 죽어가는 농촌을 살리자고 투고했었는데 그 답변 책자를 받고 보니 정부에서도 농민의 소리에 귀를 기울이고 있는 것이 확인돼 기뻤다. 그러나 과연 농민의 소망이 이루어질지는 의심스럽지만 나의 주장을 여기서 한마디 덧붙이고 싶다.

농촌을 살리려면 무엇보다도 새마을지도자, 영농후계자, 기계화영농단이 합심해서 한 부락의 영농지도체계를 구성해야 한다. 그리하여 미작뿐 아니라 축산, 화훼, 약초, 기타 특용작물 등 모든 영농을 생산에서 소비, 판매에 이르기까지 계획적으로 운영해나가야 한다. 또 위탁영농회사를 1개면에 2개소 이상을 설치해야 한다. 이에는 정부의 적극적인 지원이 시급히 이뤄져야 함은 물론이다.

한편 최근 강원도의회 예결위는 행정실적 우수시군 시상비, 교수해외연수비, 소방장비 보강비 등을 노인복지비와 농어촌 활성화 사업비 등으로 전용키로 의결했다는 반가운 소식이다. 다른 지방의회에서도 이를 본받아 농촌을 살리는 데 일조가 되었으면 하는 바람이다.

- 전남 영광군 대마면 월산리 이강호

행정관청에서 쓰는 말들이 워낙 중국글자말로만 되어 있어서 어쩔 수 없지만, 이 글은 대체로 입으로 하는 말의 질서를 따라서 썼다. 그러나 잘 살펴보면 글에만 쓰는 말, 농민들이 이런 말을 쓰는가 하고 의심이 되는 지식인들의 글말이 여러 군데 나온다. 더 쉬운 우리 말로 쓸 수 있는 말을 중국글자말로 써버린 것은 더욱 많다. 이분은 나이가 78세나 되었지만, 아마도 신문이나 그밖에 책들을 많이 읽는 분 같다. 그래서 자신도 모르게 쓰는 말이 지식인의 글말을 따라가게 되었다고 본다.

차례로 문제가 되는 말을 들기로 한다. 먼저, 반드시 바로잡아야 할 말이 몇 가지 있다. 남의 나라 말법을 따라서 쓴 말과 쉬운 우리 말이 있는데도 공연히 어려운 중국글자말을 쓴 경우다.

- 투고했었는데 (→투고했는데)

이런 잘못된 말을 시골의 농사꾼 노인들까지 쓰게 되었으니 참으로 걱정스럽다.

- 미작 (→벼농사)
- 화훼 (→화초)
- 일조가 되었으면 (→도움이 되었으면)

이것은 도무지 농사꾼의 말일 수 없다. 물론 농사꾼이 아니라도 이런 말을 써서는 안 된다.

다음에는 될 수 있는 대로 우리 말로 썼으면 좋겠다 싶은 말을 들어본다. 여기서 '될 수 있는 대로'라고 하는 까닭은 이런 말이 꽤 널리 쓰이고 있기 때문이다. 그러니까 우리 말이 잘못되어가는 사실을 웬만큼 느끼고 있는 사람이라면 이런 말들도 반드시 바로잡아 쓰는 것이 옳다.

- 상황 (→형편)
- 1개면에 2개소 (→한 면에 두 곳)
- 기타 특용작물 등 (→그밖에 특별곡식 들)

여기서는 '기타' '특용작물' '등' 이 세 가지 말이 다 문제가 된다. 이 가운데서 '등'이란 말은 다시 두 군데 더 나온다.

- 소방장비 보강비 등을 (→소방장비 보강비 따위를, 소방장비 보강비 들을)
- 농어촌 활성화 사업비 등으로 (→농어촌 활성화 사업비 따위로, 농어촌 활성화 사업비 들로)
- 구성해야 (→짜야)

다음과 같은 말들도 더 쉬운 말로, 깨끗한 우리 말로 얼마든지 쓸 수 있을 것이다.

- 책자 (→책)

그냥 책이라고 하면 되지, '책자'라고 할 필요가 없다.

- 과연 (→정말)
- 시급히 (→빨리, 하루빨리)
- 계획적으로 (→계획해서, 잘 계획해서)
- 적극적인 지원이 (→적극 지원이)

이 "계획적" "적극적" 할 때 쓰는 무슨 '-적'이란 말은 일본말 따라서 쓰는 말이니 안 쓰는 것이 좋다. 아무리 널리 쓰고 있고, 입말에까지 나온다고 하더라도 잘못된 말이라면 고쳐나가야 한다.

- 전용키로 (→돌려 쓰기로)

이밖에 "합심해서" "설치해야"와 같은 말도 '한 마음이 되어' '두어야'와 같이 좀더 쉬운 말로 바꿔 쓸 수 있지 않을까 생각한다. 이와 같이 쉽고 깨끗한 우리 말을 찾아 쓸 때 비로소 농민들은 자신의 말을 찾아 가질 수 있을 것이고, 자신의 삶을 가질 수 있을 것이다.

6. 농민의 삶, 농민의 말

다음은 두어 해 전 어느 지방에서 있었던 농촌지역 가톨릭 신자들의 강습장에서, 내가 글쓰기에 대한 이야기를 하고 난 다음에 모두 쓰게 해서 받아놓은 글 가운데 한 편이다. 신자들은 모두 농사꾼들이었고, 이 농사꾼들 가운데는 중고등학교를 나온 분도 있었지만 학교 공부를 아주 하지 않은 듯한 분도 적지 않았던 것 같다. 글쓰기 강의에서 내가 한 말은, 글을 유식하게 쓰려고 하지 말고, 우리가 보통으로 하는 말을 그대로 써야 한다는 것, 쉽게 읽히는 글이 가장 좋은 글이라는 말이었다. 한 사람도 빠짐없이 써낸 그 글들은 거의 모두 깨끗한 말로 씌어 있었고, 농민들의 삶과 마음을 믿게 하는 이야기들이었다. 좋은 자료가 될 것 같아 앞으로 몇 편 더 소개하고 싶다.

그 어느 날 김인배

80년 3월 추운 어느 날 밤을 생각해본다.

바람은 세차게 불고 눈이 무릎까지 빠지는 어느 밤이다. 나는 친구 집에 가기 위해 집 모퉁이를 돌아 짚동가리 있는 곳을 지날 때, 짚동가리 안에서 희미한 불빛이 보였다. 나도 모르게 "누구야!" 하고 소리 질렀다. 아무 소리가 없었다. 가까이 가 나이타 불로 확인을 하며 깜짝 놀랐다.

사람이 웅크리고 누워 담배를 피우는 것이었다. 무엇 하는 것이냐고 묻자 그분은, 얻어먹는 사람인데 바람이 안 들어오고 자리가 좋아 잠자리를 잡았다고 한다. 나는 통명한 어조로 자는 것까지는 좋은데 불나면 어떻게 하느냐고 야단을 치며 돌아서는 순간 나도 모르게 "나를 따라오시오" 하자 그분은 나를 따랐다.

마루 끝에 앉히고 불을 켰다. 몸은 옷으로 휘감아 손과 발이 보이질 않았다. 얼굴은 수염이 길어 눈만 빠끔하게 보였다.

나는 부엌에 들어가 뜨뜻한 물을 대야에 담아 그분의 발을 닦아 드릴려고 내 손이 발로 가는 순간, 이상하고 야릇한 냄새가 내 코를 자극했다. 생전에 처음 맡는 냄새였다. 신발은 떨어진 농구화를 신었고, 양말은 다섯 켤레 정도 신었던 걸로 생각된다. 옷도 마찬가지다.

내 방으로 안내했다. 어머님은 바깥 사랑채로 모시라고 하였으나 그 방은 오래 묵은 방이어서 모실 수가 없다고 하며 끝내 내 방을 고집했다.

반찬은 없는 상이었으나 그분은 한 사발을 거뜬히 치우고 더 먹었다. 아랫목에 요와 이불을 깔아드리고 나는 친구 집에 가서 놀다가 밤 12시쯤 돌아와 자려고 하였으나 냄새 때문에 잘 수가 없었다. 나는 냄새가 안 들어오게 이불을 푹 뒤집어쓰고 잠을 청했다.

이튿날 아침, 식사를 하고 고맙다는 말을 남기고 그분은 떠나갔다. (그 후 일주일은 방을 쓰지 못했다.)

3일 후 이웃집 어르신네께서 나한테 하는 말이

"자네집에서 잤던 거지 노인네, 옆마을 길에서 죽어 산에다 묻었다고 그러는데, 소문 못 들었나?"

한다. 순간 내 마음은 덜컥 나도 모르게 이상야릇한 감정에 싸였다.

며칠 후 소여물을 썰기 위해 짚동가리에 갔을 때 오목하게 패인 곳에 주먹만한 물건이 보였다. 겉은 비니루, 다음은 새마을 담배갑 안에 소중하게 싸여 있는 것은 동전 250원이었다.

그 할아버지께서 잃어버린 것이었다. 할아버지의 전 재산이었다.

그 후 나는 이때 있었던 일을 자주 생각한다. 내가 내 자신을 생각할 때 노인 발을 씻어준 거와 내 방과 밥, 이부자리를 아무 생각없이 제공했다는 것이 믿어지질 않았다.

이 글은 여기서 끝나지 않고 더 계속되는데, 나머지 부분은 신앙에 관한 말이 적혀 있다. 여기 옮긴 글은 전체에서 3분의 2쯤 되는 분량이다.

우선 이 글을 본디 쓴 원고에서 어느 정도로 틀리지 않게 옮겼는가 하는 문제부터 밝히겠다.

말을 고친 것은 한 군데도 없다. 다만 "똥명한"을 "통명한"으로 했는데, 이것은 글을 쓴 사람이 잘못 썼을 것이라 보고 바로잡은 것이다.

"짚동가리"를 "집동가리"라고 쓰고, "아랫목"을 "아르묵"이라고 쓴 것 말고는 맞춤법도 틀린 것이 별로 없었다. 띄어쓰기도 잘 되어 있는 편이었다. 그러니까 맞춤법과 띄어쓰기를 몇 군데 바로잡은 것밖에 손을 댄 데가 또 있다면, 글 가운데 바로 말을 한 것을 그대로 써 둔데다 겹따옴표(" ")를 한 것뿐이다. 이런 곳이 세 군데 있었다. 줄을 바꿔 쓴 것도 잘 되어 있어서 그대로 옮겼다.

이것으로 보면 이 글을 쓴 분이 중등교육을 받았거나 그 정도의 공부는 한 사람으로 생각되었다. 그런데도 '었었다'와 같은 서양말법을 쓰지 않았고, 잘못된 일본말법도 없어서 깨끗한 우리 말로 되어 있다. 일하면서 살아가는 농민들의 말이 이만하면 별로 걱정할 것이 없다는 생각이 든다. 그러나 이런 글에서도 몇 군데 욕심을 부리고 싶은 데가 있기에 적어본다.

무엇보다도 "퉁명한 어조"라고 한 말이다. '퉁명한'은 '퉁명스러운'이라고 해야 한다. 그리고 어조란 말, 이게 안 된다. 유식한 글말이다. 말투라 해야 되고, 이게 우리 말이지. 농민들도 신문이나 책을 읽으니 이런 글말을 저도 모르게 따라 쓰게 된다. 교육을 받은 사람은 어렸을 때부터 교과서로 이런 글말의 해독을 받아가지고 있다는 사실을 모두가 깨달아야 한다.

마지막에 나오는 "제공했다는"이란 말도 유식한 사람들이 쓰는 딱한 말이다. '내주었다는' 하면 얼마나 좋은가.

다음은 한 글월을 들어보자.

"나는 부엌에 들어가 뜨뜻한 물을 대야에 담아 그분의 발을 닦아 드리려고 내 손이 발로 가는 순간, 이상하고 야릇한 냄새가 코를 자극했다."

여기서는 '자극했다'는 말이 가장 마음에 걸린다. '찔렀다'고 하면 얼마나 알맞고 좋은 우리 말인가.

"내 손이 발로 가는 순간"이라 썼는데, 이것이 무슨 말재주는 아니지만, 내가 쓴다면 '내 손이 발 가까이 가자'라고 쓰겠다.

"발을 닦아 드릴려고"는 '발을 씻어 드리려고'라 쓸 것이 아니었던가 싶다.

"이상하고 야릇한" 이렇게 쓴 말도 잘 쓴 것이 아니다. '이상하다'와 '야릇하다'는 같은 말이니 한 가지만 쓰는 것이 좋다. '야릇한'이면 그만이지. 두 말을 아주 하나로 해서 '이상야릇한'이라고 쓸 수는 있다.

"며칠 후" "그 후" 이런 말들은 모두 '며칠 뒤' '그 뒤'라 했으면 좋겠다.

"짚동가리" 이것은 '짚가리'란 말이겠는데, 그 지방에서 쓰는 말인 것 같아 그대로 두었다.

냄새 나는 거지의 발을 씻어주고 재워주는 농사꾼이 아직도 이 땅에 있다는 것은 얼마나 놀랍고 반가운 일인가? 소설보다 더 감동을 주는 이야기가 삶 속에는 얼마든지 묻혀 있다. 그런 이야기는 유식한 말로 재주를 부리는 글쟁이들보다는 우리 말밖에 모르는 순박한 시골 사람들이 더 잘 쓸 수 있는 것이 아닐까 생각한다.

7. 우리 말과 남의 말이 쓰이는 경우

지난번에 이어 여기 또 한 편 농민이 쓴 글을 소개하겠다. 다음에 드는 글은 줄친 종이에 써놓은 글씨가 꼭 국민학교 1·2학년 어린이가 쓴 듯이 서툴러 보이고, 맞춤법은 '없이'를 '업이'라 쓰고, '합니다'를 '하니다'로, '받은'을 '밨은'이라 썼다. 그러나 읽어서 무슨 말인지 알 수 없는 말은 단 한 군데도 없었다. 그래서 여기 옮겨 쓰는 데서는 맞춤법을 바로잡고 글점만 찍었을 뿐, 그밖에는 아주 손을 대지 않았고 글자를 단 한 자도 고치지 않았다.

주님 사랑으로 은총 받았음 이금순(수산나)〔대천 도화담 공소〕

8월 13일 일이었습니다.

남편이 술을 너무나도 좋아하시기에 우리 집은 항상 편할 날이 없지요. 그리하여 하느님께 이렇게 기도를 했지요. 주님, 이 바오로 술 좀 못 먹게 병을 주시든지, 아니면 수산나에게 벌을 주시오 하고 기도했더니, 정말 주신 거예요. 바오로한테 주셨지요. 8월 13일 밤 열한 시 오십 분에 갑자기 배가 아파 병원에 갔더니 특수진단 받은 결과 췌장염이라면서 입원을 하라는 거예요. 그러니 일주일이면 될까 생각했으나 아무 때고 다 나을 때까지 치료하라더군요. 그래 저는 또 하는 수 없이 기도하였습니다. 주님, 제 잘못을 용서해주십시오. 이 바오로 입원비가 없으니 하루속히 병이 나아 퇴원 좀 해달라고 기도도 드리고 성모님께 묵주의 기도도 하고 했더니 정말 기도 끝에 사일 만에 많이 좋아져서 입원한 지 사일 되던 날 퇴원하라고 하는데 저는 정말 얼마나 기뻤는지 주님, 하고 정말로 주님께서 이 보잘것없는 수산나의 청을 들어주시니 참으로 감사합니다 하고 나서 주님께서는 한번도 수산나 기도를 안 들어주신 적이 없어요. 그런데 저는 기도도 부족하고 무엇으로 주님께 보답하여야 할지 모릅니다. 주님께서 알아서 하십시오. 이렇게 말씀드렸지요. 이 바오로 이번에 퇴원하면 꼭 술 좀 끊게 해주십시오 하고 또 이렇게 청하였습니다.

이 글은 처음부터 끝까지 우리가 일상에서 하는 말로 썼다. 글에서만 쓰는 말이 있다면 첫머리에 나오는 "그리하여"란 낱말 하나뿐이다. 그러나 이 말도 밖에서 들어온 말은 아니다. 농민의 말로 쓴 글, 깨끗한 우리 말로 쓴 글이 바로 이런 글이라 할 수 있다.

이 글에서 특별히 주목하게 되는 대문이 있다. 그것은 우리 말의 문장을 어떻게 써야 하는가 하는 문제를 생각하게 하는 대문인데, 중간쯤 되는 곳에서 "주님, 제 잘못을 용서해주십시오……" 하고 시작하여 기도 말을 위주로 쓴 글이 마지막 가까이 가서 "……이렇게 말씀드렸습니다" 하고 끝나기까지는 몇 군데 내가 글점을 찍었지만 사실은 한 글월로 이어져 있다. 바로 이 대문인데, 보통 우리가 쓰는 글은 어떤 글도 이렇게 한 글월을 길게 쓰지는 않는다. 이토록 길게 써놓으면 읽기가 거북하다. 그래서 글을 쓸 줄 모르는 사람이나 이와 같이 쓰는 것이다.

그런데 이 글을 읽으면 아주 쉽게 읽힌다. 우리 말로 쓴 글의 비밀이 여기에 있다. 옛날의 소설을 보면 글월이 끊어지지 않고 몇 장이고 끝없이 이어지지만 조금도 어렵지 않게 읽어나가고, 또 읽는 것을 재미있게 듣고 하는데, 그런 우리들 이야기말의 전통이 이런 글에 나타난 것이라 본다. 그렇다고 요즘 글을 쓰는 사람들이 무턱대고 한 글월을 길게 쓴다고 해서 될 일은 아니지만, 또 이런 농민의 말로 쓴 글을 너절하게 쓴 글이라고 비판하는 사람이 있다면 그것은 우리 것을 모르고 하는 말이라고 지적하지 않을 수 없다.

이번에는 같은 시간에 다른 두 사람이 쓴 글을 각각 한 대문씩 들어서, 앞의 글과 견주어보기로 한다.

①요즈음 북한만 드나들면 금방이라도 통일이 되는 것으로 알고 너도나도 북한을 숨어서 다녀오는 데 혈안이 된 것으로 보이는데 참 한심한 사람들이라고 본다. 성서에서의 말씀같이 너희들이 보이는 이웃도 사랑하지 않는 너희들이 어찌 보이지도 않는 나(그리스도)를 사랑한다고 하느냐는 말씀같이 우리 남쪽에서도 민주당이 2개 공화당 1개 민정당 1개 등등, 여러 당이 의견과 마음을 합하지 못하고 당파 싸움을 하고 있는 이 현실에서 어떻게 45년 등지고 살아온 공산독재정권과 민주주의가 합하여 하나의 나라가 될 수 있다고 보는가?

• 이××,「남북분단에 대해서」

② ……한데 한번은 이웃의 도리채를 고쳐주다 할아버지의 보릿단을 모두 비를 맞추고, 또 마을 사람들이 필요로 사용하는 삼태미와 메꾸리 멍석 등을 너무나 잘 꿰매어주어 마을 사람들은 마을 할아버지라

부르기도 하였으며, 또 한 가지 예를 들면 옛날에는 염병으로 죽어가는 어린이가 많았다고 하는데, 그 병은 전염병이라 하여 앓는 사람이 생기면 그 집 근처에는 아무도 가지도 않았다고 한다. 그러나…….
• 오××,「신앙에의 삶」한 대문

이 두 편의 글에서 ①은 남북분단에 대한 생각을 쓴 글의 첫머리이고, ②는 글쓴이의 할아버지 이야기를 쓴 글이다. 이 두 편의 글은 말이 많이 오염되었는데 그 보기를 들면 ①에서

• 성서에서의

이 "에서의"란 토가 우리 말에는 없다. '성서의' 하든지 '성서에 나오는' 해야 우리 말이 된다.

• 등등

이것도 우리 말에는 없었던 일본글말이다. 여기서는 이 말이 괜스레 들어 있다. '……민정당 1개, 이렇게 여러 당이' 하고 쓰면 된다.
이밖에 "혈안이"란 말은 맞지도 않는 말이고, 여기저기 글이 어수선하게 되었다. ②에서

• 신앙에의 삶

이런 제목부터 잘못되었다. 이 '에의'란 토는 일본말을 직역한 것이다. '신앙의 삶'이라야 된다. 그런데 이 글은 할아버지를 소개한 글이니 제목을 '할아버지 이야기'라고 하든지 할 일이지 왜 「신앙에의 삶」이라 했을까? 할아버지가 하신 일을 정직하게 쓰려고 하지 않고 될 수 있는 대로

할아버지를 남에게 자랑해 보이려고 하다보니 제목조차 이렇게 우리 말 아닌 말로 쓰게 되는 들뜬 상태가 된 것이다.

• 필요로 사용하는

이것은 '필요해서 쓰는' 해야 된다.

• 멍석 등등

이것은 '멍석 들을' 해야 우리 말이다.

그리고 ①은 두 글월로 되어 있는데 그중 뒤의 글월이 너무 길고, ②는 한 글월로 되어 있다. 이와 같이 긴 글월들은 그 앞에서 든 「주님 사랑으로 은총 받았음」에서 글월이 길어진 것과는 그 성격이 다르다. 앞의 글은 우리 말과 말법으로 써서 그렇고, 뒤의 글 ① ②는 잘못된 말과 말법으로 써서 그렇다. 그러니까 ① ②에서 길어진 글월은 읽기가 거북하다. 마땅히 몇 토막으로 잘라서 써야 할 것이다. 그리고 이렇게 글이 오염된 말과 말법으로 씌어진 것은 글의 내용과 깊은 관계가 있다.
앞에서 든 글은 자기가 부딪친 일과 한 일을 이야기로 정직하게 쓰자니 자기 말로 쓰게 되었고, 뒤의 글 ① ②는 자기가 한 일을 쓴 글이 아니다. ①은 생각을 썼는데, 그것도 앞과 뒤가 맞지 않다.(여기서는 첫머리만 보여서 읽는이들이 판단할 수 없지만) 흔히 남들이 하는 말을 쓰는 관념이 되고 보니 글이 이렇게 된 것이다. ②는 앞에서도 말했지만 할아버지를 잘 보이려고 설명한 글이다. 감상·주장·설명…… 이런 형식으로 쓰는 글은 농민의 말이 되기 어렵고, 흔히 책으로 익힌 지식인의 글말이 되는 것이다.
농민들은 자기가 보고 듣고 일한 것을 정직하게 쓰는 이야기글을 많이 써야 한다. 농민뿐 아니다. 학생도 노동자도 문인도 이야기글, 곧 서사문을 많이 써야 말과 글이 살아난다.

8. '-에 있어'와 '-었었다'

지난번에 이어서 역시 농민이 쓴 글인데, 이번에는 편지글 한 편을 들겠다. 글을 더러 써본 사람인 듯 꽤 길게 쓴 이 글은 좀 요령이 없고, 한 글월이 너무 길어 어수선하기도 하지만 오염된 말은 그다지 많이 쓰지 않았다. 농민이 보는 노동자의 모습이 참고가 될 것 같기도 하여 길지만 전문을 들어놓는다.

올여름은 조광순

김 형!

올여름도 김 형에겐 몹시도 더운 여름이었겠소. 오랜만에 써보는 글이오. 이렇게 글을 쓰는 것은 내게 있어 비록 며칠 안 되는 일이었지만 몇 해 전 김 형이 내게 들려준 말이 문득 떠올랐기 때문이라오. 그때 이해 못했던 나였기에―.

농촌에 있어 한가한 때가 있겠소만, 어정 칠월이라는 옛 어른들의 말씀처럼 음력 칠월달인 지난달에 내겐 논두렁 풀이나 깎는 조금은 한가한 달이었소. 이웃에 사시는 아저씨께서 건축 현장에서 일해보지 않겠느냐는 권유에 처음은 망설였지만, 집에 할 일도 별로 없고 남들도 하는데 나라고 못하랴 하는 생각과, 과연 내가 얼마만큼 견디고 할 수 있는가 시험해보고 싶은 충동이 겹쳐 따라나섰다오. 실은 우리 동네 품삯이 오천 원인데 그곳의 품삯은 칠천 원이라기에 돈에 유혹도 있었다오. 38년 만에 처음 가본 막노동이란 현장에 아침 7시에 가보니 모든 것이 어색하고 낯설은 것들뿐이었소. 그들이 가져오라는 건축자재와 도구들의 이름을 모두 일본말로 하기에 어리둥절해 멍청하게 있는 나를 보고 핀잔스레 저것이라고 일러주는 그들이 야속했고, 모래와 자갈을 질통—이것만은 우리 말인 것 같았소—에 지고 힘겹게 오르내릴 때 다리가 후들후들 떨리고 휘청거리며 어깨가 부러지는 것 같은 아픔과 뜨거운 햇볕에 화끈거리는 얼굴—촌놈 그을릴래야 더 그을릴 억지도 없지만—비오듯 흐르는 땀을 수건과 소매 깃으로 계속 닦아내어도 물에 빠진 것같이 척척한 옷, 나중에는 어지럽고 머리가 아팠지만 그곳에 계속 다니신다는 오십이 넘은 아저씨들을 보면서 나는 나 자신을 다시 생각케 하였다오. 젊은 놈이 저래서야 하는 것 같은 그들의 눈빛이 아니더라도 말이오.

저녁 7시에 일이 끝나는 동안 새참에 막국수와 막걸리, 그리고 점심 한 끼는 그들에게는 꿀맛인 것 같았소. 허나 내겐 너무 어려워 배고픔도 모르고 빨리 7시만 되었으면 하는 바램뿐이었다오. 해질 무렵이면 참참히 먹은 막걸리 기운에 흥얼거리며 그래도 즐거웠다는 듯이 하루 종일 쓴 도구와 재료들을 내 것은 아니지만 잘 덮고 챙기는 모습에서 난 그들에게 책임감과 순수함을 볼 수가 있었소. 종일 욕설과 음담패설이 오가며 일하는 그들, 술과 욕설과 음담이 주를 이루는 것은 왼종일 어려운 일을 하는데 침묵이라든가 고상한 이야기는 그곳에서는 할 수 없는 것 같았소. 악의 없이 부담 없이 하는 그들의 말 속에 살기 위해 몸부림치는 오늘의 현실을 보는 것 같았소. 그래도 그들이 순수하게 보였다오.

그들이 말하는 소위 노가데라는 곳, 그곳에 다니면 사람 버린다고 들 말들 했었소. 나 또한 그렇게 말했었다오. 허나 진작 인간 쓰레기는 다른 곳에 있는지도 모르겠소. 한 달 동안 뼈빠지게 일해 품삯을 받는 날—그들은 간조 타는 날이라 하든가—품삯의 일부로 질펀하게 술을 먹고 그들대로 기분을 내는 것을 전에는 이해하지 못했지만 그들의 삶의 현장에서 본 나는 그 나름대로 어려움과 쌓인 피로를 풀어보려는 그들 방식의 몸부림이라 생각하니 그런대로 이해해주고 싶은 마음이 생겼다오. 그래도 그들은 자기들이 어렵게 치른 노력의 댓가로 돈을 쓰지만 가만히 앉아서 말 몇 마디로 몇천 몇억을 벌고 자가용 타고 다니며 고급 술집에 이름 복잡한 양주를 마시며 몇십만 원씩 뿌리는 사기꾼이나 부동산 투기꾼보다는 훨씬 인간적인 것 같았소. 물론 현실은 가진 자들을 훨씬 더 인정하고 있지만—.

어쩌면 일은 더 힘들고 많이 하면서도 기술자와 보조 일꾼의 삼만 원과 만오천 원의 품삯 차이에서처럼 능력의 차이라면 몇백을 뿌리고 벌든 할 말은 없소. 그리고 이 시대가 능력의 시대라고 그 능력에 따라 댓가를 받는 것은 당연하다고 한다면 나도 쉽게 돈을 벌 수 있는 능력이 있었으면 하는 바람도 없지 않소. 하루종일 비지땀을 흘리며 살아가는 그들, 그래도 어떤 분은 아들을 둘씩이나 대학에 보냈다고 자랑하시는 모습에서 나는 못 배워 이렇게 살지만 자식놈이라도 편하게 살아야 하지 않겠느냐는 부모의 마음을 읽을 수 있었소.

그분의 그 모습에서 과연 나는 어떻게 살아왔는지 뒤돌아보지 않을 수 없었소. 내 집에서 내 마음대로 일하는 것도 어렵다고 늘 푸념만 하던 나 자신, 남의 돈을 받는다는 것이 얼마나 어려운가를 새삼 깨달았다오. 품삯으로 받은 얼마 안 되는 돈이지만 꼭꼭 묻어두고 쓰고 싶지 않음은 돈 벌기가 어렵다는 것을 깨달은 탓일게요. 물론 쉽게 벌어 쉽게 쓰는 사람도 있지만—.

비록 며칠 못 다니고 그만뒀지만 이 세상의 삶의 현장이 지금 내 삶의 현실 못지 않게 모두가 어렵고 그 어려움 속에서도 나름대로 목표와 보람을 느끼며 산다는 것을 알았다오.

김 형, 지금도 김 형은 열심히 살고 있겠지요. 전에 내가 김 형의 마음을 이해하지 못한 것을 용서해주기 바라오.

그리고 열심히들 살아가는 그 모습에서 올여름이 내겐 나 자신을 다시 한번 더 생각케 하는 너무도 뜨거운 여름이었던 것 같소. 김 형! 다음에 만나 다시 이야기할 수 있기를 바라겠소.

내내 건강하길 빌며.
팔십구년 구월 초 나흗날 밤에

이 글은 친구한테 말하는 '하오'(하소)체로 썼다. 그래서 말끝이 '-다'로 된 곳은 한 군데도 없다. 살아 있는 말을 쓰는 글의 형식이 되어 있는 것이다.

그런데도 이 글 첫머리에는 -에 있어란 일본말 직역투의 말이 두 군데나 나온다. '나로서는' 하고 써야 할 말을 "내게 있어"라 썼고, '농촌에서'라고 해야 할 말을 "농촌에 있어"라 썼다.

또 중간쯤에는 "했었소" "말했었다오"라고 하여 서양말법인 이중과거형이 잇달아 두 번이나 나온다. "그곳에 다니면 사람 버린다고들 말들 했었소. 나 또한 그렇게 말했었다오." 이런 말은 아주 어수선하고, 우리 말법에도 맞지 않다. 마땅히 '그곳에 다니면 사람 버린다는 말들을 했소. 나 또한 그렇게 말했다오.' 이렇게 써야 옳다.

이 -에 있어와 -었었다는 잘못된 일본말과 서양말법의 대표가 될 만한 오염된 말인데, 이런 말이 농민이 쓴 편지글에 나타나 있다는 사실에 주목하지 않을 수 없다.

어쩌면 또 이것은 이 편지글이 실제로 필요해서 쓴 편지가 아니라 다만 편지 형식으로 쓴 감상문이 되어 있기에 이런 잘못된 글말이 나왔겠구나 하는 생각도 든다.

이밖에 몇 가지 더 지적해둔다.

"품삯"이란 말은 잘 썼다. 농민이기에 이 말을 썼지 노동자라면 '임금'이라 했을 것이다.

그런데 현장이란 말이 나온다. 이 말은 일을 하지 않는 사람이나 일하는 사람을 부리는 사람들이 쓰는 말이다. 일하는 사람이라면 마땅히 일터라든지, (일하는) '자리'라고 해야 한다. '건축 현장에서'라면 '건축 일터에서'로 써야 하고, '막노동이란 현장에'는 '막노동 일터에'든지 '막일하는 자리에'라고 쓰면 된다.

- 그들의 삶의 현장에서

이와 같이 삶 속에서 나오지 않은 "현장"이란 말은 일본말법으로 된 토 '-의'와 함께 서로 부르고 모여서 괴상한 글말을 만든다. '그들이 살아가는 자리에서' 이렇게 써야 우리 말이 된다.

- 이 세상의 삶의 현장이

이런 말도 나와 있다. '이 세상 살아가는 자리가' 하면 얼마나 좋은 우리 말인가.
"도구"란 말을 썼는데, 이것은 '연장'이다.

9. 사투리와 표준말

다음은 농민들의 이야기말을 가장 잘 적어놓았다고 볼 수 있는 『한국구비문학대계』에서 「전라남도 해남군 편」에 나오는 짧은 이야기다. 이야기한 사람은 민기순 씨(1984년 당시 53세, 여). 밭을 매는데 찾아가서 이야기를 해달라고 졸라서 녹음을 한 모양이다. 제목이 「손가락에 불 붙인 효자」인데, 옛날의 별난 효자 이야기가 되어서 그다지 얻을 것이 없지만, 이야기말에 대해서는 몇 가지 생각해볼 것이 있기에 책에 나온 그대로 옮겨본다.

옛날 어떤 집에 아들이 인자 효자가 있었어. 효자가 있는디, 자기 인자 부모님이 딱 어디 갔다온께 돌아가셔부렀드락 하요.
"세상에 우리 부모님이 가실 때 뭣한 말 한마디도 없이 가신 것이 너무나도 억울하니까……"
　그분이 동네동네 댕김시로 이 참기름을 얻었닥 하요. 인자 즈그 아부지는 방에가 죽었는디 뉘뷰서 놔두고 얻어갖고 그놈을 갖고 와서 인자 솥다 담고 그 참기름을 펄펄 끼랬다요. 끼래갖고 이 열 손가락을 이 참기름에다 여서 그 딱 끼래갖고는 그 손구락 끝어리다 불을 덩근께 싹 덩그드락 하요. 불을 덩거갖고 아부지 앞에로 간께는 저승에서 뭐라고 한고니는, "당신은 지금 가야 열봉산에 불이 났으니까 당신이 가야 그 불이 꺼지제 당신이 안 가면 이 불이 안 꺼진께 이승에 나가서 그 불을 끄고 다시 오락하드라" 카요. 그래 아부지가 다시 살아나서 아버지한테 유언의 말도 다 듣고 효도한 그런 머시기 다 듣고 그래갖고 아부지가 다시 인자 돌아가셨다요.

　이 이야기글을 보면 이른바 '사투리'가 많이 나온다. 다시 말하면 '표준말'이라고 해서 글로 쓰고 있는 말과는 다른 말, 신문이나 책에서는 나오지 않는 말이 많이 나온다. 이 말들은 물론 이 말을 한 사람이 살고 있는 전남 해남 지방에서 쓰고 있는 말이다. 그런데 내가 알기로는 이 말들이 전남의 어느 지방에서만 쓰고 있는 것이 아니라 다른 농촌지방에서도 두루 쓰이고 있다. 가령 "머시기"란 말만 해도, 이 말을 사전에 올려놓은 한글학회의 『우리말 큰사전』에는 '경남' 지방에서 쓰는 말이라고 적어놓았으나 이와 같이 전남 지방에서 쓰고 있고, 내가 나서 자란 경북 지방에서도 썼다. "인자"란 말을 『우리말 큰사전』에서는 '경상도'에서 쓰는 말이라 해놓았으나, 여기 나온 대로 전라도에서 쓰고 있다.
　'갔다온께' '꺼진께' '덩근께' 이렇게 쓰는 -ㄴ께는 『우리말 큰사전』에서 '경기'에서 쓴다고 해놓았으나 이와 같이 전남에서 쓰고 있고, 경북 상주 지방에서도 많이 쓰고 있는 것을 들었다. '있는디' '죽었는디'의 -는디는 『우리말 큰사전』에서 "경기·전북" 지방의 말"이라 해놓았으나 이렇게 전남 지방에서 쓰고 있다. 그러니까 "댕김시로"의 -ㅁ시로도 『우리 말 큰사전』에서 "전남말"이라 적어놓았지만 실제로는 훨씬 더 많은 지방에서 쓰고 있을 것이다. '아부지'는『새우리말 큰사전』에 "충청·경상·전라·평안"이라 해놓았으나 '어무이'란 말과 함께 전국 농촌지역에서 두루 써온 말인 줄 안다. 이런 '사투리' 조사는 지금까지 서울에서 살고 있는 학자들이 해왔는데, 이분들이 농촌말을 모르니까 조사를 한 지역에서만 그런 말을 하는 것인 줄 알고 이렇게 사전에다 올려놓은 것이 아닌가 싶다. 아무튼 사투리라고 하는 농촌말들이 표준말을 한다는 서울 사람들이 알고 있는 것보다는 훨씬 넓은 지역에서 두루 쓰이고 있는 것이 사실이다. 흔히 경상도 말과 전라도 말이 아주 다르다고 알고 있지만, 내가 어렸을 때 썼던 경북 청송 지방의 말이 전라도에서도 거의 그대로 쓰이고 있는 사실을 아주 나이 들어서 비로소 알고 놀랐다. 그런데 어째서 이런 말을 모조리 '사투리'라고 해서 마치 어떤 특수한 곳에서만 쓰는 말이라 여기도록 해버렸는가?

　여기 나온 이런 말들은 또 그 소리가 표준말이란 것에 견주어 조금 달라져 나오거나 어느 소리가 줄어져 나왔을 뿐이지 결코 아주 엉뚱한 다른 말이 아니다. 그래서 우리 나라 사람이라면 누구든지 읽어서 그 뜻을 알 수 있다. "있는디" "죽었는디"는 있는데, 죽었는데란 말임을 누구나 다 잘 알 것이다. 있은께, 덩근께, 간께, 꺼진께는 '있으니까' '댕기니까' '가니까' '꺼지니까'란 말이 줄어서 나오는 말이라, 누구나 그 뜻을 알고 있다.(내가 알기로 이 '-ㄴ께'는 실지 말소리가 '-ㅇ께'로 나온다.) "돌아가셔부렸드락" "오락" "카요"는 돌아가셔버렸다고, 오라고, 고 해요 따위 말들이 줄어져서 나온 소리임을 알 수 있다. 또 "댕김시로"는 댕기면서로, 댕기면서, 다니면서란 말이란 것을 모두 짐작할 것이다. "끼랬다요" "끼래갖고"는 끓였다요, 끓여가지고란 말임을 누구든지 알 수 있다. "즈그" "아부지" "머시기" 같은 말도 표준말로 되어 있지는 않으나 누구든지 알 수 있는 우리 말이다.

　"즈그"란 말을 좀더 살펴본다. 이 말이『새우리말 큰사전』에만 나와 있어 '전라도' 지방의 말이라 해놓았다. 내가 알기로 경상도에서는 저거라고 했다. 아마도 저그라고 하는 지방도 있을 것이다. 그런데 어째서 이런 말을 글에다 쓸 수 없는가? 사투리라고 버려야 하는가? 내가 보기로는 자기, 자기들보다 즈그, 즈그들이나 저거, 저거들이나 저그, 저그들이 훨씬 낫다. 그런데 우리 말의 호적부인 사전에는 '자기'란 중국글자말만 표준으로 써야 할 말로 올려놓았다.

'머시기'는 왜 또 사전에서 자리를 못 잡고 있는가? '거시기' '머시기' 이런 말은 어느 농촌지역에서고 꽤 많이 써온 말인 줄 안다.

농민들이 써온 우리 말이 이렇게 천대를 받고 따돌림을 받고, 그래서 버려지고 짓밟혀 자꾸 죽어가게 된 것은 중국글 숭상하는 선비들 때문이고 양반들 때문이었다. 학교 공부를 해서 일본글 읽고 서양글에 빠진 지식인들 때문이다. 위에서 들어놓은 이야기글 바로 앞에는 다음과 같은 설명문이 씌어 있다. 이 이야기말을 녹음해서 옮겨놓은 학자가 쓴 글이다.

급하게 서두르지 않고 차분히 밭매는 리듬에 맞추어 따라다니면서 이야기를 유도하자 평상시에 별로 즐기지 않았다고 하면서도 자연스럽게 전개해나갔다.

이 글에 나오는 "리듬에" "유도하자" "평상시" "전개해"와 같은 말은 농민들이 쓰지 않는 말이고, 학교 공부를 한 사람이나 쓰는, 책에서 배운 말, 글로 배운 말이다. 그리고 이것은 모두 밖에서 들어온 말이거나 남의 나라 글자말이다. 이것을 앞에 나온 농민의 이야기말에 견주어보면 얼마나 오염이 되었는가 잘 알 수 있다. 반대로 농민의 말이 얼마나 깨끗한가도 환히 깨닫게 된다. 같은 시대에 살면서도 같은 겨레가 이렇게 바탕이 다른 말의 세계에서 산다는 것은 참으로 이상하고 놀라운 일이다.

이 두 세계의 사람들이 어떤 마음을 가졌을까 하고 생각해본다. 어렵고 유식하게 보이는 말로 글을 쓰면서 그런 글을 쓰는 자기를 드러내고 싶어하는 지식인들은, 일을 하면서 무식한 말로 지껄이는 농민들을 딱하게 불쌍하게 여기고 낮춰 볼 것이다. 그런데도 이렇게 다니면서 이야기말을 모아 기록하는 까닭은 무엇인가? 그것은 순전히 밥벌이 직업 때문일 것이다. 그래서 마치 고고학자들이 옛날의 짐승이나 사람의 화석을 찾아다니는 것과 다름없이 이야기말을 찾아 모아서는 '우리가 이런 일을 하지만 시골의 농민과는 달리 이렇게 유식하다'는 자취를 단 몇 줄의 글에서도 나타내고 싶어하는 것이 틀림없다. 그렇게 보지 않고는 이 두 가지 말의 현상을 도무지 풀어낼 수 없다고 본다.

한편 농민들은 또 이런 유식한 글말 앞에서 얼마나 자기를 보잘것없게 여기고 있을 것인가? 그래서 기가 죽어 있을 것인가? 이것이 우리 역사의 벽이다. 이것이 우리 겨레 전체가 앓고 있는 병이다.

제3장 사투리, 이 좋은 우리 말

1. 새눈·맹아리

이원수 선생님의 동시에 「새눈」이란 작품이 있는데, 두 연 중 첫 연이 다음과 같다.

> 나뭇가지에
> 새눈이 텄네요.
> 맨몸뚱이로 겨울 난 이 나무에
> 쬐꼬만 쬐꼬만 연두 눈이 텄네요.
> 새눈은 아기 눈, 봄이 오나 보네요.

여기 "눈"이란 말이 나오고 "새눈"이란 말이 나온다. 사전에는 눈은 있지만 새눈은 없다('새 눈'이 아니고 '새눈'이다. '새 싹'이 아니고 '새싹'이 듯이). 만약 이 시에서 '새눈'을 '새싹'으로 바꾼다고 해보라. 시의 맛이 많이 가버릴 것이다. 왜 그런가? 새싹이라면 아무래도 땅에서 바로 돋아나는 풀싹이다. 땅에서 나오는 풀싹과 나뭇가지에서 터나오는 눈은 다르고, 농사짓는 사람들은 실제로 말을 달리 써왔다. 그런데 책만 들여다보는 사람들은 이것을 나눠볼 줄 모르고, 사전에도 같은 뜻으로 풀이해놓았다. 그리고 '새눈'은 아예 올려놓지도 않았다.

"순" "새순"이란 말이 또 있는데, '싹' '새싹'과 같은 뜻으로 쓰지만, 좀 더 자란 싹, 새싹을 가리킨다.

이 시에는 또 "쬐꼬만"이란 말을 썼는데, 국어 교과서에 실려 있는 것을 보니 조그만이라 되어 있었다. '쬐꼬만'이란 말이 사전에 안 나오니까 표준말을 쓴다고 그렇게 맛없는 말로 고쳐놓았을 것이다.)

다음은 "맹아리", 이게 또 참 좋은 말인데 사전에 없다. 이 '맹아리'는 '맹아'(萌芽)라는 중국글말에서 온 말이 아니다. 망아리, 망울, 꽃망울, 눈망울 들과 함께 뚜렷한 우리 말이다. 다음은 '복숭아나무'를 제목으로 해서 쓴 2학년 아이의 시다.

복숭아 나무 권두임(경북 상주공검 2학년)
봄이 되니
복숭나무 맹아리가
햇빛을 보고
모두 다 똑같이
맺었다.
• 1959. 3. 20.

새싹·새순은 땅에서 올라오는 풀싹이나 찔레순 같은 것이고, 새눈·맹아리는 나뭇가지에서 터나오는 것이지만, 이 새눈·맹아리는 또 다른 느낌을 주는 말이 되어 있다. '새눈' '맹아리' 하면 '꽃망울' '눈망울' 하듯이, 정말 눈을 뜨고 하늘을 쳐다보며 살아 숨을 쉬고 있는 목숨으로 느껴진다. 이 얼마나 좋은 말인가? 그래서 아이들은 이 좋은 말을 쓰는데, 학자들은 이런 말을 시골 사투리라 버리고, 시인들은 유식한 말로 멋을 부린다고 '萌芽'니 '嫩芽'니 한다.

2. 날생이·달랭이·물랭이

냉이가 표준말로 널리 퍼졌지만, 내가 어렸을 때 경북 청송에서는 날생이라 했다. 사전에는 경북과 강원 지방의 말로 '나세이' '나생이'가 적혀 있다. 내 느낌으로는 '냉이'보다 'ㅅ'이 들어간 '나생이'가 더 좋고, '나생이'보다 또 'ㄹ'이 더 들어간 '날생이'가 좋다.

나생이를 일본에서는 몇 가지 이름으로 말하는 가운데 '나즈나'(なずな)라고도 한다. '나즈나'라고 할 때 '즈' 소리는 우리 말 '스'를 흐린 소리로 낸다. 이것은 틀림없이 옛날 우리 겨레가 건너가서 퍼뜨린 말일 것이다.

달래를 내 어렸을 때는 달랭이라 했다. 사전에는 충청도에서도 '달랭이'라 했다고 적혀 있는데, 아마 다른 지방에서도 달랭이라고 말했을 것 같다. '달래'보다 '달랭이'가 훨씬 더 귀엽고, 그 모양을 잘 느끼게 하는 말이다.

무릇이란 게 있다. 이것은 물랭이라 했다. 달랭이보다 훨씬 뿌리가 굵다. 이것을 먹기도 하는 모양인데, 우리는 먹지 않고 이것을 캐어서 소죽을 끓일 때 다른 꼴과 함께 넣어 소에게 먹였다. 달랭이보다 굵고 무르니 '물랭이'다. 얼마나 재미있는 이름인가.

나는 여기서 표준말을 '냉이·달래·무릇'으로 하지 말고 꼭 '날생이·달랭이·물랭이'로 하자고 말하는 것이 아니다. 몇 가지 말을 표준말로 어떻게 정하는가 하는 것은 대수롭잖은 문제다. 다만 '사투리'라고 해서 버린 말에는 이렇게 아름다운 말이 얼마든지 있다는 것을 말하고 싶을 뿐이고, 그래서 표준말 전체를 다시 사정해서 우리 말을 좀더 넉넉하게 가꿔가야겠다는 생각을 말하고 싶을 뿐이다. 또 우리같이 좁은 땅에서 과연 표준말이란 것이 필요한가 하는 문제도 진지하게 논의해야 할 것이다.

3. 연달래

진달래를 경상도에서는 '참꽃'이라 했는데, 진달래는 아마도 평안도·황해도 쪽에서 썼던 말인 것 같다. 참꽃도 좋지만 진달래도 좋다. 이 진달래가 질 무렵, 또는 지고 나서 비슷한 나무에서 비슷한 모양과 색깔로 피어나는 꽃이 있다. 이 꽃을 표준말로는 철쭉이라고 하지만, 철쭉은 중국 글자로 된 말이다. 우리는 이 꽃을 연달래라고 했다. '진달래'에 '연달래'는 꽃 빛깔에서 자연스럽게 나온 말이다. 이 꽃 이름만은 철쭉이라 하지 말고 연달래라고 했으면 좋겠다.

또 진달래는 꽃잎을 따먹을 수 있어서 참꽃이라 하지만, 연달래는 따먹을 수 없는 꽃이어서 개꽃이라 말한 곳도 많았던 모양인데, 나는 어렸을 때 '개꽃'이란 말을 들어보지 못했다. '개꽃'보다는 아무래도 '연달래'가 좋다. 이 연달래가 필 무렵이면 온 산에 새잎이 눈부시게 돋아난다.

여기 참고로 김조년 교수님의 글(엽서 두 장)을 싣는다.

회보 제11호에서 사투리를 좋게 보셔서 아주 좋습니다. 사투리란 말과 표준어가 사실상 사라지면 좋겠습니다. 사투리라고 천대받던 것들은 생생한 생활말이었습니다.

제 고향은 충청북도 영동입니다. 충북과 전북 무주 지방과 금산과 자주 교류가 있던 곳입니다. 그곳에서는 끝에 '개'란 말을 많이 넣어 썼습니다. 냉이는 나싱개, 달래는 달롱개, 기친개(개구리풀 비슷하게 생긴 것) 따위. 어려서 무릇을 많이 먹었습니다. 그냥 먹으면 너무 아려서 못 먹습니다. 뿌리를 잘라 큰 가마솥에 넣고, 시금자를 섞어서 끓입니다. 오래 끓이면 독물이 빠집니다. 물이 잦아들면 식혀서 양식으로 먹었습니다. 무릇을 우리는 '물곳'이라고 했습니다.

진달래를 제 고향에서는 참꽃이라 했고, 소리는 '창꽃'이라 들렸습니다. 철쭉은 물론 개꽃이라고 했지요. 이런 것들을 쓸 때는 좋고 나쁨을 따질 것이 아니라, 자기가 어려서부터 썼던 것을 잘 살려서 쓰는 것이 옳다고 봅니다. 항상 '물곳'이라고 하던 사람들이 '물랭이'라고 하는 것도 '무릇'이라 하는 것과 어색하기는 마찬가지라 생각합니다. 저는 아직도 '청솔가지'란 말보다는 '청솔깽이'란 말에서 훨씬 더 출렁거리는 느낌을 가집니다.

1994년 4월 22일

4. 조밥꽃·이밥꽃

5월 1일, 우리 일행은 거창군 북쪽 어느 산골짜기를 올라가면서 아아, 아아, 하고 자꾸 감탄하는 소리를 내고 있었다. 그곳은 ㅈ 선생이 보아두었다는 오염되지 않은 산골이었는데, 우리가 탄성을 지른 것은 바로 온 골짜기를 덮어 하얗게 피어 있는 **조밥꽃** 때문이었다. 그야말로 온 골짜기가 꽃으로 덮여 있는 꽃동산이었던 것이다. 대체 어째서 저렇게 많은 조밥꽃들이 피었는가? 자세히 보니 층층으로 된 다랑논 논둑에 이 꽃나무가 줄을 지었는데, 그 논들이 죄다 버려진 묵논이 되어 낙엽송인가 무슨 나무를 심어놓았다. 사람 손이 안 가자니 논둑에는 조밥꽃나무만이 우거져서 이쪽 끝에서 저쪽 끝까지 논둑을 덮었다. 그것을 밑에서 쳐다보자니 온 산골짜기가 조밥꽃 동산이 된 것이다. 내가
"아아, 이 골짜기 주인은 조밥꽃이구나."
했더니 함께 가던 ㅅ 선생이
"조팝꽃이 참 아름답지요."
했다. 또 한 분은
"조팝꽃이 이렇게 좋은 꽃인 줄 몰랐습니다."
하고 말했다. 모두 '교양 있는 표준말'로 '조팝꽃'이라 하는구나 싶었다.

나는 어렸을 때부터 조밥꽃이라 들었고, 그렇게 말해왔다. 조밥꽃은

희지만 그 꽃송이들이 조밥알같이 작아서 조밥꽃이라 했을 것이 분명하다. 조밥꽃과 같은 때에 피는 이밥꽃은 꽃송이가 커서 이밥꽃이라 했을 것이다. 그 꽃들을 보면 그렇게 느껴진다. 우리 선조들은 이렇게 꽃 이름, 풀 이름, 나무 이름을 자연에 어울리게 잘 지어놓았다. 그런데 어째서 조팝꽃, 이팝꽃이란 괴상한 이름이 되었는지, 자연과 삶을 등지고 있는 도시 사람들과 한글학자들이 답답할 뿐이다.

5. 모내기·모심기

얼마 전 어디서였던가 "모심기 노래는 있어도 모내기 노래는 없었다"고 한 어느 분의 말을 읽고 참 그렇지 하고 생각했다. 내가 어렸을 때 숱하게 들었던 말도 모심기였지 모내기는 아니었다. '모내기'란 말은 해방 후 아이들에게 교과서를 가르치면서 쓰게 된 말이다.

이 '모심기'가 내 귀에 남아 있기로는 '모싱기' '싱기'로도 되어 있다. 그런데 '모심기'는 서울 사람들이 쓰던 '모내기'가 표준말이 되자 그만 교과서를 비롯한 모든 책에서 쫓겨나버리게 된 것이다.

『한국구비문학대계』를 찾아보니 지방마다 다르고 조사한 사람마다 달라,

「모내기 노래」

「모심기 노래」

「모심기 소리」

이렇게 세 가지로 나와 있다. 잘 살펴보니 이것을 녹음하러 시골로 찾아간(스스로 '제보자'라고 적어놓은) 분들이 농사꾼들 앞에서 "모내기 노래 좀 불러주세요" 하고 말했다고 되어 있다. 이러니까 책에 적힌 제목이 「모내기 노래」가 안 될 수 없다. 『한국구비문학대계』에 더러 「모내기 노래」란 말이 나와 있는 까닭이 이렇다.

그런데 더 정확하게는 '모심기 노래'도 아니고 '모심기 소리'다. '소리

한다'고 했지 '노래한다'고 하지는 않았던 것이다.

또 '모심기'란 말의 발음인데, 사전마다 '모심끼'라고 해놓은 것도 잘못되었다. 내가 알기로 '-끼'라고 해서 된소리를 내는 농민은 없었다.

우리 민요

모심는 소리 최남석(63세, 전북 정읍군 정우면 초강리 1985. 3. 24.)

여-	여허루	상사뒤여
여바라	농부들	
이네 한 말을	들어보소	
서마지기		논배미가
반달만침	남었으니	
얼름 심고	웃배미로	올라가세
여-	여허루	상사뒤여

• 「전북 정주시 정읍군편」, 『한국구비문학대계』, 780쪽.

6. 돼지와 도야지

돼지보다는 도야지가 좋다. 도야지라고 하면 고 귀여운 도야지 새끼들이 눈앞에 나타난다. 그런데 '돼지' 하면 영 맛이 없는 말이 된다. 왜 이런 말을 표준어라고 정했을까? 듣기로는 표준말을 사정할 때 영남 출신 학자가 세워서 돼지를 표준말로 정했다고 한다. 나 역시 영남에서 자라나서 어렸을 때부터 돼지란 말을 했지만, 아무래도 돼지보다는 도야지가 아름다운 말이다. 이 점에서 김조년 선생님이 "……이런 것들을 쓸 때는 좋고 나쁨을 따질 것이 아니라, 자기가 어려서부터 썼던 것을 잘 살려서 쓰는 것이 옳다고 봅니다"라고 하셨는데, 나는 반드시 그렇게만 생각하지 않는다. 그리고 내가 지금까지 사투리가 귀한 우리 말이라고 하는 주장을 한 것도 내가 어렸을 때부터 써온 말에만 정이 들어서 하는 말이 아니란 것을 깨닫는다.

7. 개구리 · 깨구리 · 개구락지

개구리도 좋지만 개구락지도 맛이 있는 말이다. 내 고향에서는 깨구리라고 했다. 청깨구리, 떡깨구리…… 이렇게. 두꺼비도 뚜꺼비라고 했다.

8. 개미 · 개아미

개미라고 쓰지만 읽기는 '개애미'라 읽는다. 말이 그렇게 되어 있기 때문에 말하는 대로 읽는 것이 당연하다. 그러니까 '개'에 힘주어서 좀 길게 소리내는 것이다. 따라서 개애미와 개아미가 다른 것은 홀소리 'ㅐ'와 'ㅏ'가 다른 것일 뿐이다. 아무튼 개아미란 말이 참 좋다.
　소월의 시에 「개아미」가 있으니 들어놓는다.

　진달래꽃이 피고
　바람은 버들가지에서 울 때,
　개아미는
　허리가 가늣한 개아미는
　봄날의 한나절, 오늘 하루도
　고달피 부지런히 집을 지어라.

9. 매미 · 매아미

이것도 매미라고 쓰고 '매애미'라 읽는다. 그러니 매미라 쓰기보다 아주 매아미라 쓰고 말하는 것이 낫겠다는 생각이 든다.
　매미는 보리매미(이총매미, 이초강매미) · 참매미(나락매미) · 말매미 ·

시이롱매미(쓰르라미)·쌕쌔기…… 같은 여러 가지 매미가 있는데, 요즘 보리매미는 씨가 없어진 것 같고, 참매미도 농약을 치는 시골에서는 그 소리를 들을 수 없게 되었다.

10. 잠자리·철뱅이

잠자리를 내 고향에서는 철뱅이라 했다. 철기라고 하는 곳도 있다. 사전에는 청령(蜻蛉)·청랑자(靑娘子)·청정(蜻蜓) 따위 한자말이 나온다. 철뱅이·철기는 한자말에서 온 것 같다. 잠자리는 어째서 붙은 이름일까?

11. 거미

거미도 곳에 따라서 달리 말하기도 할 것인데, 이것도 사전에는 다른 우리 말이 안 나오고 지주(蜘蛛)라는 한자말만 나온다.

12. 지렁이·지렝이·꺼생이

지렁이를 내 고향에서는 껄팽이라 했다. 재미있는 말이라 생각한다. 지렝이·지레·꺼깽이·꺼생이·거시랑·거싱이…… 이렇게 여러 가지로 조금씩 다르게 말한다.

지렁이는 한자말을 많이 가졌다. 구인(蚯蚓)·지룡자(地龍子)·토룡(土龍)·지룡(地龍)·곡선(曲蟺)·완선(蜿蟺)·지선(地蟺)……

이상의 소설에 「지주회시」(䵷䵷會豕)가 있고, 유치환의 시에 「청령일기」(蜻蛉日記)가 있다. 우리 지식인들 가운데 글의 해독을 입지 않은 사람은 한 사람도 없다.(蜘蛛와 䵷䵷는 같은 글자라고 함.)

13. 내·연기·내굴·내구래기

내라면 무슨 말인지 모르는 사람이 많겠지만 연기라면 모두 알 것이다. 그런데 『우리말 큰사전』(한글학회)을 찾아보면 다음과 같이 풀이해놓았다.

　내　물건이 불에 탈 때에 뿌연 빛으로 일어나 눈과 호흡기를 자극하는 기운. 〔참고〕 연기
　연기　물건이 불에 탈 때에 일어나는 흐릿한 기체와 그 기운. 〔참고〕 내.

다른 사전들도 모두 비슷하다. 이것을 보면 '내'와 '연기'가 같은 말인지 다른 말인지 어리둥절해진다. 풀이말을 잘 살펴보면 '연기'는 눈으로 본 것을 말한 듯하고, '내'는 눈으로 본 것뿐 아니라 코로 맡거나 입으로 들어왔을 때의 느낌까지 나타내는 말이 되어 있다. 아무튼 같은 것을 가리키는 말이니 〔참고〕라고 할 것이 아니라 〔같은 말〕이라고 해야 할 것이다. 과연 『현대조선말사전』에는 이렇게 나온다.

　내　무엇이 탈 때에 공기 가운데 나타나는 흐릿한 가스와 가루상태의 물질. 〔같은 말〕 내굴. 연기.
　연기　내. 내굴.

본디 우리 말은 '내'였는데 한자말 '연기'를 더 많이 쓰게 된 것은 '내'라고 하는 다른 몇 가지 말이 있어서 저절로 안 쓰게 되었기 때문이라 생각된다. 그러니 이 경우는 '연기'를 아주 우리 말이 되었다고 보고 쓰는 것이 옳겠다.

함경도와 평안도에서는 '내'를 내굴이라고 하는 모양인데, 경상도에서

는 내구래기라고 한다. '내굴' '내구래기' 모두 재미있는 말이다. '내'는 안 쓰더라도 '내굴' '내구래기'는 썼으면 좋겠다. 그러면 '연기'란 한자말은 안 써도 되겠지.

14. 냅다·내구랍다

냅다는 연기 기운으로 목구멍이나 눈이 쓰린다는 말인데, 내 고향 경북에서는 내구랍다고 했다.
'내구래기'를 맡았으니 마땅히 내구라운 것이고 내구라워야 할 것이다.

15. 시다·시구럽다·새구랍다

표준말은 시다지만 경북에서는 시구럽다, 새구랍다고 한다. '시다'보다는 '시구럽다' '새구랍다'가 더 맛이 나고 재미있는 말이다. 그런데 사전에는 '달다'에서 '달근하다' '달곰하다' '달큰하다' '달콤하다' '달착지근하다'…… 이렇게 죄다 쓸 수 있도록 나와 있는데, 왜 '시구럽다' '새구랍다'는 사투리라고 해놓았을까?

16. 존다·졸린다·자구랍다

존다·조니·졸고·졸지…… 이렇게 쓰고, 졸린다·졸리니…… 이렇게 쓰는 두 가지 움직씨가 있는데, 이것도 경상도에서는 **자구랍다**고 한다. 말 맛이 나는 참 좋은 말이라 생각된다. 이런 말을 죽이지 말고 살려서 써야 우리 말이 풍성해질 것이다.

17. 버들강아지 · 버들개지

이른 봄, 아니 봄이 오기도 전, 아직 얼음도 녹지 않은 냇가 찬바람 불어 치는 들판에 하얗게 피어난 버들강아지! 집 뒷산 잔디밭에 이른 봄 가장 먼저 피어나는 것이 할미꽃이지만, 아이들이 얼음을 타는 냇가에는 그 집 뒷산의 할미꽃보다도 먼저 버들강아지가 피어난다.

버들강아지는 봄의 상징이 아니라 봄의 선구자다. 버들강아지, 버들가안지, 버들강생이, 오요강아지, 오요강생이…… 얼마나 포근하고, 얼마나 귀엽고, 얼마나 희망이 가득한 이름인가!

버들강아지 눈떴다.

오요강아지 눈떴다.

버들강아지 나왔다.

이와 같이 우리 말은 그대로 시가 되어 있다.

일본말로는 이 버들강아지를 'ネコヤナギのはな'(고양이버들꽃) 또는 'カワヤナギの花'(냇버들꽃)이라고 한다. '고양이버들'이란 말이 참 좋지만, 우리가 '버들강이지 나왔다'든지 '버들강아지 눈떴다'고 하는 말을 일본말로는 '고양이 버들꽃이 피었다'고 하게 되는 것이다. 이 말 한 가지만 보아도 우리 말이 얼마나 시를 쓰기에 알맞은 말인가 알 수 있다. 아니, 우리 말은 흔히 말이 그대로 시가 되어 있는 것이다.

그런데 이 좋은 말을 가지고 있으면서 우리는 시를 제대로 쓰지 못하고 있다. 어른들은 다투어 유식해보이는 남의 나라 글자말을 자랑스럽게 쓰고, 아이들은 어른들의 병든 말을 그대로 따라 흉내내고 있으니 무슨 시가 되겠는가.

그리고 우선 이 '버들강아지'만 해도 표준말이 되어 있지 않다. 내가 어렸을 때도 '버들강아지' '버들강생이'라 했고, 노래에서고 책에서고 '버들강아지'로 부르고 읽었는데, 어찌 된 셈인지 '표준말'은 '버들개지'가 되어 있다. 아마도 서울말이 '버들개지'라서 표준말이란 것이 이렇게 되었겠지만, 참 맛도 없고 멋도 없는 말이다. 그리고 '버들개지'로서는 '버들가지'와도 구별이 잘 안 된다. 서울의 양반들이란 이렇게 자연에 둔하고, 둔한 정도가 아니라 자연에 아주 까막눈이었다는 생각이 든다. 도시 사람들이야 본래 그렇지만, 문제는 표준말이란 것을 이런 꼴로 만든 학자들이다.

그러면 우리 말 사전에 '버들강아지'와 '버들개지'를 어떻게 풀이해놓았는지 알아보자.(남북한에서 지금까지 나온 사전 여섯 가지를 들었음.)

① 버들강아지【명】= 버들개지.
　버들개지【명】버드나무의 꽃. 솜처럼 바람에 날려 흩어짐. 버들강아지. 유서(柳絮).
　• 『그랜드 국어사전』, 금성출판사

② 버들강아지【이】= 버들개지.
　버들개지【이】= 버드나무의 꽃.【한】버들강아지. 유서.
　• 한글학회, 『우리말 큰사전』

③ 버들강아지【명】= 버들개지.
　버들개지【명】= 버드나무의 열매. 솜 비슷하여 바람에 날려 흩어짐. 유서(柳絮).【준】개지.
　• 『엣센스 국어사전』, 민중서림

④ 버들강아지【명】= 버들개지.
　버들개지【명】= 버드나무 꽃. 버들강아지. 유서(柳絮).
　• 신기철·신용철 편저, 『새우리말 큰사전』

⑤ 버들개지【이】버들의 꽃(유서=柳絮).【준】개지.

• 한글학회,『큰사전』, 1947

⑥ 버들강아지【명】= 버들개지.

버들개지【명】= 버드나무의 꽃이삭. 암꽃이삭과 수꽃이삭이 있다. 가벼운 솜털 같은 것에 둘러싸여서 바람에 잘 날린다. 집짐승이나 물고기가 먹는다(예: 내 가에서 벌써 버들개지가 통통 살이 쪄오르고 버들눈마다에는 새싹이 파랗게 돋아났다).

•『현대조선말사전』

이것을 보면 다음 몇 가지를 알 수 있다.

첫째, 모든 사전에서 한결같이 "버들강아지"를 사투리로 보고, "버들개지"를 표준말로 올려놓았다(⑤에는 '버들강아지'란 말이 아예 없다).

둘째, '버들개지'를 풀이하면서 모든 사전에서 버들꽃이라 했는데, ③에서만 열매라고 했다. 꽃과 열매가 같을 수 없다. 어느 것이 맞는가?

셋째, ①과 ⑥은 꽃 또는 꽃이삭이라 해 놓고는 솜처럼(솜 같은 털에 둘러싸여서) 바람에 날아간다고 했다. 그리고 ③은 또 열매라고 해놓고 바람에 날려 흩어진다고 했다. 어찌 된 것인가? 꽃이나 꽃이삭이 솜처럼 날려가는가?

이것은 꽃과 열매를 아주 구별하지 못한 것이 틀림없다. 곧 이른 봄 솜털이 가득 난 꽃이삭과, 이것이 뒤에 가서 열매가 된 다음에 터져서 솜 같은 털을 달고 날아가는 것을 아주 뒤섞어서 같은 것으로 본 것이다. 문제는 바로 여기서 일어났다.

넷째, ⑥의 풀이는 아주 자세한 것 같지만 크게 잘못되었다. 꽃이삭이라 해놓고 그것이 바람에 날아간다고 한 것이 잘못이란 것은 앞에서 지적했지만,(집짐승이나 물고기가 먹는다는 것은 꽃이삭을 먹는 것인가, 날아가는 것을 먹는 것인가?) 그다음에 들어놓은 보기글은 더욱 허황하다. 날아다닌다는 '버들개지'가 "통통 살이 쪄오르고"란 것도 말이 안 되고, "버들눈마다에는 새싹이 파랗게 돋아오른다"는 말도 이상하다. '버들눈'에 또 '새싹'이 돋아나다니! 그리고 "버들눈마다에는"이란 말은 일본 말법을 그대로 쓴 어색하기 짝이 없는 말이기도 하다.

다섯째, 모든 사전에서 "유서"란 말을 적어놓았는데, ⑥에서만 없다. 실지로 쓰지도 않는 한자말을 적은 까닭은 옛날 책에 나와 있기 때문이다.

여기서 이 모든 사전들이 왜 이렇게 버들꽃과 버들열매를 뒤섞어놓았는가 하는 문제를 풀어보자. 무엇보다도 글을 쓰는 사람이나 사전을 만드는 사람들이 사물을 바로 보고 사실을 따라 쓰지 않고 남이 써놓은 글을 따라 적당히 얼버무려 쓰기 때문에 이런 일이 일어나는 것이다.

이 문제를 푸는 열쇠는 '유서'(柳絮)란 말에 있다. 앞에서 들어놓은 여섯 가지 사전에서 이 말을 찾아보면 ⑥에만 이 말이 없고 ①에서 ⑤까지 모두 똑같이 이렇게 적어놓았다.

　　유서(柳絮)【명】(또는【이】)＝버들개지.

그런데『한어대자전』(韓語大字典)에도 이러하다.

　　柳絮(유서) 버들개지.

이 "서"(絮) 자는 '솜·솜옷·버들개지·버들꽃·머뭇거릴……' 따위 뜻으로 적혀 있다. 하지만 일본의 사전을 보면 다음과 같다.

　　リュウジョ(柳絮) 솜 같은 털이 달려 있는 버들 열매.
　　•『신조국어사전』(新潮國語辭典)
　　りゅうじょ(柳絮) 버드나무의, 하얀 솜털이 붙은 열매.

또는 그 열매가 바람에 날려 흩어져가는 모양.
- 『학연국어사전』(學硏國語辭典)

柳絮(りゅうじょ) 버들의 열매가 솜 모양을 하고 있는 것.
- 우야철인(宇野哲人), 『신한화대자전』(新漢和大字典)

일본 사전들은 한결같이 열매라고 했지만, 우리 사전들은 모두 "버들개지"라고만 했고, 그리고 이 버들개지는 꽃인지 열매인지 아리송하게 되어 있다. 이것은 우리 사전에서 잘못 쓴 것이 아주 분명하다.

"유서"(柳絮)란 말은 옛말사전(『李朝語辭典』·『우리말 큰사전』「옛말편」)에도 나오는 것과 같이 '버들개야지' '버들가야지'이고, 버들의 열매를 가리키는 것이 아주 환하다. 이 '버들개야지'를 오늘날에는 '버들개지'라고 한다.

그리고 이 '버들개지'는 이른 봄에 피어난 '버들강아지'가 아니고, 그 버들강아지(꽃)가 열매로 익어서 솜털을 달고 날아가는 것을(또는 열매를) 말하는 것이다. 그러니까 '버들강아지'란 말과 '버들개지'란 말이 다르다. 하나는 버들꽃이고, 하나는 버들의 열매다. 사전이고 교과서고 모든 책에서 이 말을 바로잡아야 한다. 그래서 쫓겨난 말을 제자리에 앉혀 놓아야 한다.

18. 한정기 님의 편지에 부치는 말

한정기 님이 회보를 보시고 글을 주셨는데, 여기 그 편지글부터 들어 본다.

이오덕 선생님께.
선생님, 안녕하십니까? 저는 부산에서 살고 있는 한정기라는 가정주부입니다.

『우리 말 우리 글』을 제1호부터 빠지지 않고 받아보면서 선생님께서 우리 말을 사랑하시는 정성과 우리 말을 바로 살리기 위해 기울이시는 노력에 존경하는 마음과 함께 늘 부끄럽고 죄송스러운 마음이 들었습니다. 연세가 높으신 선생님께서 이렇게 노력하시는데, 저는 우리 말이 어떻게 오염되어 있는지도 몰랐고, 또 알려고 하지도 않았습니다. 그동안 『우리 말 우리 글』을 읽으면서 우리의 삶 속에 우리 말이 얼마나 병들고 오염되고 있는지 깨닫고, 글을 쓸 때나 말을 할 때도 바른 말, 바른 우리 글을 쓰기 위해 애를 쓰고 있습니다.

살림 살고, 초등학생인 아이 둘을 키우며 짬짬이 제가 좋아하는 글쓰기 공부를 하는 것이 취미다보니, 달마다 받아보는 『우리 말 우리 글』은 많은 도움과 함께 훌륭한 선생님 노릇도 합니다. 이번달에 받아본 제17호 「사투리, 이 좋은 우리 말」에서는 잊고 있었던 옛 고향 말을 발견하고 너무 반갑고 기뻐서 이렇게 편지를 드립니다.

제 고향도 경북입니다. 초등학교 2학년까지 고향에서 살다 부산으로 이사를 왔습니다. 어렸을 때 정지에서 어머님이 가마솥에 밥을 지으시면 저는 부지깽이를 들고 아궁이 앞에 앉아 장난을 잘 쳤습니다. 그때 불이 잘 들지 않아 연기가 나면 어머니께서 내구랍다고 바깥으로 나가라고 하시던 기억이 그 글을 읽자 떠올랐습니다. 먹을 것이 귀했던 그때는 여름이 되면 채 익지 않은 풋사과도 어린아이들에게는 좋은 간식거리였습니다. 어머님이 장에 갔다오시면서 사다주신 쪼꼬맣고 땡땡한 풋사과는 지금 먹으려고 하면 시어서 먹을 수도 없을 것 같지만, 그때는 그 신맛을 새구랍다 새구랍다 하며 즐겨 먹었습니다. 그리고 자구랍다고 칭얼거리던 동생을 업어주었던 기억까지 모두 떠올라 꼭 잊어버린 보물을 되찾은 기분이었습니다.

아홉 살 때 고향을 떠나오고 보니, 그때 썼던 사투리나 좋은 우리 말이 분명 있었을 텐데, 기억나는 것이 아무것도 없습니다. 그러나 어쩌다 고향 말을 들으면 '아! 그렇지, 그런 말이 있었지' 하는 생각이 떠오

룹니다.

 내구랍다·새구랍다·자구랍다……. 선생님, 얼마나 정감 있고 좋은 우리 말인가요.

 얼마 전에 전라북도 정읍에 간 적이 있습니다. 그곳에서 전라도 사람들의 말을 들으면서, 참 말이 맛있게 느껴진다는 생각이 들었습니다. 맛있게 느꼈다는 제 표현이 잘못된 것인지 모르겠지만, 저는 남도 사투리가 참 쫀득쫀득하니 감칠맛 나는 말 같다는 생각이 들었습니다.

 나라말이 표준말이라는 틀에 맞춰 똑같아야 되는 것이 아니라, 표준말은 표준말대로 있으면서 각 지역마다 특색 있는 사투리를 살려 쓰는 것이 정말로 우리 말을 바로 살리는 일 같습니다.

 제가 드린 편지글 속에 혹시 잘못된 말법을 쓰지 않았는지 걱정스럽습니다.

 점점 추워지는 날씨에 선생님 건강하시길 빌며, 안녕히 계십시오.
 1994년 10월 26일
 한정기 드림

 한정기 님은 어렸을 때 쓰던 '사투리'를 이제는 거의 다 잊어버렸다고 했는데, 정말 나도 그렇다는 느낌이 든다. 참으로 귀한 보물 같은 것을 우리는 모두가 이렇게 해서 잃어버렸구나 싶어 아깝고 원통한 마음이 들고, 우리가 왜 이렇게 되었는가 새삼 우리 역사와 겨레의 삶을 돌아보게 된다.

 오랫동안 잊었던 어린 시절의 말을 들으면 그 어린 시절로 다시 돌아간다. 우리 말은 곧 우리 넋이 깃들인 고향이요, 그 고향으로 돌아가는 오직 하나의 길이기 때문이다.

 우리 말을 잃는다는 것은 우리 자신을 잃는다는 것이다.

 이제 '신한국'이 세계 무대에 나서게 되었다고 '국제어'라는 한문글자와 영어를 배우기에 열을 올리고 있다. 국제 무대에서 우리 배달말은 분명히 하나의 사투리다. 국제 사투리인 배달말은 아주 푸대접해서 깔아뭉개는 것이 세계인으로 되는 지름길이라고 외치는 소리가 요란한 판이 되었으니, 우리 말이 어느 골짜기 어느 강 언덕에 끝내 뿌리뽑히지 않고 버티어 살아남아 겨레 마음을 꽃피우겠는가?

한정기 님이 '내구랍다'는 말에서 어렸을 때 정지에서 부지깽이로 장난하던 일을 생각해내었다고 했는데, 이 '내구랍다'는 말이 참 다행스럽게도 아직은 아이들이 쓰는 글에 나오고 있으니, 그 글을 들어본다. '장사'라는 제목으로, 6학년 아이가 쓴 시다.

> 우리 집은 가게를 한다.
> 어머니께서 고기를 굽으셨다.
> 어떤 아저씨가
> 고기를 굽어달라 하기 때문이다.
> 어머니께서는 내그러워
> 기침을 하신다.
> 아저씨들은 퍼떡 돌라 하고
> 고기는 아직 굽히지 않고
> 어떡하노
> 한 아저씨는 어머니 보고
> "야, 뭐 하노? 내그럽다.
> 벙어리만 모였나 대답도
> 안 하노."
> 꾹 참고 있는 어머니께서
> 자랑스럽다.
> • 『글쓰기 교육』에서, 1994. 11.

이 시를 쓰도록 지도한 이호철 선생이 이 시에 대해서 적어놓은 말이

다음과 같다.

"이 글을 쓴 아이의 어머니도 창피스럽다는 이유로 꾸중을 했다고 한다."

아이는 이런 어머니를 자랑스럽게 여겨서 시까지 썼는데, 그 어머니는 도리어 창피스럽게 여겨 시를 쓴 아이를 꾸중했으니 이래서 우리 겨레가 어떻게 잘 살기를 바라겠는가? 다만 이런 시를 쓰는 아이들에게 희망을 걸 뿐이다. 이런 글을 쓰게 하는 선생님들에게 희망을 걸 뿐이다. 일하면서 살아가는, 사투리 쓰는 백성들의 삶을 우리 스스로 자랑스럽게 여기게 될 때, 비로소 민주도 통일도 제대로 그 길이 열릴 것이니까.

우리 글 바로 쓰기

우리글 바로쓰기 3

지은이 이오덕
펴낸이 김언호

펴낸곳 (주)도서출판 한길사
등록 1976년 12월 24일 제74호
주소 10881 경기도 파주시 광인사길 37
홈페이지 www.hangilsa.co.kr
전자우편 hangilsa@hangilsa.co.kr
전화 031-955-2000-3 팩스 031-955-2005

부사장 박관순 총괄이사 김서영 관리이사 곽명호
영업이사 이경호 경영이사 김관영 편집주간 백은숙
편집 박희진 노유연 최현경 이한민 김영길
마케팅 정아린 관리 이주환 문주상 이희문 원선아 이진아
디자인 창포 031-955-2097
인쇄 예림 제본 예림바인딩

개정판 제 1쇄 1992년 3월 30일
개정판 제24쇄 2009년 1월 20일
제 2 판 제 1쇄 2009년 11월 30일
제 2 판 제13쇄 2022년 10월 12일

값 18,000원
ISBN 978-89-356-6149-7 04710
ISBN 978-89-356-6145-9 (전 5권)

• 잘못 만들어진 책은 구입하신 서점에서 바꿔드립니다.
• 이 도서의 국립중앙도서관 출판시도서목록(CIP)은 서지정보유통지원시스템 홈페이지(seoji.nl.go.kr)와
  국가자료공동목록시스템(www.nl.go.kr/kolisnet)에서 이용하실 수 있습니다.
  (CIP제어번호: CIP2009003680)